国内外图书馆学理论研究与实践进展(2009—2010)

国家图书馆研究院　主编

國家圖書館出版社

图书在版编目(CIP)数据

国内外图书馆学理论研究与实践进展(2009—2010) / 国家图书馆研究院主编. —北京:国家图书馆出版社,2011.11

ISBN 978 - 7 - 5013 - 4662 - 2

Ⅰ.①国… Ⅱ.①国… Ⅲ.①图书馆学研究—世界 Ⅳ.①G250

中国版本图书馆 CIP 数据核字(2011)第 182908 号

责任编辑:王涛 杨璇

书名	国内外图书馆学理论研究与实践进展(2009—2010)
著者	国家图书馆研究院 主编

出版	国家图书馆出版社(原北京图书馆出版社)
	(100034 北京市西城区文津街 7 号)
发行	010 - 66139745 66151313 66175620 66126153
	66174391(传真) 66126156(门市部)
E - mail	btsfxb@ nlc. gov. cn(邮购)
Website	www. nlcpress. com→投稿中心
经销	新华书店
印刷	北京科信印刷有限公司

开本	787×1092(毫米) 1/16
印张	25.5
字数	450 千字
版次	2011 年 11 月第 1 版 2011 年 11 月第 1 次印刷

书号	ISBN 978 - 7 - 5013 - 4662 - 2
定价	100.00 元

主编：国家图书馆研究院

撰稿：

第一篇：肖　雪　　洪秋兰　　张收棉　　吴汉华

第二篇：柯　平　张　丽　李　丹（国家图书馆研究院）
　　　　蒋　玲　王秀香

第三篇：初景利　　陈成鑫　　杨志刚　程　鹏　宋　辰
　　　　吴冬曼

第四篇：宛　玲　韩新月　游　毅　李　丹（国家图书馆业务管
　　　　理处）　黄晓燕　郭家义　李　武

第五篇：卜书庆　　刘华梅　　喻　菲　王广平　　郝嘉树

第六篇：刘　炜　孙　蕊　郑晓乐　顾晓光　张　洁
　　　　索　晶

第七篇：陈红彦　李　婧　刘晨书　王　沛　包菊香
　　　　向　辉　赵文友

编校：李　丹　张收棉　钟晶晶　王秀香

目　录

第一篇　图书馆学基础理论

肖雪

洪秋兰

张收棉

吴汉华

在见证新中国 60 年风雨历程的同时,2009—2010 年间,国家图书馆及多个省市图书馆相继迎来百年华诞,以"文华图专"为肇始的中国图书馆学教育也已走过 90 年的光辉历程。站在这一重要的历史节点,回顾图书馆事业的百年发展,追忆图书馆学家的思想和学术历程,探寻事业和学科发展的成功经验,思考图书馆及图书馆学当前和未来的发展,是近两年图书馆学史研究的重要内容。

察往而思来,对史的研究同时也是环境变易下图书馆的自我反思和探索。"雨打风吹何处是",图书馆的未来路向何在? 当前又该有何作为? 围绕这一问题,学者们展开了对图书馆社会责任的激烈讨论,以及对图书馆永续存在意义的积极探寻。在此过程中,人们发现,无论何时何地,"人"始终是图书馆学和图书馆事业的价值源起,也是促动其持续衍发的活力所在。由此延展出来的是对图书馆员的持续研究和对读者观、馆藏观,以及场域观的更新。

对图书馆社会责任问题的争执,实际是要划分图书馆恰当的职业分野、确立合理的职业价值观。伴随着图书馆促进信息资源公平获取行动、全国图书馆志愿者行动、汶川灾后图书馆重建等实践的切实开展,图书馆职业的定位和责任将越来越明晰。

而有关图书馆永续存在价值追问,仍延续着 21 世纪以来技术与人文的激烈论争。图书馆的人文价值不仅是形而上的命题陈述,也是形而下的现实指引,因此紧随其后的就是对"人"的关注。一方面,需要反思对技术型用户的过分重视、对技术化可量度的评估数据的过分重视,转而强调关注普通用户的需求、重视用户价值、突出馆藏整合与利用、融合现实场所与虚拟空间。另一方面,需要关注图书馆员职业制度、职业精神、职业教育、职业能力、职业规划、职业满意度等问题,从而调动图书馆员的职业自觉、提升图书馆员应对未来的职业素养。当前我国图书馆界正处于"十二五"规划发展的关键时期,关于图书馆未来发展的种种思考应能渗透其间,带来图书馆的自我革新。

在后现代主义思潮下,差异、开放、多元和不确定被认为是世界的基本特征,[①]图书馆学的认识论基础和已有研究范式受到冲击。对于图书馆学具不具备科学性,如何完成科学化等问题的回答不再整齐划一,图书馆学理论探讨变得更加复杂、立体和深邃。科学性不是排斥人的参与,也不是对技术和数据的片面依赖,科学性不是脱离实践的空中楼阁,不是理论抽象,也不是绝对的同一。对于我国图书馆学而言,理解和完成科学性,其根本在于对图书馆学和图书馆事业的本体回归和主动观照,在于立足本土、立足本行业开展研究。

这一部分主要从图书馆学史、图书馆社会责任、图书馆员、图书馆未来等方面

① 傅荣贤.论当代图书馆学研究范式的转变[J].大学图书馆学报,2009(1):23-29,42.

来反映两年来图书馆学基础理论的研究进展。但挂一漏万,内容的选取和梳理总难免有所遗憾。譬如阅读研究,"阅读推广委员会"及其下设阅读文化、推荐书目、藏书文化、图书馆与社会阅读、青少年阅读等 15 个专业委员会的成立,①使得阅读研究的空间更为广阔;经典阅读、浅阅读、微阅读、分级阅读、移动阅读、数字阅读、云阅读、网络阅读分享等成为研究热点,"新中国成立以来国民阅读变迁及其对价值观的影响研究"(黄伟)、"图书馆的阅读推广活动调查研究"(王波)、"新媒体环境下阅读引导与读者服务的协同推进研究"(邓香莲)、"移动阅读与图书馆延伸服务研究"(高春玲),"图书馆促进老年人阅读的创新研究"(肖雪)等与阅读有关的课题先后获得国家社科基金资助立项,一改过去阅读研究没有国家级基金项目的颓势。②阅读研究热潮涌动,但如何能够真正成为体系化的学问? 在新的环境中,旧有的学术体系需要变革,新的阅读学体系显然还需更多时间去培育、建立和成熟。

2009 年也是中国图书馆学会的换届年,实现了新旧理事会的成功交接,也调整了部分专业委员会,新增图书馆管理专业委员会、图书馆社会合作研究专业委员会、图书馆员研究专业委员会、图书馆统计与评价专业委员会,另外更改了原有部分委员会的名称,增加了成员基础,③这种行业学会层面的更新反映了图书馆学理论体系的变化,我们也期待它会进一步推动理论的发展。

---

① 专业委员会专栏[EB/OL].[2010 - 09 - 15]. http://www. lib-read. org/committee. jsp.

② 陈秀钦. 1997—2007 年图书馆阅读研究论文的计量分析[J]. 图书馆工作与研究,2009 (4):109 - 112.

③ 李国新. 中国图书馆学会第八届学术研究委员会工作报告[EB/OL].[2010 - 08 - 20]. http://www. lsc. org. cn/CN/News/2009-10/EnableSite_ReadNews1013939081255449600. html.

图书馆学研究的"真理"反思与本体回归

后现代主义认为"文本以外无一物"、"情境以外无一物",认为一切都落在解释之中而不可免,而且解释活动本身也有其自身情境。而当一切都是解释,担心就出现了:真理何在? 还有客观的真理吗?[①]在这一思想的影响下,关于知识、真实、客观等传统的定势思维受到极大冲击,学者对于图书馆学术"真理"开始了更多的质疑、反思和批判,在图书馆学研究方法、研究范式等方面都有所体现。争议问题是为了解决问题,回归图书馆学的本位成为一种积极的建构策略:一是要回归到本专业,与实践联系,与历史联系;二是要回归到本土化,建立真正的中国化图书馆学。

1 实证方法之于图书馆学科学性的思考

图书馆学自产生之日起,历经百年仍在科学性上备受质疑,尴尬境地中的图书馆学者将批判的矛头指向传统的研究方法,并将科学化的希望寄托于实证方法甚至是建立循证图书馆学。当此之际,图书馆学科学性的质疑之声不绝于耳:图书馆学究竟是什么科学? 图书馆学的科学性如何理解? 实证研究是否就必然导向科学,而经验总结、理论阐释是否就会屡蹈空论? 图书馆学的专门研究方法的相对性与绝对性如何认识?

李林华和金明生在其文章中开宗明义地指出,我国的图书馆学研究科学化是一项未完成的事业,图书馆学长期为一种经验之学,其研究方法的非理性(即诉诸直觉、顿悟等)使我国图书馆学错过了科学化的机会,也使理论脱离实际。[②]赵微等人认为,从整体上看,长期在图书馆学领域占据主导地位的研究方法还是经验总结、归纳演绎与哲学思辨,有时甚至是纯粹的主观感悟,严重影响到本学科的正

---

① 邓绍光. 走进 21 世纪的场景:后现代主义——后现代主义对青少年事工的启迪[EB/OL]. [2010 - 10 - 12]. http://home. netvigator. com/ ~ pakkinl2/postmodern_youthwork_AndresTang. pdf.

② 李林华,金明生. 理性与我国科学图书馆学的构建[J]. 中国图书馆学报,2008(4):14 - 18.

常发展,影响到本学科的学术辐射和其他学科对本学科的学术尊重。①在回顾芝加哥学派实证研究的代表人物及其成果时,刘璇不无遗憾地谈到,中国的图书馆学研究没有很好地接受芝加哥学派的科学化改造,误读了巴特勒所说的"理论"和"理论建设",将"理论"理解成了纯粹思辨的产物,错过了一次图书馆学科学化的机会。②

在对传统方法批评的氛围中,实证方法备受关注和力捧,虽然当前它仍然没有得到图书馆学研究者的充分重视和应用。③但图书馆学的实践性决定图书馆学研究的主流范式应是实证研究。针对实证研究的缺失和认识误区,只有通过学术分工,由学术科研团队承担实证研究的重任,并在科研评价系统中对原始数据的创新给予重视和肯定等方式才能解决。④而科学图书馆学目标的实现,只有采用当前社会科学的研究规范,严格遵循社会科学经验—归纳、假说—演绎的程序,通过对经验数据的分析与概括,并用可检验的形式来阐述图书馆学的命题,从而构建图书馆学的理论体系,这是唯一的一条通向科学化的道路。⑤循证医学带动的循证图书馆学近年来成为研究热点,其建立的是一种实证范式,通过制定精确的实施步骤和严格的分级证据以指导决策制定、解决图书馆工作中的问题。⑥

实证研究方法根植于实证主义的认识论,这种认识论认为:外部世界是一个客观存在,研究者可以站在研究对象之外,以客观中立的价值标准观察与描述研究对象。⑦这正是 Furner 所认为的现实主义(realist)的特征,⑧尽管很难为现实主义的正当性找到强有力的支持,但我们却似乎秉承着现实主义正确的观点去进行

① 赵微,徐建华,俞碧飚.近五年来图书馆学实证研究的回顾与分析[J].图书与情报,2009(6):45-50.

② 刘璇.芝加哥学派——中国图书馆学实证研究之殇[J].图书情报工作,2009(13):46-49.

③ 赵微,徐建华,俞碧飚.近五年来图书馆学实证研究的回顾与分析[J].图书与情报,2009(6):45-50.

④ 刘宇,叶继元,袁曦临.实证缺失的中国图书馆学研究[J].中国图书馆学报,2009(4):20-24,30.

⑤ 李林华,金明生.理性与我国科学图书馆学的构建[J].中国图书馆学报,2008(4):14-18.

⑥ 刘璇.循证图书馆学(EBL)的发展及对图书馆学的启示[J].图书馆杂志,2009(1):22-25.

⑦ 赵微,徐建华,俞碧飚.近五年来图书馆学实证研究的回顾与分析[J].图书与情报,2009(6):45-50.

⑧ Jonathan Furner. Philosophy and information studies[C/OL]. *Annual Review of Information Science and echnology*,2010(44)[2010-11-25]. http://polaris. gseis. ucla. edu/jfurner/papers/furner2010c. pdf.

书目分类、索引和利用。而客观中立的价值标准是否存在呢？主客二分思维认为，图书馆学研究者是以外在于图书馆活动过程的方式从事研究的，其要害是技术分析掩盖了价值判断和价值取向；为此，要充分承认心灵体验和创造性想象在图书馆学研究工作中的重要地位，从而散发出在线性模式那里被纯粹客观和逻辑压抑着的人性成分。①葛园园从知识论角度考察当代流行的图书情报学理论，认为一切经验事实都受到理论的"污染"，根本就不会有事实与理论的分明界限，因此力图把图书馆学改造在完全实证意义上的社会科学也就不可能。②说到图书馆学的归属，我们可以说图书馆学研究的是一种社会现象和人类社会行为，因此可归之为社会科学；也可以说图书馆学面对的是人类文明总汇和整个知识体系以及利用这一知识体系的千百万受众，因此可归之为人文科学；无论如何，图书馆学不是技术科学，不能以技术方法为其根基，这是显而易见的。③当学者把知识生产置于知识社会学的视角下加以审查，看到的不再是客观中立的追求真理的活动，而是带有显著的历史文化性及利益和权势关系的社会活动。④这些观点看似是对实证之于科学化关系的致命一击，但其意旨显然不止于此，对于反思理论思辨式的研究方法同样意味深长，局限于观念文本和纯粹思维领域的研究对于理解科学性同样于事无补，毕竟"唯有直接与生活发生关系的科学，才是真正的科学"。⑤

科学化的争议并不在于阻挡对图书馆学研究规范的探索，而在于改造二分式的研究思维，毕竟"每一真理都有可能发展成为谬误，而每一美德都会因过分而成为邪恶，没有什么比过分易于走到反面了。"⑥目前，无论是理论阐释还是实证方式都存在不足，需要认真面对：图书馆学研究缺乏应有的严谨性，其重要表现之一就是在论述中很少对相关的概念进行应有的界定，这在一定程度上造成了学术研究的混乱。⑦方法论体系研究中存在比较严重的浮躁习气，研究方法理论和实践存在不同程度的脱节，方法有时仅成为了一个名词存在，图书馆学方法论研究的整

---

① 傅荣贤. 论当代图书馆学研究范式的转变[J]. 大学图书馆学报,2009(1):23-29,42.

② 葛园园. 当代图书情报学理论研究的知识论视角探析[J]. 图书馆杂志,2009(11):2-6,27.

③ 吴晞. 归去来兮图书馆学[J]. 图书情报工作,2009(13):5-6.

④ 范并思,李超平,俞传正,等. 在新的信息与技术环境中感受图书馆的律动——2008年的中外图书馆事业和理论研究[J]. 中国图书馆学报,2009(3):59-73.

⑤ 阿尔弗雷德·阿德勒. 心理与生活[M]. 叶颂姿,刘乐群,译. 上海:三联书店,2010:28.

⑥ 如何理解经济学的科学性[EB/OL]. [2010-10-15]. http://www.360doc.com/content/10/1101/17/2158376_65737508.shtml.

⑦ 宁圣红,赵清霞. 比较图书馆学散论[J]. 图书与情报,2009(6):119-122.

体性差。①图书馆学的实证研究并没有摆脱原有的以经验总结和主观阐发为主的研究方法的思维方式,区别只在于,运用了实证研究方法之后,原有的"很多"、"大多"被具体的数据代替了而已。这样的研究,在本质上依然是定性的,只是披上了一层实证的外衣,而图书馆学真正需要的却是规范性的实证研究。②此外,研究方法的移植和引入目前还缺乏对方法适用性的研究,对方法中的术语、模式把握不准,定量研究方法的实践应用探讨不足,缺乏新老方法的应用性比较,创新意识仍显不足,现代的科学研究方法仍显不足。③

Labaree 和 Scimeca 曾提出他们认为更适合图书馆职业的真理观:悬置客观真理的争议,以历史相对论指导图书馆学研究和实践。④这种相对主义的认识论在研究方法上的体现就是混合研究法的提出,即根据研究问题、对象、目的、性质等因素来综合考虑选择适宜解决该问题的研究方法。⑤二分式的思维方式势不可行,而这种折中主义的真理观和方法论对于图书馆学科学性的贡献以及现实走向又将如何?作出判断和结论还有待时日。

科学的相对性和绝对性争议同样体现在图书馆学一般方法和专门方法的讨论上。三层次的方法论体系存在与生俱来的缺陷——一般方法和专门方法之间以及专门方法之间的界限模糊,至今仍未达成共识。⑥李林华和金明生认为,从现实看图书馆学研究中实际应用的方法极为有限,只是在现阶段,欲实现我国图书馆学科学化的目标,其首要任务是采用社会科学也就是图书馆学的母科学的研究规范与研究方法,其次才是考虑图书馆学研究的专门方法问题。⑦而陈宇旸则认为要避免专门方法上的"形而上学",专门研究方法是相对的,是一般研究方法或其他学科方法在图书馆学研究中的应用和融合,图书馆学专门方法除图书馆学所固

① 张艳玲.1923—2008 年我国图书馆学方法论体系研究轨迹探寻与思考[J].图书馆建设,2009(10):1-5.

② 赵微,徐建华,俞碧飚.近五年来图书馆学实证研究的回顾与分析[J].图书与情报,2009(6):45-50.

③ 陈宇旸.我国图书馆学方法论的研究历程、存在问题及发展思路[J].图书馆杂志,2010(7):2-5,31.

④ Robert V. Labaree, Ross Scimece. The philosophical problem of truth in librarianship[J]. *The library quarterly*,2008,78(1):43-70.

⑤ 刘阳.图书馆学研究方法论再探——基于研究范式的视角[J].图书馆,2009(3):13-15.

⑥ 张艳玲.1923—2008 年我国图书馆学方法论体系研究轨迹探寻与思考[J].图书馆建设,2009(10):1-5.

⑦ 李林华,金明生.理性与我国科学图书馆学的构建[J].中国图书馆学报,2008(4):14-18.

有的研究方法之外,还应包含移植的、在图书馆学中经常应用、贡献较大具有特殊性的方法。①这一观点也基本得到了徐跃权、杨玉麟的认可,他们更进一步使用历史方法还原出专门研究方法在科学方法论和图书馆学两个层次领域中存在的两种不同涵义。②陈慧鹏通过对研究方法论体系的回顾指出,"层次论"影响了包括专门方法在内的方法论其他方面的研究,但方法论体系不能孤立于具体的图书馆学学说之外,应放弃对大而全的单一体系的追求,转而围绕不同范式构建相对独立的子体系。③

2 图书馆学研究范式的反思

"'方法'总是与'实质的'(substantial)理论联系在一起的,不存在理论和范式(paradigm)之外的方法,离开了实质的学说和理论并无所谓独立、简单的方法和方法论。方法,或许就表现为某种独创性的研究过程和研究方式,不外于,更不能先于实质性的学说和理论,与某种独创性的理论和思想是二而一的事情"。④因而对研究方法科学性的质疑必然连带出对图书馆学研究范式的反思。有意思的是,甚至"范式"本身的解释也受到考验,20世纪80年代,范式被认为是常规科学特有的表现,而图书馆学尚处于前科学阶段,故图书馆学尚未形成自有范式,而白卉、蒋永福则认为,只要存在不同的价值取向、不同的话语群像,就可以认为存在范式,而不完全取决于是否为常规科学。⑤科学地梳理和概括出范式类型更为重要。他们依据不同的价值取向和话语特征,区分出6种不同的图书馆学范式类型,并就各种范式的研究内容和研究特征进行了精辟的陈述。综观近两年的理论研究,对于研究范式的批评、考察、思索的文字不在少数,且珠玑遍拾,其中对图书馆学工具理性、本质主义、知识论、价值观、信息生态的追问值得细品,傅荣贤先生的文章值得推荐。

李满花认为工具性定位切断了图书馆与文化的本质关联,导致图书馆走向被动和趋同,进而在观念上形成错误的预设,即文化的一元论,这有悖于人类文化的

① 陈宇昀.我国图书馆学方法论的研究历程、存在问题及发展思路[J].图书馆杂志,2010(7):2-5,31.

② 徐跃权,杨玉麟.论我国图书馆学方法论中的专门研究方法[J].中国图书馆学报,2010(1):20-26.

③ 陈慧鹏.图书馆学方法论体系研究的回顾与反思[J].图书馆杂志,2009(2):7-11,34.

④ 朱红文.社会科学方法[M].北京:科学出版社,2002:3.

⑤ 白卉,蒋永福.图书馆学范式初论[J].图书情报工作,2009(1):34-37,88.

多元化原则。①傅荣贤对此显然是赞同的,他认为图书馆具有文化本体意味,但长期以来,人们一直把图书馆的运用当做图书馆的全部,从而导致图书馆文化性质和思想精神方面的内涵被轻视甚至被抹杀。②一元论价值背景中,图书馆学的学理和旨趣直接指向信息传递的预期效率最大化,技术的支持强化了对单一性传递效益的追求,但长期来看则显示了图书馆学的堕落和自蔽。因而图书馆学研究必须以价值多元论为基础,并能够对多样化标准之间的替代和互补关系予以更加现实的评估。③范兴坤从"道"、"器"之辨再次重申了图书馆学人文与技术的辩证统一关系。④在强大的技术氛围渲染中,现实主义的影响依然巨大,图书馆学对工具理性思维的论辩还将继续。

马恒通针对周久凤关于"'研究对象'之争源于不同视角"的分析提出不同看法,认为"图书馆学研究对象"必须是对图书馆本质的准确揭示,而图书馆的本质是固有的、稳定的和唯一的,不会随时空和图书馆形态变化而变化。⑤⑥这种认识代表了绝大多数理论研究者的潜意识,总在致力于无限逼近图书馆学研究对象的"斯芬克司"之谜。⑦傅荣贤则认为应将图书馆小文本置于社会大文本的框架内研究,并认为这应该成为对现有图书馆学予以反省的代表性潮流。⑧我们不是要对"到底什么才是图书馆学研究的本质"做修修补补补式的"后出转精",而是要彻底摒弃本质观,转而面向当下、具体、真实的图书馆现象;颠覆图书馆学研究方法中对广泛的一致性话语的追求,运用多元并存的思维方式寻求对图书馆学现象的创造性解释。功能图书馆学、图书馆功能设计思想来源大抵与此相同。⑨⑩

---

①　李满花.图书馆的文化本质和图书馆学研究的文化选择[J].中国图书馆学报,2009
(2):4-8,92.

②　傅荣贤.本体论视域下的图书馆学研究内容和研究方法:兼与工具论比较[J].图书馆,2010(1):1-5.

③　傅荣贤.论当代图书馆学研究范式的转变[J].大学图书馆学报,2009(1):23-29,42.

④　范兴坤.图书馆学"人文"与"技术"性的"道""器"辩证[J].图书馆,2010(2):1-5.

⑤　马恒通."研究对象"之争 源于仍未准确揭示其"本质"——与周久凤先生商榷[J].图书馆,2009(6):63-64,76.

⑥　周久凤."研究对象"之争,源于不同视角——与马恒通先生商榷[J].图书情报工作,2008(7):148-150.

⑦　张天霞.逼近图书馆学研究对象的"斯芬克司"之谜——兼与王子舟先生商榷[J].图书馆杂志,2009(2):12-16.

⑧　傅荣贤.论当代图书馆学研究范式的转变[J].大学图书馆学报,2009(1):23-29,42.

⑨　杨文祥.功能图书馆学理论体系概述——"21世纪理论图书馆学新视野"系列论文之三[J].图书馆,2009(2):10-12.

⑩　许晓霞,潘丽敏.理性地确定图书馆发展方向——功能设计思想在我国经济发达地区的应用尝试[J].图书馆,2009(6):25-29.

价值论比较执著于普适性的社会理想,把极强的价值判断置于图书馆之上,图书馆与民主的关系即为一例。蒋永福认为公共图书馆是民主政治的产物,公共图书馆是向公民提供信息和接受社会教育机会的公共设施,是实现民主政治的基本条件之一。[①]对《读书》杂志30年来刊载的与图书馆相关的文章进行分析发现,在不同的发展阶段,当代中国知识分子图书馆认同的内涵从"思想自由的认同"到"以人为本的认同",再到"民主保障的认同",[②]似乎在呼应蒋先生的观点,从实证角度增添了一些佐证。但Buckland就质疑了图书馆学情报学与民主理论之间本质的、内在的、天然的联系。Buckland认为,图书馆是在社会资源配置中形成的社会技术系统,由其所处的文化环境所决定,因此"图书馆服务于民主"的现实只有在偶然的民主情境下才能成为可能。[③]民主之于图书馆是内在的生发还是外在的强加?中西方的价值判断和社会情境能否互相沟通?同样的质疑可以延伸到制度图书馆学、信息自由、信息生态等方面。本质主义和价值论范式反映了"知识真理"和"应然理想"之间不同的学术分野,但都未能回答"如何处理和协调人与文献信息的关系"这一图书馆学研究的真正旨趣。在反思的基础上,实践论范式成为当代图书馆学研究应做的范式选择。实践论范式的哲学基础是马克思主义实践哲学,它把人类文化交往活动视为图书馆的宏大背景,关注每一个"我"的具体图书馆实践,同时又强调客体对象和他者主体对"我"的规约。由此,知识真理成为依附于特定实践对象和社会关系的存在。[④]

知识范式在我国流布甚广,但随着对"知识"客观性、普遍性、确定性预设基础的颠覆,这一范式也受到挑战。段小虎认为,虽然目前我国图书情报界的研究模式只关注于对知识经验作静态的逻辑分析,而忽视了知识的"不确定性",没有把知识在非人工和技术干预条件下所发生的"自然选择"过程纳入到知识论的研究范畴。[⑤⑥]要摆脱理论困境,就必须首先解决以逻辑实证主义为代表的认识论的问题,要认识到知识并不是同质的,也不是确定性的,研究对象应是陈述知识形式

① 蒋永福.公共图书馆与民主政治[J].中国图书馆学报,2009(3):10-14.

② 金武刚,等.当代中国知识分子的图书馆认同变迁研究——基于《读书》杂志(1979—2009)的文本分析[J].中国图书馆学报,2010(4):31-36.

③ Buckland. Democratic Theory in Library Information Science[J]. *Journal of American Society for Information Science and Technology*,2008,59(9):1534.

④ 傅荣贤,马海群.论图书馆学研究范式的历史演进及其当代建构[J].情报资料工作,2010(1):11-15.

⑤ 段小虎.图书情报学知识论研究:当前困境与未来趋向[J].图书馆杂志,2009(2):2-6.

⑥ 段小虎.图书情报学知识论研究:当前困境与未来趋向(续)[J].图书馆杂志,2009(7):13-17,47.

以及陈述性知识形式的转化。周慧赞同知识的变动性，并从知识运动的角度将图书馆界定为人类主观知识与客观知识进行交换的社会化介质，这个介质的性质是人类的社会记忆机制，其端口功能表现为基于内容的存取。[①]而其对知识客观性的坚持与葛园园对知识组织的客观性、逻辑性、可分性的质疑可谓针锋相对。[②]后者认为，既然"个人参与性"与"个人参数"是在知识组织中必须加以研究的基本因素，那么它们就必然不是客观因素，顶多是一种"主体间性"，因此，知识组织领域至高无上的普遍性是无法达到的；知识可分性思想实际是一种机械主义的还原论，破坏了知识之间的关联，漏掉了语境原则，思路本身就是值得商榷的。邱景华从解释学的角度分析了知识论争论的缘由所在，他认为当前我国知识论研究多数是用"全知"知识观的"前理解"加以解读，必然带来误读，因此要以"无知"知识论作为理论基础，清醒地认识到人类认知的局限性。[③]

从图书馆学研究范式的反思中不难看出隐现其间的真理观争议的痕迹。真理的绝对性与相对性、确定性与变动性、客观性与主体间性、本质性与现实性，在我们探究图书馆学研究范式和研究内容时或许都将成为学者们不得不面对的哲学命题。

3　图书馆学研究的本体回归

图书馆学基础理论研究的触角早已挣脱图书馆学对象、特点、原则等的桎梏，在更广阔的天地中愈行愈远。但当学界认为"图书馆学是不是一门科学，至今仍然是一个问题"时，[④]当吴建中、吴晞等业界专家都对"图书馆学是什么"犹疑不决时，[⑤⑥]我们真的已经偏离图书馆学太远了，远得我们对这一图书馆学基础理论的入门问题都雾里看花难以辨清了，是时候寻回来时的路，回到图书馆学诞生之初的本真。因而聚焦图书馆学本位研究、专业研究成为共同的倡导，理论与实际、抽象与具体的关系获得重申。

吴晞论及当前图书馆学研究的一些歧误，明确主张图书馆学应当回归其本

①　周慧.从知识运动的角度认识图书馆[J].中国图书馆学报,2009(6):110-118.

②　葛园园.当代图书情报学理论研究的知识论视角探析[J].图书馆杂志,2009(11):2-6,27.

③　邱景华.图书情报学知识论研究中的解释学问题[J].图书馆杂志,2010(9):5-8.

④　蒋永福.再问图书馆学的科学性与研究方向问题——写在张晓林《应该转变图书馆研究的方向》发表20周年之际[J].中国图书馆学报,2005(3):5-10,27.

⑤　吴建中.图书馆学的反思[J].图书情报工作,2009(15):5-6.

⑥　吴晞.归去来兮图书馆学[J].图书情报工作,2009(13):5-6.

义,不是囿于图书馆这个机构的窠臼,不能依附于新技术的卵翼,也不应归之于其他什么别的东西,图书馆学就是图书馆学。①

黄宗忠力持图书馆学本位研究,提出不要以边缘化代替本位,以非专业代替专业,以共性代替个性,以主观代替客观;要始终坚持图书馆学本位研究、理论联系实际、尊重图书馆发展的历史、摆正图书馆学理论研究的位置;未来图书馆学理论研究应走图书馆学基础理论研究与图书馆学一般理论研究相结合的道路,继续深入开展图书馆学基础理论研究、建立新型图书馆的理论体系、改善图书馆形象的研究、信息资源自由存取和共建共享研究、图书馆服务理论研究、各类型图书馆研究以及图书馆发展史研究。②他还认为,在此进程中要加强专业队伍建设、正确处理图书馆学专业与非图书馆学专业的关系、坚持专业为主、加强图书馆学整体研究、重视专业创新。③

顾敏指出,图书馆学必须要摆脱不必要的徘徊,破除学科名称的"自我困局",划定自己的际当。④研究图书馆学的学术理论,须同时注重图书馆在社会中的"变律"与"定律"这两个元素。于良芝认为,目前 LIS 的中文名称还令人无所适从,但比名称更重要的,是认识到这是一个融贯的、统一的学科。⑤她从图书情报学的使命与视域出发,指出我国的图书馆学研究要关注与信息有效查询和获取相关的所有问题。段小虎和于绒也认为图书情报学必须是图书情报学才能获得真正的学科地位,图书情报学知识论也只有研究"属于自己学科领域的知识"才会有真正的学术价值。⑥

对于理论和实际、抽象与具体的学理辩证,白君礼认为理论与实践深层次的一致性是一种客观存在状态,对二者关系的不同观点是从不同层面而言的,理论解决现实问题,不是对具体问题给出具体答案,而只是提供一种解决方法、思维方式、方向、原则。⑦储流杰针对理论联系实际的种种误读,认为理论联系实际不是图书馆学的发展基础,而是图书馆学研究的科学学风,是图书馆学理论创新的重要

①　吴晞.归去来兮图书馆学[J].图书情报工作,2009(13):5-6.

②　黄宗忠.《现代图书馆学理论》与 10 年来的图书馆学研究[J].图书馆,2008(6):4-7.

③　黄宗忠.论图书馆学研究的国际化、本土化、专业化[J].图书馆学刊,2010(8):1-4.

④　顾敏.图书馆学学术理论研究[J].图书情报工作,2009(7):5-8.

⑤　于良芝.图书馆与情报学(LIS)的使命与视域[J].图书情报工作,2009(9):5-9.

⑥　段小虎,于绒.图书情报学知识论研究:当前困境与未来趋向(续)[J].图书馆杂志,2009(7):13-17.

⑦　白君礼.准确把握图书馆学理论联系实际的内涵[J].图书情报工作,2009(21):17-20,85.

途径,学术界对基础理论研究脱离实际的非理性责难是图书馆学发展的沉重枷锁。①②问题不在于理论是否要联系实际,而是在于理论联系什么样的实际以及理论怎样联系实际。图书馆实际应该包括图书馆实践、图书馆事业和学科研究的实际状况、图书馆学基础理论的现实进展。

而从理论研究和事业发展的实践来看,吴建中针对近年来图书馆学与图书馆逐渐分离的趋势,提出要重新聚焦图书馆学的核心内容,深刻思考图书馆的核心价值,积极探索图书馆学的科学发展,深入开展图书馆学理论研究是我国现代图书馆事业发展的一个亟待解决的课题。③王宗义对当代中国图书馆学基础研究的问题批评一如既往,集中在专业思维缺失、专业活动定位迷失、社会职能认识虚幻、事业发展研究空洞化等现象。④他指出图书馆学基础研究不能把目光放在对专业活动对象进行无谓的抽象,而应回归专业实践的基础,集中精力于创新探索的归纳、提炼,科学把握专业活动的自身发展规律。傅荣贤认为图书馆学除了要生成基于具体图书馆及其现实馆藏的境遇性的实然知识,还应生成普遍性的应然知识,提供关于人类知识、文化乃至社会文明的无限性思考。⑤因此,重视对图书馆学应然价值知识的建构,并不意味着对实然知识的排斥,它只是不停留在实然知识的层面之上。

图书馆学史的梳理是图书馆学研究的本体回归的重要路径,正如王子舟所言,"学科或专业的活力来源于两部分:一是对过去的记忆;一是对未来的期望。有记忆我们才能够反思,有期望才会去探索","了解图书馆学史是理解本学科基本特质的前提"。⑥从国家社科基金项目"20世纪中国图书馆学思想史研究"、"中国古代图书馆学思想史"、"中国图书馆学的学科制度及其发育机制研究(1909—2009)",不难看出学者从历史中重寻图书馆学本义的共同倾向。

---

①　储流杰.理论联系实际与图书馆学理论创新——兼与《理论联系实际是图书馆学发展的基础》作者商榷[J].图书馆,2008(5):1-6.

②　储流杰.也谈图书馆学发展的基础——兼与《理论联系实际是图书馆学发展的基础》作者商榷[J].图书与情报,2009(3):75-78.

③　吴建中.图书馆学的反思[J].图书情报工作,2009(15):5-6.

④　王宗义.专业思维与专业方法——关于当代中国图书馆学基础研究的散思[J].图书情报工作,2009(21):21-24,133.

⑤　傅荣贤.实然的超越和应然的解说:图书馆学如何提高学科地位[J].中国图书馆学报,2009(5):27-35.

⑥　王子舟.重读近现代图书馆学典籍的必要性[J].图书情报工作,2009(11):5-6.

4 图书馆学研究的本土化

《中国图书馆学报》英文年刊于 2010 年创刊发行,目的是向世界展示中国图书馆学研究的动向和图书馆事业的发展状况,向同行提供一个国际化的学术交流平台。①《图书情报工作》也已出版了英文刊。近年来中国的图书馆学和图书馆事业越来越走向国际化,环太平洋数字图书馆联盟一致同意将秘书处转到中国,OCLC 于 2007 年在北京成立了其在海外的第一家代表机构——OCLC 北京代表处,加强与中国图书馆界的联系与合作。2009 年中美图书馆员专业交流项目启动。从国际期刊论文发表情况来看,国外尤其是亚洲各国的图书馆学工作者对中国图书馆学有浓厚的兴趣,发表的相关论文数量不亚于来自中国的研究者。一个显著的例子是 Asian Libraries 上面大量的论文主题是对中国图书馆学的研究。②当此之际,我们更应该去追问的问题是当我们的脚步迈向国际时,我们的特点在哪里?图书馆学本土化/中国化的问题由此再次成为研究热点,对西方图书馆学的审视、对中国图书馆学传统的探寻、向本土化理论领域的拓展成为突出特点。

李满花、傅荣贤一方面批判了西方话语权下的单一化取向,认为古今中外的图书馆既有作为"工具"的相同性,也有作为文化本体的相异性,西方图书馆科学以客观性见长是可以复制的,但其致力于追问如何在技术面前寻求精神平衡又是主观不可拷贝的。③④中国古代图书馆学向个体敞开,表现出与科技相对的哲学性,将有助于对西方式的科学和技术在当今图书馆学中的无限扩容加以限制。他们相信任何理论都是特定文化背景下的产物,具有民族性和历史境遇性,背景是不能"拿来"的。所谓"中国图书馆学",就是要以"中国图书馆"的事实为依据,构建"中国制造"的、对中国图书馆实践具有理论解释力的话语体系。对西方图书馆学理论采取"拿来主义",是典型的缺乏文化视野的表现。⑤中国图书馆学亟须彰显自我价值自觉,颠覆西方式的图书馆学共时性结构的规约,将历时性的古老

① 《中国图书馆学报》英文年刊创刊发行[J]. 中国图书馆学报,2009(5):90.

② 经渊,朗杰斌,胡海燕. 从国际期刊论文发表情况看我国图书馆学研究[J]. 大学图书馆学报,2009(3):11-15.

③ 李满花. 图书馆的文化本质和图书馆学研究的文化选择[J]. 中国图书馆学报,2009(2):4-8,92.

④ 傅荣贤. 西方话语的困惑和中国先贤的智慧:图书馆哲学新论[J]. 图书情报工作,2008(9):21-24.

⑤ 傅荣贤. 文化视角的图书馆学研究:层次及内容分析[J]. 中国图书馆学报,2010(4):24-30.

传统激活为现实的思想资源。①

白君礼阐释了"本土化"与"中国图书馆具体实际"的内涵,即本土化实质是西方图书馆学基本原理与中国图书馆学、中国传统文化和中国实践经验的有机统一;中国图书馆具体实际包括中国图书馆的当前现实和中国传统文化——中国图书馆学发展实际。②图书馆学本土化与图书馆实践本土化不同,本土化应是出于学术发展的内在要求,研究内容包括基础理论、合理成分与中国实际结合、创建内涵以及方法论。③他一一剖明当前本土化的误解,指出本土化包括中国维度和世界维度,前者是指把西方图书馆学合理成分同中国的实际相结合;后者是指要在全球化语境和世界视野中审视西方图书馆学同中国实际的结合问题,并强调中国经验的开放价值和中国形态的图书馆学理论在世界图书馆学研究中的话语权,促进世界图书馆事业的发展。本土化是合理可行的,但应该分清当前的阶段目的与终极目的。目前我国图书情报界还没有从理论维度研究西方图书馆学本身流变,这将可能成为本土化研究的一个生长点。④这一观点与上述 20 世纪中国化诉求得失评价互为表里,共同表证理论研究本土化的合理性和必要性。

黄宗忠重点分析了中国图书馆学本土化的实现方式。指出本土化一是要以本国、本地图书馆研究为主;二是要充分反映本国国情、民情、社情;三是要以服务推动本国、本地图书馆实践的发展为目的;四是要正确处理本土化与国际化的关系;五是从理论到方法要尽可能对本国、本地图书馆研究比较深透,形成某些特色;六是本土化要与创新相结合。⑤

供稿:肖雪(南开大学商学院)

① 傅荣贤.本体论视域下的图书馆学研究内容和研究方法:兼与工具论比较[J].图书馆,2010(1):1-5.
② 白君礼.再论图书馆学本土化基本理论[J].图书情报工作,2009(1):38-41.
③ 白君礼.图书馆学本土化基本理论管窥[J].图书情报工作,2008(8):31-34.
④ 白君礼,刘掌全.图书馆学本土化误解举隅[J].图书馆建设,2010(4):23-26,32.
⑤ 黄宗忠.论图书馆学研究的国际化、本土化、专业化[J].图书馆学刊,2010(8):1-4.

关于图书馆社会责任与社会价值的思辨与践行

21 世纪,图书馆界的天空异彩纷呈。"理念、使命、精神、价值、权利、伦理……",这些长久以来理不清道不明的"道之道",渐渐掀开了神秘的面纱。伴随着一系列思想启蒙的"扫盲"工作,人们开始在更高层面上关注"图书馆与社会",其中尤以"图书馆的社会责任"最为闪亮。①纵观 2008—2010 年的图书馆社会责任研究历程,是图书馆职业面对社会问题所持立场和态度上的思想争鸣,是在不断深化对职业哲学和价值观认识的基础上产生的对社会影响力的诉求,是面向未来打造核心竞争力以及彰显社会价值的积极行动。

1 社会责任的争鸣:"分内"与"分外"

图书馆的社会责任是什么? 对于"社会责任"概念理解上的认识差异反映出了当前研究中所持的不同立场。其一,图书馆承担社会责任的行为,是图书馆分内应当完成的工作,②无论这一主体是否愿意,都不得不承担,别无选择;③或职业使命的驱使行为,是为满足社会需求而采取的基于自身特质的主动作为;④又或是一种自愿的行为,图书馆可以去完成,也可以不去完成,如"对与服务运营无关的由社会其他力量或自然灾害所产生的社会问题,图书馆在自己的能力范围内,适度承担",⑤学者们的观点莫衷一是。其二,图书馆承担社会责任的内容范畴,重点是"知识信息的有效组织",⑥或是"尽心竭力为用户提供信息服务,包括收藏、存贮知识信息机构和传播知识信息枢纽,成为民众终生教育学校以及文化中心、

---

① 范并思.图书馆社会责任专栏导语[J].图书馆建设,2010(7):1.

② 潘晓倩.浅谈公共图书馆的社会责任[J].科技情报开发与经济,2009,19(22):56-58.

③ 尚硕彤,屈冠军,朱怡钧.公共图书馆的社会责任探析[J].图书馆理论与实践,2009(11):89-91.

④ 邱五芳.内容重于传递:图书馆不应回避的社会责任[J].中国图书馆学报,2007(4):11-13.

⑤ 郭学军.图书馆社会责任的逻辑起点、概念模型与承担方式[J].图书馆学研究,2010(1):48-51.

⑥ 韩喜运,谢林会.图书馆的社会责任及价值实现[J].四川图书馆学报,2001(4):12-14.

'市民第二起居室',消除数字鸿沟",①又或是"应妥善处理与利益相关者的关系,承担起对图书馆利益相关者的责任,保护大众公平享受文献信息资源的权益"?②

由于图书馆社会责任定义的不明确,图书馆社会责任的体现也大多处于自发的状态,③众多的研究始终未能解决两个问题:第一,什么是图书馆社会责任;第二,为什么需要研究图书馆社会责任。④从而导致研究显现以下两种状态:一是缩小了图书馆的社会责任范围,局限于图书馆的本质服务(储藏文献、揭示文献与传递文献);二是放大了图书馆的社会责任范围,将图书馆的社会责任变成了图书馆必须完成的本职工作(如清除青少年网瘾、信息鸿沟等)。造成这种现象的原因在于没有正确解读图书馆社会责任的实质。⑤

那么,如何较科学地理解"图书馆社会责任研究"呢?于良芝回顾了国外图书馆社会责任之争的背景、原因、焦点、结果等,指出图书馆社会责任之争是20世纪60年代末出现的,并在此后持续进行的,关于图书馆职业与社会问题关系的争论。⑥争论开始于一些美国图书馆员以社会责任的名义公开呼吁图书馆关注社会问题,随后是一些相反观点的馆员的回应,后来竟演变成两个阵营的持久的激烈的争论。争论的焦点在于:图书馆职业(图书馆协会)在社会问题上的态度与立场,即图书馆职业是否应该关注社会问题?图书馆职业是否应该参与表态?图书馆职业是否应该积极影响社会问题的解决?激进方的观点是持肯定的,而在否定方看来,这些问题则是"偏离图书馆职业的使命","是对图书馆职业客观中立立场的颠覆","是对信息自由原则的挑战"。争论的结果是"图书馆社会责任"被赋予了具体的含义,即图书馆社会责任就是图书馆职业对社会问题的责任。"社会责任"应理解为"一个组织对社会应负的责任,通常指组织承担的高于组织自己目标的社会义务,以一种有利于社会的方式进行经营和管理"。⑦

基于此,图书馆的社会责任显然不是图书馆分内的责任,而应该是分外的责任,⑧关注的是"图书馆与社会"的话题,而不能与"图书馆社会职能"之类描述图

---

① 粟慧,何小萍.图书馆因社会责任而诞生、发展——责任驱动管理[J].图书与情报,2006(3):1-5.

② 李阳.论图书馆的社会责任与可持续发展[J].四川图书馆学报,2008(1):9-12.

③ 韩宇.关于图书馆社会责任的调查与思考[J].图书馆建设,2010(7):3-6.

④ 范并思.图书馆社会责任专栏导语[J].图书馆建设,2010(7):1.

⑤ 郭学军.图书馆社会责任的逻辑起点、概念模型与承担方式[J].图书馆学研究,2010(1):48-51.

⑥ 于良芝.风起青萍之末——回顾图书馆社会责任之争.2010年中国图书馆学会年会"图书馆的社会责任研究"分主题报告PPT.

⑦ 蒋永福.社会包容:现代公共图书馆的使命[J].中国图书馆学报,2009(6):4-9,55.

⑧ 范并思.如何理解"图书馆社会责任研究"[J].图书馆建设,2010(7):2.

书馆自身行为的研究混为一谈,①"以图书馆传统的工作方式来体现的,并非图书馆工作的重点"。②我们应该以更广阔的视野超越图书馆本职服务的狭隘来概括我国社会责任的内容,比如未成年人上网的问题、环境问题、消除信息鸿沟和数字鸿沟的问题、慈善行动等,③既包括图书馆对自身行为的社会效果的责任(例如,以信息自由的名义拒绝对儿童接触的网上信息进行审查,由此产生的后果就是图书馆不得不考虑的社会责任),也包括图书馆通过自己的活动积极影响社会问题的责任(例如通过平等服务影响性别和种族歧视的责任)。④

2　社会责任研究的发展:职业价值观的积极延伸

在国外图书馆界发起社会责任大讨论时,其基本逻辑大致如下:如果图书馆的基本价值职责是推进民主,那如果民主遭遇社会问题威胁时,图书馆是否有义务来揭示这些问题呢? 当社会问题的根源是反对公平参与公共领域时,这种职责的履行难道不显得尤其重要吗? 但如果对上述的问题都持肯定答案时,图书馆职业应该怎么做? 也就是说,图书馆的社会责任一直以来就被置于图书馆理论和实践的职业价值体系的中心,"其公共责任是与生俱来的"(关于公共图书馆的公共责任,图书馆学界以社会责任为题进行了一些研究)。⑤图书馆社会责任之争实质上是不同世界观的图书馆员重塑图书馆职业价值观的一场努力(冲突和较量),是社会冲突尖锐化引发的职业价值观的冲突。⑥这种争鸣在久经文艺复兴和启蒙运动思想改造的西方图书馆界尚且如此,那我国既缺乏对西方现代图书馆思想的了解,且面临"社会核心价值的缺失、图书馆核心价值基础的薄弱、价值问题的特殊性以及操作性学科传统对于价值的漠视"等问题,⑦情况又将如何? 诚如范并思所总结的,1985 年前后我们已经开始试图关注"图书馆与社会"的话题,希望跳出封闭的图书馆机构之墙而开辟一块新的图书馆学天地,但其研究很快南辕北辙,失去了其基本意义。⑧

① 范并思.图书馆社会责任专栏导语[J].图书馆建设,2010(7):1.
② 韩宇.关于图书馆社会责任的调查与思考[J].图书馆建设,2010(7):3-6.
③ 宋显彪.图书馆的社会责任研究综述[J].图书馆建设,2009(6):97-99.
④ 于良芝.如何理解"图书馆社会责任研究"[J].图书馆建设,2010(7):2.
⑤ 席涛.论公共图书馆的公共责任[J].图书馆建设,2010(7):17-20.
⑥ 于良芝.风起青萍之末——回顾图书馆社会责任之争.2010 年中国图书馆学会年会"图书馆的社会责任研究"分主题报告 PPT.
⑦ 范并思.图书馆核心价值研究:我们面临的挑战[J].图书馆建设,2007(6):2-5.
⑧ 范并思.图书馆社会责任专栏导语[J].图书馆建设,2010(7):1.

责任行为只有在价值理念和道德规范非常清晰的情况下进行,只有把这些价值理念转化为职业实践并为之建立职业引领框架时,责任行为才可能顺势产生。显然,重构图书馆职业版图和重新审视图书馆价值体系被视为履行相应责任的基础和前提。换句话说,2010年中图学会首次设立"图书馆的社会责任"主题讨论,正是源于近年来有关图书馆价值体系研究的不断深化,职业理论和价值观渐渐深入人心,责任意识和职业使命使得图书馆以更自信的姿态面向社会,展示有所担当的胸怀提升职业的社会价值。因此,图书馆的社会责任研究进展是与不断追寻职业价值体系建设的深化紧密结合在一起的,这种现象反映在我国尤其明显:对于图书馆的价值、精神、权利、理念、使命、伦理等热点话题的研究风起云涌。

2.1 核心价值的研究渐趋深入

价值与核心价值的讨论由来已久,至今未有统一的认识。学界和业界试图通过对图书馆核心价值理念认识,澄清人们思想观念上的模糊性,进而弥补市场经济给图书馆带来精神缺失和价值分化,回归业已形成的图书馆所恪守的社会责任与职业责任。从研究主体划分,可以分为三部分:首先,国外学者,如 Gorman、Rubin、Dole、Joey Rodger、Ford 等;其次,图书馆协会,如国际图联、美国图书馆协会、澳大利亚图协、加拿大图协、美国院校以及研究型图书馆协会、新英格兰法律图书馆协会;最后,一些图书馆管理委员会如法明顿社区图书馆董事会等。[①]此外还有许多图书馆如英国、苏格兰国家图书馆,俄亥俄大学、勒冈大学图书馆,芝加哥等公共图书馆。[②]研究内容则由于"价值这个概念是难以驾驭,而且容易与其他有益及有德行的事情混淆",[③]价值并非一成不变或世界通用的,它会因具体的文化环境和观念等因素发生变化,[④]不同地区、不同组织、不同性质的图书馆都有其不同特性、不同的社会功能和服务对象,因此对图书馆核心价值的解释、表述不尽相同。[⑤]

台湾学者王梅玲和刘济慈通过考察后,把图书馆核心价值总结为"教育与终

---

① 姜利华. 我国图书馆核心价值的实现途径[J]. 四川图书馆学报,2009(4):5-8.

② 颜丽玉. 图书馆核心价值研究综述[J]. 现代情报,2009(9):223-225.

③ Michael Gorman. *Our Enduring Values*:*Librarianship in the 21st Century*[M]. Chicago: American Library association,2000:26.

④ Michael Buckland. Library education:a centenary and the future. This is prepublication draft of an article in the Bowker Annual 32nd ed. ,1987:279 – 282. It summarizes a longer article "Education for librarianship in the next century" published in *Library Trends*,1986,34(4):777 – 778. [2010 – 07 – 21]. http://people. ischool. berkeley. edu/ ~ buckland/bowkan87. pdf.

⑤ 颜丽玉. 图书馆核心价值研究综述[J]. 现代情报,2009(9):223-225.

身学习、提供资讯取用、追求专业与卓越、提供服务、推动阅读、多元化资源与服务、文化保存、尊重资讯伦理、追求公共福祉、社会责任、促进智识自由、促进民主"。①Rubin 认为"价值"和信念、原则相关，图书馆核心价值应包含下列 7 项：服务、阅读和图书的重要性、尊重与追求真理、包容、公共利益、公平（justice）、美学（aesthetics）。②黄德建对国内外相关研究进行对比后认为，国外图书馆核心价值主要表现在知识自由、平等获取、保护用户隐私、职业中立等方面；我国图书馆核心价值的主要内容是：收集、保存文献信息资源，传递、"活化"文献信息和知识转移，服务读者和社会，保障公民对信息知识的自由、平等获取，坚持社会公益性原则，以社会效益为最大价值取向。③尽管表述各异，但还是可以看出一些共同的主要内容，如颜丽玉总结了多数研究的论点：保存人类知识信息、传播知识、知识自由、公平存取、服务社会、社会教育与学习。④王政对国内外图书馆界的核心价值研究进行了文本中的语词频次分析，选取出了前 6 个具有共性的普世性图书馆核心价值：普遍服务、平等获取、社会教育、知识自由、保存、隐私保护。⑤

　　核心价值的研究不仅在主要内容上得到了系统概括，还在论述重点上有所强调，如突出社会效益，⑥图书馆核心价值的总体定位应体现在保障读者自由利用知识信息的公益性上；⑦在分析层次上更注重逻辑性以及体系化，如把图书馆核心价值分为外在的社会核心价值和内在的职业核心价值，⑧或把核心价值区分为图书馆核心价值以及公共图书馆制度核心价值，⑨或设计了图书馆核心价值"1 + 4 模型"，即以文化权利为主范畴，保存与共享、促进阅读、平等服务、包容与民主为辅

　　① 　王梅玲，刘济慈. 从图书馆价值探讨我国图书馆员基本专业能力[J]. 图书资讯学研究,2009(12):27 - 68.

　　② 　Rubin, R. E.. *Foundations of library and information science*[M]. 3rd ed. New York：Neal-Schuman Publishers,2010.

　　③ 　黄德建. 国内外图书馆价值与图书馆核心价值研究进展[J]. 图书馆建设,2008(12):116 - 119.

　　④ 　颜丽玉. 图书馆核心价值研究综述[J]. 现代情报,2009(9):223 - 225.

　　⑤ 　王政. 作为图书馆核心价值的知识自由研究[D]. 哈尔滨：黑龙江大学信息资源管理学院,2009:11 - 18.

　　⑥ 　黄俊贵. 图书馆核心价值及其实现[J]. 中国图书馆学报,2008(5):177.

　　⑦ 　张晓萌. 后现代主义视角下的图书馆核心价值研究[D]. 辽宁：东北师范大学,2009:11.

　　⑧ 　施强. 关于图书馆核心价值问题的探讨[J]. 图书馆,2008(2):203.

　　⑨ 　王晓军. 图书馆核心价值辨析——兼论公共图书馆制度价值[J]. 图书馆,2008(4):25 -29.

助范畴的核心价值体系,[①]并认为文化权利是当前中国图书馆界最急需确立的核心价值范畴。[②]

核心价值的探寻能使图书馆人对于职业的基本理念达成共识,确立图书馆核心价值的目的是告诉社会管理者与社会公众图书馆的使命,以争取他们对于图书馆事业的支持。[③]毕竟"图书馆履行社会责任的行为和效果,不仅受外部因素的影响,而且还受到图书馆社会责任意识和履行社会责任能力的影响。只有在政府推动、行业自律和社会监督三者互动的前提下,通过一系列正式的或非正式的制度安排来突破图书馆履行社会责任的瓶颈,才能在推动图书馆履行社会责任方面收到理想的效果"。[④]文献中表达的观点——"承担更多的社会责任是加强图书馆职能、可持续发展的必然要求",[⑤]"如果图书馆没有履行这一责任,其存在的价值也就茫然无存"——切实反映出了图书馆人对职业价值和使命的认可;[⑥]2008年发布的第一个行业性指导文件和自律文件——《图书馆服务宣言》——则向社会表达了自己的职业使命(即实现和保障公民文化权利、缩小信息鸿沟)和从业态度(图书馆愿意承担更多责任,更好服务社会,以更高服务质量满足社会需求)。[⑦][⑧]

2.2 图书馆精神、权利的再思考

早在新图书馆运动时期,老一辈图书馆学人就将图书馆精神这个名词,用于强调以公共图书馆理念为核心的现代图书馆理念。[⑨]在纪念图书馆百年活动中,百年图书馆精神的梳理与归纳为图书馆"思想启蒙"更添力度。程焕文的《百年沧桑 世纪华章》及范并思的《中国图书馆精神的百年历程》,将图书馆精神研究推向高峰;[⑩]于良芝对于"崇尚理性和知识、维护个人获取知识的平等权利、追求知识

① 蒋永福.图书馆核心价值及其中国语境表述[J].国家图书馆学刊,2008(2):21-26.

② 蒋永福.文化权利:中国图书馆行业的核心价值[J].图书馆论坛,2007(6):70-73.

③ 范并思.图书馆核心价值研究:我们面临的挑战[J].图书馆建设,2007(6):2-5.

④ 郭学军.图书馆社会责任的逻辑起点、概念模型与承担方式[J].图书馆学研究,2010(理论版)(1):48-51.

⑤ 李阳.论图书馆的社会责任与可持续发展[J].四川图书馆学报,2008(1):9-12.

⑥ 尚硕彤,屈冠军,朱怡钧.公共图书馆的社会责任探析[J].图书馆理论与实践,2009(11):89-91.

⑦ 中国图书馆学会·图书馆服务宣言(2008)[J].图书馆建设,2008(10):1.

⑧ 黄宗忠.《图书馆服务宣言》专家笔谈[J].中国人民大学书报资料中心(图书馆学情报学),2009(2):116.

⑨ 范并思.图书馆精神学习札记[J].图书与情报,2006(6):1-3,10.

⑩ 梁桂英.图书馆学基础理论研究热点述评——基于中国图书馆学会年会主题的分析[J].新世纪图书馆,2009(1):11-14.

最大利用"的图书馆职业精神的解读,①蒋永福关于"平等服务、知识自由、信息公平、民主政治、社会包容"五大现代图书馆理念的诠释,②彭斐章和彭敏惠对"文华精神"的重新认识,③付雅慧对图书馆精神研究主要学者的思想观点中肯而系统的分类和评价,④使得人们对图书馆精神有了较全面的认识,也使图书馆精神的内涵逐渐趋于一致。⑤达成思想上的共识是为了更好地指导实践,图书馆职业精神要在内容、表达形式、调解范围等方面具有相应的特征:⑥即在内容上,要鲜明地体现着图书馆职业的使命,以及图书馆职业责任、职业行为上的精神要求;在表达形式上,要体现图书馆职业的特点;在调解范围上,要调整图书馆职业内部的关系以及图书馆从业人员与其所接触的对象的关系。

另有一些学者主张从图书馆权利方面研究图书馆的价值体系。如李国新认为新图书馆运动需要解决的事业发展的理论支撑问题,是建立和普及与现代政治文明相适应的、体现职业价值和职业社会责任的图书馆权利观念。⑦这种图书馆权利不仅集中体现了现代图书馆事业的核心理念、核心价值观以及图书馆精神的最高境界,而且是中国图书馆事业可持续发展的必要保障之一。⑧2009年中国图书馆学年会以"图书馆事业:科学·法治·合作"为主题,凸显了立法和权利在当前职业发展中的地位。截至目前,图书馆权利研究共涉及三大类内容:第一类是民众权利论,指"公民依法享有的平等、自由和合理利用图书馆的权利";⑨第二类是图书馆员权利,指"图书馆员职业集团为完成自身所承担的社会职责所必须拥有的自由空间和职务权利";⑩第三类是公民与图书馆权利论,认为"图书馆权利包括以下两种权利:社会意义的图书馆权利,即公民接受图书馆服务的权利;图书馆人的职业权利,即图书馆人维护图书馆科学有效地运作的权利"。⑪究竟如何理解

---

① 于良芝.未完成的现代性:谈信息时代的图书馆职业精神[J].图书馆杂志,2005(4):3-7,20.

② 蒋永福.现代图书馆的五大基本理念[J].2009(11):11-16,9.

③ 彭斐章,彭敏惠.文华精神 薪火相传[J].图书情报知识,2010(3):116-120.

④ 付雅慧.我国图书馆精神研究述评——学者思想传记[J].图书馆,2009(5):13-15,18.

⑤ 李斌英,王永胜.我国图书馆精神的比较研究[J].图书馆学研究,2010(9):10-12.

⑥ 刘建丽.新经济时期图书馆职业精神探析[J].开发研究,2009(4):212-213.

⑦ 李国新.21世纪新图书馆运动的时代任务[J].图书馆,2005(2):1-2,9.

⑧ 程焕文,张靖编译.图书馆权利与道德[M].桂林:广西师范大学出版社,2007.

⑨ 程焕文.图书馆权利的界定[J].中国图书馆学报,2010(3):38-45.

⑩ 李国新.图书馆权利的定位、实现与维护[J].图书馆建设,2005(1):1-4.

⑪ 范并思.论图书馆人的权利意识[J].图书馆建设,2005(2):1-5.

图书馆权利呢？程焕文撰文辨析了图书馆权利的来由,[1]并通过对《图书馆权利法案》的内容、美国图书馆协会智识自由办公室的使命、美国图书馆协会有关智识自由的定义等方面的分析,给出了简练的界定:图书馆权利是指民众利用图书馆的自由、平等的权利。[2]

民众在利用图书馆过程中到底有哪些基本权利？或者说读者权利有哪些基本内容？陈有志从法理角度分析了读者应该享有诸如"求知权、平等获取权、免费使用权、无差别享用权、参与权等"在内的基本权利,即应然权利;还应该享有诸如"个人隐私权、批评建议权、监督检举权、知情权"等的法定权利,同时还需要为应然权利和法定权利建立法律保障,在法律上固定下来,使读者享有真正的实然权利。[3]黄连庆对图书馆权利进行了法哲学思考,指出20世纪中叶以来各国制定的各种图书馆权利(或图书馆自由)宣言,虽然表述风格各异,但其基本精神都是为了声张、维护社会普罗大众自由、平等、公平利用图书馆的权利,其利益、主张、资格、力量、自由无不以保障、捍卫公民的信息自由权为最终目的。[4]

但图书馆权利的主体只有公民吗？若是,那么图书馆的生存、发展权利如何得到保障？公民接受图书馆服务的权利在实践层面怎样得到实施？黄连庆对此进行了解答,认为图书馆组织及馆员的权利属于推定权利,在履行义务的同时,其未被法定化的应有权利可从已有的相关法规中推导出来并成为合法的权利;从权利的种属关系看,图书馆权利与图书馆组织及馆员的权利应视为基本权利与派生权利。[5]

无论如何,图书馆精神以及权利研究中所折射的职业理念非常清晰:维护知识自由、倡导平等享有。图书馆精神是事业长青的支柱,是对图书馆自身责任的社会承诺,只有基于这种精神的坚守和弘扬,图书馆才有更大的资本去承担社会责任,"名正言顺"地参与社会问题的声讨或解决。图书馆权利是发扬图书馆精神、履行社会责任的必然社会诉求。实际上,图书馆精神和图书馆权利是一个问题的两个方面,二者必须有机地统一起来。[6]在此背景下,图书馆承担社会责任不仅是宣扬图书馆职业精神的重要表现,也是合理享有图书馆权利的重要前提,有

---

① 程焕文.图书馆权利的来由[J].图书馆论坛,2009(6):30 - 36.

② 程焕文.图书馆权利的界定[J].中国图书馆学报,2010(2):38 - 45.

③ 陈有志.图书馆读者权利主张的法理研究(上)——兼述图书馆读者权利研究进展[J].图书馆,2010(5):9 - 13.

④ 黄连庆.图书馆权利的法哲学思考[J].图书馆,2009(6):17 - 18,24.

⑤ 黄连庆.图书馆权利的法哲学思考[J].图书馆,2009(6):17 - 18,24.

⑥ 向建均.基于图书馆精神的图书馆权利[J].图书馆杂志,2007(10):7 - 10.

利于图书馆人走向自我完善。[①]

2.3　道德、伦理研究星光灿烂

道德伦理的研究同样源于图书馆人对于改变事业所处"整体非理性"状态的期待，[②]出于对世界近现代图书馆本质特性进行了解的渴望。图书馆职业道德规范在国外常常被称为图书馆员伦理规范。中国在这方面起步较晚，大约是20世纪90年代以后才有了真正意义上的图书馆职业伦理研究。[③]区别于前几年的研究内容如图书馆保护读者隐私权、信息技术发展中的信息平等、图书馆员与系统提供商伦理关系、图书馆员信息伦理教育等方面，[④]新近的研究在研究视角上更加广阔：站在职业层面上，面向社会，关注社会责任及其社会排斥等具体内容。

我国近年来出现较多的"职业道德"概念，建议使用"职业伦理"加以替代，[⑤]这种职业伦理的作用机制除了从业人员的道德自律外，更多地倾向于他律。[⑥]因而蒋永福倡导责任伦理理论和为他责任理论应该成为新时期考察图书馆员伦理问题的新视角。[⑦]而要使责任伦理所倡导的"尽己之责"具有较高程度的普遍有效性根据和适应性，[⑧]进而受到当代社会的关注和推崇，图书馆员需遵循基本的价值取向和行为规范，履行为他责任，[⑨]要自觉地理解图书馆的社会责任，自觉地履行图书馆员的社会职责。[⑩]

洪伟达关于图书馆责任的全面剖析令人振奋，其观点对于当前图书馆社会责

---

①　蒋永福.图书馆承担社会责任的意义.2010年中国图书馆学会年会"图书馆的社会责任研究"分主题报告PPT.

②　程焕文.图书馆职业道德——21世纪中国的基本图书馆精神[J].图书情报工作,2004(12):5.

③　蒋永福.论图书馆员伦理——基于责任伦理和为他责任的思考[J].大学图书馆学报,2009(3):2-5,10.

④　周庆山.图书馆伦理与法律研究进展[J].中国图书馆学报,2008(3):70-72.

⑤　赵亚兰,陆自荣.图书馆研究的"职业伦理"与"职业道德"使用分析——兼论《中国图书馆员职业道德准则(试行)》的概念使用[J].图书馆理论与实践,2007(4):7-8,148.

⑥　沈光亮.图书馆伦理教育探索[J].大学图书馆学报,2009(2):100-104.

⑦　蒋永福.论图书馆员伦理——基于责任伦理和为他责任的思考[J].大学图书馆学报,2009(3):2-5,10.

⑧　高湘泽.责任伦理:现代社会伦理精神的必然诉求[J].长沙理工大学学报(社会科学版),2007(1):19-22.

⑨　蒋永福.论图书馆员伦理——基于责任伦理和为他责任的思考[J].大学图书馆学报,2009(3):2-5,10.

⑩　李国新.建设有中国特色的图书馆员职业道德规范——与北京大学信息管理系李国新教授的访谈录[J].图书馆理论与实践,2002(6):1-4.

任研究中的多个争议点有很好的调和作用。他认为,图书馆责任可以分为图书馆法律责任与图书馆道德责任两种。[①]图书馆的法律责任是依法规定应承担的责任,以及政府"授权"图书馆代为实现其客观目标和任务应承担的责任;图书馆的社会责任是面对社会环境变化所承担的为自己有契约关系的利益相关者创造价值的责任,以及为受自己行为影响或会影响自己存续和发展的利益相关者承担一定的责任,集中体现了图书馆道德责任。当图书馆法律责任上升到道德责任时,责任主体才能自觉、持久地履行其肩负的社会责任。

此外,在维护图书馆社会责任时还涉及两个重要而又对立的概念:社会包容和社会排斥。于良芝在总结基于社会排斥理论的信息不平等研究时,指出两点特别值得注意的特点:[②]首先,在考察信息不平等的影响因素时,这些研究更加关注社会排斥过程(如种族排斥)而不是招致排斥的静态性质(如黑人);其次,在考察信息分化和数字鸿沟的弥合途径时,这些研究都特别关注图书馆、社区信息中心和社区信息服务项目的作用,且特别强调图书馆等社区设施对信息公平和社会包容的综合作用。对信息不公平现象的关注与认知,必然带来对信息公平的研究,相关的信息权利要求作为实现信息公平的内在诉求和根本前提,也相应被运用来解读信息公平,从而推展出必要可行的信息公平实现路径。[③]社会包容也相继进入研究视野,社会包容应该成为现代公共图书馆的使命。[④]但谈社会包容会不会与社会责任产生冲突呢? 如公共图书馆应该不加区别地收集和提供各类文献,是否有鉴于图书馆"提供最好的图书"的道德要求而失去社会责任呢? 是否应该承担因提供"有害读物"而违反社会道德乃至法律的责任? 图书馆将在"提供设施和服务方面对读者一视同仁,不得在种族、信仰、性别和年龄方面存在任何歧视行为",而且还要反对公共权力部门对读者阅读记录的检索,这种平等与包容理念是否因给破坏公共安全的"危险分子"提供了"方便"而漠视了维护公共安全的社会责任呢? 以上质疑不能不说是切中要害,如果再考虑诸如保障公众平等的社会参与的责任、保障公共资金使用效率的责任等问题,情况将更加复杂和不确定。可见,在社会包容和社会责任之间,公共图书馆必须作出审慎的选择,是两者兼顾还是顾此失彼? 无疑,这将考验人们的智慧。[⑤]

---

① 洪伟达.图书馆责任:法律与道德的对立统一[J].图书馆建设,2010(7):10-13.

② 于良芝,刘亚.结构与主体能动性:信息不平等研究的理论分野及整体性研究的必要[J].中国图书馆学报,2010(1):4-19.

③ 李昊青.基于信息权利的信息公平研究[D].哈尔滨:黑龙江大学信息资源管理学院,2009:7.

④ 蒋永福.社会包容:现代公共图书馆的使命[J].中国图书馆学报,2009(6):4-9,55.

⑤ 蒋永福.社会包容:现代公共图书馆的使命[J].中国图书馆学报,2009(6):4-9,55.

社会责任属于价值体系范畴,学者们对于图书馆核心价值、精神、权利、道德、伦理等的深刻阐释,无不聚焦于自由、平等、公益、包容等重点内容,伴随着价值体系的多元深入,图书馆的社会责任犹如真理一样,愈辩愈明。当然,社会问题随时间和时代变化,图书馆承担社会责任的内容和形式也将相应调整,但秉承其职业理念的基本准则将永远不变。

3 图书馆价值的彰显:内外并举

图书馆在现代资讯社会的价值,可以引用 IFLA 的两句话,第一,图书馆是资讯社会的心脏,更重要的是第二句——图书馆是一个实际行动的单位,图书馆是资讯社会的实际行动。[①]我们可以看到,图书馆的价值彰显,是同时面向职业自身与社会而进行的:第一句强调图书馆的知识性和服务性,关注的是图书馆的职业价值;第二句强调图书馆对社会的贡献,关注图书馆的社会价值。

当技术改变了传统的信息理念、数字化改变了信息获取和使用的蓝图、新信息流程改变着图书馆各个方面时,[②]图书馆的未来应走向何方,图书馆的价值何在? 核心竞争力和可持续发展问题随之成为新焦点。学者们从图书馆理念(如图书馆核心价值、图书馆权利)、图书馆文化、图书馆资源建设等角度阐述了加强图书馆核心竞争力的建设,[③④⑤⑥]还构建了图书馆核心竞争力动态管理模型以及评价指标体系。[⑦]战略联盟也被视为是核心竞争力的一个新增长点,[⑧]加强公共图书馆的战略协作能够为地方经济的创新与合作发展提供良好的模式和榜样,图书馆

---

① 顾敏. 图书馆大趋势——未来50年图书馆的社会价值及其发展[J]. 台湾新书资讯月刊,2008(11):4-9.

② American Library Association. Program on America's Libraries for the 21st Century [EB/OL]. [2010-12-05]. http://www.ala.org/ala/aboutala/offices/oitp/programs/americaslibs/index.cfm.

③ 李超平. 中国公共图书馆核心价值观的形成与演变[J]. 中国图书馆学报,2008(6):19-24.

④ 郑红京. 基于图书馆权利分析的核心竞争力研究[J]. 图书馆,2010(5):97-98.

⑤ 林桂娜,高先锋. 基于文化的图书馆核心竞争力提升[J]. 图书馆工作与研究,2010(9):25-27.

⑥ 杨春华. 基于核心竞争力的图书馆发展策略探讨[J]. 图书馆,2009(6):99-100.

⑦ 邓春林,郭海明. 论图书馆核心竞争力的动态管理[J]. 情报科学,2010(7):1021-1024.

⑧ 李严. 战略联盟——图书馆核心竞争力新的增长点[J]. 图书馆,2010(4):18-19.

具有奉献精神和综合服务能力,可以强化地方经济和促进交流。①2008 年国家社会科学基金重点项目"公共文化服务体系中的图书馆战略规划模型与实证研究"立项,使我们对图书馆战略的理论成果和实践指导价值有所期待。

基于图书馆自身业务的完善固然能为图书馆带来良好的社会形象,但履行社会责任更能为图书馆利用各项社会服务活动,来增加图书馆的使用率,提高图书馆的曝光度,进而激发社会资助图书馆的意愿。②弱势群体依然是图书馆贯彻"平等服务"理念时不可忽视的内容。王素芳对国外公共图书馆弱势群体服务的发展历史进行了综合评析,指出"与社会、经济和政治环境变化相适应,图书馆弱势群体服务的研究经历了数次话语体系更迭,但并没有改变其反映问题的本质。倡导和实践图书馆服务的平等获取和包容性,争取为社会底层人群或弱势群体提供服务,在欧美公共图书馆发展的各个时期是一以贯之的"。③

近年来中国遭遇数次大灾大难,职业意识的苏醒也让中国图书馆界想为之做点什么,图书馆协会和各界学人都纷纷伸出援助之手,以爱心形式实践着职业的诚意和责任。如在汶川地震爆发后,程焕文馆长、史超董事长于 2008 年 5 月 21 日共同召集,全球范围超过 400 余名图书馆人志愿者共同发起的一项民间抗震救灾慈善项目——"图书馆家园:援助图书馆人计划",旨在长期援助汶川大地震受灾的图书馆人,以重建民众的精神家园——图书馆。④中国图书馆学会积极发布《中国图书馆学会抗震救灾,重建家园倡议书》,成立抗震救灾领导小组,向文化部递交灾后重建建议,与中国地震学会等合办《地球灾害防治科普展》,组织"赈灾重建"专题报告,举办专题展览等。⑤各地及灾区图书馆也积极参与抗震救灾活动,捐款捐物,建立了"爱心阅览室"、"帐篷阅览室"、"街头阅览点"、"广场阅览点"、"灾民安置点阅览室"等。中国"图书馆界发出的勇于承担社会责任的声音引起社会和公众的关注,充分展示的社会责任使得图书馆的形象焕然一新,不仅凝聚了全国图书馆员的热情,更得到社会的高度赞誉"。⑥

---

① Danielle P. Milam. Public Library Strategies for Building Stronger Economies and Communities[J]. *National Civic Review*,2008(3):11-16.

② 袁海旺.公共关系及其价值彰显——美国西肯塔基大学图书馆与肯塔基州沃伦县公共图书馆、保龄格林市巴诺书店伙伴的社会服务初探[J].图书与情报,2010(1):16-23.

③ 王素芳.国外公共图书馆弱势群体服务研究述评[J].中国图书馆学报,2010(3):95-107.

④ 张琦,王蕾.论图书馆精神的知行合一——由"图书馆家园:援助图书馆人计划"说起[J].图书馆论坛,2009(4):42-44,62.

⑤ 燕辉.汶川地震中的图书馆危机应对网络构建研究[C]//中国图书馆学会年会论文集(2009 年卷).北京:国家图书馆出版社,2009:3331-3335.

⑥ 宋显彪.图书馆的社会责任研究综述[J].图书馆建设,2009(6):97-99.

除了会议和相关活动外,专著研究也有一些新成果。如 John 等人的《公共图书馆与社会公正》,①以及 David 等人的《图书馆与社会:角色、社会责任及未来挑战》等。②相比之下,近两年我国关于图书馆与社会问题的专著还非常缺乏,相信随着图书馆社会责任意识的强化和社会参与实践的推动,相关研究成果将更为多样,内容更为丰富。

供稿:洪秋兰(福建师范大学社会历史学院)

---

① John Pateman, John Vincent. *Public libraries and social justice*[M]. Famham, England; Burlington,VT : Ashgate,2010.

② David Baker, Wendy Evans. *Libraries and Society*:*Role*,*Social Responsibility and Future Challenges*[M]. Oxford:Chandos Publishing Oxford Ltd,2011.

29

图书馆学史研究:路径的追忆与探寻

2009 至 2010 年对于中国图书馆界来说是一个"纪念年":新中国图书馆学发展 60 周年、文华图专创建 90 周年、中国国家图书馆及一些省市馆建馆 100 周年、海峡两岸图书馆界交流合作 30 周年、中国图书馆协会成立 30 周年等。有了纪念,就有了追忆。2009 至 2010 年有关图书馆学史的研究,除了对名家的纪念与评述性文字之外,更多地关注于对中国图书馆学发展路径和图书馆事业发展的追忆与探寻。

1　图书馆学人思想与成就评述

学人的学术经历、撰述和学术思想是一个学科非常重要的学术积淀,对学人思想与成就的梳理与研究,可以给予后学者以启迪,是学术史研究中非常重要的内容。近两年的图书馆学史研究中,对图书馆学人的个体研究是一突出特点。对图书馆学先贤的研究也从生平事迹的介绍深入到主题内容的层次,涉及图书馆学本土化、图书馆教育功能等方面的理论与实践。

1.1　主题性研究

刘兹恒对沈祖荣、杜定友和刘国钧的图书馆学本土化思想与实践进行了探讨,①他认为沈祖荣是中国图书馆学史上最早系统提出图书馆学本土化思想并付诸实践的伟大的图书馆学家;杜定友也力主对西方图书馆学进行中国化的改造,并在具体的图书馆工作中进行了大量的本土化探索;刘国钧先生的图书馆学研究也一直坚持着"中学为体,西学为用"的原则,并在图书分类法和图书编目的本土化实践方面有所创举。20 世纪初我国图书馆学家在图书馆学本土化中的贡献虽然为当今学者带来许多有益的启示,但李满花等人认为,前辈们图书馆学研究的中国化诉求局限于应用领域,尤其是局限于分类编目技术问题,从而导致中国化内涵在理论领域的缺失;同时由于传统的分类目录不能在文献检索的实用意义上与以杜威分类法为代表的西方分类编目技术一争高下,最终致使建构中国图书馆

---

① 刘兹恒.20 世纪初我国图书馆学家在图书馆学本土化中的贡献[J]. 图书与情报,2009(3):1-7.

学的学术理想以失败告终。①抛开本土化研究的功过问题,笔者认为,"西学东渐"之时,近代图书馆学者能够综合考量中国之现状,身体力行努力实践"建设中国的图书馆学"的精神,以及他们爱国、救国、兴国的激情与满怀的职业自豪感,是非常值得当今图书馆学人敬仰、参悟的。

作为"启迪民智"的重要社会机构,图书馆的社会教育功能在近代就已受到图书馆人的推崇,对图书馆学前辈们有关图书馆教育理论与实践的回顾,对探讨当前如何更好地发挥图书馆在公共文化服务体系中的作用有很好的参考价值。杨昭悊的《图书馆学》是我国第一部概论性图书馆学著作,其中论证了图书馆的社会教育价值。②秦静茹等详细分析了该书中阐述的图书馆在家庭教育、学校教育和社会教育中的功能与地位,并从平民教育、自动教育、自由教育和终身教育四个方面重点讨论了其独到的图书馆社会教育思想。③社会教育专业出身的马宗荣先生,对图书馆学的研究更是以社会教育为基点,其图书馆学思想处处渗透着社会教育理念。吴稌年从三个方面总结了马宗荣的图书馆学核心思想:用社会教育思想审视图书馆,图书馆是自由利用的教育机关,提出图书馆的"体用说"。④

1.2 "南杜北刘"研究

除了少量的主题性研究之外,2009 至 2010 年度图书馆学人物研究的焦点仍集中于"南杜北刘",出现了多篇对杜定友和刘国钧的研究论文。刘雯等总结了20 世纪 80 年代以来国内图书馆界对杜定友的研究成果,发现图书馆学界对杜定友研究的广度已有所拓展,除在杜定友分类学思想、目录学思想、理论图书馆学思想等影响较大的领域继续推进外,又开辟出对杜定友的图书馆学教育观、图书馆管理观、心理学在图书馆的应用研究等新领域。⑤肖卫红将杜定友的学术思想归结为分类学思想、管理学思想和教育学思想三个方面,指出杜定友早在几十年前就意识到了"以人为本"的管理思想,并把图书馆事业看做国家和社会教育事业的一部分。⑥刘雯等回顾了杜定友任职交通大学图书馆主任期间,在图书馆人事管

---

① 李满花,傅荣贤. 20 世纪初我国图书馆学研究中国化诉求得失评[J].图书情报工作,2008,52(12):51 - 54.

② 陈琳. 杨昭悊及其《图书馆学》[J].国家图书馆学刊,2009(4):81 - 85.

③ 秦静茹,郑坤. 杨昭悊对图书馆教育功能的认识及其现代价值[J].新世纪图书馆,2009(5):27 - 29.

④ 吴稌年. 社会教育理念下的图书馆学思想——马宗荣先生与近代图书馆事业[J].中国图书馆学报,2009,35(2):65 - 71.

⑤ 刘雯,张智燕. 杜定友图书馆学研究综述[J].图书馆学刊,2009(12):67 - 70.

⑥ 肖卫红. 图书馆学家杜定友先生的学术思想研究[J].图书馆,2010(4):29 - 31.

理、馆藏建设、读者服务和分类编目等方面作出的贡献,认为他在把交通大学建成一个学风丕振、声誉日隆的著名高校中发挥了巨大的作用。①她还就杜定友藏书开放、平等对待读者的一切需求、尊重读者的主人翁地位的读者服务观进行了专门探讨,认为其中蕴含的人文主义思想对现代读者服务工作具有很好的指导意义。②杜定友为中国图书馆事业奋斗了半个世纪,他开拓进取、勇于创新,在馆藏资源建设、读者服务以及管理制度等方面都有首开先河之举,③为中国图书馆事业的发展奠定了坚实的基础。

作为中国图书馆事业开拓者之一的刘国钧,是中国图书馆事业发展史上的传奇人物。④陈湘分析了刘国钧在"文革"时期对国外图书馆事业发展情况的研究,指出其研究具有敏锐性、前瞻性和系统性。⑤董隽对刘国钧任职国立西北图书馆时的业绩进行了全方位讨论,指出他的"三个中心"办馆思想和关于地方文献的思想,对甘肃图书馆事业的发展有着深远影响。⑥罗康泰深入论述了刘国钧在西北地方文献征集方面所做的工作与贡献。⑦在纪念文华图专90周年系列论文中,李彭元还对刘国钧与毛坤的图书馆学学术思想进行了比较研究,分析了这两位都具有哲学和图书馆学学术背景的前辈的相同、相通之处。⑧此外,2008年还出现了两篇硕士学位论文,分别探讨刘国钧的学术成就以及他对20世纪中国图书馆事业的贡献。⑨⑩

① 刘雯,张智燕.杜定友对交通大学图书馆的贡献[J].大学图书馆学报,2010(2):105-108.

② 刘雯.论杜定友的读者服务观.江西图书馆学刊,2010,40(3):1-3.

③ 路茂林.论杜定友对图书馆学事业发展的贡献[J].河南图书馆学刊,2009,29(6):29-30.

④ 赵长林.传奇是这样铸就的——论中国近现代图书馆事业的奠基者刘国钧[J].图书馆,2010(2):39-40.

⑤ 陈湘.浅析刘国钧对当代国外图书馆学的研究[J].图书馆论坛,2010,30(1):169-170.

⑥ 董隽.刘国钧任职国立西北图书馆时的业绩[J].图书馆理论与实践,2008(4):128-130.

⑦ 罗康泰.刘国钧先生与西北地方文献[J].新世纪图书馆,2009(5):85-87.

⑧ 李彭元.毛坤先生、刘国钧先生图书馆学学术思想比较研究[J].图书情报知识,2010(2):123-126.

⑨ 魏成刚.论刘国钧先生的学术成就[D].北京:北京大学,2008.

⑩ 靳艳华.试论刘国钧对20世纪中国图书馆事业的贡献[D].石家庄:河北师范大学,2008.

1.3 近当代图书馆人散论

除了对杜定友和刘国钧这两位图书馆界泰斗人物思想与成就的梳理,近两年同行们还零零散散地推介、探讨了其他一些对推动中国图书馆学术与实践发展有所建树的近代图书馆学家与实业家。樊清文简单梳理了张元济的藏书思想及其创办通艺学堂图书馆、涵芬楼、东方图书馆和合众图书馆的经验。①张雪梅讨论了孙毓修在协助创办涵芬楼和古籍整理方面的建树,并高度评价了其撰写中国图书馆学第一部专著《图书馆》和在中国第一次公开介绍《杜威十进分类法》的功勋。②韦庆媛对戴志骞短暂而辉煌的图书馆职业生涯进行了追踪,介绍了他在国内设立第一个图书馆参考部、开创学习美国图书馆之先河、开办第一个图书馆讲习会、建立第一个完备的地方性图书馆协会等重要成绩。③吴稌年对俞爽迷的主要学术思想及其在厦门大学的主要工作业绩进行了阐述,并指出对俞爽迷学术引用中的问题必须从历史的观点看待,而不能用当今的学术价值予以评价;④苏海潮等利用社会网络分析法求证了吴稌年关于俞爽迷履历中的疑点,分析了俞爽迷学术活动的社会网络,剖析了他的图书馆学思想轨迹,探究了他从厦门大学图书馆离职的原因,并认为俞爽迷是中国现代图书馆优秀的 Living Library 导演兼编剧。⑤还有许多曾为图书馆学理论与实践的发展作出过重大贡献但却并非图书馆学名人的图书馆人,目前学界仍缺乏对他们的专门研究,对徐旭思想理论与实践的研究也是如此,吴稌年对徐旭创建实验图书馆、大兴实地调查之风、践行"读者第一"及其站在民众图书馆理论与实践前列相关内容的整理研究,⑥对这项缺憾有所弥补。为了勾起人们对几乎已被遗忘的图书馆学人李燕亭的记忆,掸掉遮蔽其图书馆学著述的历史尘埃,翟桂荣发表了多篇文章梳理李燕亭的生平与业绩,⑦探讨他的图书馆学思想,⑧以及其为河南图书馆事业作出的重大贡献,⑨初步还原出李燕亭作为中国图书馆事业开创者和奠基者之一的历史地位。刘峻明等还梳理了中国图书

---

① 樊清文.张元济与中国近代图书馆[J].图书馆工作与研究,2008(8):31-32.

② 张雪梅.试论孙毓修对中国近代图书馆学的贡献[J].图书馆,2009(2):25-26.

③ 韦庆媛.图书馆家戴志骞的激情与无奈[J].大学图书馆学报,2010(3):21-26.

④ 吴稌年.俞爽迷的图书馆学研究及其瑕疵[J].大学图书馆学报,2009(4):82-88.

⑤ 苏海潮,刘心舜.探究俞爽迷之谜:社会网络案例分析[J].大学图书馆学报,2010(3):15-20.

⑥ 吴稌年.徐旭对民众图书馆建设的贡献[J].图书情报工作,2010,54(7):143-146.

⑦ 翟桂荣.中国图书馆事业的开创者和奠基者李燕亭论略[J].图书情报工作,2009,53(3):142-146.

⑧ 翟桂荣.李燕亭图书馆学思想及其现实意义[J].大学图书馆学报,2010(3):27-30.

⑨ 翟桂荣.李燕亭与河南图书馆事业[J].河南图书馆学刊,2009,29(1):129-131.

馆学博士第一人桂质柏对我国图书馆事业和图书馆学研究的贡献。[①]

我国近代图书馆在初创与发展时期还得到社会各界人士的推崇与推动,近两年学界也对那些并非图书馆学专业人士,但却为中国近代图书馆事业的发展作出了卓越贡献的专家学者的图书馆理论与实践进行了发掘。周感芬分析了梁启超的图书馆学思想并探讨了其当代价值,[②]胡筱华梳理了梁启超作为中国近代图书馆事业开拓者的贡献;[③]王小会分析了李大钊的图书馆治理理论,及其对中国近代图书馆制度体系构建的贡献;[④]李刚等认为陶行知的实用主义知识论、工具主义的图书论是新图书馆运动的学理资源,并以陶行知的理论建树和实践活动证明他是新图书馆运动的重要推动者;[⑤]张喜梅阐述了胡适对中国近代图书馆事业作出的贡献。[⑥]

同时,近两年还出现了一些对当代图书馆人理论与实践的研究。林明等从西文编目、参考咨询、国际交流、人才培养等方面介绍了业务扎实全面的图书馆事业实干家梁思庄,并认为梁思庄虽未著书立说,仍为我国图书馆事业留下了一座丰碑。[⑦]王启云以张厚生从事图情教育30年为线索,回顾了张厚生图书馆学情报学教学与管理实践、学术理念和研究成果,并基于此就当前我国图书馆学情报学教育如何创新发展提出了一些建议。[⑧]郑永田从图书馆学理论、图书馆学教育、图书馆事业、图书馆学未来、国外图书馆学研究等方面分析了刘迅的学术思想,并称之为"20世纪80年代崛起的中国图书馆学界最耀眼的新星"。[⑨]王知津等以优美的笔触描绘了周文骏先生的学术人生,[⑩]高洋也梳理了周文骏在图书馆学基础理论

① 刘峻明,桂裕民.中国图书馆学博士第一人——桂质柏先生[J].图书情报知识,2009(6):115-118.

② 周感芬.梁启超图书馆学思想及其当代影响[J].扬州大学学报(人文社会科学版).2010,14(4):108-111.

③ 胡筱华.中国近代图书馆事业的开拓者——梁启超[J].图书馆工作与研究,2008(8):33-35.

④ 王小会.论李大钊对近代图书馆制度体系构建的贡献[J].大学图书馆学报,2010(1):115-119.

⑤ 李刚,倪波.陶行知与新图书馆运动[J].中国图书馆学报,2008(3):21-26.

⑥ 张喜梅.胡适与近代图书馆[J].图书馆工作与研究,2009(5):27-28.

⑦ 林明,王静.梁思庄——我国现代图书馆事业的先行者[J].大学图书馆学报,2008(5):105-109.

⑧ 王启云.张厚生先生与图情教育三十年[J].图书情报工作,2010,54(5):144-147.

⑨ 郑永田.试论刘迅先生的图书馆学思想[J].图书馆建设,2009(1):109-112.

⑩ 王知津,樊振佳.燕园幽兰 清香淡远——周文骏先生学术人生[J].国家图书馆学刊,2008(4):90-93.

研究、图书馆事业研究、图书馆学相关文献的译介、图书馆学教育等方面的学术思想。①张麦青对黄宗忠 1972 至 1984 年间在图书馆学学科发展中的决策思维和学科建设思想进行了追寻,并指出黄宗忠是我国第一个建议设立图书馆学院的学者。②伍若梅等从 20 世纪中国图书馆学学科问题、理论图书馆学、未来图书馆学的发展方向以及中国图书馆事业发展几个方面,探析了倪波独特的图书馆学思想。③孙冰总结了郑如斯在中国书史、古籍编目、中国印刷史方面的学术成就,描述了其在教书育人方面的经验与成果。④此外,范并思还简短却不乏深刻地评论了叶鹰的图书馆学研究特点、成果及其图书馆学理想。⑤追溯过去图书馆人的精神与成就,不仅仅是为了传递历史,更重要的是以史人为鉴,促使今人反思当下的潮流与趋势是否合乎时宜;以今人为鉴,则有助于同时期图书馆人之间的切磋,取人之长补己之短,在相互推敲、彼此求证的过程中进一步促进当代图书馆学理论与实践的发展。

在图书馆学人研究领域,研究者们还将研究视域拓展到国外。郑永田是近两年图书馆学史研究领域的多产作者之一(据粗略统计约 12 篇),仅国外图书馆学人研究的文章就有 4 篇,分别评述了美国图书馆学家普尔、⑥格林、⑦贾斯汀·温沙和鲍士伟的图书馆学思想。⑧⑨关于鲍士伟对中国图书馆事业的贡献,除了郑永田的探讨之外,张书美等以及秦亚欧等也分别撰文进行了评析。⑩⑪韦棣华,一位改写中国图书馆历史的美国人,她不仅为中国开辟了图书馆学教育领域,更是将其人生的后 32 年全部奉献给了中国的图书馆事业,何建初评述了韦棣华女士在中

---

① 高洋.周文骏先生图书馆学学术思想研究[J].图书馆杂志,2009,28(11):11 - 15.

② 张麦青.黄宗忠的图书馆学情报学学科建设思想探究[J].图书馆,2010(3):32 - 34.

③ 伍若梅,纪晓平,杨晓菲.倪波先生图书馆学思想探微[J].图书馆,2009(5):29 - 32.

④ 孙冰."淡泊以明志,宁静以致远"——记北大教授郑如斯先生[J].大学图书馆学报,2009(3):100 - 104.

⑤ 范并思.叶鹰和他的图书馆学理想[J].图书与情报,2009(5):149 - 150.

⑥ 郑永田,莫振轩.美国图书馆学家普尔思想探析[J].图书馆建设,2010(3):110 - 113.

⑦ 郑永田.美国图书馆学家格林思想探微[J].图书馆建设,2010(7):110 - 113.

⑧ 郑永田.美国图书馆学家贾斯汀·温沙思想初探[J].大学图书馆学报,2010(3):36 - 40.

⑨ 郑永田.美国图书馆学家鲍士伟思想初探[J].图书馆建设,2010(9):109 - 113.

⑩ 张书美,刘劲松.鲍士伟对中国图书馆事业的贡献[J].国家图书馆学刊,2010(2):85 - 87.

⑪ 秦亚欧,刘静.鲍士伟访华及其对中国近代图书馆事业的影响[J].图书馆学研究,2010(9):94 - 98.

国的这 32 年里完成的五大任务,①让我们再次感动于韦棣华女士对中国图书馆事业的奉献和对中国人民的爱心。此外,王细荣还分析了莱布尼茨的图书馆学思想及其科学基础,并指出近代图书馆学理论的萌芽与近代科学出现在同一时代,是由于近代图书馆和图书馆学同科学家及其科学事业之间存在相互依存关系;②刘懿讨论了托马斯·杰斐逊"知识自由"的哲学观点在图书馆的实践,及其对美国图书馆事业的建设和发展作出的巨大贡献;③吴稌年分析了美国哲学家、社会学家、教育学家 J. 杜威对中国近代图书馆事业的影响,认为 J. 杜威的在华讲演对中国图书馆界"自动"思想、"要素说"的产生起了至关重要的影响,并启发了社会教育思想和文化调和思想在中国图书馆界的产生与发展;④刘武宏评论了美第奇家族对图书馆事业的贡献,并分析了美第奇家族图书馆对研究我国当前兴起的民营图书馆的启示。⑤

根据对 2009 至 2010 年度图书馆学人研究的梳理可以发现,在我国图书馆学初创之时,并没有单纯的图书馆理论研究者,图书馆学人通过亲身实践考证并完善自己的图书馆学理论与思想,同时又将自己的图书馆学理论切实付诸实践,在理论与实践相互融合的基础上,实现教育民众、开启民智的爱国理想。随着我国图书馆学体系的丰满和图书馆事业的发展壮大,再加上社会与时代环境的变迁,以及相关学科的渗透,图书馆学研究逐渐趋于多元化,图书馆学研究重心不断发生转移。但是通过这两年出现的对图书馆学前辈们的图书馆学本土化和图书馆教育功能的主题性研究,以及当前图书馆界对这两个主题的关注程度,可以看出:中国的图书馆学研究从诞生以来恒久不变的指导思想就是中国化;中国的图书馆事业从初创到发展兴盛都存在着神圣不可动摇的职责,即"启迪民智"的社会教育使命。

2 新中国 60 年图书馆学发展之路

在举国欢庆新中国成立 60 年的牵动下,图书馆学史研究者们也深刻地反思

---

① 何建初. 纪念我国现代图书馆建设的奠基者韦棣华(Mary Elizabeth Wood)女士[J]. 图书情报知识,2010(5):5-8.

② 王细荣. 莱布尼茨的图书馆学思想及其科学基础[J]. 大学图书馆学报,2009(5):18-23.

③ 刘懿. 知识自由之哲学理念在图书馆的实践——托马斯·杰斐逊对美国图书馆事业的贡献[J]. 图书情报工作,2009,53(17):144-147.

④ 吴稌年. J. 杜威对中国近代图书馆事业的影响[J]. 国家图书馆学刊,2010(3):84-88.

⑤ 刘武宏. 美第奇家族对图书馆事业的贡献及启示[J]. 国家图书馆学刊,2008(4):87-89.

着中国图书馆学的发展路径。黄宗忠指出新中国图书馆学 60 年的研究有两个基本条件:一是旧中国的图书馆学研究,二是新中国 60 年的社会大环境。①因此,2009 至 2010 年度图书馆学术史与事业史的研究虽然聚焦于新中国 60 年这一历史时段,但终究脱离不了近代中国图书馆学史这一研究基础。研究者们在追昔抚今的基础上,梳理着中国图书馆学的发展源流。

论及近代图书馆学术史的研究,有必要提一下 2009 至 2010 年度图书馆学史研究领域的另一位多产作者吴稌年(据粗略统计约 14 篇),这两年他发表了 7 篇关于近代图书馆学术史的文章。他分析了中国近代图书馆学术思想“西学东渐”过程中“以日为师”和“以美为师”两个阶段的学术思想特征,认为 1926 年洪有丰《图书馆组织与管理》一书的出版,是真正意义上的“中国图书馆学”开始的标志。②关于中国近代社会文化思潮对图书馆学术思想的影响,吴稌年有着深刻的认识,他深入细致地探讨了“体用说”、“要素说”、“动静说”的历史渊源和文化背景,以及这些理论对当前图书馆学研究的现实意义。③④⑤⑥同时,他认为历经新民学说的产生和发展、中西文化的相互调和以及世界图书馆学思想融会贯通过程的中国近代图书馆学思想,被打上了文化保守主义的烙印。⑦此外,他还追溯了近代私人图书馆——大公图书馆以“爱国忧民、创建不朽之事”为核心的精神原动力,以这种极具时代特征的特殊群体的办馆精神来丰富中国图书馆精神研究。⑧吴稌年对近代中国图书馆学术史的研究,渗透着哲学思维与方法,并在辨析、挖掘近代图书馆学术思想的过程中,为当今图书馆学的理论创新提供了有益启示。此外,谢灼华从论及图书馆史的综合性著作、通史性论文、地区和断代史论著、专题研究论文和资料四个方面,对民国期间图书馆史研究成果作了详细评价。⑨

社会环境是滋润学科发展的土壤,在新中国成立 60 年社会大环境的影响下,

① 黄宗忠. 新中国图书馆学研究 60 年的回顾与展望[J]. 图书馆论坛,2009,29(6):1‒8.

② 吴稌年. 中国近代图书馆“西学东渐”阶段的学术思想特征[J]. 图书情报知识,2009(5):64‒71.

③ 吴稌年. 中国近代社会思潮对图书馆学术思想的巨大影响[J]. 图书馆,2010(2):41‒45.

④ 吴稌年. 要素说的“体用合一”观[J]. 图书情报知识,2010(5):60‒66.

⑤ 吴稌年. 中国近代图书馆学理论中的“动静说”[J]. 图书馆,2008(5):47‒49.

⑥ 吴稌年. 再论“动静说”[J]. 图书馆,2009(5):33‒36.

⑦ 吴稌年. 中国近代文化保守主义思潮与图书馆学思想[J]. 国家图书馆学刊,2009(4):86‒91.

⑧ 吴稌年. 论创建“大公”图书馆的精神源动力[J]. 新世纪图书馆,2009(2):92‒94.

⑨ 谢灼华. 回顾民国时期古代藏书与近代图书馆史研究[J]. 图书馆理论与实践,2009(10):57‒62.

新中国图书馆学的研究与发展有着与众不同的风格特征。吴慰慈等通过对新中国图书馆学理论研究 60 年的发展轨迹以及不同阶段图书馆学研究特点的分析,指出新中国图书馆学研究 60 年的发展路向曲曲折折的重要原因之一在于,图书馆学理论研究与图书馆实践之间始终存在着一个断层,理论与实践各自在近乎平行的轨道上独立运行。①黄宗忠通过对新中国图书馆学研究发展历程以及主要分支学科研究的发展与成就的梳理,认为新中国图书馆学研究 60 年取得的成绩,使中国图书馆学与世界图书馆学的差距不断缩小,并步入同步发展阶段。②除了总体性评析,还有一些学者针对新中国成立以来图书馆学中个别分支学科或特定学术问题的研究情况进行了梳理回顾。梁灿兴从理性倾向和理论倾向两个角度梳理了 30 年来图书馆学基础理论建设的基本脉络,认为这两种研究倾向各自话语体系的形成预示中国的图书馆学理论研究正在走向成熟。③范并思指出在 21 世纪 10 年我国图书馆学基础理论完成了一次重要的重建,主要成果包括公共图书馆理论研究、图书馆制度研究、图书馆权利研究、图书馆延伸服务问题研究。④新中国成立 60 年来我国图书馆学者对图书馆学研究对象的探索几乎没有停止过,并取得了重要突破和进展,马恒通从"知识说"视角梳理了 60 年来图书馆学研究对象的争鸣情况。⑤新中国 60 年的图书馆学研究,以近代图书馆学研究为基础,成绩与问题并存,就在学者们正视成绩并不断探究问题的过程中,图书馆学研究得到不断发展。

3 百年记忆中的坎坷与辉煌

2009 年对于中国图书馆界来说是具有重要意义的一年,这一年国家图书馆以及山东省图书馆、山西省图书馆、陕西省图书馆、河南省图书馆、吉林省图书馆、云南省图书馆、广西桂林图书馆等同时迎来百年华诞,可谓图书馆界的一场盛事。一场接一场的百年庆典,也勾起了学界对各馆百年馆史和中国图书馆事业百年历程的回溯与追忆。

---

① 吴慰慈,张久珍. 新中国图书馆学研究六十年[J]. 图书馆杂志,2009,28(5):3 - 11.

② 黄宗忠. 新中国图书馆学研究 60 年的回顾与展望[J]. 图书馆论坛,2009,29(6):1 - 8.

③ 梁灿兴. 30 年来图书馆学基础理论建设中理性倾向与理论倾向的交错[J]. 图书馆,2008(6):1 - 3.

④ 范并思. 新世纪 10 年我国图书馆学基础理论的光荣与梦想. 高校图书馆工作,2010,30(4):13 - 16.

⑤ 马恒通. 新中国图书馆学研究对象争鸣六十年——一个"知识说"的视角[J]. 图书馆论坛,2009,29(6):89 - 93.

3.1　百年馆史

百年前,在立宪维新的改良主义思潮影响下,一些思想前行者开始思考和呼吁兴学建馆以启民智、强国力,国家图书馆的前身——京师图书馆以及全国 10 余个省的图书馆应运而生。[①]百年来,国家图书馆在馆名、馆舍、缴送制度、藏书建设和服务能力诸方面都发生了巨大变化;[②]亘古不变的则是国家图书馆"传承文明、服务社会"的宗旨。百年实践中潜移默化而成的国图精神:不遗余力的搜采精神,恪尽职责的守护精神,甘为人梯的奉献精神,爱岗敬业的道德精神,也在国图的发展中不断弘扬与传承。[③]而承载与传递国图百年精神的则是国图人百年传承的基本功:博闻强记的知识功,心灵手巧的操作功和吃苦耐劳的体力功。[④]百年庆典之时,图书馆人从各种角度探寻着国家图书馆的百年轨迹,期望能够为国家图书馆和图书馆业界的未来发展提供借鉴:刘瑛通过对国家图书馆近百年来读者证变化的梳理,回顾国家图书馆读者服务工作的开展进程;[⑤]卜书庆则回顾了国家图书馆在其百年发展的四个时段上分类法、分类目录的发展脉络,总结了它们的演进规律,并揭示其发展方向;[⑥]刘波等总结了国家图书馆在京师图书馆和国立北平图书馆时期的图书寄存服务经验,为当代图书馆界推行图书寄存服务提供参考;[⑦]新中国成立后,北京图书馆推出的许多有特色的服务是中国图书馆史上的创举,程鹏对这些特色服务进行了回顾总结;[⑧]黄少明从发展历程、历史地位、组织机构设置以及对我国图书馆事业和学术研究所作的贡献几个方面出发,对国立北平图书馆和国立中央图书馆进行了比较研究,称它们为民国时期国立图书馆之双星;[⑨]邹新明再现了 20 世纪 30 年代北平图书馆为以编纂委员会为中心的青年学者群营造的良好的学术成长环境,分析了其对当前图书馆开展学术研究和培养人才的启示

①　詹福瑞.传承文明　服务社会　铸造辉煌——在国家图书馆百年庆祝大会上的讲话[J].中国图书馆学报,2009,35(5):10-12.

②　李致忠.国家图书馆百年沿革与传承[J].中国图书馆学报,2009,35(5):13-20.

③　李致忠.百年传承的国图精神[J].国家图书馆学刊,2008(2):8-14.

④　李致忠.国图人百年传承的基本功[J].国家图书馆学刊,2008(4):7-10.

⑤　刘瑛.从读者证的变化谈国家图书馆的服务[J].图书馆论坛,2009,9(4):22-24.

⑥　卜书庆.国家图书馆分类法及分类目录百年回顾与思考[J].国家图书馆学刊,2009(3):20-25.

⑦　刘波,林世田.20 世纪前期国家图书馆的图书寄存服务[J].国家图书馆学刊,2009(3):15-19.

⑧　程鹏.建国初期北京图书馆的特色服务[J].国家图书馆学刊,2009(2):13-16.

⑨　黄少明.民国时期国立图书馆之双星——对国立北平图书馆和国立中央图书馆的比较研究[J].大学图书馆学报,2009(5):97-103.

作用。①此外,李致忠先生还分别撰文论述了鲁迅和郑振铎与国家图书馆之间的渊源,②③钱存训也回忆了自己在北京图书馆的工作情况及其到美国后与北图的联系。④

图书馆在人类社会中出现已有几千年的历史,但古代图书馆能传承或保留至今的很少,现在我国省市级公共图书馆建馆 100 年以上的也不到 10 所。⑤因此山东省图书馆等省馆的百年华诞同样是图书馆界之盛事,举办了馆史展等丰富多彩的纪念活动,并产生了对各馆百年馆史的许多探讨和纪念性文字。⑥⑦⑧⑨同时还有一些图书馆编纂了本馆的百年馆史,⑩⑪以全面展示、记述该馆的百年历程。百年是图书馆发展史上承前启后、继往开来的里程碑,同时也是奋勇拼搏、再创辉煌的新起点。我国图书馆事业在如火如荼的公共文化服务体系建设中,在国家文化大发展大繁荣的历史机遇面前,将会有更好的发展。

3.2　中国图书馆事业百年历程

历史之河是丰富多彩的,在其孕育与浸染中,中国图书馆学从无到有并逐渐熠熠生辉。与此同时,中国的图书馆事业也在历史的奔腾中谱写着或低沉,或高亢的乐章,留与后人久久寻味。2009 至 2010 年度,研究者们对中国图书馆事业发展史进行了多角度分析评述。

3.2.1　中国近代图书馆事业史研究

中国近代图书馆产生于社会剧烈变革时期,由于面临着政局动荡的危机,并承受着西方文化的剧烈冲击,张研认为中国近代图书馆呈现着鲜明的社会性、教

---

① 邹新明. 难以再现的辉煌? ——20 世纪 30 年代北平图书馆以编纂委员会为中心的青年学者群[J]. 国家图书馆学刊,2010(2):88－95.

② 李致忠. 鲁迅与京师图书馆[J]. 国家图书馆学刊,2009(1):11－16.

③ 李致忠. 郑振铎与国家图书馆[J]. 国家图书馆学刊,2009(2):9－12.

④ 钱存训. 我和国家图书馆——在北图工作十年的回忆和以后的联系[J]. 国家图书馆学刊,2009(3):9－14.

⑤ 黄宗忠. 山东省图书馆建馆一百周年纪念[J]. 山东图书馆学刊,2009(4):10－19.

⑥ 霍彩玲,解虹. 凝固的乐章 无声的丰碑——记陕西省图书馆百年馆舍变迁史[J]. 当代图书馆,2009,99(3):4－8.

⑦ 张智燕. 陕西省图书馆百年历程回顾[J]. 科技情报开发与经济,2010,20(3):25－26.

⑧ 丰雨滋. 百年风雨 传承文明——广西壮族自治区桂林图书馆建馆一百周年回顾[J]. 图书馆界,2009(4):82－85.

⑨ 王爱功,张松道. 河南省图书馆百年[M]. 长春:吉林文史出版社,2009.

⑩ 李致忠. 中国国家图书馆史:1909—2009[M]. 北京:国家图书馆出版社,2009.

⑪ 谢林. 陕西省图书馆馆史:1909—2009[M]. 西安:三秦出版社,2009.

育性及创新性时代特征。①吴稀年以中美近代图书馆界代表人物的主要活动时空为依据,指出美国近代图书馆的发展重点是公共图书馆,而中国近代图书馆的发展重点则在高校图书馆,并提出在新的历史条件下我国应加强公共图书馆建设,使图书馆系统得到均衡发展。②王子舟从世界近现代图书馆事业发展史角度分析,认为社会力量是国家、公共、大学、专业以及私人图书馆初创过程中的原动力。③新文化运动是我国近代图书馆事业发展的动力,智晓静分析了与新文化运动同步的"新图书馆运动"以及新文化运动主将对图书馆事业的倡导,探讨了新文化运动中图书馆所发挥的功效。④对于 20 世纪的新图书馆运动,自 2004 年"21 世纪新图书馆运动"兴起,就成为了近代图书馆学史研究中的热点问题,2009 至 2010 年度也出现了几篇探讨该问题的文章。翟桂荣指出清末阅报处的大量出现是近代公共图书馆运动的重要序曲,为新图书馆运动酝酿了背景,奠定了基础,是新图书馆运动之前奏。⑤此外她还撰文指出中华图书馆协会第一次年会是新图书馆运动的新纪元,并论述了这次大会的盛况及其宣言的历史意义。⑥廖铭德综述了当前学界对新图书馆运动的认识,回顾了新图书馆运动的高潮与结束,提出开放性与民族性结合、理论性与实践性结合、国情性与创新性结合是新图书馆运动留给后人的启示。⑦20 世纪和 21 世纪两次新图书馆运动的共同目标是实现中国图书馆事业完整意义上的现代化,李金荣通过对这两次新图书馆运动的比较研究得出:前者的功绩在于奠定了现代图书馆事业的基本格局,后者的则在于使现当代中国图书馆事业的价值观修复了长达百年的缺失。⑧

3.2.2　中国当代图书馆事业史研究

合作共享是当代图书馆的发展趋势,也是当下图书馆界的热门主题,曾实现印本时代我国图书馆事业全面规划、统筹安排、资源共享的"全国图书协调方案"在近两年得到了研究者的特别关注。张树华等系统梳理了"全国图书协调方案"的制定以及该方案实施过程中所采取的各种协作、协调活动,分析了该方案在我

---

① 张研.中国近代图书馆时代特征之探析[J].图书馆理论与实践,2010(6):84 – 87.

② 吴稀年.中美两国近代图书馆发展重点之比较[J].山东图书馆学刊,2010(2):28 – 34.

③ 王子舟.社会力量是近现代图书馆事业发展的原动力[J].图书馆论坛,2009,29(6):42 – 46.

④ 智晓静.新文化运动中的图书馆事业[J].图书与情报,2009(1):33 – 36.

⑤ 翟桂荣.清末阅报处:新图书馆运动之前奏[J].图书馆学刊,2010(2):1 – 2.

⑥ 翟桂荣.新图书馆运动的新纪元——中华图书馆协会第一次年会及其《宣言》的历史意义[J].图书情报工作,2010,54(7):136 – 139.

⑦ 廖铭德.20 世纪"新图书馆运动"研究述评[J].图书情报工作,2009,53(3):128 – 131.

⑧ 李金荣."新图书馆运动"的"前世"与"今生"[J].图书情报知识,2009(2):52 – 59.

国图书馆事业发展史上的作用。①李东来等剖析了"全国图书协调方案"期间图书馆协同活动经验与特征,指出印本时代图书馆协同活动与信息时代的功能差别在于:印本时代锁定为科学研究服务,信息时代将协同活动拓展到全社会信息、知识资源共享。②

政治在我国社会发展中有着非常重要的意义,它如何影响我国图书馆事业发展是非常值得思考的,范兴坤针对这一问题展开了深入探讨。他通过对我国古代、中华民国和社会主义三个历史时期政治文明建设与图书馆事业政策的比较研究,得出政治文明是影响图书馆事业发展的主要社会因素。③他还以现代史的研究方式,分析了改革开放前后30年,尤其是改革开放前30年我国图书馆事业受政治运动冲击的状况,提出只有安定和谐的社会政治环境和高度发展的社会经济才能保障图书馆事业的发展。④

统计数据是证明新中国成立以来我国图书馆事业发展情况的最有力工具。柯平等通过统计数据分析比较,考察了新中国成立以来我国图书馆,尤其是公共图书馆的发展历程。⑤包平等系统收集、整理了1949年以来我国县级以上公共图书馆数量、馆藏量、从业人员数量、馆舍面积、年度总支出指标,揭示了1949年以来我国公共图书馆事业规模的变化情况。⑥

随着国际化、全球化的深入,中外图书馆界的交流逐渐加强,国内外交流活动的开展也影响着中国图书馆事业的发展。范兴坤介绍了20世纪50年代中苏图书馆事业交流的基本情况,对这一时期的交流对我国当代图书馆事业发展的影响进行了全面的分析评价。⑦刘兹恒等从多个方面回顾了新中国图书馆国际交流60

---

① 张树华,赵华英.新中国图书馆事业发展的一次浪潮——记"全国图书协调方案"及其协作、协调活动[J].中国图书馆学报,2009,35(3):21-26.

② 李东来,韩继章."全国图书协调方案"时期图书馆协同思想指导下的馆际协作的回顾与思考[J].图书馆,2009(5):51-55.

③ 范兴坤.我国不同历史时期政治文明对图书馆事业政策影响研究.图书情报工作,2010,54(5):11-14.

④ 范兴坤.改革开放前后两个三十年我国图书馆事业发展回顾.图书与情报,2009(1):1-9.

⑤ 柯平,赵益民.基于实证的新中国图书馆事业发展若干问题研究[J].图书馆论坛,2009,29(6):47-53.

⑥ 包平,黄江娓.我国当代公共图书馆事业发展规模研究[J].图书馆杂志,2009,28(10):12-15.

⑦ 范兴坤.20世纪50年代中苏图书馆事业交流及其影响研究[J].图书情报工作,2009,53(3):132-136.

年的发展状况,总结了60年来我国图书馆国际交流的成就。[①]

当前我国的图书馆学术研究和图书馆事业发展虽然呈现着一片繁花似锦的景象,但仍存在着一些阻碍其进一步发展的桎梏。历史是一面镜子,通过对历史的分析和事物发展规律的探求,能够为当下问题的解决带来新的突破口或新的思路。从2009至2010年度的研究情况看,对图书馆学术史和图书馆事业史的研究已经比较集中,论述范围也比较广泛,但进一步激发图书馆学研究者对图书馆学史研究的重视与兴趣并积极参与,仍任重而道远。

供稿:张收棉(国家图书馆研究院)

---

① 刘兹恒,朱荀.当代中国图书馆的国际交流(1949—2009)[J].图书馆杂志,2010,29(1):2-7.

图书馆员职业化的持续研讨

在技术变革一日千里,读者群体细分精密,图书馆潜在竞争者日益增多的环境下,图书馆事业受到了极大的挑战。面对这种窘况,图书馆学研究者纷纷从不同的角度献计献策,为我国图书馆事业的发展提供各种理论。图书馆员职业制度就是提高图书馆员社会认可度的制度保障,图书馆员教育则是增强馆员自身能力的机制保障;而图书馆员的职业理念则是保障图书馆员服务精神面貌的软性条件。图书馆员职业要走向良性轨道,就必须利用知识管理让他们自身的知识始终处于学习更新的状态,最终提高自身的职业能力。

1 艰难前行的图书馆员职业制度

图书馆员职业制度已经讨论了很多年,国家文化部等部门出台的国家职业标准中对图书馆员职业制度也有明确的规范,但是执行非常艰难。难道图书馆员职业不是专门职业吗? 图书馆员职业拥有专门的知识体系、较高的职业认可度、成熟全面的职业伦理、日益增强的研究能力、正规稳定的教育机构、标准规范的资格认定、特定服务对象、专门化的组织机构、突出明显的职业自主权。[①]图书馆员职业的这些特点表明了其自身是一个专门性的职业,需要走专业化的道路,需要进行职业资格认证。

图书馆职业资格认证是图书馆行业对从业者的准入控制,是图书馆员从事图书馆工作的标准、依据和凭证,是图书馆招聘、录用图书馆员的依据。建立图书馆职业资格认证制度需要制定实施图书馆法,建立权威性认证机构和职业资格认证体系,从重点领域、发达地区开始试行职业资格认证,要解决好馆内历史遗留问题,要加强馆员的继续教育。[②]图书馆员职业资格认证制度如何实施? 袁红军提出应在不同地区分步实施,图书馆职业资格认证制度与职称评聘制度采用双轨制,要从制度上保证资格认证制度与职称评聘制度的规范和完善;职业资格认证制度在法律法规上有法可依,为馆员提供终身教育培训,分岗位确定任职资格条件,采用全员岗位培训和继续教育相结合的方式,建立适当的职业回报制度。[③]职业资格

---

① 吴汉华.论图书馆员职业专门性[J].图书与情报,2008(5):1-6,12.

② 穆颖丽.图书馆职业资格认证制度探析[J].晋图学刊,2009(5):62-64.

③ 袁红军.图书馆员职业制度发微[J].图书与情报,2009(1):37-40.

认证程序必须经过严格的考试和考核,资格证书管理上包括终身认证和非终身认证相结合的方式,由图书馆协会作为权威机构进行认证。在职业资格认证制度保障上应该建立起相应的协调机制,制定较完备的法律法规作为保障。①图书馆员职业制度的理论研究已经比较成熟,硕果累累,但是因种种制约因素,图书馆员职业资格制度还没有正式建立起来。

2 图书馆学教育的职业化推进

图书馆学教育是图书馆员职业化的重要基础,近年来对于图书馆学教育(主要是本科教育)的聚焦是前所未有的,这种聚焦持续至今依然强烈,2009 年图书馆学教学指导委员会会议完成了对《中国图书馆学教导发展战略报告》和《高级学校图书馆学本科领导性专业规范》的制定,2010 年又讨论了新一轮本科目录调整问题和"十二五"规划教材问题。不仅如此,图书馆学职业化推进的探讨也扩展到研究生教育,并在这两年填补了专业学位研究生教育的空白。2009 年,根据国务院学位办关于增设专业学位的有关文件,由武汉大学信息管理学院牵头,组织有关图书情报院系形成专家组,开始图书情报硕士专业学位的论证工作。2010年 18 所高校获得图书情报硕士专业学位试点的资格,在教育内容、教育方式、教育师资等方面都更面向职业领域,可以预期这将给馆员培训的理论研究带来更多可思考的问题。

2.1 图书馆学教育的深入研讨

调研方法在分析图书馆学教育中应用是非常充分的,涵盖了机构设立、课程设置、师资队伍、就业状况等多方面。潘燕桃深入调研了内地图书馆学教育发展现状。2008 年年底,内地共有 50 所高等院校或科研机构开展图书馆学教育,包括 29 所本科教学单位、42 所硕士教学单位、8 所博士教学单位、5 所博士后流动站。本科和硕士教学点地理分布上东部多于西部,北部多于南部,而博士点分布呈五边形格局。图书馆学教育机构师资队伍素质提高较明显,本科生招生就业状况良好,社会需求量较大。②周庆山等对美国排名前 10 的信息学院中信息科学专业本科生课程设置进行分析,这些课程包括专业必修课、专业选修课、专业预修课、公共选修课等,最终他们发现:这些课程定位清晰细致,突出培养学生的核心

① 时洁.对我国图书馆职业资格认证制度的理性思考[J].图书馆学刊,2009(10):44 - 46.

② 潘燕桃.中国大陆图书馆学教育发展现状及社会需求调查[J].中国图书馆学报,2009 (6):29 - 40.

竞争力;设置的专业选修课是面向职业与岗位技能的需要;课程设置注重提高学生的实际动手能力;整合全校的课程资源,强化通识教育。①王知津等对英美拥有图书情报硕士招生的 40 所大学的网站进行调查,发现这些院校的培养目标更注重学生的实践能力和沟通领导能力,在课程设置上除了传统的专业课,还有大量的专题课、讨论课、实习课等实践性较强的课程,他们重点培养能服务各类型图书馆及信息机构的专门人才。②美国图书情报学博士的教育和培养是累积型发展与转型式发展相结合,综合素质与科研能力相结合,分阶段弹性学制培养,博士论文要具有独创性且质量高,博士研究的经费资助制度健全。③2009 年 Ismaïl Abdullahi 出版了《世界图书情报学概览——教师和学生指导手册》,在这本书中,来自世界不同地区和国家的专家学者围绕公共图书馆、学术图书馆、学校图书馆、特殊图书馆以及信息科学的教育问题,从其早期发展到目前进展发表了自己的见解,有助于我们了解在亚非、澳大利亚、北美、拉美、欧洲等不同地区的图书馆员职业教育。④

图书馆学教育必须把提升图书馆员的职业竞争力作为它的重要目标,改革图书馆学教育体系和教育内容,需要尽快实行图书馆员职业资格证书制度,组建图书馆员协会,充分发挥图书馆员协会的统领作用。⑤图书馆学教育要发展,就需要改革图书馆学教学模式,培养学生实践能力,树立学科认知能力。⑥古南辉从学生主体的角度来讨论图书馆学教育,学生对图书馆学专业的认同感普遍不高,对将来在专业领域发展的期望值偏低,进而使得图书馆学专业影响力较弱。在图书馆学专业教育变革中,要对图书馆学专业学生予以积极引导,帮助学生树立正向专业意识。⑦要提升图书馆学毕业生就业的核心竞争力,在宏观上应当调整教育研究视野,以大学科的视角研究图书馆学的教育问题;在微观课程设置上,应当强调课

———————

① 周庆山,黄国彬.美国图书馆与信息科学学院信息科学专业本科课程设置的典型分析与启示[J].图书情报工作,2009(5):15-18.

② 王知津等.美英图书情报学硕士培养目标、模式及课程设置实例研究[J].图书馆建设,2009(2):76-81.

③ 王知津等.图书情报学博士教育与培养:美国模式实证研究[J].大学图书馆学报,2009(1):82-91.

④ Ismaïl Abdullahi. *Global library and information science—a textbook for students and educators*[M].München：K. G. Saur,2009.

⑤ 赵苹.提升图书馆员职业竞争力的对策研究[J].图书馆建设,2009(8):77-80.

⑥ 王万起.图书馆学教育低落的分析与发展探析[J].新世纪图书馆,2010(5):66-68,6.

⑦ 古南辉.论专业认同感与图书馆学教育的关系[J].图书馆论坛,2010(1):161-163.

程设置的职业应用性。①图书馆学人才培养应具层次性,教师应懂图书馆,图书馆用人制度应当设立门槛。要提高学生的学习热情,需要加强对图书馆学专业的宣传,需要其他专业背景的专职教师及图书馆工作人员来为本专业学生授课。②国内的图书情报学教育整合思路应当为调整培养目标、整合学科名称、改革课程设置和融合教学内容。③图书馆学情报学的本质是基于知识挖掘和知识分析的知识管理与知识服务,图书馆情报机构的意义在于其所提供的情报和知识;图书馆学和情报学教育当前应当符合毕业生未来职业的发展需求,应当强化理论、教育、实践的互动机制。④

2.2　图书馆员的继续教育

社会发展和技术进步、图书馆员知识更新、用户信息需求变化、馆藏文献资源类型变化等均需要图书馆员接受继续教育。网络环境下高校图书馆员继续教育途径包括在职教育、脱产研究生教育、专题培训班教育、参观访问、馆内培训和组织学术研讨会等方面。⑤图书馆员继续教育包括职业道德教育、图情专业知识教育、相关专业知识教育、计算机网络知识教育、外语知识教育、创新观念的教育;图书馆员继续教育应注意的问题包括领导的重视、形式多样、加大投入等方面。⑥外部环境、图书馆事业发展和馆员自身发展均需要图书馆员接受持续的继续教育,图书馆员需与时代同步、注重自身长远发展,在法律和制度上应保障馆员继续教育,建立学习型组织,完善馆员继续教育评估工作,提供多元的培训和进修途径。⑦图书馆员继续教育中存在着学习培训方式有限、学习内容针对性不强等问题,因此需要一个平台来促进馆员的继续教育,平台内容有知识讲堂、学习团队、互动问答、博客天地、学术论坛、个人空间 6 个部分。⑧

① 柯平等.图书馆学专业毕业生就业核心竞争力[J].图书情报工作,2009(5):11－14,18.

② 束漫,苏福.我国图书馆学教育与图书馆学学生就业问题专家访谈录[J].图书情报工作,2010(15):69－73.

③ 肖希明,卢娅.论图书馆学情报学教育的整合[J].图书情报工作,2009(5):7－10.

④ 初景利.图书馆学情报学教育的转型与创新[J].图书情报工作,2009(5):6.

⑤ 吕霞等.网络环境下高校图书馆员继续教育的思考[J].河北农业大学学报(农林教育版),2009(3):387－389.

⑥ 李红.新时代图书馆员继续教育之思考[J].管理观察,2009(16):134－135.

⑦ 曾敏灵.图书馆员继续教育的路径选择//谭祥金,赵燕群.图书馆工作论丛(第二辑)[M].北京:首都经济贸易大学出版社,2010:354－360.

⑧ 潘琳.基于社会学习理论的图书馆员学习交流平台研究[D].金华:浙江师范大学,2009.

高校图书馆员职业教育是高校图书馆工作的重要部分。其教育方式可采用网络课堂这一新手段,网络课堂项目的具体实施包括了组织管理考核等制度,合理的课程设置与安排,基于网络的课堂教学系统,基于网络的课堂教务管理系统;网络课堂所取得的成绩显著,教学评估表明了网络课堂深受用户认可和欢迎。①高校图书馆员继续教育是图书馆发展、读者信息服务、馆员自身知识能力发展的需要,图书馆领导和馆员应当树立正确的继续教育观,政策上应当建立起合理的激励机制,建立继续教育成绩认证的资格认证制度,完善继续教育的课程纲要。②高职高专院校图书馆员继续教育的主要内容包括创新观念教育、馆员思想素质教育、职业道德教育、专业知识教育、现代化技能教育、外语水平教育;高职高专院校图书馆员继续教育的主要途径包括在职学历教育、脱产学习、在岗培训、专题讲座、参观学习、学术交流等方面。③

3 成熟完善的图书馆员职业理念

3.1 细致入微的馆员职业道德

图书馆员职业道德包括职业道德和职业伦理,两者实质上是一种行业自律,当前此领域以理论研究为主。图书馆员职业道德的发展已趋于成熟,爱岗敬业、乐于奉献是图书馆员职业道德的基础,全心全意为读者服务是图书馆员职业道德的核心,团结协作精神是图书馆员职业道德的重要内容。图书馆应当加强其工作人员自身的文化修养和业务修养,培养馆员的创新精神和创新意识,使其树立一切为了读者的观念及文明礼貌的道德风尚。④图书馆员职业精神对其业务能力而言更具有本质意义,图书馆普通岗位选择人才时,更应注重职业精神因素。图书馆职业精神的培育离不开物质激励,综合考虑物质与精神双重激励的制度设计才是解决图书馆职业中道德风险问题的根本途径。⑤

图书馆员伦理是图书馆员在履行自己职责过程中应该遵循的价值取向与行

① 沈霞,尹源,谢志耘,等.高校图书馆员继续教育的新手段[J].大学图书馆学报,2009(3):72－74.

② 雷素芳.浅议高校图书馆员继续教育[J].怀化学院学报,2010(6):159－160.

③ 王培华.对高职高专院校图书馆员继续教育的思考[J].黑龙江教育学院学报,2009(3):99－100.

④ 胡芳.浅谈图书馆员的职业道德[J].湖北师范学院学报(哲学社会科学版),2009(2):147－148.

⑤ 杨小军.信息经济学视角下图书馆员的道德风险研究[J].工业技术经济,2009(7):130－133.

为规范之总和。图书馆员所履行的责任是一种为他责任,即在馆员与读者关系中,读者具有优先性的一种共在关系,馆员与读者之间是主体间性关系,馆员是责任主体,馆员的为他责任不具有互惠性,但是具有强制性。[①]图书馆员伦理是图书馆员在履行自己职责过程中应该遵循的价值取向与行为规范之总和,图书馆员伦理的对象性回应包括个体对个体的回应、个体对群体的回应、个体对社会和国家的回应,其属性有知识性、德性、人性、责任性;图书馆员伦理培养需要进行正规的学校教育,需要在职业资格准入制度和职称评审制度中有保障,需要加大对馆员伦理的研究。[②]路易斯安那州伦理委员会提出禁止图书馆员个人接受纳税人的馈赠,这种意见将能实质性地提高图书馆的社会形象。[③]Martin 认为保持知识的真实完整性是图书馆员职业发展的最核心价值,职业伦理将随社会发展而变化,而真实完整性这一条将永不改变。同时职业伦理还包括普遍均等服务、保守读者秘密、尊重知识产权等,如保守读者个人身份信息及所借书籍名称等方面的秘密;图书馆员与任课教师合作,让学生作业的抄袭概率最小化,也让学生认识到知识产权的重要性。[④]

3.2 反思回归的馆员职业精神

图书馆员职业精神是图书馆员的一种职业信念、职业追求,包括图书馆精神、核心价值、职业承诺和职业意识等方面。图书馆精神概括了图书馆核心价值,从时间维度上看,封建社会学者对图书馆核心价值的研究主要是文献的研究,民国期间图书馆核心价值与精神主要是爱国、服务和人文,当代图书馆核心价值与精神主要体现在免费开放、提升服务水平、将人文与技术有机结合。从结构维度看,图书馆核心价值与精神主要体现在读者或用户层、资源与服务层、技术与管理、建筑设备等硬件资源;从空间维度上看,IFLA、美国、澳大利亚、加拿大等国的图书馆精神趋于一致,但仍有区别。[⑤]图书馆员职业精神包括了以人为本、服务至上的人文精神,与时俱进、不断创新的进取精神,爱岗敬业的奉献精神,和谐团队的协作精神;图书馆员职业精神的基本要素包括职业理想、职业态度、职业责任、职业技

① 蒋永福.论图书馆员伦理——基于责任伦理和为他责任的思考[J].大学图书馆学报,2009(3):2-5,10.

② 郑江艳,类延村.图书馆伦理的认知与建构[J].图书馆学研究,2010(1):31-33,30.

③ Ben Myers. Louisiana's ethics code spells the end of holiday gifts and goodies for St. Tammany librarians[N]. *CityBusiness North Shore Report*,2010-12-01.

④ Ann M. Martin. Leadership: Integrity and the ALA Code of Ethics[J]. *Knowledge Quest*,2009(3):6-11.

⑤ 胡唐明.图书馆精神与核心价值的三维分析[J].图书馆建设,2009(2):15-18.

能、职业纪律、职业良心、职业信誉等方面。①

信息时代高校图书馆员的职业价值包括保存和传递知识、提炼信息和数字资源建设、承担用户与知识的桥梁、确保用户自由平等地获取知识。②馆员职业声望具有的特征包括女性多于男性、综合职能、知识管理、中等收入、中等社会地位、压力较低、拥有精神财富、寿命较长、知书与爱书的职业,新环境下图书馆员职业要求的变化主要表现在认知、素养、技能3个方面。③图书馆员职业化的内涵包括职业准入、职业训练、职业认同、职业道德、职业文化等方面。馆员职业化存在着专业知识和技能整体水平较低、职业认同感不强、职业道德素养有待进一步提高的问题,其职业化建设的主要障碍包括职业认识存在分歧、职业制度环境不完善、实践教学科研未形成良性互动。④

图书馆核心价值和图书馆精神无论国内还是国外争议较大。单个图书馆的服务对象和服务范围不同,其核心价值和职业精神必定不同,而它们的价值和精神还受到了自身文化传承及服务对象文化的影响。如果用几个关键词或几句话来概括出这种差异,只是缘木求鱼的做法。图书馆员心理焦虑和职业承诺可以弥补上述缺陷,学者将两者结合起来,对具体图书馆或者有关联性的某些图书馆进行系统研究,这才是图书馆核心价值和职业精神研究之本。

4 持续探索的馆员职业发展研究

近些年图书馆员群体的职业发展研究精彩纷呈,在研究内容上从职业能力的发展层面深入到职业心理、职业发展周期、职业规划等层面;在研究方法上,量表计量、数据分析等方法被广泛运用,在此基础上提出的对策也更切实。

4.1 实证调研主导的图书馆员职业心理研究

心理学的理论、方法及量表设计等在图书馆员的研究中被广泛借鉴,工作满意度、幸福指数、快乐指数、心理焦虑、职业倦怠等心理学的概念在图书馆员研究中也不再鲜见。图书馆职业群体在社会满意度8项指标上得分状况处于中间水平。在社会满意度影响因素上,主观生活质量与人们所持有的社会评价意见有着

① 张琴.论现代图书馆员的职业精神[J].内蒙古科技与经济,2009(21):143-144,147.

② 徐丽亚等.重析高校图书馆员的社会角色与职业价值[J].江苏工业学院学报,2009(4):110-112.

③ 王畅.新环境下图书馆员职业声望及其前景探析[J].大学图书情报学刊,2010(6):6-9.

④ 曹再芳.图书馆员职业化建设问题论要[J].图书馆学刊,2010(6):18-20,104.

极为显著的关联性,职业信心体验与知足充裕体验对社会满意度影响最显著,身体健康体验对社会满意度影响最不显著。[①]馆员的工作满意度影响组织承诺,组织承诺影响离职念头,离职念头影响离职倾向。其中工作满意度各构面因子是通过组织承诺对离职念头产生影响的,工作机会是离职行为的触发因素;要提升图书馆员的工作满意度,可以增强图书馆文化建设,开展基于馆员胜任力的绩效管理,完善馆员的职业生涯规划,激励馆员终身学习,构建学习型图书馆。[②]青年馆员归属感较强的前5项因素为环境满意度、人际交往与沟通、工作压力感受、额外工作态度、组织利益关注程度。要提升青年馆员组织归属感,应当构建和谐共享的组织文化体系、针对与实效的培训体系、创新与发展的工作体系、科学与规范的制度体系。[③]

图书馆员在他们工作中的快乐程度到底如何,付慧英用图书馆员幸福指数来衡量,分析了馆龄、职称、职业认同、个人经历和专业素养等对图书馆员的幸福感体验的影响;指出提升图书馆员职业幸福感的途径包括调整心态实现自我价值、参与教学研究获取事业成功、持续学习提升专业能力。[④]馆员自身工作能力的限制、信息超载的影响、图书馆社会地位的影响、馆员个人性格差异会导致心理焦虑。解决对策包括制定图书馆法规和创新工作方法进而提高馆员的社会地位,开展业务培训和心理培训来提升馆员服务能力,建立健全激励机制来调动馆员工作积极性,馆员个体应从主观上确立心理保健意识。[⑤]高校图书馆员的心理障碍表现为自卑心理、攀比心理、恐惧心理、怀才不遇心理、厌倦心理,图书馆应当增强馆员的职业威望,建立激励为主的人本管理机制和进行岗位轮换,同时图书馆员也应当抑制自身负面情绪,提高心理调节能力,提高自身修养,进行自我调适。[⑥]

图书馆员职业倦怠的表现形式有逆反心理式、怀才不遇式、消极怠工式、漠然置之式、个人奋斗式、拉帮结派式。[⑦]其自身原因包括缺乏工作认同感,自身服务水平与现实要求差距大,自身身体素质和不良性格,职业定位模糊;群体原因包括领导缺乏民主决策,群体中的潜规则;社会原因包括更具竞争力的新人出现和家人

① 徐建华,李超.当今图书馆员社会满意度实证研究[J].图书馆,2010(2):65－67,79.

② 杨慧漪,丁清英.馆员工作满意度、组织承诺与离职倾向关系研究//中国图书馆学会年会论文集(2010年卷)[M].北京:国家图书馆出版社,2010:186－193.

③ 潘松华,孙素云,张智松.高校图书馆青年馆员"组织归属感"实证研究//中国图书馆学会年会论文集(2010年卷)[M].北京:国家图书馆出版社,2010:202－210.

④ 付慧英.中小学图书馆员职业幸福感研究[J].图书馆杂志,2010(7):29－31.

⑤ 张洁.图书馆员心理焦虑原因及对策[J].江西图书馆学刊,2010(1):100－102.

⑥ 张美莉.新时期高校图书馆员的心理障碍及对策[J].贵图学刊,2010(1):18－20.

⑦ 翟敏杰.图书馆员职业倦怠心理的形成与克服[J].图书馆工作与研究,2009(8):82－84.

关系不融洽。应加强对馆员情绪研究与管理,改变产生图书馆员职业倦怠的应激源,提高馆员心理健康的认识能力和运用心理策略的最基本能力。[①]图书馆员自我效能感与图书馆员职业倦怠之间呈现出负相关关系;改善高校图书馆员职业倦怠的途径包括:适时地自我身心协调缓解身心不适,重新审视自己从事职业的意义,树立新的服务理念,正确处理人际关系创造良好的工作氛围。[②]图书馆员职业倦怠分为情绪衰竭、玩世不恭和成就感低落 3 个维度;高校图书馆员职业倦怠程度不严重,性别、婚姻状况、编制、职称、年龄或工龄均对图书馆员职业倦怠无明显影响,而岗位、文化程度对图书馆员职业倦怠有较明显的影响,经常接触读者岗位的图书馆员职业倦怠要弱于其他较少接触读者的岗位。[③]克服高校图书馆员职业倦怠的措施包括提高馆员社会地位,完善激励机制;馆员自身应不断学习,加强自身修养,馆员应当适时进行心理调适,改变自己的认知方式。[④]高职院校图书馆员职业倦怠主要表现在认知偏移、情感衰竭、工作懈怠和心理焦虑,其成因包括信息技术发展、院系调整、读者需求的变化,克服措施包括有效的激励机制及馆员个人能力提升。[⑤]

图书馆员职业倦怠是从心理学中引入的概念,但是在图书馆实际研究中缺乏本专业化的特色,主要停留在图书馆员职业倦怠的测量层面上,至于这一现象对图书馆员职业发展有什么弊端,如何解决,鲜有深入的理论研究。国外图书馆员职业倦怠的研究是从美国逐步扩展到欧美及亚洲各国,利用职业倦怠量表和个体相关工作背景调查相结合的研究范式从公共图书馆延伸到高校图书馆甚至博物馆、档案馆等单位;国内图书馆员职业倦怠研究存在着研究方法缺乏定量分析、研究内容浅显、研究对象单一,应深化研究不同图书馆员职业倦怠的共性和特性。[⑥]

4.2 图书馆员职业生涯发展研究

图书馆员职业生涯发展的研究涉及职业规划、职业竞争力、组织承诺、职业危机管理等方面,当前的研究偏重理论的探讨,实证研究较少。

---

① 杨小燕.对图书馆员职业倦怠问题的探讨[J].宿州教育学院学报,2009(2):168-170.

② 谭小红.高校图书馆员自我效能感实证研究[D].重庆:重庆大学,2009:36-40.

③ 杨帅.广州高校图书馆员职业倦怠现状调查研究[J].图书情报工作,2009(7):99-103.

④ 边建芳,陈恒玉.高校图书馆员职业倦怠现象的心理学分析[J].晋图学刊,2010(4):44-46.

⑤ 张田吉.高职院校图书馆员职业压力因素及其对策[J].大学图书馆学报,2009(6):95-97.

⑥ 陈宇.我国图书馆员职业倦怠研究[J].图书馆工作与研究,2009(4):6-9.

图书馆员职业生涯规划关系到图书馆员工作的前景,馆员职业生涯管理有利因素包括:馆员年龄年轻化、知识结构合理化、学历层次提升幅度大、职业生涯管理意识强;高校馆员职业生涯管理对策包括完善图书馆员职业生涯管理的制度体系,实行多种职业生涯管理方式,营造有利于馆员职业生涯管理的组织文化。[1]一个完整的高校图书馆职业生涯信息系统应包括馆员电子档案信息、高校图书馆岗位设置和空缺信息、馆员职业生涯规划表、馆员职业生涯管理手册;高校图书馆员职业生涯评估系统应健全评估内容、优化评估方法、合理运用评估结果,而保障系统包括思想保障、组织保障、制度保障、设备保障和文化保障。[2]要完善图书馆员职业规划必须发挥图书馆的引导作用,必须明确图书馆的发展目标与计划,规范岗位管理,实行岗位轮换制,定期组织馆员培训,还需要增强图书馆员在职业规划中的主体能力,摸清规划环境,明确个人定位,不断调整规划内容,连续追踪规划效果。[3]图书馆工作以女性为主,女性馆员职业发展模式单一、存在较大职业瓶颈、工作和家庭生活易生矛盾、较易产生职业倦怠。需要建立有效的女性馆员职业生涯管理体系,设计多条职业发展道路,要从内部纵向职业生涯转变为横向、跨专业的职业生涯,要定期对员工培训。[4]

张芳对福建省6所高校图书馆馆员的职业承诺与工作稳定性进行调查,发现职业承诺中的规范承诺、情感承诺、继续承诺显著相关,三者与离职意愿呈显著负相关,馆员继续承诺与工作满意度呈负相关。[5]景晶对广东省高校图书馆员进行问卷调查发现其组织承诺处于中等水平,年龄、婚姻、工作年限和所在岗位对组织承诺影响显著。高校图书馆应当建立与馆员个人能力相匹配的岗位制度,应针对不同馆员的需求,提供多层次多角度的帮助和关爱,应建立图书馆员认可的组织文化。[6]

当前读者信息行为在变化,这些都需要设计出新的职位来实施,而在图书馆员岗位变化中,技术人员需求越来越广泛,职位分工更加细致,岗位设置将更加注

① 刘亚君.高校图书馆员职业生涯管理研究[D].镇江市:江苏大学,2009:32−52.

② 王瑞珍.高校图书馆员职业生涯管理系统的分析与设计[J].图书馆建设,2009(11):73−76.

③ 李燕英.论图书馆员的职业规划//中国图书馆学会年会论文集(2010年卷)[M].北京:国家图书馆出版社,2010:160−164.

④ 霍彩玲,徐荣英.关于女性图书馆员职业瓶颈与职业回报的探讨[J].图书馆界,2009(1):35−37.

⑤ 张芳.图书馆员职业承诺与工作稳定性研究[J].图书馆,2009(6):49−51.

⑥ 景晶.人口统计学变量下的高校图书馆员组织承诺调查研究[J].图书情报知识,2010(3):17−23.

重用户体验。①图书馆员职业能力架构主要包括图书馆员的职能结构、知识结构、专业结构、技能结构、智能结构、年龄结构和性别结构。要提升图书馆员职业能力,需要从专业教育方面,启动高职教育,弱化本科教育,强化研究生教育,需要制定相关政策创造良好氛围,推动继续教育全面展开,需要坚持图书馆员正确价值观的培养。②良好的学习能力是构建职业竞争力的手段,图书馆员心智的发展是构建职业竞争力的保障,优秀的团队是构建图书馆员职业竞争力的保障。③

图书馆员职业危机表现在职业的价值认同危机、职业的知识和技能危机、职业规划和发展危机。图书馆员应对职业危机的策略包括正视图书馆职业价值,树立良好的职业道德,建立职业资格认证制度,进行图书馆员继续教育。④职业高原是职业危机的表现形式之一,图书馆员的职业高原可以分为维持现状型、贪图安逸型、升迁无望型、照顾家庭型,应对策略包括平衡心态法、跳房子游戏法、跳槽法、内部调和法,其中内部调和法是解决职业高原问题最有成效和实用价值的方法。⑤

4.3　以人为本的图书馆员知识管理

图书馆员知识管理隶属于图书馆知识管理,图书馆员知识管理是管理图书馆员的隐性知识,表现为馆员职业道德观、参考咨询经验、业务技能经验、科研能力、危机管理能力、学习能力。⑥图书馆员的隐性知识可分为技能类隐性知识和认识类隐性知识,前者与馆员工作时间密切联系,能提高图书馆员的工作水平,而后者关系到馆员的工作热情、工作态度等。馆员隐性知识管理可通过营造和谐的图书馆环境、岗位轮换、增强隐性知识在职称评定中的比重、运用现代交流工具搭建馆员交流平台等方式加强。⑦图书馆员隐性知识管理存在的障碍有隐性知识自身特性产生的障碍、馆员自身产生的障碍、图书馆组织引起的障碍,克服这些障碍的策略包括:建立馆员隐性知识库,创建交流与共享的互动平台,建立隐性知识交流与共享的激励机制。⑧图书馆员隐性知识挖掘主要途径有尊重馆员并开发馆员潜能,践

---

①　詹庆东,刘小花.新信息环境下图书馆新职位设计研究//中国图书馆学会年会论文集(2010年卷)[M].北京:国家图书馆出版社,2010:182-186.

②　金泽龙.图书馆员职业能力探讨与思考[J].图书馆工作与研究,2010(6):45-49.

③　李霜梅.试论图书馆员职业竞争力[J].图书馆学研究,2009(7):92-93,72.

④　杨冬梅.图书馆员的职业危机和应对策略[J].图书馆理论与实践,2010(4):28-31.

⑤　张瑛.图书馆员突破"职业高原"现象的个人应对策略[J].当代图书馆,2009(1):30-32.

⑥　刘宏.图书馆员隐性知识管理初探[J].图书馆研究与工作,2009(1):19-21.

⑦　陈丽纳.论图书馆员隐性知识管理[J].山东图书馆学刊,2010(2):48-51.

⑧　龙心.图书馆员隐性知识管理研究[J].江西图书馆学刊,2010(2):35-37.

行以人为本的管理理念,注重人文关怀,实施柔性管理,构建隐性知识档案库,采集隐性知识源,绘制知识地图,提高图书馆员素质。[①]

图书馆员隐性知识管理存在着观念体制障碍、能力素质障碍、时效因素障碍,要克服这些障碍,需创建交流与共享互动平台,营造交流共享的和谐氛围,建立隐性知识交流共享的激励机制,建立图书馆隐性知识库,制定图书馆岗位轮换制度。[②]图书馆员个人隐性知识积累和利用越高,图书馆员个人素质也越能得到提高,Web2.0对图书馆员隐性知识的作用有建立博客实现馆员隐性知识与显性知识的转化,通过维基深化和完善馆员隐性知识,合理利用 RSS 和 Tag 序化馆员隐性知识。[③]

图书馆员知识管理在图书馆员实践工作中具有很强的应用价值,只有密切结合图书馆员的实践工作开展图书馆员知识管理研究,才能突出其应用前景。令人安慰的是,已经有部分研究开始朝这方面探索了。

供稿:吴汉华(北京大学信息管理系)

① 吴玉玲.图书馆员隐性知识探究与挖掘[J].图书馆工作与研究,2010(1):41-44.

② 王含晖,黄珍娟.图书馆隐性知识管理障碍及其对策[J].中华医学图书情报杂志,2009(2):7-9,12.

③ 马江宝.Web2.0技术在图书馆员个人隐性知识管理中的应用[J].江西图书馆学刊,2010(1):103-105.

图书馆永恒价值的追寻与传统观念的更新

2002 年新泽西高校图书馆协会和费尔利迪金森大学图书馆曾举办"2012 年的高校图书馆"主题征文,预测主要分为 3 个议题:技术的发展、图书馆的职能以及图书馆员的角色。技术畅想中多媒体链接、虚拟情境、大场景概览成为主体,图书馆的转变将是"从建筑到功能",图书馆将无处不在,图书馆和图书馆员不会消失,但将按矩阵结构被网络化和透明化,而人们将继续去图书馆。①无独有偶,徐引篪在 1999 年也曾对 2010 年的图书情报事业进行过类似的预测。②

时光流转,当我们在今天这一时刻再来回望过去的预言,图书馆比之当日有了长足的进步,在有些方面甚至比预想更好,但对图书馆生存发展的担忧却更甚往昔。新兴技术、数字环境、竞争市场、网络社会成为重要的影响变量,提示着我们将面临数字命运的巨大转变。③2009 年一份名为《危言耸听》(Provocative Statements)的文件在网络广泛流传,这份来自 TAIGA 论坛的声明宣称,5 年内,Google 将能满足学生和研究者的所有信息需求,所有书目数据的生产与使用都将上升到网络层次,图书馆将主要承担数字内容存档职责而非信息服务,所有服务都由技术来支持,而不会有面对面的服务,每个图书馆员不进化即消亡(evolve or die)。④图书馆的存在意义不仅被大众质疑,而且被我们自身质疑。Sullivan 发表的《大学图书馆尸检报告,2050》用骇人的词语描述了图书馆"死亡"的场景:馆藏变得无人问津、图书馆培训变得不再必要、信息素养已整合进入课程、图书馆和图书馆员被纳入信息技术部门、参考咨询服务消失、经济战胜了质量,指出如果图书馆员过于迷恋通向未来的现实道路,而较少关注最新发展趋势,只是毫不在意地

---

① James W. Marcum. 2012 年的图书馆展望[J]. 袁剑君,李欣,译. 图书馆,2009(3):69 - 70.

② 徐引篪. 图书情报事业的未来——2010 年发展预测[M]. 北京:北京图书馆出版社, 1999.

③ Nicholas Carr. *The big switch*: *our new digital destiny*[M]. New York: Norton & Company, 2008.

④ TAIGA forum IV lightningtalks[EB/OL]. [2010 - 09 - 23]. http://www. slideshare. net/ kantelman/taiga4lightningtalks-presentation.

高喊图书馆长存的口号，那么图书馆真的会有死去的一天。①因而面向未来，意义的建构和体系的创新同等重要，"快速变化的世界中，发展经常被看做是一场零和博弈，创新必然意味着消耗旧事物，然而图书馆也已经展示出创新带来的机会"。②③近两年图书馆界围绕未来图书馆的研究在技术论辩的过程中向着图书馆永续存在意义和创新图书馆体系的两个维度深入推进。

1　图书馆存在意义的探索

"我们所处的环境在过去的二十年里发生的变化超过了过去两百年的变化，特别是技术发展的驱动"。④正因如此，技术犹如悬于图书馆头顶的达摩克利斯之剑，让人诚惶诚恐，转而顶礼膜拜。2009年keven在博客中发表系列文章"图书馆有未来吗？"，⑤大力宣传"技术救图"主张。一石激起千层浪，再次开启了有关技术与图书馆的论争。赞同者如雨僧认为，在数字化浪潮下，"图书馆危机不是来自图书馆内部，而是来自图书馆所处的外部信息和技术环境的变化，图书馆不再处于社会信息链的中心环节。这是图书馆危机的根本原因"。⑥朱强认为面对新技术需要努力学习和追踪，不敢有丝毫懈怠，未来图书馆形态、馆藏都将虚拟，置于"云"中，人们需要的是一系列的服务——软件工具，而图书馆和图书馆员的作用将变成创建和分发各种"工具"。⑦而反对者则认为作为一项公益事业，图书馆就已经从根本上失去了争做技术先锋的能力，它只能是信息技术的使用者，而不可能是信息时代的佼佼者。图书馆只有在本质上符合社会与政治需要，承担起独一

①　Brian T. Sullivan. Academic library autopsy report, 2050 [J/OL]. The chronicle of higher education, 2011 - 01 - 02 [2011 - 01 - 08]. http://chronicle.com/article/Academic-Library-Autopsy/125767.

②　Thomas Frey. Future libraries: nerve center of the community [EB/OL]. [2010 - 09 - 19]. http://www.futuristspeaker.com/2009/02/future-libraries-nerve-center-of-the-community.

③　任国华，周宁，译. 未来的图书馆——社区的神经中枢 [EB/OL]. [2010 - 09 - 19]. http://libspace.org/2009/08/17/wei-lai-de-tu-shu-guan-eeeeshe-qu-de-shen-jing-zhong-shu.

④　初景利，吴冬曼. 图书馆发展趋势调研报告(一)：环境分析与主要战略 [J]. 国家图书馆学刊，2010(1):3-11.

⑤　Keven. 图书馆有未来吗？(完结篇) [EB/OL]. (2009 - 07 - 28) [2010 - 09 - 21]. http://www.kevenlw.name/archives/1538.

⑥　借宿斋主人. 图书馆的未来不能只靠技术 [EB/OL]. 图情牛犊的博客. [2010 - 10 - 09]. http://blog.sina.com.cn/s/blog_4d0275410100eqw6.html.

⑦　朱强，等. 以开放的心态迎接新的信息技术——2009年信息技术在图书馆的应用 [J]. 中国图书馆学报，2010(3):77-94.

无二的社会责任,才能持续发展。①图书馆任何技术一定要在恰当的时间才能发挥出最大的效果,晚了固然落后,早了也可能只是拔苗助长而已。图书馆的发展是综合性的。②技术救图论并无太多新意,从历史来看技术并未改变图书馆传统。图书馆学真正缺少的不是技术的应用,而是理论的创新。③唯技术倾向使图书馆变得越来越工具化,忽视了用户多方面需求特点,图书馆的社会职能是多样的,如果只偏重一个,那么图书馆存在和发展的广泛社会基础就被人为单一化、简单化,图书馆的生存危机也就由此而生。④

技术导向显然并不能为图书馆永续存在寻找到合理意义,反而容易引向为技术而技术的歧路,图书馆在数字时代的存在理由只有另辟蹊径。章春野认为图书馆的本质在于文化,图书馆文化本质的真正回归,既不是对图书馆服务与社会经济职能以及技术设备的简单拒斥,也不是在现有体系原封不动的基础上添加某些"文化调料",而是应当使文化保存、文化传承、文化创造、文化娱乐、文化传播和人文关怀渗透到图书馆的所有领域和所有层面,建构全方位为人服务的文化的图书馆。⑤赵晓强认为图书馆服务的独特价值是图书馆行业生存发展的前提条件。⑥将图书馆事业放到人类文明社会发展的全部进程中来看的历史意识,能强烈提示从业者建立正确的职业价值观和图书馆事业必定代代相承,伴随人类文明社会永续发展的理想信念。傅荣贤认为数据、信息或知识的扩大是否能够达到智慧和德行,即能否达到彻悟与制胜之道,应成为图书馆界的思考内容。⑦换言之,通过利用图书馆,我们不仅要获得正确,还要力争获得高明。这与美国国会图书馆2008—2013 财年战略规划的主题——"促进人类的认知与智慧(to further human understanding and wisdom)"不谋而合。⑧2009 年第 74 届国际图联大会会议发言显

① 借宿斋主人. 图书馆的未来不能只靠技术[EB/OL]. 图情牛犊的博客. [2010 - 10 - 09]. http://blog. sina. com. cn/s/blog_4d0275410100eqw6. html.

② 马月. 谈谈自己对"技术救图"的一些浅陋看法[EB/OL]. [2010 - 10 - 11]. http://www. mhlib. sh. cn/blog/xiangxi. asp? fid = 13994.

③ 游园惊梦. 技术救图论的贫困[EB/OL]. [2010 - 10 - 12]. http://youmeng. bokee. com/1001256. html.

④ 章春野. 回归文化的图书馆——图书馆现代发展的历史考察[J]. 情报资料工作,2009(4):65 - 69.

⑤ 章春野. 回归文化的图书馆——图书馆现代发展的历史考察[J]. 情报资料工作,2009(4):65 - 69.

⑥ 赵晓强. 历史语境路径的图书馆本质解析[J]. 图书馆杂志,2010(3):12 - 14.

⑦ 傅荣贤. 论当代图书馆学研究范式的转变[J]. 大学图书馆学报,2009(1):23 - 29,42.

⑧ The library of congress. Strategic plan fiscal years 2008—2013[EB/OL]. [2010 - 10 - 05]. http://www. loc. gov/about/strategicplan/2008-2013/StrategicPlan07-Contents_1. pdf.

示人文关怀永远是图书馆发展的灵魂,技术则永远是人文的附庸。①同年11月,首届公共图书馆高峰论坛上,国际图联主席艾伦·泰塞认为,图书馆是推动一个国家教育、科学、文化及经济发展的活生生的力量(living force);美国图书馆协会主席罗伯塔·史蒂文斯认为"在迎接政治、经济和社会变化之时,我们意识到无人能比图书馆更适宜做终身教育的机构";顾敏以《走向2015》阐述对于台湾图书馆事业的发展愿景,在此基础上,他认为,未来社会识读落差、资讯差距、知识差距始终存在,解决这些问题才会达到人类更加需要图书馆的状态。②国家图书馆副馆长陈力说,图书馆追求的是培养公众的信息能力,应该让公众在信息海洋里找到他们所需要的东西,而不至于迷失方向。③这些观点虽有所差异,但都将图书馆存于未来的合理性建立在价值和作用的基础上,建构于图书馆与社会、人的关联基点之上。

图书馆的价值不仅要有宏观的指向,还要作出清晰确切的描述。沃勒直陈"为合适的读者提供合适的书籍"、"公共图书馆应为所有人服务"这一类说法含糊其辞,图书馆目的阐述应该条理清楚、与社会紧密相关,以此方能证明其服务是及时的、有意义的、可获取的,进而才能充分发挥并利用已有的技术。④他还认为图书馆必须证明其存在的价值,而非安于"公益性设施"的地位。这种价值不仅要被大众和资助机构认可,也应该被图书馆界所认同。为了衡量图书馆价值,基于投资—回报、成本—效益、辐射力等价值评估方式获得青睐。钱佳平、刘兹恒评述了基于条件价值评估法的图书馆价值研究,从揭示消费者剩余(消费者为某一商品或服务愿意支付的费用与实际支付的费用之间的差额)的角度出发,以用户感受的价值为评估体系的基础,在更为广阔的视野中审视图书馆及其服务的价值。⑤刘璇分析了公共图书馆经济价值的评价方法——成本—效益分析,主要是消费者剩余法、意愿支付法和时间成本法,认为通过这些方法可以测量公共图书馆

①　吴志荣,庄雷.追求知识的永恒和普及——第74届IFLA大会见闻及其引发的思考[J].图书馆杂志,2009(3):69-70,74.

②　杨青.从大脑到心脏再到天堂:公共图书馆发展的必经之路[N/OL].深圳商报,2009-11-19[2010-10-10].http://www.china.com.cn/book/txt/2009-11/19/content_18916122_2.htm.

③　胡谋.国际高峰论坛:网络时代,公共图书馆怎么办?[N/OL].人民日报,2009-11-25[2010-10-10].http://book.jyb.cn/rdss/200911/t20091125_325905.html.

④　维维恩·沃勒.公共图书馆立足于数字化时代的合理性[J].肖鹏,译,肖永英,校.图书馆杂志,2010(3):2-8.原文见于 *Library Review*,vol.57(5):372-385.

⑤　钱佳平,刘兹恒.国外基于投资回报的图书馆价值研究:述评与启示[J].中国图书馆学报,2008(6):84-89.

的经济价值,且公共图书馆全部的经济价值要高于实际测量结果。[①]豆洪青将辐射力作为图书馆服务水平和能力的直接体现,以辐射半径、辐射厚度、基础设施与服务方式等为评价内容。[②]

这些方式为评估图书馆服务提供了很好的思路,但仍有需要思考的问题:我们的目标是提高公众信息素养,还是吸引用户?傅荣贤认为"开放"的图书馆追寻的主要价值目标是努力以最经济的方式向普通读者传递最全面、最准确的文献信息,[③]由此奠定了图书馆学的一元论价值基础。在此背景下,经济学中的成本—效益分析法也顺理成章地成为衡量图书馆服务价值的主要方法。于良芝通过对公共图书馆评估材料的话语分析指出评估总结话语所凸显的,首先是图书馆服务的范围和数量,其次是图书馆对财富创造的贡献。[④]而被上述意义建构消弭的,首先是面向普通读者的信息服务,其次是对图书馆服务利用情况的关注。这些话语若不加剖析就可能制约职业思维,极有可能成为公共图书馆功能创新的障碍。"提高公众的信息素养以促进民主"和"吸引更多的用户"是图书馆两项传统任务,对两者不同的侧重,将带领图书馆走上截然不同的两条道路。然而为了生存,图书馆在"提高公众素质"和"吸引用户"之间会更偏向于后者,以"关键绩效指标"来衡量。沃勒提醒我们不仅需要明确图书馆的价值所在,还应该关注实际的用户体验。[⑤]OCLC2010 年的统计报告用形象而简洁的图片和数据显示了用户和企业、组织从美国图书馆的资源和活动中获得的良好体验。[⑥]

2 图书馆体系和观念的创新探索

如果图书馆还将永续存在,那么它在数字时代应该是什么样的?因此在寻找图书馆存于未来的意义的同时,基于对未来发展趋势的预判,对传统服务的反思、突围和变革也成为讨论焦点。学界和业界人士分别提出图书馆创新体系的建设方案,对传统的场域观、读者观、馆藏观进行重新审视,得出了许多颇有见地的

---

① 刘璇.基于成本—效益分析的公共图书馆经济价值研究[J].图书馆杂志,2010(2):10-15.

② 豆洪清.公共图书馆辐射力评价研究[J].中国图书馆学报,2009(5):42-46,79.

③ 傅荣贤.论当代图书馆学研究范式的转变[J].大学图书馆学报,2009(1):23-29,42.

④ 于良芝.公共图书馆服务的意义建构与认识盲点——对公共图书馆评估总结材料的话语分析[J].中国图书馆学报,2009(4):4-13.

⑤ 维维恩·沃勒.公共图书馆立足于数字化时代的合理性[J].肖鹏,译,肖永英,校.图书馆杂志,2010(3):2-8.原文见于 *Library Review*,vol.57(5):372-385.

⑥ OCLC. How libraries stack up:2010[EB/OL].[2011-01-09].http://www.oclc.org/reports/pdfs/214109usf_how_libraries_stack_up.pdf.

见解。

图书馆的传统服务岌岌可危,沃勒甚至断言,"图书馆的传统服务在数字化技术冲击下经受着巨大的变革,也许我们将迎来编目工作、纸质书刊和参考咨询服务的消亡"。①2008年国际图联第74届年会上 SirsiDynix 公司代表指出,图书馆存在着一种"元数据思维定势"(metadata mindset),但真正有意义的将不再是元数据本身,而是关于用户行为、用户过程和内容关联的组织机制。张晓林赞同这一观点,指出根本的是要突破图书馆以"采购和编目"为核心的传统模式,利用信息网络广泛连接各类资源和信息技术深度挖掘相应的关联与行为与过程信息的能力,就可能创造出真正以服务为核心的新模式。②吴建中在2010年中国图书馆学会年会的主旨报告中提出了一个值得深思的问题:对于数字化、网络化环境中的图书馆业务而言,它是不是就是传统图书馆工作的数字化呢?③答案显然是否定的,但未来的模式如何却并没有给出明确描述。

对于未来发展模式,在2009年首届公共图书馆国际高峰论坛上,专家学者各抒己见。美国图书馆协会主席罗伯塔·史蒂文斯认为图书馆必须加快步伐,成为信息社会的领头羊。为了做到这一点,必须调整工作内容,把以前的内容导向转移到客户导向,重视有形馆藏与数字馆藏的完美结合,知识的积累与新技能的培养并重,创建合作伙伴关系,扩大辐射面和影响力,从而在社会焦点问题上起到主导作用。上海图书馆馆长吴建中指出开拓多元化的服务渠道、创新复合图书馆模式、发展信息共享空间模式是公共图书馆在网络时代的三条"生存之道、制胜之道"。④陕西省图书馆副馆长徐大平认为,"图书馆应不再仅限于查阅资料,它应通过信息的搜集、分析、勘误和重组,培养创新能力,成为信息的生产者"。⑤2010年第76届 IFLA 会议以"开放知识获取——推动可持续发展进程"为主题,其一卫星会议专门讨论了"开放存取与图书馆变化中的角色",通过确立相关规范和服

①　维维恩·沃勒.公共图书馆立足于数字化时代的合理性[J].肖鹏,译,肖永英,校.图书馆杂志,2010(3):2-8.原文见于 *Library Review*,vol.57(5):372-385.

②　张晓林.走向挑战　走向新生——国际图联第74届年会热点学术问题选评[J].大学图书馆学报,2009(1):99-106.

③　吴建中.创新性社会中的图书馆责任[C].长春:2010年中国图书馆学会年会,2010.

④　杨青.从大脑到心脏再到天堂:公共图书馆发展的必经之路[N/OL].深圳商报,2009-11-19[2010-10-10].http://www.china.com.cn/book/txt/2009-11/19/content_18916122_2.htm.

⑤　胡谋.国际高峰论坛:网络时代,公共图书馆怎么办?[N/OL].人民日报,2009-11-25[2010-10-10].http://book.jyb.cn/rdss/200911/t20091125_325905.html.

务意识实现全球开放机构库共享的最终预期。①为了更好地履行相应服务,图书馆员的工作内容将扩展到调研与评估信息用户、建设与开发信息资源、建立目录和数据库、开发虚拟图书馆及数字图书馆、设计用户界面、进行信息组织等信息增值工作,熟练掌握信息技术相关工作和项目管理工作,角色也需随之调整,成为技术专家、导航者、知识提供者、研究型馆员、信息分析者、信息提供者。②

探讨图书馆未来离不开对未来趋势的准确把握,Frey列出了影响下一代图书馆发展的10个最重要的趋势:③④通讯系统不断改变人们获取信息的方式、今天使用的所有技术在未来都将被更新的技术所取代、我们很快就能到达最小的存储单位、搜索技术会变得越来越复杂、时间的压缩正在改变图书馆赞助者的生活方式、我们将会进入口头社会、人们对于全球信息的需求呈指数增长、全球体系的新纪元已经蓄势待发、我们正从产品为中心的经济学转向体验为中心的经济学、图书馆将会从信息中心转变成文化中心。有鉴于此,图书馆需要重新评估用户体验、拥抱新的信息技术、保存本社区的记忆、试验创新的空间,让图书馆的未来可以说明自身。初景利、吴冬曼从社会背景、主要影响因素、用户需求特点、图书馆的作用等方面对图书馆未来的发展环境进行了多层面的分析,⑤提出了图书馆发展的总体趋势、资源建设趋势、用户服务趋势、图书馆管理与人员发展趋势,论述气势纵横、阐述深入恢弘、令人叹止。他们认为图书馆必须紧密围绕用户的需求,以用户为中心,增强图书馆的社会功能,将复合图书馆作为图书馆的基本形态,充分利用Web2.0和Web3.0,重视图书馆的泛在性,加强跨界合作,加强图书馆联盟建设,将知识管理与知识服务作为图书馆的核心竞争力。⑥基于信息需求的服务细化、优质的用户服务体验、以用户为中心的服务设计、服务可用性研究等都是未来

① Norbert Lossau. A truly international effort to build a worldwide repository network[C/OL]. 2010 - 08 - 09[2010 - 10 - 25]. http://www. kb. se/dokument/Aktuellt/utbildning/ifla% 20OA% 202010/Lossau_COAR-IFLA-Satellite-Conference-100809-final. pdf.

② Seyed Vahid Aqili. Bridging the digital divide—The role of librarians and information professionals in the third millennium. The Electronic Library,2008,26(2):226 - 237.

③ Thomas Frey. The future of libraries [EB/OL]. [2010 - 09 - 19]. http://www. futuristspeaker. com/2006/11/the-future-of-libraries.

④ Islanderlee,译. 图书馆的未来[EB/OL]. [2010 - 09 - 19]. http://libspace. org/2009/08/17/tu-shu-guan-de-wei-lai.

⑤ 初景利,吴冬曼. 图书馆发展趋势调研报告(一):环境分析与主要战略[J]. 国家图书馆学刊,2010(1):3 - 11.

⑥ 初景利,吴冬曼. 图书馆发展趋势调研报告(二):总体发展趋势[J]. 国家图书馆学刊,2010(2):21 - 31.

提升服务能力的有效保障。[①]

泛在图书馆(Ubiquitous Library)作为一个全新的图书馆理念,突破了物理和数字图书馆的森严壁垒,为用户提供一种随时随地的服务,表明图书馆新的发展方向。[②]随着手机图书馆、自助图书馆、信息共享空间等服务的推行,泛在图书馆、泛在服务的理念愈加深入人心。但"如果说传统的阅览室是公共图书馆的话,那么现在流行的信息共享空间是公共图书馆吗?""图书馆作为社区中心和在线虚拟目的地同时,将继续为个人提供物理空间吗? 图书馆将以牺牲其他作用为代价而重视这些作用中的一个吗? 如果图书馆演变成社区中心或未来虚拟世界的门户,图书馆从前的宁静环境会遭到破坏吗?"[③]未来图书馆可能是一个当前技术和新技术、传统服务和先进服务、数字空间和物理空间的混合体。[④]因为将来人们需要寻找不同的方式度过自己的自由时间,按自己的习惯和需要阅读,用自己的方式和途径寻找信息。[⑤]

向虚拟空间延展的同时,图书馆实体空间或者说图书馆作为一个"场所"的定位也受到重视。第74届IFLA大会上IFLA主席克劳迪娅·卢克斯女士说:"在高速连接的时代,图书馆必须尽快地适应,并提供信息服务,但是图书馆也有娱乐和提供思考空间的功能,这也是新型图书馆建设需要加入新的空间元素的原因。"[⑥]图书馆应该成为社区活动的中心,抑或一个潜心学习和研究的场所? 定位不同,对实体空间的利用方式自然大相径庭。倘若解决了"图书馆应该以研究为中心,还是以娱乐为基点"的问题,还需要继续追问:如果以研究为中心,应该如何建设馆藏;如果以娱乐为基点,又该倡导什么样的活动?[⑦]以娱乐为基点,咖啡馆被视为一个很好的借鉴对象,[⑧]营造类似星巴克的"第三空间"被认为具有重大意义

① 初景利,吴冬曼.图书馆发展趋势调研报告(二):总体发展趋势[J].国家图书馆学刊,2010(2):21-31.

② 初景利,吴冬曼.论图书馆服务的泛在化——以用户为中心重构图书馆服务模式[J].图书馆建设,2008(4):62-65.

③ 吴建中.To be or not to be——关于图书馆发展的反思[J].河南图书馆学刊,2009(4):2-3.

④ 陈全平编译.审视未来——图书馆视域中的信息技术和21世纪图书馆[J].图书与情报,2010(2):57-61.

⑤ 吴建中.2040年中国图书馆展望[J].国家图书馆学刊,2009(3):26-29.

⑥ 吴志荣,庄雷.追求知识的永恒和普及——第74届IFLA大会见闻及其引发的思考[J].图书馆杂志,2009(3):69-70,74.

⑦ 维维恩·沃勒.公共图书馆立足于数字化时代的合理性[J].肖鹏,译,肖永英,校.图书馆杂志,2010(3):2-8.原文见于 *Library Review*,vol.57(5):372-385.

⑧ 郑斐,王璇.论图书馆与咖啡馆的多元化发展[J].图书情报工作,2009(S2):21-23.

和作用。图书馆必须根据读者需求和实际情况,从环境、制度、服务及氛围等方面融入人文、和谐、情感关怀等因素。[①]摩尔图书馆(Mall Library)——借助商业业态理念,以图书馆为主体,集购物、餐饮、休闲、娱乐、文化、服务为一体的多功能活动中心——可谓娱乐化的极点。[②]而以研究为中心,用户科研需求已经远远超过传统图书馆所收藏的(数字或纸本)文献了。我们每个人都得考虑如何帮助用户获得所需要的信息内容,无论这个内容的载体形式如何。为支持按需传递、全谱段传递和内容传递,方便可靠的发现机制、多领域大范围合作、多类型资源的深层次利用势在必行。[③]吴建中提醒我们:不要把所有的图书馆都看做是公共图书馆,也不要把公共图书馆的服务模式套用到所有的图书馆上。[④]前者将导致图书馆的同一化,后者将导致图书馆员核心竞争力的削弱。最后每个图书馆都成为只能应付眼前需求的通俗图书馆。在分辨图书馆场所意义时,区别对待或许是颠扑不破的原则。

用户观的蜕变体现在两个方面:其一,用户需求被更全面地解析,了解用户成为当务之急。未来的社会中,用户仍然需要图书馆,但需要图书馆的内容和方式会发生变化。用户的需求其实是很复杂的,不同时代的用户考虑和处理信息的方式不同,图书馆也缺乏足够的研究。[⑤]但当前对用户的认识却存在很多误区,对技术性用户的过分偏重——新的信息技术应用不断影响着用户,产生许多新的用户需求,如果我们不紧紧跟上,及时地满足这些新的用户需求,适应用户使用行为的改变,我们就可能失去读者,从而丧失图书馆的立身之本,而面临生存危机——与此类似的观点受到批评。[⑥]章春野指出面对科技、经济的飞速发展,图书馆界一相情愿地认为,全民的需求都集中在科技与经济方面,对图书馆的需求都是针对科技研究、经济发展的某些特定问题的解决,这是对社会需求的严重误判,恰恰忽视

---

① 郭育凯. 从"星巴克"看高校图书馆营造"第三空间"[J]. 图书馆建设,2009(12):65 - 67,71.

② 阎佳梅. 摩尔图书馆——新一代图书馆构造理念[J]. 图书馆建设,2009(10):79 - 81.

③ 张晓林. 从文献传递到知识传递:面向未来的模式转变? [J]. 图书馆杂志,2010(2): 2 - 5,26.

④ 吴建中. To be or not to be——关于图书馆发展的反思[J]. 河南图书馆学刊,2009(4): 2 - 3.

⑤ 初景利,吴冬曼. 图书馆发展趋势调研报告(一):环境分析与主要战略[J]. 国家图书馆学刊,2010(1):3 - 11.

⑥ 朱强,等. 以开放的心态迎接新的信息技术——2009 年信息技术在图书馆的应用[J]. 中国图书馆学报,2010(3):77 - 94.

了读者层次的多样性与需求的多元化。①沃勒指出图书馆决策者设想的用户总是和真正的用户有所出入。②学界对用户需求的构想和用户的实际需求之间往往存在着鸿沟,他们经常将用户设想成技术高手,认为这些用户要求图书馆能够跨越时间和空间的界限,随时随地为其提供相应的服务。事实是,该类用户并不能代表所有民众的意愿。把用户期望的问题落到实处,会发现,对公共图书馆最大的挑战将是在民众间实现信息资源的最优配置。面对未来知识社会的要求,图书馆要更加注重消费者对图书馆的需求价值。这种价值在高校图书馆里体现为智慧的自由和学术的自由,讲究开放交流以及知识的尊崇,终生教育等。而公共图书馆的价值在于图书馆的志工,公共图书馆要建立图书馆的朋友——图书馆之友,这是公共图书馆回馈社会之价值所在。③各种类型的图书馆亟须对其服务群体进行调研,了解图书馆的用户群和非用户群特点以及他们的图书馆行为和期望。

其二,用户的主体价值获得认可。王子舟指出读者不仅是图书馆的服务对象,还是图书馆的活态资源。④读者资源包括读者知识资源、读者时间资源、读者关系资源以及读者资产资源等内容,图书馆应从增强图书馆软性建设、利用 Web2.0新技术、培养学习型馆员和健全读者激励机制等方面加强读者资源建设。Living Library(真人图书馆)是开发读者主体价值的新模式,从知识资源的角度看,真人书与文献信息有着许多不同特点。⑤它为用户提供了开放式的学习和自主交流环境,满足用户一站式服务的需求,拓展了图书馆读者服务模式,对图书馆在网络环境下的发展极具实践意义。在国内目前该项活动仍处于起步阶段,目前 Living Books 所起的作用还只侧重于参考工具书似的咨询,或是一些知识的分享,在深度和广度上还有很大的拓展空间,实现本地化和特色化尚需时日。⑥图书馆应鼓励合

① 章春野.回归文化的图书馆——图书馆现代发展的历史考察[J].情报资料工作,2009(4):65 - 69.

② 维维恩·沃勒.公共图书馆立足于数字化时代的合理性[J].肖鹏,译,肖永英,校.图书馆杂志,2010(3):2 - 8.原文见于 *Library Review*,vol.57(5):372 - 385,2008.

③ 顾敏.图书馆大趋势——未来50年图书馆的社会价值及其发展[J].全国新书资料月刊,2008(11):4 - 9.

④ 王子舟,吴汉华.读者既是图书馆的服务对象也是活态资源[J].图书馆杂志,2009(9):10 - 15,32.

⑤ 吴汉华,王子舟.开发读者知识资源的新模式:真人图书馆[J].图书馆杂志,2010(9):21 - 26,77.

⑥ 苏海燕.Living Library——图书馆读者服务的另一扇窗[J].图书馆建设,2009(1):59 - 61,65.

作、交流和参与,提供更加具有亲和力的、人性化的服务。①

　　图书馆内收藏意识更为增强,图书馆的场所价值更为明显,用户意识更为强烈,服务范围更为广泛,图书馆员的社会地位更为突出。图书馆将成为区域或社区的文化中心,成为遍及城乡各个角落的最完备的社会网络,图书馆员在人们心目中的认可度和信赖度也将大为提升。②上海图书馆馆长吴建中对2040年的中国图书馆绘制了美好蓝图,放眼世界,多数学者也对图书馆未来信心十足,只要图书馆坚持其服务宗旨并为之努力,哪怕图书馆的形态会随技术改变,但图书馆作为导航者的需要将持续存在。③而"预言未来最好的方式就是去创造未来",天马行空的设想背后需要坚实的行动,国内外纷纷制定发布了短期的战略规划,IFLA发布了2010—2015年战略规划、图书馆"十二五"发展规划也在紧锣密鼓的制定之中,在此之际,对于战略制定工具如SWOT的思考也极为必要。④未来可期,未来就在每一步稳健行走的当下。

供稿:肖雪(南开大学商学院)

　　① 张立亚. Living Libary对大学图书馆服务创新的启示[J]. 大学图书馆学报,2009(5):86-88.

　　② 吴建中. 2040年中国图书馆展望[J]. 国家图书馆学刊,2009(3):26-29.

　　③ Jennifer C. Hendrix. Checking Out the Future. Perspectives from the Library Community on. Information Technology and 21st-Century Libraries. Policy Brief ,2010 (2):1-20[2010-9-19]. http://www. ala. org/ala/aboutala/offices/oitp/publications/policybriefs/ala_checking_out_the. pdf.

　　④ 于良芝,陆秀萍,付德金. SWOT与图书馆的科学规划:应用反思[J]. 国家图书馆学刊,2009(2):17-22.

第二篇　图书馆事业发展

柯　平

张　丽

李　丹(国家图书馆研究院)

蒋　玲

王秀香

图书馆事业发展研究是图书馆基础理论研究的动力、图书馆实践活动开展的指南,图书馆事业发展研究侧重于从宏观层面全面把握图书馆管理、发展,涵盖立法、战略规划、标准规范、体制等方面,以期促进图书馆事业的全面开展与进步。

本部分通过搜集整理 2008 下半年至 2010 年期间有关图书馆事业发展领域的学术期刊、学术著作、会议文献、标准规范以及国内外主要图书馆发布的重要文件,对图书馆战略发展规划、立法实践、标准规范、公共服务体系等几个方面进行系统梳理与研究,总结国内外近两年在这几个方面取得的实质性进展,供我国图书馆事业发展借鉴。

图书馆相关法律和政策是保障图书馆实现平等、免费、无区别服务理念的支撑与保障。伴随德国第一部公共图书馆法的出台,欧盟 27 个国家中已有 18 个国家出台了图书馆法,这些立法保障了图书馆更好的组织管理、广泛开展合作、提供新服务、满足用户需求,对欧盟图书馆事业发展起到了积极促进作用。国外关于图书馆事业的立法模式不仅涵盖公共图书馆法,还包括国家图书馆法,不仅在国家层面制定图书馆法,还积极制定地区的图书馆政策法规。自清宣统二年(1910年)我国第一部以政府名义颁布的图书馆法规《京师图书馆及各省图书馆通行章程》颁布以来,经过百年发展,我国图书馆事业发展需要更加完善的公共图书馆法,《公共图书馆法》的"讨论稿"、"征求意见稿"的制定与发布标志着我国图书馆立法的进步与完善,各地方图书馆政策法规的出台对公共图书馆立法提供了借鉴与参考。

20 世纪后半叶英美等国将战略规划引入公共图书馆领域,自此战略规划、战略管理理论与方法渐渐融入到国内外图书馆界的研究与实践视野。据调查,目前战略规划在欧美国家图书馆中已经相当普及,每年一次的"全球研究图书馆 2020会议"致力于通过讨论交流明确图书馆未来发展方向及实施计划,JISC 推出的"信息战略编制指南"、"战略信息工具包"、美国图书馆协会修订的"公共图书馆战略规划指南"、大英图书馆公布的"大英 2020 愿景工具包"等都为国内外相关机构战略规划提供了参考借鉴。我国图书馆战略规划在这一期间也取得了长足发展,"国家图书馆数字发展战略"、"北京大学文献信息资源体系战略发展规划"、"全国公共图书馆'十二五'发展规划"顺利制定,国家图书馆"十二五"发展规划座谈会隆重召开,这些都是战略规划与管理在我国图书馆界发展所取得的可喜成果。

随着数字图书馆的发展,图书馆标准规范建设近年来呈现出勃勃生机。知识组织标准、元数据规范、数字资源长期保存标准等领域研制工作全面展开,并取得大量实质成果。国家数字图书馆工程发布数字图书馆建设标准规范丛书,RFID技术应用相关的行业标准和地方标准编制取得可喜成果,我国知识管理领域第一个标准规范《知识管理》出台,这些都是图书馆研究与实践工作者共同努力的成果,图书馆标准规范研究、建设在 2009—2010 年历程中呈现出一派欣欣向荣之景。

作为公共文化服务体系基本组成部分的公共图书馆,为建设覆盖全社会的公共文化服务体系不遗余力。总分馆建设、基层图书馆建设、区域性服务网络建设为公共图书馆提供包容、全覆盖服务提供了软硬件基础,延伸服务、图书馆联盟、农村书屋等的发展将公共图书馆服务体系进一步完善与提升。在图书馆公共文化服务体系建设所取得成绩的背后所隐藏的制度保障、运行机制、多模式运行等瓶颈问题,引起了业界学者与从业者的关注与担忧,但我们相信,公共图书馆服务体系构建的积极探索将不会止步。

我国图书馆事业正处在重要的发展期与转型期,深厚的专业基础理论、先进的战略管理理论、强有力的立法保障、健全的规范标准建设是亟须的,同时应吸取借鉴世界各国图书馆事业发展经验、及时总结国内图书馆事业发展的理论与实践,以期为我国图书馆事业发展提供可靠、翔实的参考。

图书馆立法实践及相关理论问题研究

图书馆是公众自由、平等获取各类信息的场所,图书馆的相关法律和政策是保障图书馆实现这一目标的重要手段。2008 年以来,以《公共图书馆法》的研制工作为起点,我国图书馆立法工作在经历了短暂的停滞后再次启动,在短短两年的时间内,已经拟定了《公共图书馆法》的草案,11 个支撑性研究也取得了阶段性成果。多部地方性立法颁布,为《公共图书馆法》的制定提供了参考与借鉴。

国际立法方面有了新进展,伴随德国第一部公共图书馆法的出台,欧盟成员国没有图书馆法的国家由 10 个减为 9 个,其他出台了图书馆法的国家也大都进行了修订。电子出版物的呈缴问题成为大家关注的焦点;孤儿作品的版权归属、使用及保护问题成为著作权领域研究的一大热点,一些新的著作权法案和声明出台。谷歌电子书协议成为近年来著作权领域和图书馆界都非常关注的一个热点问题,美国图书馆协会和国际图联都就此问题纷纷发表声明,表明自己的立场。

1 国内外图书馆立法的实践进展

1.1 国内图书馆法立法实践进展

1.1.1 《公共图书馆法》立法进程

2008 年 11 月,《公共图书馆法》立法会议明确了我国图书馆立法工作应从制定《公共图书馆法》做起。自此,中国图书馆立法得以重拾 2004 年被迫中断的工作,再次全面启动,进入实质性阶段,并在 2009—2010 年间取得了阶段性成果。

2009 年 1 月,中国图书馆学会新年峰会在北京召开,专题讨论和部署了《公共图书馆法》立法支撑的相关研究事宜,提出了要对《公共图书馆法》涉及的基本问题和重要制度展开支撑性研究,确立了 11 个支撑性研究专题。[①]这 11 个研究性专题分别是:国内外图书馆立法资料收集与分析;公共图书馆立法背景与必要性、可行性研究;公共图书馆的性质与功能定位研究;公共图书馆的设置与体系建设研究;公共图书馆管理体制研究;公共图书馆绩效评估研究;公共图书馆人、财、物保障及呈缴本制度研究;著作权保护法律法规在公共图书馆的适用研究;公共图书馆文献资源建设法律保障研究;读者权益与图书馆服务研究;公共图书馆与"数

---

① 李国新.关于公共图书馆立法及其支撑研究[J].中国图书馆学报,2010(2):4-8.

字图书馆"——数字环境下公共图书馆发展研究等。这些专题涵盖了图书馆立法所需要解决的主要问题。

2009年2月—7月,研究小组先后对世界各国292部相关法律,其中包括71部公共图书馆法,23部国家图书馆法,17部呈缴法,3部图书馆行业组织法,32部版权法,6部其他相关法律,3部国家图书馆立法服务指南,80部法律法规、司法解释、部门规章和团体规定,43部地方性法规规章和14部法院判例进行全面的摸底调查,并在此基础上对我国公共图书馆立法的必要性和可行性进行了充分论证,形成了11个支撑课题的分主题研究报告。

2009年7月中旬,支撑研究的初步成果提交文化部;同年11月初,在中国图书馆学会年会期间,《公共图书馆法》条文草案(以下简称"草案")首次征求界内人士意见;2010年3月,草案的"征求意见稿"由文化部办公厅发至相关部委和各省、市、自治区的文化厅、局征求意见;2010年7月,文化部通过中国图书馆学会秘书处就条文草案涉及的一些重要问题征求支撑研究专家组和图书馆法律与知识产权研究专业委员会的意见,对条文草案作进一步修改完善。从2009年第2期开始,《中国图书馆学报》对各支撑研究专题的浓缩成果进行连载,国家图书馆出版社也计划对支撑研究的初步成果结集出版。

草案对公共图书馆的性质和功能的阐释主要围绕公共图书馆的兴办,地方性法规对公共图书馆功能的规定,公共图书馆的多元功能,专业化队伍对公共图书馆的性质和功能的归纳这4个问题展开。公共图书馆的设置与体系建设是公共图书馆立法需要考虑的重要问题,如何为覆盖全社会的公共图书馆服务体系寻求更有效的体制保障,如何为社会力量参与图书馆建设提供制度保障是其中重要的研究课题。① 图书馆的管理体制问题是公共图书馆立法的重要内容,课题组通过对公共图书馆管理体制发展比较成熟的美国、英国、芬兰、日本和韩国等发达国家管理体制的介绍,指出我国公共图书馆在管理体制上存在着诸如法制化程度低、政府职能错位、行业管理体系独立性差等问题,构建了新型管理体制的基本思路。② 公共图书馆的文献资源建设有赖于国家政策和法律的保障,课题组通过问卷的形式对全国300余所公共图书馆进行调研,提出了我国《公共图书馆法》关于文献资源经费投入、文献补充、文献使用与处置、文献资源合作建设与共享等问题的立法

---

① 王素芳执笔,于良芝,邱冠华,李超平等.社会力量参与图书馆建设制度保障研究[J].中国图书馆学报,2010(4):4-9.

② 吴洪珺执笔,冯守仁,肖维平,董海等.公共图书馆经费保障机制研究[J].中国图书馆学报,2010(3):12-18.

建议。①维护读者权益是现代图书馆的重要标志,我国公共图书馆在读者权益保障方面存在诸多问题。《公共图书馆法》可以从平等获取知识和信息的权利,免费接受基本服务的权利,获知相关服务信息的权利,参与、批评、监督服务的权利等方面来维护读者的权益,在享有权利的同时,读者也应该自觉履行相应的义务。②数字图书馆是公共图书馆在网络环境下的新发展趋势,数字环境下公共图书馆的馆藏、用户和服务都更加多元,信息资源类型更加多样,数量更加丰富,渠道更加广阔,立法过程中应该针对图书馆的这种新变化制定相应的策略。

立法并不能完全解决现阶段困扰我国图书馆事业发展的所有问题,但却可以将我国图书馆事业的发展状况、基本问题,以及我国图书馆界针对这些问题所提出的各种解决方案和设想反映到具体的法律框架和条文中,从而通过法律化、制度化的途径,确立起解决图书馆事业发展问题的基本原则。《公共图书馆法》的"讨论稿"和"征求意见稿"充分体现了这种立法精神:

首先,草案将公共图书馆事业纳入公共文化服务体系建设的大范畴中,将公共图书馆作为"公共文化服务体系重要组成部分"的界定,明确了公共图书馆在社会系统中的地位、性质、功能和价值。这是2005年以来我国覆盖全社会的公共文化服务体系理论和实践成果法律化的体现。

其次,草案明确提出要依据本地区人口分布情况及经济、文化、教育、科学事业发展需要确定公共图书馆的数量、规模、结构和布局,将本地人口作为设置公共图书馆的首要依据。这项原则与2008年颁布的《公共图书馆建设用地》《公共图书馆建设标准》遥相呼应,是这两个政府规范化文件中形成的设置原则的法律化。

再次,草案确立了公共图书馆免费提供基本服务所需的经费保障。公共文化服务保障的是基本权益,满足的是基本需求,如果不对"基本服务"进行限定,经费保障就变成了无标准的"无底洞"。草案明确免费提供基本服务的经费需求既包括基本服务本身所需经费又包括提供基本服务的保障和支撑条件所需经费,为公共图书馆的基本服务划出了大致边界,明确了经费保障是满足公共图书馆免费提供基本服务的经费需求。

第四,人员问题是与经费一样重要且复杂的问题,目前我国公共图书馆的人员保障面临着职业准入、馆长选任、数量与结构三大问题。本次立法已经形成了建立职业准入制度的共识,草案中有"公共图书馆工作人员实行职业资格准入制度"的明确表述。根据立法支撑研究的结论,草案规定了公共图书馆人员的编制

① 肖希明,张勇执笔.我国公共图书馆文献资源建设法律需求的调查分析与研究[J].中国图书馆学报,2010(3):19-25.

② 李东来,蔡冰执笔,李东来,蒋永福,程亚男等.以制度保障公共图书馆的读者权益[J].中国图书馆学报,2010(3):17-23.

数量以所在区域服务人口数为依据,同时兼顾馆舍规模、馆藏资源数量和服务范围等因素,提出了量化指标,规定服务人口每20 000人至少配备1名工作人员,专业技术人员数量不少于全馆职工人数的三分之二。

第五,本次立法强化了对读者权利的保障及对读者个人信息的保护。《公共图书馆法》不是公共图书馆或图书馆员利益保护法,而是公众利益、读者利益保护法,事业发展促进法。立法积极与国际接轨,草案规定公共图书馆应当做好读者信息的保护和管理,不得向他人泄露读者的个人信息,不得利用读者个人信息从事其他活动。

此次立法还对公众关注的热点问题进行了回应,如对"图书馆"这一称谓,以前可以被自由使用,草案则规定凡经营性的图书租借组织不得使用图书馆名称。对于近年来各级公共图书馆的资源采购被纳入政府招标采购范畴问题,支撑研究认为公共图书馆的自主采购权与文献的政府招标采购并不矛盾,法律应保障公共图书馆的自主采购权。对于公共图书馆如何对收藏的古旧文献进行利用,草案规定公共图书馆对收藏的古旧文献实行保护性借阅,明确了古旧文献和一般文献不同的借阅利用原则,但如何才算是"保护性借阅"? 如何操作? 这些需要留待行政主管部门依法制定配套规章政策去解决。[①]

总体而言,立法草案只是确立了一些基本原则,具体的操作还需要各个行政部门制定相关的配套措施。

1.1.2 地方性图书馆法规的最新进展

自2008年起,一些新的地方法规陆续颁布出台,如:2008年5月1日实施的《乌鲁木齐市公共图书馆管理办法》、[②]2008年11月11日颁布的《江西省公共图书馆服务标准》、[③]2008年12月4日颁布的《图书馆借阅服务规范(山东省地方标准)》、[④]2009年1月对外发布的《江苏省公共图书馆管理办法(征求意见稿)》以及2009年上海市文化传播影视管理局颁布的《上海市公共图书馆行业服务标准》

① 李国新.《公共图书馆法》立法进展[J].图书馆建设,2010(10):1-3,8.

② 百度法律.乌鲁木齐市人民政府第91号令:乌鲁木齐市公共图书馆管理办法[EB/OL].[2010-09-09]. http://law. baidu. com/pages/chinalawinfo/1701/13/ead6a01f2879c071627e6cf2c413543e_0.html.

③ 成员.江西颁发公共图书馆服务标准[J].江西图书馆学刊,2009,153(1):128.

④ 山东省《图书借阅服务规范》发布实施[EB/OL].[2010-09-09]. http://www.nlc. gov. cn/yjfw/2009/0316/article_785. htm.

等。①②这些地方性法规主要集中于图书馆管理和服务问题的探讨上,伴随 2008 年 4 月《公共图书馆建设用地指标》和 11 月《公共图书馆建设标准》的颁布实施,图书馆的服务、建设以及标准问题受到了各地的重视,相关法规纷纷出台。这些地方性法规虽然内容不尽相同,但都涉及公共图书馆事业发展的主要问题和基本制度,为公共图书馆法的制定提供了丰富的经验。

1.2 国际图书馆立法进展及研究成果

2009 年 5 月 7 日—9 日欧洲图书馆、情报和文献协会(European Bureau of Library,Information and Documentation Associations,简称 EBLIDA)在维也纳那不勒斯论坛上,将欧洲的图书馆立法问题设为大会的一个分主题。8 日,在以"图书馆政策和立法"(Library Policy and Legislation)为主题的分会场上,代表们展开了讨论。③EBLIDA 主席 Gerald Leitner 作了题为《欧洲的图书馆政策》(A Library Policy for Europe)的主旨报告,强调要在欧洲范围内加强图书馆立法及其相关政策的制定,以便更好地为正在形成的知识型社会提供良好服务。④德国图书馆协会主席 Barbara Schleihagen 在大会上作了题为《欧洲的图书馆立法》(Library Legislation in Europe)的报告,对欧洲成员国的立法情况进行了总结。他指出在欧洲的 27 个成员国内,已经有 17 个出台了图书馆法,只有 10 个国家(保加利亚、法国、爱尔兰、卢森堡、马耳他、荷兰、澳大利亚、葡萄牙、塞浦路斯和德国)还没有制定图书馆法,伴随 2008 年 7 月 16 日德国第一部图书馆法——《图林根州图书馆法》(*Library Act of Thuringia*)的颁布,欧盟没有专门图书馆法的国家由 10 个减为 9 个,之后 2009 年 4 月德国的安哈尔特州的萨克森地区也递交了图书馆法的草案(draft library act for regional state Saxony-Anhalt)。此外,在已经颁布图书馆法的 17 个国家中有 15 个近几年都对图书馆法进行了修订,反映了信息时代的图书馆的新变化和新职责;最后他以欧洲图书馆法发展历史比较悠久的英国(1850 年第一部图书馆法出台)、丹麦(1920 年第一部图书馆法出台)和芬兰(1986 年第一部图书馆

---

① 江苏文化共享工程.《江苏省公共图书馆管理办法》被确定为正式立法项目[EB/OL]. [2010-09-09]. http://www.jsgxgc.org.cn/jscnt_zxjb/200512/t20051209_28008.htm.

② 上海市公共图书馆行业服务标准(试行)(征求意见稿)[EB/OL].[2010-05-21] [2010-09-09]. http://www.fxwg.net/ggwh/ShowArticle.asp? ArticleID=1569.

③ A Library Policy for Europe, Vienna, 7th ~ 9th May, 2009 [EB/OL]. http://webcache.googleusercontent.com/search?q=cache:5pua9cFYZS0J:www.conference.bvoe.at/programme.html +2009+May+8+Vienna&cd=5&hl=zh-CN&ct=clnk.

④ Program for A library Policy for Europe [EB/OL]. [2010-11-03]. http://www.conference.bvoe.at/docs/programme.pdf.

75

法出台)为例,对这些国家图书馆法的发展演变进行了梳理。①丹麦图书馆和媒介机构主管 Jens Thorhauge 作了题为《国家立法和政策中公共图书馆目标可见性》(Visibility of public library objectives in national legislation and policies)的报告,认为政策和立法应该保障图书馆很好地进行组织,广泛开展合作,提供足够的资金开展新的服务,更好地满足用户需求。②这次会议的召开,一方面推动了欧洲图书馆立法工作的进一步完善,另一方面也对近几年欧洲图书馆立法取得的成就和进展进行了梳理和总结。

2008 年后新出台的法律还有 2008 年颁布的《北爱尔兰图书馆法》[Library Act (Northern Ireland)2008]和 2010 年 7 月 1 日正式生效的《犹他州图书馆法》[Library Laws of Utah(Utah Code)-2011]。前者共分为 3 个大部分,13 个小部分,第 10 个小部分主要对 2000 年通过的《自由信息法案》(Freedom of Information Act 2000)进行了修正,在合适的地方加入"北爱尔兰图书馆委员会";③后者主要从联邦图书馆的职能、构成、资金、服务提供等角度展开,该法案参见犹他州的相关准则制定,目前还处于试运行状态,文中用斜体标出了还有待进一步修正的条款。④

2 与图书馆相关的其他法律问题研究

2.1 《政府信息公开条例》与公共图书馆

2008 年 5 月 1 日开始实施的《政府信息公开条例》(以下简称《条例》)将公共图书馆与政府信息公开紧密地联系了起来,新环境下公共图书馆应如何进行自身的角色定位,如何策应新的任务挑战,如何履行新的社会职责,这些问题成为学者们关注的主要领域。豆洪青等认为,公共图书馆在政府信息公开中要充当信息公开的主体、信息公开的承担者、信息的再加工者和政府信息素质的养成者 4 种

① Barbara Schleihagen. Library Legislation in Europe: Political instrument to shape the library Sector[EB/OL]. [2010 - 09 - 15]. http://www. conference. bvoe. at/presentations/schleihagen. pdf.

② Jens Thorhauge. Visibility of public library objectives in national legislation and policies [EB/OL][2010 - 11 - 03]. http://www. conference. bvoe. at/presentations/thorhauge_abstract. html.

③ Library Act (Northern Ireland) 2008 [EB/OL]. [2010 - 09 - 15]. http://www. uk-legislation. hmso. gov. uk/legislation/northernireland/acts/acts2008/nia_20080008_en_1.

④ Library Laws of Utah(Utah Code)-2011[EB/OL]. [2010 - 11 - 03]. http://library. utah. gov/documents/UtahLibraryLawsFY2011. pdf.

角色。①吴刚从政府信息的寄存、组织和服务等方面分析了图书馆应该采取的应对措施。②李曙光认为公共图书馆应积极开辟政府信息公开服务的新领域,建立政府信息公开领导小组,切实履行图书馆承担的政府信息公开的新职能等。③吴才唤结合《条例》内容,从立法体系、立法原则、法律监督和公开载体这4个角度对比国际经验,认为我国应该完善信息公开法,构建科学的法律体系,在政府信息公开中坚持"公开是原则,不公开是例外"的立法原则。④赵培云针对《条例》对规范数字时代基于 Web 的电子政府的信息公开、利用行为的局限性,提出了数字时代规范电子政府有效公开、利用政府信息的改进设想。⑤

2.2 出版物呈缴制度

出版物呈缴制度与图书馆立法密切相关,具有悠久的历史,从 1537 年法国颁布第一部呈缴法以来,目前已经有 100 多个国家颁布了自己的出版物呈缴制度。⑥对于传统印刷版出版物的呈缴大家已经形成共识,随着信息技术的发展,在传统的印刷型资源之外,非印刷型资源日渐丰富,数字出版和网络出版逐渐成为一个国家文化遗产的重要组成部分,如何对这部分资源进行保存,是否像印刷版资源一样向法定机构呈缴,引起了大家的讨论和关注。

英国 1662 年的法律中就有了对印刷型图书和文件进行呈缴的规定,2003 年出台的《图书馆呈缴法》(*Legal Deposit Libraries Act* 2003)和 2000 年在北爱尔兰出台的《版权和邻接权法》(*Copyright and Related Rights Act* 2000)规定每一件在英国出版的印刷型出版物(包括最初在其他国家出版但在英国境内发行的出版物)必须向大英图书馆呈缴一册。2009 年 9 月 29 日,针对电子出版物蓬勃发展的新形势,英国文化、媒体和体育部(Department for Culture Media and Sport,简称 DCMS)

---

① 豆洪青,罗贤春,鲁卫良.公共图书馆在《政府信息公开条例》中的角色定位[J].图书情报工作,2009(3):57-61.

② 吴钢.《政府信息公开条例》实施背景下的图书馆对策分析[J].图书馆杂志,2008(6):16-19.

③ 李曙光.《政府信息公开条例》对公共图书馆的影响及对策[J].新世纪图书馆,2008(4):39-41.

④ 吴才唤.政府信息公开的国际经验与我国的现实选择——兼评《中华人民共和国政府信息公开条例》[J].新世纪图书馆,2009(4):13-17.

⑤ 赵培云.政府信息公开条例与数字时代 Web 政府信息公开立法[J].图书情报工作,2010(1):130-133,124.

⑥ 百度百科:出版物呈缴制度[EB/OL].[2010-11-25].http://baike.baidu.com/view/131615.htm.

开始就非印刷型出版物的法定呈缴草案进行磋商,广泛征求各界的意见和建议。①
2009 年 12 月,DCMS 接受版权呈缴咨询小组(Legal Deposit Advisory Panel,简称
LDAP)的建议,对免费获取的在线出版物以及其他没有任何获取限制的自由网络
资源(free web)进行存档,鼓励网络资源的拥有者和版权持有者授予大英图书馆
对他们的网站进行网页快照的权利。②在苏格兰国家图书馆、威尔士国家图书馆的
联合下,目前已经对 6000 个网站的22 000 个网页进行快照存档。2000 年 1 月,图
书馆出版委员会(Publishing Trade Association)第一次确立了关于要求出版者和在
英国的发行者在出版一个月内将缩微软件或脱线的电子出版物(如便携式 CD-
ROM 或 DVD-ROM)提供给大英图书馆法定呈缴办公室一份的自律守则,这一守
则于 2010 年 1 月在 LDAP 的建议下进行了最新的修订。③在非印刷型出版物也纳
入呈缴法的框架后,大英图书馆的收藏与保存涵盖了图书、手册、期刊、报纸、音乐
手稿、地图、平面图、图表、缩微图片、CD-ROM、DVD-ROM、电子期刊、网页等各种
资源,更好地满足人们对信息的不同需求。

　　在 2010 年 6 月 27 日召开的第 27 届国际图联和国际出版商协会
(International Publisher Association,简称 IPA)领导小组会议上,双方决定共同发表
关于法定呈缴和开放获取计划的声明。④2010 年 7 月 16 日,IFLA/IPA 联合对法定
呈缴发表声明,认为法定呈缴应该将所有的软件和通过技术手段获取的出版形式
包含在内。接受呈缴本的法定机构应该确保呈缴的资料被妥善保存,不因版权持
有者的立场对资源存在任何偏见。声明对法定呈缴的产生背景、好处、注意事项
和挑战进行了阐述,最后提出了 4 点建议:(1)IFLA/IPA 支持建立对所有形式资
源进行法定呈缴的信任体制,平衡出版者和接受呈缴的法定机构之间的利益;
(2)IPA 支持法定呈缴原则,帮助出版者认识和理解法定呈缴的好处,帮助他们找
到问题的解决方法;(3)IFLA 同接受呈缴的法定机构一起保障出版者获取关于呈
缴的相关信息;(4)IFLA 和 IPA 将就电子资源的最佳呈缴方式不断交换意见。

2.3　著作权相关问题研究

　　著作权问题始终是图书馆相关法领域的一个重要议题,近两年期间相关的版

---

①　DCMS legal deposit[EB/OL].[2010 - 11 - 25].http://www. culture. gov. uk/what_we_
do/libraries/3409. aspx.

②　Legal Deposit in the British Library[EB/OL].[2010 - 11 - 25].http://www. bl. uk/
aboutus/stratpolprog/legaldep/index. html.

③　Legal Deposit in the British Library[EB/OL].[2010 - 11 - 25].http://www. bl. uk/
aboutus/stratpolprog/legaldep/index. html.

④　IFLA/IPA Joint Statement on Legal Deposit[R].内部获取.

权组织围绕着著作权领域的限制例外、合理使用和孤儿作品版权归属等热点问题展开讨论,并出台了相关政策。2008 年 Google 提出的图书搜索计划成为近两年内著作权领域关注的焦点,图书馆界的两大代表——美国图书馆协会和国际图联都对此问题表明了自己的立场,希望 Google 和 ISD（Institution Subscription Database）在电子书协议生效之前,妥善处理诸如信息垄断、读者隐私权保护、信息审查等相关问题,与图书馆界一起为实现公众平等自由获取各种信息的梦想而奋斗。

2.3.1　图书馆的合理使用与限制例外等问题

图书馆作为公众利益的代言人,在保障著作权人合法权益的同时,需要通过合理使用等方式对广大公众获取信息和知识的权利进行维护,促进文化在公共领域的交流与传播。

针对图书馆的合理使用和限制例外问题,图书馆电子信息联盟、国际图书馆协会联合会和图书馆著作权联盟于 2009 年 5 月 25 日—29 日联合发表了《与图书馆和档案馆相关的著作权例外和限制原则的声明》,[①]该声明对保存、法定呈缴、教育和课堂教学、与残疾人相关的规定、孤儿作品、著作权保护期限、阻碍合法使用的技术保护措施、合同和法定例外、侵权责任的限制等问题均有涉及。此法案还对图书馆和档案馆版权例外与限制的 12 条原则中的 4 条原则(保护、适用于研究复制和私人目的的一般免费使用例外、著作权保护期、使用的法律障碍)进行了深入阐述,并对数字环境下公共图书馆对公众知识获取的保护问题进行了规范。

国际图联下属的版权和其他法律问题委员会(Committee on Copyright and other Legal Matters,简称 CLM)是国际层面上负责解决与版权相关问题的专门机构,尤其是对发展中国家获取知识权利的保障。2009 年 4 月 27 日至 5 月 1 日召开的"世界知识产权组织知识产权与发展委员会第三次会议"上,CLM 特别提到:"着手商讨如何在世界知识产权组织授权的框架内,让发展中国家和最不发达国家在获取知识和新技术时更加便利。"[②]EBLIDA 作为欧洲图书馆界的代表,在 2009 年 5 月召开的纳普勒斯论坛上发表了维也纳声明(Vienna Declaration),该声明包含"知识社会中的公共图书馆"白皮书、知识中心、欧洲资金项目和版权等四

①　Statement of Principles on Copyright Exceptions and Limitations For Libraries and Archives [EB/OL]. [2010 - 09 - 11]. http://www. ifla. org/en/publications/statement-of-principles-on-copyright-exceptions-and-limitations-for-libraries-and-archi.

②　詹妮弗·尼科尔森. 国际图联:推动图书馆国际化的进程[J]. 易鑫磊,编译. 国家图书馆学刊,2010,72(2):3－6,54.

个方面。声明主张在保护版权人利益的同时,要给图书馆合理使用的空间和权利。①

美国近年来出台了知识产权行为的法律救济,2008 年 10 月 13 日,美国总统布什签署的《2008 优化知识产权资源和机构法案》(*The Prioritizing Resources and Organization for Intellectual Property Act of* 2008)生效,②对于规范图书馆法中知识产权的相关问题起了很大的促进作用。2010 年 7 月 27 日,美国图书馆著作权联盟(Library Copyright Alliance, 简称 LCA)对《数字千年版权法案》(*Digital Millennium Copyright Act*)中 1201(a)条款进行了修订,赞同国会馆员有权利根据课堂和教学的需要对电视节目中作补充作用的短影片进行汇编。③

我国一些作者也撰文就图书馆的合理使用和限制例外发表自己的见解,杨军认为网络的发展不应以包括《著作权法》在内的各种社会规范的缺损为代价,《著作权法》应该尽快明确对网络作品的保护,使各方都能明确自己的权利和义务。④肖陆平分析了我国在数字图书馆信息资源保护方面存在的问题,提出了相应的完善立法的建议。⑤潘幼乔和彭国莉从不同的角度对高校图书馆的角色进行了定位,对数字化建设中可能侵犯版权的馆藏文献数字化、上传、下载、文献传递、超链接等行为和操作进行了讨论,最后,在综合当前法律法规有关"合理使用"条款的基础上,从共有领域和仍受著作权法保护的作品两个角度,提出了高校图书馆合理进行数字化建设的应对措施。⑥

如何处理好信息资源共享和机构知识库建设中的著作权问题,充分利用图书馆的合理使用权利,是广大学者关注的另一焦点。北京大学 2005 级博士生谷秀洁的论文《机构知识库(IR)相关著作权问题研究》对机构知识库中存在的相关著作权问题进行了探讨,提出了我国 IR 著作权管理及综合应对策略,分别从 IR 的

① Vienna Declaration[EB/OL].[2010 - 09 - 14]. http://www. eblida. org/uploads/eblida/ 19/1243334448. pdf.

② PRO-IP ACT Look to Strengthen Trademark and Copyright Law[EB/OL].[2010 - 09 - 14]. http://www. bakerbotts. com/file _ upload/PrioritizingResourcesAndOrganizationForIntellectualProperty ActOf2008. htm.

③ LCA Applauds Librarian of Congress in Broadening Exceptions to Section 1201 of the Digital Millennium Copyright Act[EB/OL].[2010 - 09 - 14]. http://www. arl. org/news/pr/1201exempt-27july10. shtml.

④ 杨军. 网络环境下著作权的保护与完善[J]. 图书与情报,2009(3):46 - 49.

⑤ 肖陆平. 我国数字图书馆信息资源著作权保护存在的法律问题[J]. 图书与情报,2009 (1):90 - 92.

⑥ 潘幼乔,彭国莉. 高校图书馆数字化建设中的版权问题[J]. 图书馆论坛,2008,28(2): 77 - 79,96.

法治环境建设、利益相关者协调、著作权协调、著作权管理和资源建设等角度进行探讨。①余跃飞提出要明确公益性文化资源共享服务机构版权的豁免法律地位,调整不适于文化信息资源共享的法律并完善著作权集体管理制度等,以此来解决文化信息资源共享中的知识产权问题。②李晨英、杨国栋和臧琳等以中国农业大学机构知识库为例探讨了机构知识库收录期刊论文涉及著作权问题的解决途径。③许晓斌探讨了开放大学远程访问数字图书馆的合法性,明确了数字图书馆的著作权、版权以及使用权的界线,动态地确立著作权人、数据开发和出版商、图书馆及其读者的利益平衡点。④冯晓红对国外解决机构知识库版权问题的做法进行介绍,如制定国家层面的推动政策、编制版权政策指引工具等。⑤

2.3.2 图书馆与信息网络传播权问题

2006年,《信息网络传播权保护条例》出台(以下简称《条例》),如何在网络环境下对信息的传播进行规范,在著作权人与数字图书馆双方利益之间寻求一个平衡点,成为学者们关注的重点。

滕静静认为要坚持图书馆服务的公益性原则,合理合法地使用有关条款,采购正版数字化产品,签署规范的合同,保护图书馆自身利益。⑥王燕对信息网络传播服务中声像资料的知识产权问题进行探讨,提出了解决此问题的两个方案——法律解决方案和著作权授权许可解决方案。⑦刘开国和邓映红认为《条例》的出台使得一直困扰图书馆数字资源建设的版权瓶颈开始松动,馆藏资源数字化和网络传播有了法律保障。⑧吴高认为信息网络传播权和信息网络获取权实质上是信息垄断和信息利用的关系,作者从理论原则、管理模式、法律保障和技术措施等方面

---

① 谷秀洁.机构知识库(IR)相关著作权问题研究[D].北京:北京大学,2009.

② 余跃飞.文化信息资源共享中的知识产权问题研究[J].图书与情报,2009(5):29-31,38.

③ 李晨英,杨国栋,臧琳等.机构知识库收录期刊论文涉及著作权问题的解决途径探讨[J].大学图书馆学报,2010(1):74-79.

④ 许晓斌.开放大学远程访问数字图书馆的合法性研究[J].图书馆论坛,2008(5):53-55.

⑤ 冯晓红.国外解决机构知识库版权问题的实践与启示[J].图书馆建设,2009(12):4-7,11.

⑥ 滕静静.《信息网络传播权保护条例》对图书馆合理使用的规定[J].图书馆工作与研究,2008,153(11):24-26.

⑦ 王燕.声像资料在信息网络传播服务中的知识产权[J].图书馆研究与工作,2009,120(4):35-38.

⑧ 刘开国,邓映红.信息网络传播权与图书馆数字资源建设[J].四川图书馆学报,2008,165(5):32-34.

提出了构建利益平衡机制的设想。①李雪松和张丽萍对学位论文数据库建设中的信息网络传播权问题进行了探讨,认为无论其传播范围如何,高校图书馆自建学位论文数据库不适用"合理使用"和"图书馆例外"的规定。②王园认为应该建立高效的著作权集体管理组织,保持图书馆公益性质与信息网络传播权保护之间的适度平衡。③

2.3.3 孤儿作品的著作权归属问题

孤儿作品的版权归属、使用及其保护,一直以来是著作权保护关注的重要问题。北欧对孤儿作品著作权的归属一般采取集体许可批准的方法,2008 年 1 月 1 日生效的《文化资源储存及保存法》(*Act on Deposit and Preservation of Cultural Material 1433/2007*)逐渐减少了对数据的保护力度。芬兰国家图书馆于 2009 年 4 月 2 日开始向公众开放网络档案。2008 年 8 月,芬兰成立了国家数字图书馆,对数字化的物质文化遗产进行长期保存。④

对于孤儿作品的版权归属和确定问题,肖恩·宾特利提出了"勤勉努力"原则,他认为只要使用者在使用该作品前曾经为寻找版权所有人作出过"勤勉的"努力,就应该减少或是豁免赔偿。2008 年 9 月 25 日,美国众议院否决了参议院投入 7000 美元援助的肖恩·宾特利"孤儿作品"版权法提案,很多版权组织认为所谓寻找版权所有者的"勤勉的"努力,界定比较模糊。⑤

我国学者针对孤儿作品的著作权问题发表了自己的看法,周艳敏和宋慧献将孤儿作品区分为真正的孤儿作品、表见性孤儿作品以及伪称的孤儿作品,认为我国现行法律中没有规定孤儿作品的认定程序,建议对我国相关制度进行修订。⑥金潞、刘青从孤儿作品的使用许可、问题根源、使用条件、使用报酬、使用程度等方面提出了推进孤儿作品公共获取的 5 项建议。⑦袁泽清认为应该使用法定许可制度

---

① 吴高.信息网络传播权与信息网络获取权利益平衡论析[J].图书情报工作,2009,53 (5):51-54,148.

② 李雪松,张丽萍.学位论文数据库建设的信息网络传播权问题[J].图书馆学研究,2010 (6):90-92,96.

③ 王园.数字图书馆建设中信息网络传播权保护刍议[J].图书与情报,2010(3):64-68.

④ Pekka Heikkinen. Country report Finland 2009: Annual report to the IFLA CLM committee [EB/OL]. [2010-09-15]. http://www. varastokirjasto. fi/stks_kirjastojuridiikka/asiakirjat/country_report_CLM2009t. pdf.

⑤ 美"孤儿作品"版权法未获批准[EB/OL]. [2010-09-14]. http://www. nlc. gov. cn/service/fuwudaohang/tyck/2008/200813_5. htm.

⑥ 周艳敏,宋慧献.版权制度下的"孤儿作品"问题[J].出版发行研究,2009(6):66-68.

⑦ 金潞,刘青.推进孤儿作品公共获取的解决之道[J].图书馆学理论研究,2010(9):14-17.

解决问题,同时明确规定使用条件、使用费的支付等具体内容。①中国政法大学的博士生在其论文《多元视角下的著作权法公共领域问题研究》中,对"孤儿作品"问题进行了专门的分析,建立起一套多模式并用的方案,以期能够较圆满地解决中国著作权体制下的孤儿作品问题。②

2.3.4 谷歌电子书协议问题

谷歌电子书协议是近年来著作权领域和图书馆界都非常关注的一个重点问题,该协议通过创建一个独立的非营利图书馆版权登记处(Book Rights Registry,简称 BRR)解决图书的版权问题。Google 通过与作者、出版商和图书馆联手,对全球范围内的信息进行整合,让海量的书本知识财富依托于网络变得唾手可得,让作者、出版者、研究员和广大读者从中受益。③

2009 年 5 月 4 日,美国图书馆协会发表声明,认为 Google 图书搜索计划一定程度上造成了图书馆之间的不平等;由于受到政治因素的影响,Google 将很多图书排除在外,这在一定程度上损害了读者自由获取信息和知识的权利;由于 Google 与全世界图书馆合作,将其收藏图书都包含在自己的图书搜索中,一定程度上形成市场垄断;此外,Google 和版权登记处没有将读者隐私权保护的相关问题写入协议中,在很大程度上遗留了隐患;美国图书馆协会作为公众利益的代表,希望 Google 和 ISD(Institution Subscription Database)能够妥善解决上述问题,遵循安全标准的有关规定(该标准包括身份鉴定、获取控制、网络安全、危险评估和其他相关问题)。④

国际图联希望 Google 首先同图书馆、版权持有者和相关合作者圆满解决如下问题:⑤

(1)版权的领域和国界问题——因为不同的国家有不同的版权法,在一个国家合法的图书在另一个国家的版权法下可能就不合法,从而导致在版权许可范围外的国家只能看到图书的某些片段,这对于 Google 的全球服务有所影响;

(2)信息垄断问题——Google 图书搜索计划是一个非常庞大的项目,有专家估测对 3000 万图书进行数字化处理大概需要 7.5 亿美元,这个巨大的开支使得

① 袁泽清. 论孤儿作品的利用与保护[J]. 西南民族大学学报,2008(2):243-247.

② 董皓. 多元视角下的著作权法公共领域问题研究[D]. 北京:中国政法大学,2008.

③ Google 图书搜索和解协议[EB/OL].[2010-11-04]. http://books. google. com/googlebooks/agreement/#6.

④ Library Association Comments on the Proposed Settlement[EB/OL].[2010-11-04]. http://www. ala. org/ala/issuesadvocacy/copyright/googlebooks/Google-Book-Settlement-Brief. pdf.

⑤ IFLA Position on the Google Book Settlement[EB/OL].[2010-11-04]. http://www. ifla. org/files/clm/statements/ifla-google-position. pdf.

Google 在图书电子化领域 5 年内没有竞争对手,这为它今后的垄断提供了方便,如果这个问题不能妥善解决,将为 Google 在价格垄断上提供便利;

（3）长期保存问题——图书数字化后,世界的文化遗产将以一种数字的形式保存,尽管参与该计划的图书馆都将对它们的文件复制一份进行保存,但还没有人对整个数字资源数据库进行保存;

（4）价格政策问题——为了保障广大公众平等和自由获取信息的权利,防止Google 的价格垄断,图书馆必须同 Google 和 ISD 进行协商,制定机构订阅和图书获取的合理价格;

（5）图书审查问题——由于图书绝版,在 Google 的订阅数据库中有将近 100万的图书被排除在外,对读者的知识自由权利造成了损害;

（6）读者隐私权的保护问题——计划中显示 Google 会对读者的活动信息进行搜集和保存,但却没有对如何保护作出规定,IFLA 希望 Google 能够和图书馆协会和其他读者利益保护组织合作处理好此问题;

（7）对法定许可和图书馆例外的限定问题——IFLA 希望能够明确地对法定许可和例外使用作出限定,使一些孤儿作品也能获得合理使用;

（8）平等获取——Google 对用户的合法性和非损耗性进行检验,只有审核合格的用户才能使用 Google 的图书资源,IFLA 认为应该设立一个独立的机构对Google 的这个决定的合理性进行审判,保障所有研究者都有平等研究的权利。

相信在上述问题获得顺利解决后,Google 图书搜索计划将为广大民众平等和自由获取信息提供广阔的平台。

3 结 语

短短两年的时间,不论国内还是国际在图书馆立法方面都取得了突破进展,我国《公共图书馆法》草案的出台成为图书馆专门法的一大亮点;以德国为代表的国际图书馆法纷纷出台;图书馆的合理使用和限制例外、孤儿作品的版权归属、谷歌电子书协议引发的相关版权问题成为图书馆相关法的重要内容;由图书馆专门法、相关法及国际法等构成的配套法律体系日趋完善,图书馆作为民众自由平等获取信息的社会保障机制进一步得到法律和制度的支持。

供稿:张丽(北京大学信息管理系)

图书馆战略规划实践与研究

　　战略规划是一种用来确认一个组织的主要目标和具体行动的技术,在整个战略管理过程中居于十分重要的地位,是战略执行、战略评估的首要前提,是将战略思想、战略意愿转化为战略行动的必经之路。①自 20 世纪后半叶英美等国将战略规划引入公共图书馆领域以来,②国内外图书馆界越来越寄厚望于通过制定战略规划来树立战略思维,从而科学地规划未来。③近年来,随着科学技术的飞速进步,社会民众生活水平和精神需求的不断提高,科学合理地制定和实施战略规划对于图书馆生存和发展的重要意义愈加凸显。笔者在对近年来国内外图书馆界的战略规划实践活动和理论研究情况进行梳理的基础上发现:一方面,确实有越来越多的图书馆在制定和实施本馆的战略规划,而另一方面,有关图书馆战略规划的方法、理论研究却相对稀疏零散。相比较而言,这种情形在国内图书馆界又更显突出。

1　国内外图书馆战略规划实践概述

　　我国图书馆事业发展受计划经济体制影响深远,虽然其中弊端不一而足,但就制订计划、谋划发展这一层面而言,也未尝不曾从中受益。自 1980 年图书馆事业发展被列入国家第六个五年计划以来,④或主动或被动地,我国不少图书馆开始逐步养成制定五年计划的习惯,而且先后还曾组织过各类型地区性、全国性的图书馆五年计划编制行动,比如上海市文化局 1986 年组织编制的上海市公共图书馆"七五"发展规划,⑤海南省高校图书馆"十一五"发展规划,⑥以及最近正在制定

---

　①　赵益民,等.关于公共图书馆战略规划模型的思考[J].图书情报工作,2010(15):16.
　②　柯平.公共图书馆战略规划研究[J].图书情报工作,2010(15):5.
　③　于良芝.SWOT 与图书馆的科学规划:应用反思[J].国家图书馆学刊,2009(2):21.
　④　武湘.对我国公共图书馆事业发展战略的认识[J].图书馆,1986(5):1-3.
　⑤　王丽丽.当代上海公共图书馆事业概述(7)[J].图书馆杂志,1993(6):48-49.
　⑥　教育部高等学校图书情报工作指导委员会.海南省高校图书馆"十一五"发展规划暨海南教育科技数字图书馆建设项目方案通过专家论证[EB/OL].[2010-11-07].http://www.scal.edu.cn/info/detail.asp?lngID=271.

的全国公共图书馆"十二五"发展规划等。①随着时代的发展,近年来图书馆事业在国家文化事业中的地位日益受到重视,加之图书馆管理队伍专业素质的不断提高,图书馆此类计划、规划活动也逐步从其浓重的行政管理气氛中凸显出相当的专业化水准,如中国科学院文献情报系统 2006—2010 年中长期发展规划等。②同时,国内一些大型图书馆近年来进一步跳出思维窠臼,深入剖析自身发展需求及相关机遇与挑战,筹谋专、精、深的图书馆战略规划,如国家图书馆于 2010 年 9 月规划完成的"国家图书馆数字发展战略"和北京大学图书馆于 2010 年 7 月推出的"北京大学文献信息资源体系战略发展规划"等。③

2010 年是国家"十一五"计划的收官之年,也是"十二五"发展的精心筹划之年,好风凭借力,在这一年中,国内图书馆界围绕这一主题召开了一系列的工作会议。2010 年 1 月 21—22 日,国家图书馆率先召开了本馆的"十二五"规划座谈会,全国省级公共图书馆、部分副省级城市公共图书馆馆长和图书馆有关专家应邀参加。会议不仅讨论了国家图书馆"十二五"发展规划纲要制定的相关问题,同时还对全国公共图书馆制定"十二五"规划提出了期望。④在此次会议精神的直接影响下,文化部于 2010 年 3 月委托深圳图书馆公共图书馆研究院组织编制全国公共图书馆"十二五"发展规划。⑤2010 年 7 月 30—31 日,全国高等学校图书情报工作指导委员会在海拉尔召开三届二次会议,同样围绕图书馆未来一段时期的发展和改革问题进行了深入研讨,会上,上海图工委、河南图工委、香港学术图书馆联盟等单位分别就本地区高校图书馆未来的发展规划制定情况进行汇报和交流。⑥

而欧美等国图书馆开展战略规划实践,更多受企业管理领域战略管理思潮的影响。20 世纪 80 年代率先开展战略规划活动的图书馆,很多都从管理学领域借

①　中华人民共和国文化部. 深圳承担全国公共图书馆十二五发展规划课题［EB/OL］.［2010－11－08］. http://www. ccnt. gov. cn/xxfb/xwzx/dfdt/201003/t20100325_77963. html.

②　中国科学院出版图书情报委员会. 中国科学院文献情报系统 2006—2010 年中长期发展规划实施方案［EB/OL］.［2010－11－08］. http://www. las. ac. cn/las/about-nsl/doc/2007plan. pdf.

③　朱强. 北京大学文献资源体系战略规划纲要 2010—2020［EB/OL］.［2010－11－08］. http://162. 105. 140. 111/tugongwei/info/affixes/news/pkulibproject. ppt.

④　国图新闻. 建言献策 共谋发展——国家图书馆"十二五"规划座谈会在京召开［EB/OL］.［2010－11－08］. http://www. nlc. gov. cn/syzt/2010/0122/article_442. htm.

⑤　中华人民共和国文化部. 深圳承担全国公共图书馆十二五发展规划课题［EB/OL］.［2010－11－08］. http://www. ccnt. gov. cn/xxfb/xwzx/dfdt/201003/t20100325_77963. html.

⑥　教育部高等学校图书情报工作指导委员会三届二次工作会议在海拉尔召开［EB/OL］.［2010－11－08］. http://www. nlcd. com. cn/news/ShowArticle. asp?ArticleID＝9535.

鉴信息收集方法和分析方法,以帮助规划制定者对环境及图书馆自身状况进行判断,降低对未来作出不当选择的风险。①由于一些大型图书馆的率先垂范,加上图书馆行业组织的精心引导,这些国家的图书馆战略规划活动较早地走向了规范与成熟。美国图书馆协会早在1980年就针对公共图书馆的发展规划制定工作编制了行业性的手册指南——《公共图书馆之规划程序》(A Planning Process for Public Libraries)。而在此之前,为了论证该指南程序的适用性,美国图书馆协会不仅在美国境内组织了相关的实践试点,还在大英图书馆的支持下,于1977—1978年间在英国德比郡的公共图书馆中进行了实验。②近年来,各国国家图书馆、公共图书馆和高校/研究型图书馆都纷纷出台了自己未来5到10年,甚至20年的战略规划。据南开大学陆晓红等人的调查,目前战略规划在欧美国家图书馆中已经相当普及。③围绕图书馆的未来发展问题,世界各国、各地区均掀起了一轮又一轮的战略性思考和讨论。自2007年开始,全球研究图书馆2020会议每年一次在各大洲举行,致力于通过讨论交流明确图书馆未来发展方向和所要采取的必要计划。每届会议参会的各图书馆和相关机构的代表均向大会提交该图书馆的未来发展宣言书(Position Paper),陈述本馆未来发展思路和设想。④⑤⑥为了确保研究图书馆满足其机构、研究、教学以及老师和学生学习需求的使命,美国研究图书馆协会与网络信息联盟(Coalition for Networked Information,简称CNI)于2010年10月14日至15日在华盛顿特区共同举办了一场题为"实现研究图书馆战略转型"的论坛,对图书馆领导人必须回答的战略问题进行了探讨。⑦一些地区性、全国性的图书馆行业组织也进一步加强了对图书馆战略规划活动的指导和规范。1994年,英国联合信息系统委员会(JISC)成立信息战略指导小组(Information Strategies Steering

---

① 于良芝.SWOT与图书馆科学规划:应用反思[J].国家图书馆学刊,2009(2):17.

② Robert Atkins. The Ala Planning Process:The Sheffield Experience[J]. *Library Review*, Vol. 33,Issue. 1,pp. 35 – 38.

③ 陆晓红,等.我国公共图书馆战略规划缺失问题探究[J].图书情报工作,2010(15):22.

④ 鲁超,等编译.全球研究型图书馆发展战略——2008年GRL2020会议各参会机构未来发展宣言书[J].图书情报工作动态,2009(2).

⑤ 季培培,等编译.全球研究型图书馆发展战略(上)——2009年GRL2020会议各参会机构未来发展宣言书[J].图书情报工作动态,2009(9).

⑥ 季培培,等编译.全球研究型图书馆发展战略(下)——2009年GRL2020会议各参会机构未来发展宣言书[J].图书情报工作动态,2009(9).

⑦ ARL/CNI Forum,Achieving Strategic Change in Research Libraries[EB/OL].[2010 -11 - 14]. http://www. arl. org/events/fallforum/forum10/index. shtml.

Group,简称 ISSG),①此后 10 余年中,围绕如何帮助相关机构有效利用信息技术改善服务进行了广泛的调查和实验,推出了"信息战略编制指南(Guidelines for Developing an Information Strategy)"、②"实务工作者指南(Practitioner's Guide)",③以及"战略信息工具包(Strategy InfoKit)"等一系列实用工具。而美国图书馆协会也于 2008 年再度修订了其公共图书馆战略规划指南,④并在其制定自己的 2010—2015 年战略规划时,积极带领其成员组织广泛参与相关的战略环境扫描活动。⑤

2 国内外图书馆战略规划实践特点

综而观之,目前国内外图书馆界的战略规划实践活动已逐步获得推广并日益走向成熟,普遍呈现出编制主体多元化、内容体例规范化、运行保障系统化等趋势。但是相对而言,国内各级各类图书馆的战略规划实践活动在这些方面仍然存在不同程度的落后情形。

2.1 编制主体趋于多元化

战略规划是一项极具前瞻性和宏观性的工作,对编制者的宏观视野和战略高度都有着较高的要求。为了尽量避免因个人主观判断造成的偏误,往往需要将各方面的相关人员纳入进来,建立一个多元结构的战略规划编制团队。

对于图书馆而言,战略规划编制队伍的多元结构,首先意味着图书馆内部不同部门、不同层级的图书馆员的共同参与,而为了保障这一目标,势必要求该战略规划活动有一个能够在全馆高度协调各部门行为的领导机构。欧美地区很多图书馆都强调在战略规划项目启动之初就组建有全局统领能力的战略规划队伍,陈昊琳等人抽取的美国公共图书馆战略规划样本中,约有 80%(16/20)的图书馆建

①　The JISC Information Strategies Initiative (JISI)〔EB/OL〕.〔2010 - 11 - 09〕. http://www. jiscinfonet. ac. uk/infokits/strategy/jisi/background.

②　JISC. Guidelines for Developing an Information Strategy〔EB/OL〕.〔2010 - 11 - 09〕. http://web. archive. org/web/19980125112630/www. jisc. ac. uk/pub/infstrat.

③　JISC. Practitioner's Guide〔EB/OL〕.〔2010 - 11 - 09〕http://web. archive. org/web/20000819073806/www. jisc. ac. uk/pub98/guide_seq.

④　Sandra Nelson. Strategic Planning for Results. ALA Editions,2008〔EB/OL〕.〔2010 - 11 - 15〕. http://www. alastore. ala. org/detail. aspx? ID = 1583.

⑤　ALA 2015 Environmental Scan〔R/OL〕.〔2010 - 11 - 09〕. http://connect. ala. org/2015scan.

立了专门的战略规划委员会或指定了专门负责制定战略规划的部门；①而美国国会图书馆战略规划办公室(Office of Strategic Initiatives,简称 OSI)由原来后勤保障部门的一个小组被提升至由一名副馆长直接领导的核心部门，②其中更不乏对这一因素的考虑。

除此之外，为了更为彻底地摆脱内部管理体制对战略规划过程的行政性制约，国际上也有一些图书馆开始倾向于将图书馆以外的咨询专家、用户和社区居民纳入到图书馆战略规划的编制主体当中。比较典型而广为人知的案例即美国国会图书馆于1999年邀请(美国)全国研究理事会等机构共同组成战略评估委员会，为国会图书馆制定的"21世纪国会图书馆数字战略"提供了多元化人才保障。③国外图书馆普遍设立的董事会或类似机构，对于图书馆在战略规划编制过程中广泛吸纳各类型利益相关者的意见和建议也起到了至关重要的作用。根据陈昊琳等人对美国各地区20所不同级别图书馆战略规划样本的调查分析，在明确注明制定主体的16个样本中，特定战略规划委员会制定战略规划占50%，图书馆董事会或委员会制定占37.5%，外聘机构或顾问占12.5%，战略规划已经从管理者个体意志逐步向集体意志转移。各馆根据自身的成本预算与成果预期选择合适的制定方式，战略规划注意吸纳主管部门、组织高级管理者、普通员工、用户以及其他相关部门等利益相关者的意见。④李健等人通过分析也指出，公共图书馆将制定规划的单一主体(图书馆行业人员)发展为多元主体(图书馆员、咨询专家、社区居民、董事会、赞助人等)，能更为合理地结合各方利益，参考各方意见，客观而现实地制定战略规划，提高战略规划的接受程度和实用性。⑤

但是，国内大多数图书馆战略规划编制团队的结构在很大程度上还依赖于图书馆领导决策者的管理思想和战略意识。杨溢等人指出，我国内地图书馆"在制定规划时领导独断专行，不给馆员参与的机会"，"而且一些图书馆忽视了调查馆员和读者的需求、调查上层主管部门的战略规划，导致制定出来的战略规划的可

① 陈昊琳,等.美国公共图书馆战略规划对我国的启示：一种基于文本分析的研究[J].图书情报工作,2010(15):12.

② NLC.美国国会图书馆—组织机构[EB/OL].[2010-11-09].http://www.nlc.gov.cn/yjfw/tsg/us/us_zzjg.htm.

③ (美)国会图书馆信息技术战略委员会,等.21世纪国会图书馆数字战略[M].蒋伟明,苑克丽,译.北京：北京图书馆出版社,2004.

④ 陈昊琳,等.美国公共图书馆战略规划对我国的启示：一种基于文本分析的研究[J].图书情报工作,2010(15):12.

⑤ 李健,等.国外公共图书馆战略规划研究现状及趋势分析[J].图书情报与工作,2010(15):7.

操作性受到影响"。①

可喜的是,近年来国内一些大型公共图书馆和研究型图书馆在战略规划编制团队的组建方面,也开始积极学习和吸收国际先进经验,起到了良好的示范作用。比如国家图书馆在制定其"十二五"发展规划时,十分重视各级各部门领导干部和业务骨干的参与,同时也积极广泛地参考了馆外专家学者和同行业者的意见和建议。该馆先于 2010 年 1 月下旬召开了全国性的"十二五"规划座谈会,旋即又于 2 月初宣布成立了由馆长和业务副馆长亲自挂帅的"十二五"规划领导小组和各部门中层干部直接负责的"十二五"规划起草小组,又于 2010 年 4 月针对各项具体业务工作部署了 11 项调研任务,涉及各业务部门具体工作人员百余人。

2.2 内容体例趋于规范务实

图书馆战略规划是图书馆面向未来确定图书馆的使命、愿景、目标、战略及其实施计划的思维过程与框架。②Pacios A. R. 曾提到,图书馆战略规划的内容框架应包括概要、引言、环境扫描、使命、愿景、价值观、关键行动领域、目的、战略、目标等。③大英图书馆 2020 愿景包括价值观(Our Values)、使命与愿景(Our Mission and 2020 Vision)、环境变化(Our Changing Context)、战略重点(Strategic Priorities)和保障措施(Delivering Our Vision)等部分,④并提供了有关战略规划编制团队、战略制定过程、使用方法工具、访谈调查结果等内容的相关信息;哥伦比亚大学图书馆 2010—2013 年战略规划则提供了关键战略领域(Critical Areas)、研究图书馆发展趋势(Research Libraries Trends)、经济环境(Economic Factors)、法律环境(Legal Environment)、合作与引领(Collaboration & Leadership)、其他环境因素(Other Environmental Factors)、成绩评估(Assessment and Marketing)、战略规划制定过程(Development of the Plan)、相关的资源调配(Resourcing the Plan)、围绕各关键领域的战略目标及行动方案等内容;⑤杜克大学图书馆将环境分析(The Context for the Libraries' Plan)作为其 2010—2012 年战略规划的首要部分,紧随其后是其战

① 杨溢,王凤.图书馆战略规划的制定程序与内容框架研究[J].图书馆建设,2009(10):111.

② 孙坦.国外图书馆战略规划研究[J].图书馆建设,2009(1):82.

③ Pacios A. R.. Strategic Plans and Long-Range Plans:Is There a Difference[J]. *Library management*,2004(6-7):259-269;转引自:杨溢,王凤.图书战略规划的制定程序与内容框架研究[J].图书馆建设,2009(10):113.

④ BL. 2020 vision[EB/OL].[2010-11-10]. http://www.bl.uk/aboutus/stratpolprog/2020vision/2020A3.pdf.

⑤ Columbia University Library. Strategic Plan 2010—2013[EB/OL].[2010-11-10]. http://www.columbia.edu/cu/lweb/img/assets/6675/CULIS_Strategic_Plan_2010-2013.pdf.

略方向(Strategic Directions)、目标(Goals)及相关行动。①根据余倩等人对国外 24 个图书馆战略规划文本的内容分析,除了使命、愿景、目标、计划等传统项目以外,环境扫描也已经成为当前图书馆战略规划的核心内容。②与此同时,战略规划的制定过程、战略规划的保障措施,以及相关的工具方法等项目也越来越受到重视。这说明图书馆战略规划内容体例正在不断完善,也从一个侧面反映了图书馆战略规划的制定过程越来越走向规范务实。

近年来,有关图书馆发展环境的宏观分析层出不穷,一些大型的图书馆行业联盟、学/协会组织也纷纷推出了有关图书馆发展环境的宏观分析报告。其中影响最为广泛的莫过于 OCLC 的图书馆发展环境扫描系列报告,如:2003 年的《环境扫描:模式的识别》、③2005 年的《对图书馆和信息资源的认知》、④2007 年的《网络世界的共享、隐私与信任》、⑤2010 年的《图书馆如何发展》等。⑥ 这些报告有的侧重于考察社会文化环境因素对图书馆生存和发展的影响,有的侧重于强调信息技术环境的变化对图书馆创新和进步带来的挑战,它们的发布对于世界各国图书馆从社会、政治、经济、技术等各个层面认真审视自己所面临的形势,从而采取正确的战略行动产生了积极而深远的影响。国内这方面的研究还相对较少,目前比较系统完整地论述图书馆行业整体发展环境的当属中国科学院文献情报中心初景利教授于 2009 年下半年为国家图书馆"十二五"规划前期调研工作所撰述的"图书馆发展趋势调研报告"。⑦与此同时,图书馆界在其不得不为应对日益复杂的生存和发展环境而进行战略性思考和行动时,对一些相关的信息行业研究机构所出具的有关信息技术发展趋势的分析,也表现出浓厚的兴趣,其中最有代表性的主要是美国新媒体联盟(the New Media Consortium,简称 NMC)的地平线报告系

① Sharpening Our Vision:The Duke University Libraries' Strategic Plan for 2010—2012[EB/OL].[2010 - 11 - 07]. http://library. duke. edu/about/planning/2010-2012/sharpening _ our _ vision. pdf.

② 余倩,陶峻. 国外最新图书馆战略规划体例评析[J].图书馆建设,2009(10):105.

③ OCLC. Environmental Scan:Pattern Recognition[R/OL].[2010 - 11 - 07]. http://www. oclc. org/asiapacific/zhcn/reports/escan/downloads/escansummary_en. pdf.

④ OCLC. Perceptions of Libraries and Information Resources[R/OL].[2010 - 11 - 07]. http://www. oclc. org/asiapacific/zhcn/reports/pdfs/Percept_all. pdf.

⑤ OCLC. Sharing,Privacy and Trust in Our Networked World[R/OL].[2010 - 11 - 07]. http://www. oclc. org/asiapacific/zhcn/reports/pdfs/sharing. pdf.

⑥ OCLC. How Libraries Stack Up:2010[R/OL].[2010 - 11 - 07]. http://www. oclc. org/asiapacific/zhcn/reports/stackup/default. htm.

⑦ 初景利,吴冬曼. 图书馆发展趋势调研报告[J].国家图书馆学刊,2010(1 - 4).

列(Horizon Report)等。①②

除了对外部环境进行的观察以外,图书馆战略规划制定过程中的环境扫描还包括对其自身内部环境进行的审视。国内各大图书馆五年计划中对于前阶段工作成绩的统计和描述,即属此类。柯平教授在总结国外图书馆战略规划的特点时,强调了战略规划的"连续性"。③不论一个图书馆是否第一次尝试制定和实施自己的战略规划,其战略目标和发展重点不会是无本之木,必然有赖于一定的基础条件。而对于自身在资源、服务、用户基础等条件方面优劣势的科学评估,对以往各项业务工作成绩和失败的深入总结,是任何一个图书馆成功开展战略规划活动的必要前提。比较典型的,有美国国家医学图书馆 2006—2016 年战略规划中的前 20 年发展回顾、④芬兰国家图书馆 2006—2015 年战略规划中的关键成功因素剖析、⑤福布斯公共图书馆 2007—2011 年战略规划中的需求评估(Needs Assessment)等。⑥

2.3 运行保障趋于系统化

战略规划要发挥其实际效用,除了剖析内外环境,明确发展需求,确立行动目标,制定行动方案以外,还必须有相应的组织、制度及资源保障措施。陈昊琳等人根据其对美国公共图书馆战略规划内容的抽样分析,将战略规划的运行保障归纳为:经验保障、监督保障、信息反馈保障、资源保障、法律保障、管理保障、员工保障、经费保障以及其他等 9 个方面。⑦而笔者又进一步将这 9 个方面归纳为资源保

① NMC. 2010 Horizon Report. [2010 – 11 – 07]. http://www. nmc. org/pdf/2010-Horizon-Report. pdf.

② NMC. 2009 Horizon Report. [2010 – 11 – 07]. http://www. nmc. org/pdf/2009-Horizon-Report. pdf.

③ 柯平. 图书馆战略规划研究的时代背景与理论视角[J]. 图书馆工作与研究,2010(2):5.

④ The National Library of Medicine. Charting the Course for the 21st Century:NLM's Long Range Plan 2006—2016[EB/OL]. [2010 – 11 – 10]. http://www. nlm. nih. gov/pubs/plan/lrp06/NLM_LRP2006_PRINT. pdf.

⑤ National Library of Finland. The strategy of the National Library of Finland 2006—2015[EB/OL]. [2010 – 11 – 10]. http://www. nationallibrary. fi/infoe/organization/nationallibrarystrategy_ 2006 2015_summary/Files/liitetiedosto2/NationalLibraryStrategy2006-2015[1. pdf.

⑥ Northampton, Massachusetts. Forbes Library Long Range Plan 2007—2011 [EB/OL]. (2006 – 09)[2010 – 11 – 11]. http://www. forbeslibrary. org/LRP/WebLRP12-06. pdf.

⑦ 陈昊琳,等. 美国公共图书馆战略规划对我国的启示:一种基于文本分析的研究[J]. 图书情报工作,2010(15):13.

障和管理保障两大方面。

图书馆战略规划运行的资源保障主要包括已有的基础设施、软硬件设备,以及可供图书馆支配利用的经费、人员、文献及技术等资源。根据笔者所搜集的国内外诸多图书馆战略规划文本的内容,图书馆各类型资源的发展,尤其文献资源的发展,不仅仅作为图书馆各项服务活动的保障因素出现在战略规划文本之中,而且更是普遍以图书馆发展过程中最为重要的战略目标的地位被纳入,甚至贯穿图书馆战略规划的主体部分。除此之外,近年来由于图书馆生存和发展环境的变化,各国图书馆在考虑战略规划的运行保障时,开始越来越突出地强调经费资源和技术资源的重要性。如大英图书馆2008—2011年战略规划中设置专门的经费分配章节,[①]澳大利亚国家图书馆配合其整体发展规划制定信息技术专门战略(其最新版本已于2009年10月发布)等。[②]

图书馆战略规划运行的管理保障则是指相对完善的管理体制、机制,包括科学稳定的组织机构、明确合理的监督评估体系、有效的危机管理机制等。

组织机构保障又分为两个层次:一个层次是指设置专门的战略管理团队,以领导战略规划的编制,并监督其实施,如美国国会图书馆的战略规划办公室(Office of Strategic Initiatives,简称OSI)、[③]新泽西州立图书馆的规划指导委员会等;[④]另一个层次是指配合战略管理的目标,合理调整图书馆组织结构,积极培育图书馆组织文化,以适应战略发展需要,如中国国家图书馆为适应"十一五"发展规划目标要求进行的机构调整等。[⑤]

监督评估保障主要体现在两个方面:一是规划一个科学明晰的战略发展路线图(Strategic Roadmap),即合理设置图书馆的短期、中期和长期发展目标,并部署相应的战略行动,大英图书馆在其愿景规划的方法论工具附件中,对战略发展路线图的特点和运用方法进行了详细阐释;[⑥]二是建立一套完整可行的评估方法及指标体系,比如美国国会图书馆2008—2013年战略规划中针对各主要目标成果

① BL. The British Library's Strategy 2008—2011[EB/OL]. [2010-11-14]. http://www.bl.uk/aboutus/stratpolprog/strategy0811/strategy2008-2011.pdf.

② NLA. Information Technology Strategy Plan 2009—2012[EB/OL]. [2010-11-14]. http://www.nla.gov.au/policy/documents/InformationTechnologyStrategicPlan2009-2012-Attachment.doc.

③ 美国国会图书馆—组织机构[EB/OL]. [2010-11-09]. http://www.nlc.gov.cn/yjfw/tsg/us/us_zzjg.htm.

④ New Jersey State Library. Strategic Plan July 2007—June 2010[EB/OL]. [2010-11-14]. http://www.njstatelib.org/NJSL_Strategic%20Plan_2007-2010_final.pdf.

⑤ 李致忠. 中国国家图书馆史[M]. 北京:国家图书馆出版社,2009:396.

⑥ BL. Vision for 2020:Development of Methodology[EB/OL]. [2010-11-14]. http://www.bl.uk/aboutus/stratpolprog/2020vision/methodology2.pdf.

制定的评估标准。①除此两方面以外,有效的监督评估实际上还包括图书馆用户和利益相关者的参与,调查过程中笔者发现,国外很多图书馆都将自己的战略规划文本直接在其网站上公开,这是一种很好的监督管理机制。而国内的情况,除国家图书馆、中科院文献情报中心等极少数图书情报服务机构将最近一个五年计划在其网站上予以公开以外,②③其他各馆相关文件还比较难于通过公开途径获得。

危机管理向来与战略管理有着密切的联系。危机管理保障体现的是战略规划中环境扫描过程的延伸,需要面向未来作出前瞻性、预测性的决策支持。近年来不少图书馆已经将危机管理的内容纳入到其战略规划中来,比如中科院文献情报系统 2006—2010 年中长期发展规划中,在分析其战略规划的可行性时,安排了专门的章节分析所面临的风险及相关的风险控制方法。④

除以上内容之外,还有一些图书馆从反馈沟通、法律制度、管理经验等各个侧面,充分考虑了各自战略规划实施所需要的条件基础,并围绕这些需求,积极策划了相应的行动方案。

3 方兴未艾的图书馆战略规划理论、方法研究

相比于实践领域的红火,图书馆战略规划的理论研究领域却龃龉难行。虽然以柯平教授为代表的一批国内学者倾向于认为国外图书馆战略研究兴起于 20 世纪 80 年代前后,并认为这一时期的图书馆战略规划研究成果已经开始逐步"将图书馆战略规划研究从理论引入到操作层面",⑤但是在笔者看来,无论是国内还是国外,有关图书馆战略规划的研究一直围绕战略规划的意义、内容、编制程序等外在形式展开,停留于对各类型图书馆战略规划"最佳实践"的案例分析和经验总结,而在相关的理论研究方面尚未取得实质性的进展。

---

① The Library of Congress. Strategic Plan Fiscal Years 2008—2013[EB/OL].[2010 - 11 - 14]. http://www. loc. gov/about/strategicplan/2008-2013/StrategicPlan07-Contents_1. pdf.

② 国家图书馆"十一五"规划纲要[EB/OL].[2010 - 11 - 16]. http://www. nlc. gov. cn/service/gygt_ghgy. htm.

③ 中国科学院出版图书情报委员会. 中国科学院文献情报系统 2006—2010 年中长期发展规划实施方案[EB/OL].[2010 - 11 - 08]. http://www. las. ac. cn/las/about-nsl/doc/2007plan. pdf.

④ 中国科学院出版图书情报委员会. 中国科学院文献情报系统 2006—2010 年中长期发展规划实施方案[EB/OL].[2010 - 11 - 08]. http://www. las. ac. cn/las/about-nsl/doc/2007plan. pdf.

⑤ 柯平. 图书馆战略规划研究的时代背景和理论视角[J]. 图书馆工作与研究,2010(2):4.

关于图书馆战略规划在适应复杂的社会环境、明确组织目标方向、协调和凝聚组织行为、合理配置组织资源，以及最大化宣传推广组织社会价值等方面的重要意义，国内外图书馆界已经形成基本一致的看法。①②③国外图书馆界近两年出于对金融危机带来的图书馆经费缩减情势的深刻感受，在战略规划研究时通常更加关注其在应对经费缩减危机，同时在危机情境中更好地发挥图书馆作用方面的意义和作用；④⑤而国内图书馆界则受政策环境影响更为显著，除了根据国家和上级部门五年计划要求跟进战略规划活动以外，一些学者在战略规划研究时也开始注意到中国特色的图书馆可持续发展问题，⑥以及图书馆在全国公共文化服务体系中如何发挥作用等问题。⑦

图书馆战略规划的内容体例方面，当前阶段国外少有相关研究，而国内则多从国外图书馆正在实施的战略规划文本进行内容分析，以得出经验式的结论，比较有代表性的如南开大学陈昊琳、中科院文献情报中心余倩和辽宁师范大学杨溢等人所作的研究等。⑧⑨⑩

图书馆战略规划的编制程序方面，相对而言，国外图书馆界似乎受美国图书馆协会早期发布的几个行业指南性文件的影响较大，已经在实践领域趋于形成比较规范化的程序，而在研究领域却鲜有专门论述。而国内目前仍处在学习借鉴国外先进经验的基础上探讨摸索前进的阶段，在这方面的研究出现了两条不同的发展脉络：一条是通过引入管理学领域战略规划思想，对战略管理中的战略规划、战

① 杨溢,王凤.图书馆战略规划的制定程序与内容框架研究[J].图书馆建设,2009(10)：110.

② 孙坦.国外图书馆战略规划研究[J].图书馆建设,2009(10)：82.

③ Paula Kelly, Mylee Joseph. Developing a Youth Services Strategy Framework for Public Libraries[J]. *Aplis*,23(2),June 2010：56.

④ Tina Keresztury. The library crisis in New Jersey：a statewide strategy for survival[J]. *The Bottom Line*：*Managing Library Finances*,Vol. 22 No. 4,2009：101 - 105.

⑤ Arlene Fletcher, Etc.. Saving Special Libraries in a Recession：Business Strategies for Survival and Success[J]. *Information Outlook*,Vol. 13 Issue 5,Jul/Aug 2009：37 - 43.

⑥ 于良芝.拓展社会的公共信息空间——21世纪中国公共图书馆可持续发展模式[M].北京：科学出版社,2004.

⑦ 柯平.图书馆战略规划研究的时代背景与理论视角[J].图书馆工作与研究,2010(2)：4 - 10.

⑧ 陈昊琳,等.美国公共图书馆战略规划对我国的启示：一种基于文本分析的研究[J].图书情报工作,2010(15)：13.

⑨ 余倩,陶俊.国外最新图书馆战略规划体例评析[J].图书馆建设,2009(10)：104 - 107.

⑩ 杨溢,王凤.图书馆战略规划的制定程序与内容框架研究[J].图书馆建设,2009(10)：111.

略实施、战略评价等普适性流程进行细分,如盛小平、赵益民等人的研究;①②另一条则主要是通过学习欧美图书馆战略规划实践经验而总结出来的优化的战略规划编制过程,比如于良芝、杨溢等人的研究。③④这两条脉络之间目前并没有有效地结合起来,实际上也反映出我国图书馆战略规划研究,甚至是整个国际图书馆界战略规划研究在学科融合方面的不足,而这一不足实际上也在更深层次的图书馆战略规划理论研究方面有着较为普遍的影响。

战略管理是在企业管理领域发展起来的,在半个多世纪的历史进程中,先后出现了以安德鲁斯为代表的设计学派、以安索夫为代表的计划学派、以迈克尔·波特为代表的行业竞争结构理论、以普拉哈拉德和哈默为代表的核心能力理论和以詹姆斯·幕尔为代表的战略联盟理论等思想学派,⑤这些思想学派随着时代变化而延续更迭发展,各自有着深刻的理论根基和思想内涵。但是遗憾的是,图书馆领域仅仅引进了战略管理的概念,而没有能够深入挖掘这些战略思想的内涵,因而在图书馆战略规划研究的理论生发方面鲜有建树,而只能追随企业管理领域潮流亦步亦趋,缺乏自主创新的理论发展活力。

虽然目前在战略规划的思想理论研究方面不够系统深入,但是可喜的是,国际图书馆界向来十分重视战略规划工具、方法的规范化应用,从美国图书馆协会于1980年发布第一个规划指南,到2009年大英图书馆在其"2020年愿景"附件中条分缕析其战略规划4个阶段的17种战略工具的使用方法,⑥几十年中,图书馆领域已经形成了一套比较完整的战略规划方法论体系。综合起来,目前有关的研究主要集中环境扫描方法和战略评估方法的研究上,而对战略目标定位方法、模型方案选择方法等的研究则仍有不足。

环境扫描方面,学者们对实践领域普遍应用的 PEST 分析法和 SWOT 分析法均有所讨论。其中,SWOT 分析方法更是一直为国际图书馆界系列规划指南所推崇,近期除了相关方面的案例分析和经验借鉴之外,还有些学者一并对其应用于图书馆领域的缺陷进行了探讨,如林强对 SWOT 模型在图书馆发展中的不适应性

① 盛小平. 大学图书馆战略规划的几个基本问题[J]. 大学图书馆学报,2009(2):16-18.

② 赵益民,等. 关于公共图书馆战略规划模型的思考[J]. 图书情报工作,2010(15):18.

③ 于良芝. 战略规划作为公共图书馆管理的工具:应用、价值及其与我国公共图书馆的相关性[J]. 图书馆建设,2008(4):55-57

④ 杨溢,王凤. 图书馆战略规划的制定程序与内容框架研究[J]. 图书馆建设,2009(10):110.

⑤ 百度百科. 战略管理理论[EB/OL]. [2010-11-15]. http://baike.baidu.com/view/3529481.htm.

⑥ BL. Vision for 2020:Development of Methodology[EB/OL]. [2010-11-14]. http://www.bl.uk/aboutus/stratpolprog/2020vision/methodology2.pdf.

进行了分析,并在此基础上引入了新的 POWER SWOT 模型方法介绍等。^①另外不得不提的一些环境扫描方法论研究还包括:关于波特"五力模型"的研究、^{②③}关于成功关键因素的研究、^④关于用户调查法的研究,^⑤以及赵益民等人提出的基于回归分析的预测模型的研究等。^⑥

战略评估方面,研究和应用最为广泛的是平衡计分卡和成本效益分析法。平衡计分卡是一个通过全面考核组织财务目标和非财务目标实现情况来对组织绩效进行评价的方法,其在图书馆领域的应用以芬兰国家图书馆和澳大利亚国家图书馆为典型,^{⑦⑧}Muñoz 等人对平衡计分卡的多个战略信息单元进行了逐一解读,并提供了相关应用实例,^⑨国内王秀琴、赵围等人也对平衡计分卡在图书馆战略管理中的作用及应用方法进行了简要评述。^{⑩⑪}成本效益分析法则是通过比较项目的全部成本和效益来评估项目价值的一种方法,更多见于具体的战略项目的监督评价领域。Linn 等人介绍了图书馆战略规划过程中几种不同的成本效益分析方法,并对其各自的优缺点进行了讨论;^⑫Cervone 等人则从数字图书馆项目计划的

① 林强. 反思 SWOT 模型在图书馆发展中的应用[J]. 图书馆学研究,2010(8):11 - 14.

② 甄利华. 五种力量模型在我国图书馆环境分析中的应用[J]. 晋图学刊,2007(6):13 - 15.

③ 江新. 基于波特竞争理论的图书馆战略研究[J]. 常州信息职业技术学院学报,2010(1):82 - 88.

④ 余倩,陶俊. 国外最新图书馆战略规划体例评析[J]. 图书馆建设,2009(10):106.

⑤ Libraries Use Survey Responses to Form Strategy[EB/OL]. [2010 - 02 - 09]. http://www. lib. utexas. edu/about/news/libqual_survey_2010_release. html

⑥ 赵益民,等. 关于公共图书馆战略规划模型的思考[J]. 图书情报工作,2010(15):19.

⑦ National Library of Finland. The strategy of the National Library of Finland 2006—2015[EB/OL]. [2010 - 11 - 10]. http://www. nationallibrary. fi/infoe/organization/nationallibrarystrategy_20062015_summary/Files/liitetiedosto2/NationalLibraryStrategy2006-2015[1. pdf.

⑧ National Library of Australia. Balanced Scorecard[EB/OL]. [2010 - 11 - 15]. http://www. nla. gov. au/policy/bsc. html.

⑨ Muñoz,Edith Carmen. Cuatiro de Mando Integral(Balanced Scorecard)para la gestión bibliotecaria:pautas para una aplicación[J]. *Investigación Bibliotecológica*,2009,Vol. 23 Issue 48:105 - 126.

⑩ 王秀琴. 平衡计分卡在高校图书馆绩效管理中的应用[J]. 图书馆学研究,2009(11):8 -10.

⑪ 赵围,李力. 基于平衡计分卡的图书馆服务战略研究[J]. 情报科学,2008(11):1659 - 1662.

⑫ Linn,Mott. Library Strategies Cost - benefit analysis:a primer[J]. *Bottom Line*:*Managing Library Finances*,2010,vol. 23 Issue1:31 - 36.

角度对成本效益分析方法的应用进行了分析,并力图克服组织内部财务审计的主观不确定性,寻求更为科学的解决方案。①

此外,还有一些学者论及用于战略定位的 SPACE 矩阵、用于方案选择的 QSPM 模型,②以及用于战略决策行为的图书馆决策树方法等,③限于篇幅,在此不予赘述。

总体而言,图书馆战略规划是一项极具全局性、前瞻性的工作,因而图书馆战略规划的研究也是一项极具综合性、复杂性的工作,需要全面参照图书馆工作的方方面面,系统应用图书馆领域的各种理论、方法。目前有关图书馆理论、方法的研究不可谓不丰富,但是从战略高度系统地将这些理论、方法研究成果应用于实践,却仍需要进一步深入。总而言之,图书馆战略规划的理论研究还有待进一步紧密联系实际。

供稿:李丹(国家图书馆研究院)

———————

① Cervone, H. Frank. Managing Digital Libraries: the View from 30000 Feet: Using cost benefit analysis to justify digital library projects[J]. *OCLC Systems & Services*, 2010 Vol. 26 Issue 2: 76-79.

② 赵益民,等. 关于公共图书馆战略规划模型的思考[J]. 图书情报工作,2010(15):19.

③ Cervone, H. Frank. Managing Digital Libraries: The View from 30000 Feet: Applied Digital Library Project Management[J]. *Oclc Systems & Services*, 2010, Vol. 26 Issue 1: 14-17.

图书馆标准规范建设与研究

俗话说:没有规矩,不成方圆。标准正是一种"以特定形式发布,作为共同遵守的准则和依据"的"规矩"。当前,标准化工作已经越来越引起各个国家的高度重视。通过对 2009 至 2010 年国内外图书馆领域标准化相关工作的追踪分析,发现在这两年中,国际上知识组织标准、元数据规范、数字资源长期保存标准等领域都开展了研制工作,取得了大量成果。国内图书馆界积极跟进国际标准研究进程,并结合我国实际情况制定了一系列先进标准。而且我们欣喜地看到,当前 RFID 技术在世界范围内得到迅速推广应用,在 ISO 组织协调下,以若干国家提出的图书馆 RFID 数据模型为蓝本,经图书馆界和重要芯片、设备研究机构的合作修订正在转变成为国际标准。我国图书馆界在 RFID 技术应用方面也取得了显著成果,相关的行业标准和地方标准编制工作均有突破。

1 国内外各级标准化组织及其相关活动

随着全国图书馆标准化技术委员会的成立,我国信息与文献领域标准化组织又壮大了许多,随之而来的是文献与信息领域标准化工作的快速发展。

1.1 全国图书馆标准化技术委员会的标准制修订工作

全国图书馆标准化技术委员会(以下简称"图标委")自 2008 年 12 月 9 日成立以来,在图书馆行业领域标准规范的制修订以及我国图书馆行业领域新技术、新标准的研究方面作出了很大努力,取得了丰硕成果。

2009 年,图标委通过国家标准化管理委员会(以下简称"国标委")立项了 4 项国家标准,到 2010 年年底,4 项标准均已完成标准的初稿撰写工作,准备进入专家咨询阶段。

2009 年,受文化部委托,国家图书馆组织成立了《公共图书馆服务标准》编制小组。《公共图书馆服务标准》是图标委成立前由文化部上报国标委立项的项目,自图标委成立后,该项目的审查工作交由图标委来组织开展。图标委秘书处一直密切关注该项目的研制进展,目前已完成该项目的两次专家意见征询,送审稿已通过文化部相关部门审批,截至 2010 年 11 月,已将报批稿提交至国标委进行审批,预计将于 2011 年发布。《公共图书馆服务标准》以中国内地省级公共图书馆、地级公共图书馆、县级公共图书馆为适用范围,街道乡镇公共图书馆、独立建制的各级少年儿童图书馆以及社区乡村和社会办的各类公共图书馆基层服务点参照实施。

2010 年 7 月,文化部委托图标委实施文化部重点调研项目——"我国文化行业标准化工作现状与发展趋势调研",图标委组织国内相关专家成立了调研组,起草了调研方案,在运用文献调研、实地调研与专家访谈等方法的基础上,很好地开展了这次调研工作。

2010 年 11 月 15 日,国家质检总局质检公益性行业科研专项《乡镇社区图书馆管理标准研究》在国家图书馆召开启动会议。项目组成员包括国内公共图书馆及高校图书馆馆长、部门主任及馆员、博士生等,分为两个调研组,包括国内调研小组和国外调研小组。此项目旨在指导我国乡镇社区图书馆科学建设与发展。

2010 年,为了继续推动图书馆行业标准化工作开展,发挥图标委对业界标准规范制修订工作的牵头职能,图标委秘书处在全面了解业界应用需求并与相关标准化工作部门合作的基础上,积极开展标准的申请立项工作。通过上半年标准项目征集工作,于 2010 年 7 月初再次上报国家标准项目 12 项,目前已通过国家标准委审核 4 项,并向社会公示。

1.2 全国信息与文献标准化技术委员会的标准制修订工作

全国信息与文献标准化技术委员会(以下简称"文标会")成立于 1979 年,作为一个基础性的标准化工作组织,文标会从成立以来一直由国家标准化行政主管部门管理。到 2010 年,文标会已成立 31 年,为我国文献与信息方面的标准化工作作出了很大贡献。

2009 年,文标会制修订了一些标准,包括:

(1)GB/T 3179—2009《期刊编排格式》(替代 GB/T 3179—1992)

修订后的标准与 GB/T 3179—1992 相比主要变化如下:标准名称由《科学技术期刊编排格式》改为《期刊编排格式》;为便于理解本标准和促进国际交流,增加了术语和定义;增加了期刊 ISSN、CN 号、条码等内容;删除或简化了 GB/T 3179—1992 中有关摘要、图表和参考文献的内容。

(2)GB/T 23731—2009《GEDI—通用电子文档交换》

规定了在计算机系统之间交换电子文档拷贝的格式,既包括 GEDI 文件头定义,其中包含请求方和提供方信息,也包括文件的格式以及有关的书目信息。适用于支持馆际互借和文件传输请求的计算机系统。

(3)GB/T 24424—2009《馆藏说明》

规定了连续出版物或非连续出版物馆藏说明的数据元、数据元的内容、排列顺序与格式,以及馆藏说明中数据项范围与内容的要求,适用于一个或多个图书馆或文献机构的馆藏说明。适用于任何物理载体的馆藏说明。适用于手工目录和机读目录馆藏说明的目录。本标准与 ISO 10324 的主要差异为,在国际标准规定 3 个级次馆藏说明的基础上,增加第 4 级馆藏说明,并增加了相关的概念,调整了馆藏说明内容表。

(4) GB/T 13396—2009《中国标准录音制品编码》(代替 GB/T 13396—1992)

该标准修订过程采用 ISO 3901:2001《信息与文献 国际标准录音制品编码(ISRC)》,规定了中国标准录音制品编码的结构和显示方式,旨在为每一录音制品和音乐录像制品或每一可独立使用的曲目篇节提供唯一标识。适用于在中国标准录音制品编码管理机构登记的录音制品和音乐录像制品。

(5) GB/T 13417—2009 期刊目次表

规定了期刊目次表的构成、内容要求和编排格式。适用于期刊目次表的编排。

1.3 全国文献影像标准化技术委员会的标准制修订工作

全国文献影像标准化技术委员会紧跟国际发展,2009 年制修订和发布国家标准、国家标准指导性技术文件 4 项。[①]

其中制定国家标准、国家标准指导性技术文件 2 项:

GB/T 23284—2009《缩微摄影技术 16mm 和 35mm 卷式缩微胶片使用的影像标记(光点)》,此标准规定了记录在 16mm 和 35mm 缩微胶片上用于影像标记检索系统的单一尺寸影像标记和大、中、小影像标记的位置、大小和密度,适用于支持检索系统的 16mm 和 35mm 的缩微胶片。

GB/T 23285—2009《缩微摄影技术 开窗卡增厚区厚度的测量方法》。

修订标准 1 项:

《技术制图 对缩微复制原件的要求》以 GB/T 10609.4—2009 代替 GB/T 10609.4—1989。

1.4 全国信息分类与编码标准化技术委员会

2009 年,与图书馆领域相关的又一标准化技术委员会成立,即全国信息分类与编码标准化技术委员会,该标委会的成立对于我国信息化和标准化工作的科学发展具有十分重要的意义。2009 年 7 月 21 日,全国信息分类与编码标准化技术

---

① 孙静荣. 文献影像技术国家标准目录[J]. 数字与缩微影像,2009(4):42-43

委员会成立大会在北京举行,①该标委会由国家标准化管理委员会主管,秘书处承担单位为中国标准化研究院,工作范围包括信息分类与编码领域国家标准制修订工作,具体包括区域、场所、地点、人力资源、自然资源与环境、时间和计量单位、语言、文字、符号、经济结构与经济指标、社会福利、社会保障、公共卫生和劳动安全、行政管理、文献、专利、标准、档案等方面的信息分类编码国家标准制修订工作,不包括产品、服务、机构方面的信息分类编码以及条码形式的有关区域、场所和地点标识方面。

1.5　国际标准化组织(ISO)②

(1)数字对象唯一标识符(Digital Object Identifier,简称 DOI)国际标准项目

在 2004 年由 IDF(International DOI Foundation,国际 DOI 基金会)向 ISO/TC46 提出并立项。2010 年 3 月,DOI 标准通过投票进入 ISO 标准最后阶段。

(2)ISO/CD 13028《信息与文献.信息数字化实施指南》③

该标准为以数字化格式存储的数据记录维护提供指导方针,涉及通过数字化或其他手段对纸本文献及其他非数字文献进行复制所得到的数字化内容。它还提供了满足真实性与可信性要求的数字化过程的最佳实践指南。

(3)ISO 20775:2009《信息和文献.收藏信息的规划》

(4)ISO 16245:2009《信息和文献.由纤维素塑料制成的、用于储存纸质和羊皮纸文稿的文件盒,文件夹及其他附件》

(5)ISO 21047:2009《信息和文件.国际标准文本代码(ISTC)》

(6)ISO 29861:2009《资料管理应用.办公文件彩色扫描用质量管理》

(7)ISO/TR 28118:2009《信息和文献.国家图书馆用性能指示符》

1.6　美国国家信息标准化组织(NISO)

(1)ANSI/NISO Z39.53:2001《信息科学.信息交换语言表达码》④

该标准与"ISO 语言名称标识编码规则(ISO 639—2:1998)第 2 部分:起始 3

---

① 中国标准化研究院. http://www.cnis.gov.cn/zdly/gxjs/xx/xxflxgjg/200907/t20090724_5151.shtml.

② 近期信息标准化领域新进展[J/OL].图研参考,2009(2).[2010 - 11 - 26].http://www.nlc.gov.cn/service/fuwudaohang/tyck/2009/200902d_1.htm.

③ Information and documentation—Implementation guidelines for digitisation of records[EB/OL].[2011 - 02 - 08].http://litablog.org/2009/03/02/guidelines-for-digitization-of-records.

④ Codes for the Representation of Languages for Information Interchange[S/OL].[2011 - 02 - 08].http://www.niso.org/standards/z39-53-2001.

字段"相关联,为图书馆、信息服务及出版机构提供了一个由 3 个字符组成的标准化代码,用来表示在信息交换中所使用的语言。

(2) ANSI/NISO Z39.64:1989(R2002)《文献目录用东亚字符码》①

东亚人口占到了全世界人口的四分之一,该项由美国国家信息标准协会颁布的标准对这部分人口正在使用的读、写、说的语言采用专门的标识,对人们用汉语、日语、韩语表述的丰富信息资源进行存取、检索和交流具有重要的意义。它在 8 位编码环境中用 3 个字节,为这些文字体系构建了相应的计算机编码结构,并给出了扩展的条款。

(3) ANSI/NISO Z39.77:2000《保存产品信息指南》②

该标准具体指明了在用于保存、装订或修复图书馆资料(包括图书、手册、声像资料、胶片、光盘、手稿、地图和照片等)的相关产品的广告、目录以及宣传资料中所应包含的信息。该项标准最早于 2000 年 8 月 23 日通过美国国家标准学会审批。

(4) ANSI/NISO Z39.79:2001《图书馆和档案资料展示的环境条件》③

该标准主要为了尽量减小图书馆和档案资料在展览过程中因环境因素而受到的损失。标准针对建议光照、相对湿度、温度、气体及颗粒污染物、展示技术及辅助设施等条件给出了具体的参数标准。该标准最早于 2001 年 3 月 2 日通过美国国家标准学会的审批。

(5) ANSI/NISO Z39.82:2001《会议出版物题名页》④

该标准解释了如何对会议出版物题名页信息进行结构化描述,以此来保证使用者能够直接利用相关的元数据和书目引文信息获取此类出版物。该标准适用于各学科不同类型会议(如小型会议、专题讨论、研究组、座谈会、研讨会等)的任何格式(如印刷型、录像型、网站型等),任何语言,以及任何主题内容的会议论文及摘要。该标准最早于 2001 年 1 月 10 日通过美国国家标准学会的审批。

---

① East Asian Character Code for Bibliographic Use Bibliographic Use[S/OL]. [2011 - 02 - 08]. http://www. niso. org/standards/z39-64-1989R2002.

② Guidelines for Information About Preservation Products[S/OL]. [2011 - 02 - 08]. http://www. niso. org/standards/z39-77-2001.

③ Environmental Conditions for Exhibiting Library and Archival Materials[S/OL]. [2011 - 02 -08]. http://www. niso. org/standards/z39-79-2001.

④ Title Pages for Conference Publications[S/OL]. [2011 - 02 - 08]. http://www. niso. org/standards/z39-82-2001.

2 知识组织标准研究

2.1 国内知识组织标准研制成果

2009 至 2010 年,国内在知识组织标准上实现了很大的突破,不仅在制定国际标准舞台上勇于开拓,而且在知识管理领域正式出台了第一个国家标准。

2009 年 6 月,中国自主知识产权的 UOML 文档标准正式提交到了 ISO 国际标准组织,这不仅是中国软件业第一次制定自己的国际标准,而且标志着国际上竞争激烈的文档标准加入了中国因素。如果该标准能够顺利通过,意味着中国将在这个 IT 业的主战场拥有一定的话语权。UOML(非结构化操作置标语言)是中国自主知识产权的文档标准,由中国电子工业标准化技术协会文档库技术标准工作委员会制定。该标准突破了上述标准仅定义存储格式的局限,率先制定了文档的读写接口标准,在国际产业界都是一个很大的创新。2008 年 10 月,UOML 经过全球投票顺利成为了国际开放标准组织 OASIS 的标准,实现了中国软件国际标准"零"的突破。今天,UOML 再次冲刺 ISO 国际标准,有望为中国软件业写下新的篇章。①

2009 年 5 月 6 日,经过近两年时间的筹划起草,由中国标准化研究院提出并承担的国家标准《知识管理 第 1 部分:框架》正式发布,并于 2009 年 11 月 1 日正式实施。这是我国知识管理领域的第一个国家标准,也是在这一新兴的管理领域所作的开创性尝试。标准用户涉及政府机关、咨询机构、系统供应商、标准化机构、科研院所、企业用户等各种组织,定位于为知识管理提供标准化的概念模型,包括知识管理的基本术语、知识管理模型等。标准的发布与实施,对未来我国知识管理的良好发展将起到积极引导与护航作用,进一步促进知识管理的广泛应用。知识管理国家标准出台以后,在遵循此标准的基础上,还需组织机构、业内专家以及技术提供商共同努力,才能使知识管理应用得更好。此外,知识管理系列标准还包括《第 2 部分 术语》《第 3 部分 组织文化》《第 4 部分 知识活动》《第 5部分 实施指南》《第 6 部分 评价》,将陆续制定、发布实施。②

2010 年 7 月 14 日,在全国出版物发行标准化委员会秘书处工作人员的推动下,《中国出版物在线信息交换(CNONIX)图书产品信息格式》国家标准制定工作启动。CNONIX 国家标准工作组分为 4 个工作组,包括领导小组、专家工作组、起

---

① 赛迪. 自主知识产权 UOML 标准正式提交 ISO 国际标准组织. http://www. bzxzw. com/article/hotnews/cn/20090630/31887. html.

② 王涛,岳高峰. 国家标准《知识管理 框架》必将推动知识管理高速发展[EB/OL].[2010－11－29]. http://www. chinakm. com/KM_Standardize/expertsPoint/ep20091103. html.

草工作组、秘书工作组。参加工作组的人员包括新闻出版总署、出版社、图书发行商、信息公司、图书馆的代表。ONIX 是国际书业的数据标准,美国和意大利图书馆已经有成功应用 ONIX 的案例。CNONIX 是对应 ONIX 的国家标准,主要工作是将 ONIX 本地化。

2.2　国际知识组织标准制修订工作

日内瓦时间 2007 年 3 月 19 日,世界领先的三大国际标准化组织宣布将采取统一的方法处理标准中的知识产权问题。国际电工委员会(IEC)、国际标准化组织(ISO)和国际电信联盟(ITU)在世界标准合作组织(WSC)的名义下就知识产权的问题达成了一致协议。该协议将确保各商业实体在知晓各自的知识产权得到保护的情况下贡献出各自的研究和发展活动成果。

3　元数据规范研究

数据的标准化和规范化是实现全球信息资源共享的基础和保障,而要实现数据的标准化首先要解决元数据的标准化问题。目前,许多国家都在努力制定相关标准以取得信息控制权。元数据规范(Metadata Standards)是一种描述某类资源的具体对象时所有规则的集合。不同类型的资源可能有不同的元数据标准,一般包括完整描述一个具体对象所需的数据项集合、各数据项语义定义、著录规则和计算机应用时的语法规定,要确定元数据结构、扩展原则、元素定义等,具体包括舆图、拓片、甲骨、地方志、家谱、电子图书、电子连续性资源、学位论文、会议论文、期刊论文、网络资源、音频、视频、图像等的元数据规范以及元数据互操作协议。

2009 至 2010 年,元数据规范仍保持着非常迅猛的发展。国际方面 ISO 和 DCMI 组织相继修订了已有的 DC 元数据标准规范,其他国家的标准化委员会,如法国也制修订了一系列元数据标准。我国在 2009 至 2010 年元数据标准规范发展上也取得了长足的进步,不仅制修订了一些元数据标准,而且还取得了国际化发展,从 2009 年 1 月开始,中国标准化研究院正式承担了 ISO/TC37/SC1 术语与其他语言和内容资源技术委员会原则与方法分技术委员会秘书处。[①]术语标准化是一种特殊类型的标准化,ISO/TC37 已启动 ISO/NP 29383《术语政策——编制和执行》的制定工作。

---

① History of terminology standardization[EB/OL]. [2010 - 11 - 26]. http://www. infoterm. info/standardization/history. php.

3.1 不断发展的 DC 元数据标准

2009 年,国际标准化组织 ISO 根据 ANSI/NISO Z39.85:2007 和 DCMI 的最新修订情况,再次修订了 2003 年发布的 ISO 15836:2003《信息与文献——都柏林核心元数据元素集》标准,发布了 ISO 15836:2009《信息与文献——都柏林核心元数据元素集》。

2009 至 2010 年间,都柏林核心元数据组织(Dublin Core Metadata Initiative,简称 DCMI)依然在不断维护和更新 DC 元数据标准。2009 年 10 月 11 日至 17 日,由 DCMI 主办的"都柏林核心(DC)与元数据应用国际研讨会"在韩国首尔举行,会议主题为"关联数据语义互操作(Semantic Interoperation of Linked Data)",此次会议在以下几个方面取得了成果:一是在对"关联数据"进一步认识的基础上,对 DC 核心元数据在关联数据中的作用达成了基本共识;二是对 DC 元数据应用纲要(AP)如何帮助用户实现其具体应用有了更多的对策;三是对 DC 以外的一些元数据方案和编码体系,如 LOM、RDA 和 SKOS 等作了更深入的研究。[①]

DCMI 近年来一直在研究 DC 的应用方案,除了组织会议外,DCMI 还修订了一系列与 DC 相关的元数据标准规范。2009 年 DCMI 主要修订了"DC 元数据应用纲要指南"、"DC 元数据 XML 编码规范"、ISO 15836:2009,发布了推荐文件"DC 元数据互操作层次模型",起草了"DC 应用纲要描述集规范"、"应用纲要设计模式",此外,DCMI 与 IEEE 联合教育组提出了一个应用于教育领域的元数据应用纲要草案。

3.2 其他元数据规范

法国标准化协会根据 2008 年 ISO 国家标准 ISO 25577:2008《信息和文献——MarcXchange》在 2009 年发布了元数据相关标准:NF Z47—302—2009《情报和文献. Marc 交换格式 MarcXchange》,规定了 MARC 交换格式的规则和方法。MarcXchange 是适用于所有 MARC 格式的 XML 交换格式。

2009 至 2010 年,我国制修订了一系列元数据相关标准,其中新制定的元数据相关标准有:

(1) GB/T 24639—2009《元数据的 XML Schema 置标规则》

国家质检总局发布,规定了用 W3C XML Schema 定义元数据内容的方法和规则,适用于在进行元数据采集、加工、存储、共享和交换时,需要将各种元数据内容

---

① 刘炜. DC 元数据年度进展(2009)[J/OL]. 数字图书馆论坛,2009(12). [2010 - 11 - 25]. http://www. dlf. net. cn/newsshow2. asp?articleid = 1533.

用 XML Schema 定义的场合。

(2) GB/T 7713.3—2009《科技报告编写规则》

规定了科技报告的编写、组织、编排等要求,以利于科技报告的撰写、收集、保存、加工、组织、检索和交流利用。适用于印刷型、缩微型、电子版等形式的科技报告。

(3) GB/T 3179—2009《期刊编排格式》

为统一期刊的编排格式,加强科学管理,促进学术交流,便利编辑和出版工作。

(4) GB/T 4894—2009《信息与文献 术语》

提供了信息文献领域的基本术语及其定义。适用于信息与文献领域的知识共享和信息交流。

(5)《信息与文献——开放系统互连 馆际互借应用服务定义》

由 GB/T 9387 定义的开放系统互连框架中的应用层标准。定义了馆际互借服务。把馆际互借(ILL)协议与支持远程通信的服务结合起来使用,即可提供馆际互借服务。支持远程通信的服务可以是存储转发报文服务(如面向文本的交换系统标准、GB/T 16284.4 等提供的服务),或者是使用 GB/T 15695 和 GB/T 16688 的直接连接式服务。

(6) GB/T 23270《信息与文献——开放系统互连 馆际互借应用协议规范》

GB/T 23270 分为两个部分,分别是:

①《第 1 部分:协议说明书》

本部分旨在供图书馆、联合编目中心等信息机构和其他书目信息处理系统使用。这些系统可能以请求方(馆际互借请求的发起者,即客户)、应答方(书目资料或信息的提供者,即服务供方),和/或中介(为请求方寻找合适应答方的代理者)的身份加入馆际互借事务。馆际互借协议的范围限于系统的互连;它没有规定或限制计算机系统内可能的相互作用。

标准定义了馆际互借应用服务元协议,描述了一个系统要加入馆际互借服务必须遵循的行为规范;提供了加入馆际互借业务的双方或多方各自的行为规则;并规定了接收馆际互借客户发出的服务请求原语时应采取的行动,接收应用协议数据单元时应采取的行动,本地系统作为事件结果应采取的行动;描述了传送馆际互借协议应用协议数据单元所需的抽象语法;指出了协议实施需遵循的一致性要求。

②《第 2 部分:协议实施一致性声明(PICS)条文》

(7) GB/T 19688.5:2009《信息与文献 书目数据元目录 第 5 部分:编目和元数据交换用数据元》

规定和描述了在编目系统之间(即终端与计算机或计算机与计算机之间)交换数据时所需要的数据元,也确定了编目系统中使用的消息及其数据元。本部分既支持批式编目事务,也支持交互式编目事务。

(8)GB/T 23829—2009:《辞书条目 XML 格式》

提出一个通用规范数据结构,适用于辞书内容信息,且不受出版媒介限制。该数据结构和辞书中实际条目呈现形式之间的关系,在《辞书条目 XML 格式》资料性附录中以实例的形式予以描述。该数据结构采用了 XML(即可扩展标记语言)的描述形式。有助于辞书信息数据的制作、合并、比较、抽取、交换、发布和查询。

我国 2009 至 2010 年间修订的元数据相关标准有:

为解决文献著录现有标准老化、落后的问题,充分发挥标准化在信息社会中的作用,2009 年国家质检总局对文献著录的部分相关标准进行修订,代替了 1985 年发布的相关标准。

(1)GB/T 3792.1:2009《文献著录 第 1 部分:总则》

国家质检总局,规定了文献著录项目、各个著录项目的所有著录单元及其排列顺序、著录用标识符、著录信息源、著录用文字和著录项目细则等。适用于编制各种文献类型的著录规则。

(2)GB/T 3792.3:2009《文献著录 第 3 部分:连续性资源》

规定了连续性资源著录项目及其排列顺序、著录用标识符、著录信息源、著录用文字、连续性资源需要另行著录的原则和著录项目细则等。适用于国家书目和图书馆目录以及各类型藏书目录。

(3)GB/T 3792.4:2009《文献著录 第 4 部分:非书资料》

规定了非书资料的著录项目、著录项目的顺序、著录用标识符的使用、著录信息源以及各个项目的著录细则等。适用于以声音、图像、文字等方式记录在磁性或感观材料上的信息资源,如录音制品、电影制品、录像制品、缩微品、投影制品、图形制品、模型等。

(4)GB/T 3792.9:2009《文献著录 第 9 部分:电子资源》

规定了电子资源的著录项目、排列顺序、著录用标识符、著录用文字、规定信息源和著录项目细则等,供国家书目机构和其他编目机构编制标准书目记录使用,以保证不同来源的电子资源书目记录可以相互交换。适用于计算机控制的电子资源,如通过网络或电信访问的资源,交互式多媒体资源,以及限制发行生产的资源、按需付费的资源或预定生产的资源。

(5)GB/T 3860:2009《文献主题标引规则》

规定了文献审读、主题分析以及依据各种主题词表进行文献主题受控标引的原则、方法,可作为标引人员分析文献主题和确定主题概念以及选择主题词的指导。适用于建立文献的手工式检索工具、计算机检索系统,以及文献、信息报道工具所进行的人工标引,即由标引人员进行文献审读和主题分析并选定标引词。适用于以规范化主题语言、进行受控标引的文献检索系统,也可供计算机辅助主题标引、网络信息检索系统的主题标引参考使用。

4 数字资源长期保存规范研究

数字资源的长期保存已成为国际上普遍关注的问题。当前数字资源长期保存所涉及的保存对象越来越多,包括电子出版物、政府电子记录、科学数据、研究数据、工程及设计数据、个人数字文档(文化领域)、古文献、企业私有业务数据、博客及 Web2.0 内容、虚拟网络世界,众多非文献类型资源的保存得到越来越多机构的关注,说明保存的触角已探及社会活动的各个领域。第六届 iPRES 会议 2009 年 10 月 5 日由美国加州大学数字图书馆在美国旧金山举办,来自 4 大洲 22 个国家 152 个机构的 309 名与会专家和代表,围绕"成为主流,保障我们数字化的未来"的主题,对保存基础设施、研究数据和工作流、持续性和费用模型、元数据和重要属性、格式、保存实践以及保存案例等方面进行了深入分析和讨论。会议强调只有当数字保存真正整合到学术、文化、商业等领域中成为其业务的有机组成时,才能最终实现长期保存的目标。[①]在 2009 至 2010 年间,ISO 发布几项关于电子文件长期保存的规范:

ISO/TR 12033:2009《文件管理 电子成像 文献图像压缩方法的选择指南》

ISO/TR 15801:2009《文件管理 信息电子存储 可信和可靠性推荐规范》

ISO/TR 22957:2009《文档管理 电子文档管理系统(EDMS)的分析,筛选和实施》

除制定相关标准外,ISO 还召开了针对电子文件管理的专门会议。2010 年 10 月 25 日至 28 日第二十五次国际标准化组织信息与文献技术委员会档案/文件管理分技术委员会(ISO/TC46/SC11)会议在荷兰代尔夫特召开,来自英国、美国、加拿大、日本、澳大利亚、新西兰、南非、法国、瑞典、卢森堡、中国、西班牙、荷兰、肯尼亚、韩国、爱沙尼亚等 10 多个国家的近 50 位专家出席了会议。会上,各工作组交流了 2010 年 5 月在韩国召开的 ISO/TC46/SC11 第 24 次会议决议的执行情况及工作进展,讨论了未来工作的任务,大会通过了各工作组未来半年的工作计划。

---

① 吴振新等. 成为主流,保障我们数字化的未来——2009 国际数字对象保存会议(iPRES2009)综述[EB/OL].[2010 - 11 - 26]. http://tgw. lib. tsinghua. edu. cn/blog/107.

ISO/TC46/SC11 确定第 26 次工作会议将于 2011 年 5 月 2 日至 6 日在澳大利亚悉尼召开,第 27 次工作会议将于 2011 年 10 月 31 日到 11 月 2 日在英国召开,第 28 次工作会议将于 2012 年 5 月在德国柏林召开。从 2012 年开始,ISO/TC46/SC11 每年只召开一次面对面工作会议,各工作组每年至少以电话或视频方式独立召开一次工作会议。[①]

国内也制定了一些数据资源长期保存的标准:

(1)GB/T 23286.1:2009《文献管理 长期保存的电子文档文件格式 第 1 部分:PDF1.4(PDF/A‐1)的使用》

规定了如何使用便携文档格式(PDF)1.4 进行电子文档的长期保存。适用于包括字符、光栅和向量数据的电子文档。

(2)GB/T 24423:2009《信息与文献 文献用纸 耐久性要求》

规定了文献用纸的耐久性要求。适用于需长期保存的文献、记录及出版物用纸。

(3)GB/Z 23283—2009《基于文件的电子信息的长期保存》

此项标准由全国文献影像技术标准化技术委员会制定。当基于文件的电子信息的保存期超过产生和维护信息所使用的技术的预期寿命时,为长期保存和检索真实的基于文件的电子信息,该指导性技术文件提供了实用的、方法性的指南。适用于由信息系统产生的作为业务活动凭证的所有形式的信息。

(4)国家图书馆数字图书馆工程制定了《国家图书馆数字资源长期保存规范》,是为实现国家图书馆数字资源的长期保存和有效存取而制定的规范。

5 RFID 标准规范的发展

随着在图书馆不断地推广和应用,射频识别技术(RFID)促进了现代化图书馆从服务内容到服务方式的全面变革,是提高图书馆管理水平和服务水平的一次重大飞跃。当前 RFID 技术在世界范围内得到迅速推广应用,世界各国都在关注图书馆 RFID 数据模型问题,一部分国家先后提出了本国的图书馆 RFID 数据标准,如丹麦、澳大利亚、美国等,数据交换协议(Z39.83‐NCIP,SIP‐2)、适宜 RFID 系统使用的图书馆代码标准(ISO15511),在 ISO 组织协调下,以若干国家提出的图书馆 RFID 数据模型为蓝本,经图书馆界和重要芯片、设备研究机构的合作修订正在转变成为国际标准。

[①] 安小米教授出席第 25 次国际标准化组织档案/文件管理分技术委员会会议并顺访荷兰国家档案馆[EB/OL].[2010‐11‐26]. http://www. irm. cn/news/201011/02-1030. html.

2009 至 2010 年间,我国图书馆界在 RFID 技术应用方面取得了显著成果,研制 RFID 行业标准和地方标准各一项。目前我国内地已有 20 余个图书馆 RFID 用户,用户数量在快速增长中,但缺乏统一的数据模型标准。基于这一背景,2009 年 11 月,国家图书馆承担了文化部行业标准"图书馆应用无线射频技术(RFID)数据模型标准(含图书馆馆代码方案)"的制定工作。该标准定义了图书馆的射频识别数据模型、数据元素存储规则及编码方案,以满足各种类型图书馆(如大学图书馆、公共图书馆、企业图书馆、专业图书馆、中小学图书馆等)应用 RFID 技术来管理图书馆的需要。该项目目前为止已组织了 3 次《射频识别—图书馆—数据模型》项目组工作会议,现已经完成标准草案编写,2010 年 5 月图标委秘书处在全国范围内发出 100 余份征求意见,并于 2010 年 6 月 13 日召开主要编写人员第四次工作会议,将回收的征求意见进行整理。截至 2010 年年底,对该草案已进行了两轮意见征询及修改工作,并对标准中涉及的技术参数等问题进行了测试,现正对标准草案进行最终整理。

2010 年 11 月 16 日,深圳市远望谷信息技术股份有限公司与深圳市标准技术研究院与图书馆相关领域专家在深圳召开广东省地方标准《射频识别 图书管理》研讨会。广东省地方标准《射频识别 图书管理》标准制定工作由深圳市远望谷信息技术股份有限公司、深圳市标准技术研究院承担。①

6　图书馆统计和绩效评估标准

图书馆统计和绩效评估标准是针对图书馆数字资源建设、服务与管理等方面,提出数字资源统计范围及统计方法、绩效评估指标等方面的标准,具体包括图书馆业务统计标准、数字资源统计标准、数字图书馆服务使用统计标准、图书馆/数字图书馆绩效指标、国家图书馆绩效指标等。

2009 年,全国信息与文献标准化技术委员会将原 1991 年的情报和文献工作机构统计标准作废,修订为《信息与文献 图书馆统计》(GB/T 13191:2009),标准采用了 ISO 11620—1998,ISO 11620 AMD 1:2003,ISO/TR 20983:2003 等标准,规定了图书馆与信息服务领域收集和报告统计数据的规则,主要用于:提供国际报告;确保不同国家间统计方法的一致性;鼓励利用统计数据促进图书馆管理和信息服务工作;提供符合国际标准 ISO 11620 所要求的数据。

与 GB/T 13191:1991 相比,2009 年发布的标准在结构和内容上都有较大变

---

① 深圳市市场监督管理局. 广东省地方标准《射频识别 图书管理》研讨会在深圳召开 [EB/OL]. [2010－11－26]. http://www.sz.gov.cn/gsj/scjgj/xxgk/zwdt/zhl/201011/t20101119_1611658.htm.

化：与国际标准 ISO 2789：2006 接轨；增加了图书馆电子资源与服务的统计项目；规定了 ISO 11620《信息与文献——图书馆绩效指标》中所需要的统计数据；增加了若干统计项目，以反映近年来图书馆工作的变化。

国家数字图书馆工程也发布了《国家图书馆馆藏数字资源统计标准》。此标准是为服务图书馆数字资源建设，以国家图书馆的实际情况为基础，兼顾图书馆行业的数字资源统计需求研制的。标准从图书馆管理角度出发，针对数字资源的馆藏、服务、设施和经费采集统计数据，用以客观展示图书馆数字资源建设与服务的基本情况。本标准的特点是不直接涉及数字资源评估问题，如果进行数字资源评估，则需要制定一套适用的、有效的评估标准和策略，利用本标准采集的统计数据，并采集用户需求、用户行为等相关数据，提供准确、客观的绩效评估结果。

供稿：蒋玲（中国人民大学信息资源管理学院）

公共图书馆服务体系构建研究

继《中共中央关于制定国民经济和社会发展第十一个五年规划的建议》《国家"十一五"时期文化发展规划纲要》《关于加强公共文化服务体系建设的若干意见》等一系列文化发展政策和规划发布后,图书馆学界掀起了图书馆公共服务体系研究的热潮,覆盖全社会的公共图书馆服务体系成为图书馆界的一个重要研究领域;2008 年 6 月和 11 月,《公共图书馆建设用地指标》和《公共图书馆建设指标》相继出台,①将图书馆服务体系构建研究推上又一高峰。近年来在公共文化服务体系建设框架下启动的文化建设项目,如:全国文化信息资源共享工程中的数字资源建设,国家数字图书馆工程中的"县级数字图书馆推广计划"和"全国数字图书馆推广计划",中华再造善本工程中的古籍文献传承和利用,全国古籍保护计划中的中华古籍联合目录和古籍数字资源库的建立以及送书下乡工程等,几乎都与公共图书馆密切相关。②这些都为公共图书馆服务体系构建研究奠定了坚实的基础,谱下了美丽的篇章。

1 公共图书馆服务体系的理念:包容与覆盖

平等、免费、无区别是公共图书馆服务的核心理念之一,这与 IFLA 所倡导的"Equality of access for all"理念遥相呼应。在以"图书馆服务:全民共享"为主题的 2008 年年会上,中国图书馆学会正式发布了《图书馆服务宣言》,鲜明地指出"现代图书馆秉承对全社会开放的理念,承担实现和保障公民文化权利、缩小社会信息鸿沟的使命",确立了对社会普遍开放、平等服务、以人为本的基本原则。③为实现这些目标,图书馆服务体系构建需秉承两个理念:包容性与全覆盖。④包容性主

---

① 《公共图书馆建设用地指标》《公共图书馆建设标准》及《文化馆建设用地指标》正式出台[EB/OL].[2011 - 02 - 09]. http://www. ndcnc. gov. cn/datalib/TradeNews/2008/2008_10/tradenews. 2008-10-22. 1397032489.

② 邱冠华,于良芝,许晓霞. 覆盖全社会的公共图书馆服务体系:模式、技术支撑与方案[M].北京:北京图书馆出版社,2008:3.

③ 中国图书馆学会. 图书馆服务宣言[EB/OL].[2010 - 09 - 28]. http://www. lsc. org. cn/CN/News/2008-10/EnableSite_ReadNews1120725791225123200. html.

④ 同②

要体现在公共图书馆服务的平等性和无区别性,不以经济状况、年龄、性别、身体状况、种族宗教等因素排斥任何人。图书馆同仁在理论上对这方面进行了深入探讨,如图书馆权利、图书馆自由、图书馆无障碍服务、弱势群体服务等,以及近年图书馆社会责任、社会包容等的探讨热,都是包容性理念的外延。随着公共图书馆服务体系构建实践的深入,更多学者开始关注图书馆在服务对象、服务内容、服务领域、服务方法及服务技术等方面的拓展,充分体现了对图书馆服务包容性的深入理解和切实践行。全覆盖是指所有人都能就近便捷获得图书馆服务,主要体现在地域层面的全覆盖。包容性与全覆盖是相接相衔的,通过两者互为重合实现服务人口、服务内容和服务地域的全覆盖,通过两者有效融合保证"每位读者有其书"。

2 公共图书馆服务体系构建内容

图书馆要实现覆盖全社会的普遍均等服务,仅依靠单个图书馆或图书馆的某种服务模式针对某个地区服务是无法实现的,需要一个紧密联合的组织或系统来实现,公共图书馆服务体系的构建就是在这个背景与需求中发展起来的。

覆盖全社会的公共图书馆服务体系是作为全覆盖的公共文化服务体系的组成部分提出的,只有在这个语境中才有意义,具有明显的中国特色。可以将公共图书馆服务体系理解为:独立地或通过合作方式向公众提供公共图书馆服务的基础设施架构,包括所有实体图书馆及馆外服务点、流动图书馆,以及它们建立的图书馆联盟、总分馆系统、区域性服务网络等服务平台。[①]

2.1 立法支持的国外公共图书馆服务体系

在公共图书馆发展相对成熟的美国、英国,公共图书馆服务体系的发展经历了一个类似的历程:整合(consolidation)。1964 年颁布的《公共图书馆与博物馆法》指定地方政府为公共图书馆建设主体,以该法为依据形成了今天英国公共图书馆的格局;目前挪威也在经历这个过程,在其 2006 年政府公布的图书馆改革方案——《图书馆改革 2014》中,提出的改革内容之一就是合并现有的市级图书馆——将目前由若干市政府分别负责的公共图书馆资源集中起来,建设力量更强、规模更大的地区性(跨市)图书馆系统,该图书馆系统将在馆长负责下,通过

① 公共图书馆研究院.中国公共图书馆发展蓝皮书(2010)[M].深圳:海天出版社,2010:36.

总馆、分馆、流动图书馆为所涉市区居民提供更好的服务。①

美国的公共图书馆服务并非清一色的"总馆—分馆"制,还存在形形色色的独立建制的图书馆,截至 2005 年,全国有中心馆 9040 个,分馆 7503 个,流动图书馆车 825 个;②20 世纪 20 年代英国便基本上实现了公共图书馆服务的全覆盖,③主要以郡级公共图书馆系统为主,"总部 + 中心图书馆 + 其他图书馆"的模式;澳大利亚不同州有不同的建设模式,主要有"总部 + 州图书馆 + 其他图书馆"的州级系统、"总馆 + 分馆"或单一图书馆的市(区)级或跨市(区)地区性系统等(最大的系统由 8 个地方委员会联合建立)。④

2.2 三级模式并存的国内公共图书馆服务体系

我国在宏观政策的大力支持下,图书馆公共服务体系构建主要表现为:⑤以提高公共图书馆覆盖率的基层图书馆和服务点建设;以形成联系相对紧密、优势互补的图书馆共同体的总分馆体系建设;以形成区域性资源共享机制的区域性服务网络建设,通过这三个层次的建设形成覆盖全社会的图书馆服务网络。此外,图书馆延伸服务、图书馆联盟、农家书屋、乡村图书室等将这个服务网进一步巩固与完善。

目前我国基本实现了县县有图书馆、文化站的目标,使更多公众能够就近获得公共图书馆服务。基层图书馆建设引起业界及政府的重视,《公共图书馆建设标准》《公共图书馆建设用地指标》《乡镇综合文化站建设标准》等的陆续出台是其有力说明。基层图书馆在办馆理念和服务手段上不断创新,注重合作。流动图书馆、图书馆服务驿站、街道/乡镇图书馆、社区/乡村图书馆建设取得较好的成效,如国家图书馆的远程跨越模式、天津图书馆的"四轮驱动"模式、广州的流动图书馆模式、丰南图书馆的"丰南动车组"以及宁波的民企流动图书馆等;2010 年国家图书馆推出的"县级数字图书馆推广计划"将国家图书馆的数字资源通过文化共享工程平台推送到全国每一个县,在 2010 年年底前使全国 2940 个县都具备

① Library Reform 2014 [EB/OL]. [2011 - 01 - 04]. http://www. abm-utvikling. no/publications/abm-publications/30_eng_web. pdf.

② NCES. Public Libraries in the United States:Fiscal Year 2005. National Center for Education Statistics,2007. http://nces. ed. gov/pubsearch/getpubcats. asp?sid=041.

③ Moore,Nick. Public Library Trends. Acumen,2003.

④ Public Libraries in New South Wales Directory 2008[EB/OL]. http://www. sl. nsw. gov. au/services/public_libraries/docs/public-libraries-nsw. pdf.

⑤ 邱冠华,于良芝,许晓霞. 覆盖全社会的公共图书馆服务体系:模式、技术支撑与方案[M]. 北京:北京图书馆出版社,2008:3.

数字图书馆服务能力。

而且近年来图书馆业界非常重视对基层图书馆人才的培养,在大多数基层图书馆,几乎没有全日制毕业的本科生,县级图书馆人员队伍"庞"和"杂"的现象仍然比较突出。由中国图书馆学会发起的致力于基层图书馆馆长培训的志愿者活动,为基层图书馆人才培养带来新契机,志愿者们走访全国各地进行授课,为各个地区的基层图书馆工作人员讲授国内外图书馆界最新服务理念、成功经验、发展观点等,五年的志愿者活动帮助越来越多的基层图书馆工作人员提升了自己各方面的素质与能力,也为基层图书馆发展奠定了基础。

于良芝在 2010 年中国图书馆学会"志愿者行动"专家发言中提及,符合公共图书馆服务体系内在规律的全覆盖模式不可能很多,同时具有以下特征的模式具有显著优越性:①将所有"图书馆服务设施"都纳入专门的公共图书馆服务体系建设规划;②由较高级别的政府(地市级政府或区县政府)承担基层图书馆的设置和运行责任;③在地级市城区及其直辖乡镇之间、在区县辖区内,实行所有图书馆人财物统一管理。这种模式自然产生以总分馆为基本单元的公共图书馆服务体系。目前的总分馆体系建设模式可总结为:①通过自下而上全委托而形成的总分馆体系,采用这种模式的地区有苏州、哈尔滨、厦门及 2007 年的嘉兴等地;通过自下而上半委托而形成的总分馆体系,采用这种模式的有天津阳光 100 小区分馆及苏州 2005 年 3 月前建设的 3 个分馆;通过自上而下全委托而形成的总分馆体系,采用这种模式的有广东的流动图书馆模式、深圳福田区的总分馆制;通过自上而下半委托而形成的总分馆体系,采用这种模式的有东莞的图书馆之城、北京西城区的总/分馆制;通过体制革新形成的纯粹总分馆体系,采用这种模式的有佛山禅城区联合图书馆,此外咸阳市、厦门市、杭州市等地建立的部分分馆及 2007 年后的嘉兴图书馆总分馆建设也采用了这种模式。

区域性图书馆服务网络建设的核心问题是资源共享机制问题,而目前各地正在探索的共享机制大致分为以下几种:②一卡通借模式,典型代表为 2007 年 5 月之前的北京公共图书馆服务网络系统;一卡通借通还模式,典型代表为上海中心图书馆一卡通和杭州一证通工程;分层通借通还模式,典型代表为深圳图书馆之城和佛山市联合图书馆。

---

① 邱冠华,于良芝,许晓霞.覆盖全社会的公共图书馆服务体系:模式、技术支撑与方案[M].北京:北京图书馆出版社,2008:54 – 61.

② 邱冠华,于良芝,许晓霞.覆盖全社会的公共图书馆服务体系:模式、技术支撑与方案[M].北京:北京图书馆出版社,2008:62 – 69.

3 公共图书馆服务体系构建的瓶颈

近几年来,公共图书馆服务体系建设取得了实质性成果,形成了初具规模的图书馆服务实验区,如北京全方位、立体化的公共图书馆服务体系;上海涵盖公共图书馆、高校图书馆、专业图书馆的跨类型、跨层次的区域性服务网络;天津以"延伸"为主要形式的公共图书馆服务;杭州市图书馆的"一证通工程";苏州市图书馆的紧密型总分馆建设;引人注目的由行业示范、政府主导的嘉兴市总分馆建设;极具代表性的岭南模式;①郑州市图书馆创办"阅读站"、"社区分馆"、"农村图书馆室"、"乡村图书馆室"等公共图书馆服务;②黑龙江的"全省基层图书馆资源共享服务网络";以及长春的"协作图书馆模式"等。

但是在这些不断发展、不断完善的公共图书馆服务体系建设过程中,仍然存在着许多问题,如基层图书馆可持续发展问题、文献资产权问题、总分馆的统一管理问题、服务规范统一以及一些相关的技术问题等。邱冠华等人总结了制约公共图书馆服务体系建设的瓶颈,包括:基层图书馆建设主体、总分馆建设中的体制、区域性服务网络建设中的认识与观念问题、总分馆/通借通还网络建设中的技术支撑、图书馆服务体系建设中读者资源以及地域差异等。③这些问题在一定程度上制约或限制了公共图书馆服务体系的构建。

总结来说,公共图书馆服务体系构建过程中面临的问题可分为以下三个方面:

(1)制度保障方面

主要包括国家相关政策、政府支持、立法保障、建设主体、事业规划、资金来源等方面。李国新在 2010 年中图学会志愿者行动专家发言中指出,服务体系是持续发展的组织保障,而主要责任在政府。④虽然宏观政策环境促进了公共图书馆服务体系构建的发展,但是实践中存在的建设主体不明确、分灶吃饭、资金的不可追加性、公共图书馆立法的缺失等问题严重阻碍了公共图书馆服务事业的发展。

政府的政策制定、支持、重视与公共图书馆服务体系构建息息相关,公共图书馆服务体系构建中涌现的一些新问题,尤其是总分馆与区域性服务网络建设中的

---

① 程焕文.岭南模式:崛起的广东公共图书馆事业.中国图书馆学报,2007(3):15-25.

② 国家图书馆研究院.国内外图书馆学研究与实践进展(2007—2008)[M].北京:国家图书馆出版社,2009:49.

③ 邱冠华,于良芝,许晓霞.覆盖全社会的公共图书馆服务体系:模式、技术支撑与方案[M].北京:北京图书馆出版社,2008:197-200.

④ 2010 年中图学会"志愿者行动"专家观点采撷[N].图书馆报,2010-09-10(35).

一些问题,如果能在公共图书馆立法中体现出来,将有效促进其尽快解决;而只有通过政府参与,确定各级公共图书馆的建设主体并给予一定的财政支持,才能使基层图书馆的可持续发展成为可能;图书馆配合政府制定科学合理的图书馆事业发展规划和各级图书馆建设标准等,将图书馆服务体系构建纳入地区经济社会发展总体规划中来,能够避免"绩效工程"、"面子工程"、"一刀切建设"等的出现,切实科学规划图书馆事业的发展。

（2）运行机制方面

主要包括资产权、技术发展、管理服务理念与规范、延伸服务、图书馆评估、宣传等图书馆服务体系运行机制问题。政府及政策支持是公共图书馆服务体系构建的基石,而图书馆行业自身的有效发展与运行是其核心力量,但实践中却暴露出图书馆服务体系构建中的许多行业自身问题:资源共享中的资源产权问题便是其一,这是区域性服务网络建设中需着力解决的,"浮动馆藏"①与"动态资产权"②是值得借鉴与学习的做法;③服务体系中的各级图书馆服务质量、标准不统一以及管理规范等问题,将影响图书馆用户的服务导向及公众对公共图书馆服务体系的评价;管理体制问题也比较突出,在总分馆体系中尤为明显,赋予总馆特定权利的管理体制是总分馆体系正常运作的关键,而我国目前尚未建立这种体制;目前的图书馆评估大都是针对一个图书馆而言,在公共图书馆服务体系构建的大环境下,评估理念的转变是必需的,即从"评估单个图书馆"到"评估图书馆体系"发展;公共图书馆在服务宣传方面的"羞涩"及延伸服务的"非延伸"等影响了公共图书馆服务的普及性。

（3）多模式的隐患

多样化建设模式的并存或许是正常的,也有利于探索高效的全覆盖途径,但过多的模式同时存在若干方面的隐患。一方面,有些模式的不同,实际上反映了不同地区政府之间、政府和图书馆职业之间的一些深层次的分歧,这些分歧的存在导致政府和图书馆职业经常不能共享话语体系,从而导致双方在一些重大图书馆建设项目上缺乏默契;另一方面,当各地按不同模式建设当地的公共图书馆服务体系时,全国范围的宏观管理必将遭遇操作上的困难,如在统计公共图书馆发展水平时,不同模式下的公共图书馆服务体系能否采用统一的评估标准? 关于同一问题的政策（如有关政府信息公开的规定）能否适用于所有模式的公共图书馆

---

① 浮动馆藏是指馆藏地点可以随时变化,但产权和处理权保持不变的馆藏。

② 动态资产权是指图书的资产权随他们在通借通还中的位置而变,即总馆将书调拨到哪里或读者将书归还到哪里,其资产权就属于哪里。

③ 邱冠华,于良芝,许晓霞.覆盖全社会的公共图书馆服务体系:模式、技术支撑与方案[M].北京:北京图书馆出版社,2008:210.

服务体系？这些以及其他很多宏观管理问题,都会由于公共图书馆服务体系建设模式的过度多样化而变得异常复杂,因此,我国公共图书馆服务体系的建设要走上健康、有序、持久的道路,还需要对其建设模式作进一步规范化。①

公共图书馆服务体系实现可持续发展仍然存在很多其他的问题,如与文化共享工程、农家书屋工程的有效融合、合作问题,各个地区的平衡问题,模式选择问题等,都需要图书馆界和政府的共同努力,以发现并得到解决。

4 公共图书馆服务体系构建的探索:特点与展望

从中国图书馆学会 2010 年峰会主题中的"图书馆服务绩效统计与评价试点"、"基层图书馆:提升效益,构建体系"到中国图书馆学会的"合作 共享 服务——图书馆联盟探索与实践"、"第三代图书馆——城市街区自助图书馆"、"全国图书馆共建信息服务无障碍联盟"、"图书馆服务标准与图书馆评估"等议题,再到中国图书馆学会第三届百县馆长论坛征文中对"基层图书馆服务体系构建"、"县级图书馆在文化共享工程建设中的作用与服务方式"、"公共图书馆延伸服务功能的拓展与方式"以及与学校、农家书屋、职工书屋、私人图书馆等合作的关注,无不表现出图书馆人对这一领域的孜孜以求。

社科基金资助项目中,包括 2009 年的"多元文化背景下图书馆服务的理论研究与实践应用"、"县以下基层图书馆的可持续发展与图书馆基金会运作机制研究"、"图书馆联盟资源共享绩效评估研究"、"公共文化服务体系中的图书馆战略规划模型与实证研究",以及 2010 年的"西北欠发达地区图书馆联盟建设机制与模式研究"、"移动阅读与图书馆延伸服务"等,无不表现出这一领域对图书馆人的影响力和渗透力。

4.1 公共图书馆服务体系研究的新风貌

(1)批判性吸收

不再简单地表扬或效仿已有的服务模式,而是批判性地来看,通过比较分析实现对现有经验的归纳和抽象,批判性地剖析各种模式的局限性和适应性。如王学熙指出公共图书馆服务体系建设中存在均衡发展、建设规模、各级公共图书馆科学定位等问题;②高波从体制模式、管理模式、技术模式、网络模式、资源模式、服

① 公共图书馆研究院.中国公共图书馆发展蓝皮书(2010)[M].深圳:海天出版社,2010:72－73.

② 王学熙.公共图书馆服务体系建设的现状与对策[J].图书馆理论与实践,2008(2):82－87.

务模式等方面对长春市协作图书馆进行了评析,并有针对性地提出了公共图书馆总分馆的总馆应以市级图书馆为主,省级图书馆、区级图书馆为辅的构想;[①]鹏飞分析了当前图书馆存在的设备落后、地区发展不平衡等问题,提出了以县级图书馆为中心,构建农村三级服务网络体系的农村图书馆发展模式设想。[②]

(2)重视绩效评估在各种图书馆服务体系中的重要性

范亚芳等从图书馆联盟本身和成员馆两个方面架构了图书馆联盟的绩效评估指标体系,提出联盟绩效评估中需要注意的问题;[③]刘雅琼等在总结国内外对图书馆联盟的绩效评价研究与实践的基础上,从联盟整体性考虑,构建了包括组织文化、服务水平、联盟效益、用户满意度等在内的图书馆联盟绩效评估框架;[④]常红从读者满意度、服务效果、信息获取、联盟敏捷性、联盟合作能力、联盟效益等方面对图书馆联盟进行评估。[⑤]

(3)可持续发展提上日程

随着各种图书馆服务体系实践的不断升温,越来越多的学者开始关注图书馆服务的可持续发展。王晶锋分析了公共图书馆服务体系目前存在的一些问题,如社区、乡镇图书馆发展不平衡,部分社区图书馆发展不稳定,基层图书馆服务水平和服务效益不高等,在此基础上提出了构建可持续发展的公共图书馆服务体系对策。[⑥]龙叶等从完善法律法规、明确建设主体、建立经费保障机制和评估体系、加强培训和服务范围等方面,就我国基层图书馆可持续发展的策略进行了初步探讨。[⑦]罗雪明探讨了总分馆制的可持续发展,认为过度依赖总馆和政府主导推动是制约公共图书馆总分馆制可持续发展的主要因素,实现业务协同是公共图书馆总分馆可持续发展的主要途径。[⑧]李英从建立农民需求导向的资源建设管理体系、确立农家书屋可持续发展的管理体制、制定完善的农家书屋管理制度等三个

---

① 高波.论公共图书馆总分馆的若干基本理论问题——兼评长春市协作图书馆[J].图书情报工作,2010(1):62-66.

② 鹏飞.农村图书馆事业发展模式研究[J].图书馆杂志,2010(2):39-41.

③ 范亚芳,王传卫.我国图书馆联盟绩效评估要素研究[J].图书情报工作,2010(11):56-61.

④ 刘雅琼,张松颂.图书馆联盟的绩效评估指标体系研究[J].情报资料工作,2009(5):69-72.

⑤ 常红.图书馆联盟绩效评价体系构建[J].图书馆学研究,2006(3):39-41.

⑥ 王晶锋.公共图书馆服务可持续发展研究[J].图书情报工作,2009(2):19-22.

⑦ 龙叶,白庆珉,等.我国基层图书馆可持续发展的策略研究[J].图书情报工作,2010(1):87-90.

⑧ 罗雪明.论公共图书馆总分馆制的可持续发展[J].图书馆论坛,2010(6):20-22.

方面讨论农家书屋可持续发展的相关对策建议。[①]

（4）新思路的引入

吕梅引入连锁经营理念，通过对中山市公共图书馆服务体系建设的实践，论证了引用连锁经营理念及模式的可行性及操作性。[②] 赵晖从跨系统的视角研究图书馆联盟多层次、多维度的概念，并从协同内容视角、协同层次视角和协同主体视角构建了跨系统图书馆联盟协同管理框架。[③] 张正认为图书馆事业要有一个好的发展，迈向服务均等化，公共关系管理是必不可少的。[④] 陈昊琳等将 SWOT 战略分析引入到图书馆事业发展中。[⑤]

4.2　公共图书馆服务体系发展的几点建议

国内相关学者在理论研究及实践经验基础上，对公共图书馆服务体系构建的进一步发展进行了针对性研究，总结国内学者比较重视、在较高程度上达成共识的几点建议如下：

（1）因地制宜

即建设有地域特色的图书馆服务体系新模式。李国新指出图书馆要了解当地发展实际，体现公共图书馆服务体系为当地的经济发展、文化建设、精神文明、地区形象、政府执行能力提高提供直接支持的宗旨。[⑥] 李湘等的研究将精神文化体系建设融入到图书馆联盟中，从思想层面上对图书馆体系建设提供了新视野。[⑦] 吴建中提到图书馆将在区域文化共同体中发挥突出作用，它在社区内扮演与其他文化和教育机构分享不可缺的角色，它既可以是社区教室，也可以是社区博物馆。[⑧] 不同的建设方式都是当地经济、文化发展环境所产生的结果，具体采取哪种方式来实现图书馆服务的全覆盖，既取决于政府发展文化的战略眼光，也部分地

---

① 李英.农家书屋可持续发展影响因素分析与对策研究[J].图书情报工作,2010(1):104-107.

② 吕梅.连锁经营理念在公共图书馆服务体系建设中的实践与探索[J].图书馆学研究,2010(应用版):11-14.

③ 赵晖.跨系统图书馆联盟协同管理概念模型及管理体系研究[J].图书馆建设,2010(3):89-92.

④ 张正.迈向服务均等化的公共图书馆管理重构[J].图书情报知识,2010(2):24-29.

⑤ 陈昊琳,陆行素等.公共文化服务中公共图书馆发展的 SWOT 分析[J].国家图书馆学刊,2009(1):30-35.

⑥ 李国新.公共文化服务体系建设中的图书馆[J].图书情报论坛,2008(4):3-9.

⑦ 李湘,鄢朝晖.关于图书馆联盟精神文化体系建设的思考——以湖南省文献资源共建共享协作网为例[J].图书馆建设,2010(4):97-100.

⑧ 吴建中.2040 年中国图书馆展望[J].国家图书馆学刊,2009(3):26-29.

取决于图书馆所处的特定环境，即经济学家常说的"路径依赖"。①邱冠华老师在博客中提到总分馆体制有其固有的规律，遵循规律可以使服务体系高效、持续发展，所以应该根据实际因地制宜，但又不能一味地强调所谓的"实际情况"，因地制宜的同时必须按规律办事。②

（2）广泛深入合作

即不仅注重图书馆与图书馆之间的合作，也要注重与其他文化机构的合作。国内目前这一领域的研究主要集中在图书馆内部合作方面，而与其他文化机构的合作显得较少，如档案馆、博物馆、美术馆等。于良芝指出，要在农村把共享工程基层服务点、农家书屋、党员远程教育点与乡村图书室或县级流动图书馆的停靠点（服务点）结合起来，四位一体、资源共享，用一份成本为农民提供综合信息服务。③姚淑慧在探讨构建覆盖全社会的图书馆网络时指出，在横向上以省会图书馆为中心馆，联合区域内的高校图书馆、行业图书馆、专业图书馆等社会资源，纵向上形成金字塔形的图书馆室/屋网络。④这些研究主要关注了图书馆界及与类似机构的合作，与其他文化机构的合作研究相对薄弱。IFLA 在 2008 年颁布的"公共图书馆、档案馆和博物馆：协作与合作趋势"专题报告中指出三者之间需要紧密合作，⑤这说明图书馆界与其他文化机构合作的必要性与可行性，督促图书馆进行广泛深入的合作。

（3）三大支持

图书馆服务体系构建要努力获得各方面的支持，目前比较亟须的为法律支持、财政支持与社会支持。《公共图书馆法》是图书馆研究人员和从业者一直殷殷期待的，构建覆盖全社会的公共图书馆服务体系向图书馆法提出了一些新问题，如图书馆建设主体的上移、中心馆管理地位的确立、图书馆服务网络建设中的国有资产管理等，这些都需要图书馆法的明确规定；财政支持是图书馆服务体系建设的基础，由于我国体制原因，长期以来政府对文化事业单位预算拨付采取的

① 程亚男.关于总分馆建设的几点思考[J].图书与情报,2010(3):1-4.

② 在苏州市图书馆学会年会上的发言[EB/OL].[2010-11-08].http://blog.sina.com.cn/s/blog_5e07a04f0100gne2.html.

③ 邱冠华(执笔),于良芝,邱冠华,李超平等.公共图书馆的设置与体系建设研究[J].中国图书馆学报,2010(3):16-23.

④ 姚淑慧.构建公共图书馆服务体系的思考[J].现代情报,2009(2):8-10.

⑤ Alexandra Yarrow, Barbara Clubb, Jennifer-Lynn Draper. Public Libraries, Archives and Museums: Trends in Collaboration and Cooperation[EB/OL]. [2010-08-25]. http://archive.ifla.org/VII/s8/pub/Profrep108.pdf.

是"基数法"，^①使公共图书馆的经费与事业发展需求相差较大，经费短缺成为制约公共图书馆健康发展的主要瓶颈，加大政府财政投入是图书馆保障事业发展的重要基石；图书馆要实现覆盖全社会的公共图书馆服务，不仅依靠政府及其自身的力量，还要争取社会各方力量的支持，如各种慈善机构、社会文化组织、个人等在资金、服务、资源等方面的支持，还要友好结合民办图书馆的力量，共同发展图书馆服务体系。

(4)新挑战——政府信息公开服务

图书馆服务体系构建研究面临的新挑战——如何更好地完成政府信息公开服务，将其作为图书馆拓展服务的契机，提高社会影响的契机，争取政府重视的契机。2009年4月，国家图书馆开通了"中国政府公开信息整合服务平台"，体现了图书馆在政府信息公开服务领域的专业能力，推进和深化了图书馆界对政府信息服务的方向、路径和方法问题的研究。2009年中图学会年会专设了"图书馆政府公开信息整合服务平台研讨会"分会场，对该整合服务平台进行了全方位深入推介。作为图书馆服务的一项新举措，该整合服务平台的实施效果，有可能直接影响图书馆服务的延伸及图书馆在公共文化服务体系中的地位，影响图书馆在政府规划中的重要程度，由此将会延伸影响到如图书馆建设经费、财政、法律支持等方面问题的解决。

供稿：王秀香（国家图书馆研究院）

---

① 基数法是指在编制下一年度支出预算时，首先确定上年支出的基数，在上年支出基数的基础上同时考虑下一年度中各项支出的增长因素，由此来核定下一年度各项支出的数额。其计算公式为：收支预算数＝基期收支执行数×（1＋增长比例）。

第三篇　图书馆创新服务

初景利

陈成鑫

杨志刚

程　鹏　宋　辰

吴冬曼

用户是图书馆赖以生存的永恒基石,服务则是图书馆赖以发展的永恒主题。没有用户的图书馆就不能称其为图书馆,而没有服务的图书馆,则失去了图书馆的本原和本质。对用户和服务的关注,体现了图书馆的现代意识和发展理念。无论信息环境如何变化,信息技术如何进步,追寻用户的需求,以用户为中心,为用户提供周到、及时、全方位、深度的服务,是检验一切图书馆成功与否的唯一法则。无论西方还是中国,无论是小的社区图书馆,还是大型研究性图书馆,概莫能外。国外图书馆在理论研究和实践探索上都有值得称道的进展,为推动图书馆创新发展起到了十分重要的作用。国内近些年来在这一领域也呈现很多可喜的变化,得到了业内同行的广泛关注和高度重视。当然,与国外相比,我们的差距还是客观存在的。

　　今天的时代是一个变化的时代,用传统的眼光看待今天的一代用户,已经无法解读和诠释他们的需求和行为。他们在变化,他们在寻求一切创新而方便的东西,他们更适应搜索引擎的生活模式和网络化的生存方式,手机、PDA、iPhone、iTouch、iPad 等是他们须臾不可离开的便携工具。没有人能刻意地改变他们,而是需要去更多地了解,更深入地认识,更积极地适应,更主动地应变,要在尊重他们需求的前提下,去引导、影响他们的认知和行为,提高他们面对和处理海量信息的选择、综合、分析、判断和评价能力。

　　做好图书馆服务,首先必须制定良好的服务政策。服务政策是图书馆开展服务的依据和指南,也是用户接受图书馆服务、评价图书馆服务的重要参考,是图书馆对用户和整个社会作出的公开承诺。服务政策必须建立在较高的服务水准基础上,必须向用户和社会公开透明,必须提供包括人力、物力、财力在内的坚实可靠的保障,也必须接受用户、同行和整个社会的监督和评判。与国外同行相比,我国图书馆或没有明确的服务政策,或服务政策不够完善,在这一方面的研究更显不足。寻求图书馆服务的改进,需要从研究和制定完备的用户服务政策入手,将服务政策作为推动图书馆服务能力和水平不断提升的切入点。

　　今天的图书馆与传统的图书馆相比已经发生了根本性的变化,这种变化包括图书馆地位的提升、业务功能的拓展、信息技术的广泛应用,也包括图书馆服务的持续创新和发展。图书馆的所有变化都归结于服务的创新,依从于服务的创新。每个图书馆自身条件和环境有所不同,但对服务创新的不懈追求和持续努力应是共同的。推动图书馆服务的创新,不仅需要创新的理念,而且需要创新的模式、技术和方法,包括大的从体制机制的创新,小的到每一个服务项目的不断改进。国内外图书馆在服务创新上所作出的种种探索和尝试,是难能可贵的,对其他图书馆也具有积极的示范和指导意义。所谓服务创新,并不是简单的搬用和表面的移植,而是结合自身图书馆的性质、需求和特定的环境,能动地、创造性地加以借鉴和应用,并寻求适合本馆服务需求的创新服务体系。

图书馆服务好与不好,需要有一定的衡量尺度,建立相应的评价指标和评价体系。多年来,国外同行在图书馆服务评价方面推出了非常丰富的研究成果,对实践产生了十分广泛的影响,对图书馆服务工作发挥了积极的推进作用。近些年来,我国图书馆界在服务评价研究和图书馆服务评价实践方面也异常活跃,在学习和借鉴国外相关研究成果的基础上,结合我国和自身图书馆的实际,研究有特色的评价指标,提出科学的评价方法,制定完善的评价组织体系。从国内外图书馆服务评价的发展趋势看,图书馆服务评价在强调以用户为中心的客观评价的基础上,也在走向模式、方法、体系的多样化。

国内图书馆用户研究与服务创新方面,近年来也有了较大的发展,但与国外同行的研究成果以及图书馆服务发展的实际需求相比,还存在着很大的发展空间。一是需要进一步引介国外图书馆服务的研究成果和服务创新实践成果,启发思路,拓展视野,合理借鉴,有效应用,推动我国图书馆服务水平的持续提升;二是需要进一步加强图书馆服务研究的指导作用,理论研究与服务实践有机结合,在实践中检验理论研究的实效性,并推动理论研究的不断深化;三是需要加强图书馆服务经验和最佳实践的广泛推广,通过多种切实有效的措施,推动各图书馆服务经验和最佳实践产生最广泛的影响。四是需要加强新信息环境下图书馆服务新问题、新理念、新模式、新技术、新方法的深入研究,推动实践层面面向未来解决图书馆服务发展的关键性问题。

用户信息行为研究进展

作为图书馆学情报学的核心概念和重要的研究对象,自 20 世纪初开始,人们对信息行为的研究从未停止。自 1948 年英国皇家学会科学信息会议(Royal Society Conference on Scientific Information)以后,信息行为才广泛进入学者的研究视野。迄今为止,用户信息行为的研究已经成为图书馆学情报学研究成果非常丰富的领域。而且,随着信息环境的变化,在新的信息环境下,关于信息行为的研究又被赋予了许多新的内涵。

1 用户群的发展和分化

1.1 网络一代的研究引起关注

用户群的成长环境和接触网络的时间决定了用户不同的信息行为和信息需求。自 1993 年以来,伴随着互联网成长起来的一代人已经成为信息用户中重要的一部分,目前他们中年龄最大者已经进入大学阶段;而传统的用户也随着互联网的出现而逐步转化过来,成为所谓的"数字移民"(digital immigrants)。前几年关于用户信息行为的研究主要集中于数字移民一代的研究;近两年随着网络一代成为现实用户,关于网络一代用户信息行为的研究开始受到人们越来越多的关注。

对网络一代用户的网络信息行为研究使用了传统的信息行为的研究方法,比如日志分析法、问卷法、访谈法、调查法、实验法和观察法等。同时在研究中对传统方法进行了一些改进:问卷法不只是发放纸质问卷,还应用了电子邮件、网络调查等新的技术方式;访谈法也不仅仅是面对面的访谈,还包括电话访谈等多种方式。在 2005 年到 2010 年期间使用的较新的研究方法包括出声思维法、[①]小组讨

---

① Nahl D A. Discourse analysis technique for charting the flow of micro-information behavior [J]. *Journal of Documentation*,2007,63(5):323 – 339.

论法、①荟萃分析法、②日间跟踪法等。③

对于网络一代用户的研究是建立在更广泛的调查的基础上,调查的客体包括网络一代本人、家长和老师,调查内容包括网络一代的心理和认知,在学校和家庭的全方位、多角度的网络信息行为。调查的方式或集国家力量,或借助于网络日志分析和监测、电话访谈、讨论组等形式。参与调查的组织包括美国 PEW 调查中心(Pew internet and American life project)、加州大学洛杉矶分校调查中心(UCLA)、美国中小学理事会基金会(The national school boards foundation)、加拿大环境学研究组织(Environics research group)、英国联合信息系统委员会(JISC)、中国互联网中心(CNNIC)等。

1.2 用户群信息需求的分化

不同的专业背景,使得用户群体面临着不同的研究任务,具有不同的服务要求,因而也导致了用户群体需求分化。自然科学家和计算机科学家组成的群体目前使用的是电子期刊和电子数据库,④在今后的发展中他们可能更加喜欢分布式与动态的互联网资源;人文和艺术类的科学家目前喜欢使用印本资源和专题性的资源。⑤通过调查和半结构化的访谈对基础科学研究者的信息需求进行研究,发现基础科学研究者使用的资源从搜索引擎到数据库,主要依靠关键词检索、简单检索,喜欢组织内小规模的团队合作,虽然他们对图书馆的服务有积极的态度,但是他们并不知道很多资源都是图书馆提供的,对传统图书馆的服务使用较少,希望无缝获取图书馆的资源。⑥

网络一代更多地使用搜索引擎来满足自己即时的信息需求,而对图书馆等信

① Abbas J. Creating Metadata for Children's Resources: Issues, Research, and Current Developments[J]. *Library trends*,2005,54(2):303 – 317.

② Dresang E T. The Information-Seeking Behavior of Youth in the Digital Environment[J]. *Library Trends*,2005,54(2):178 – 196.

③ Agosto D E, Hughes-Hassell S. Toward a model of the everyday life information needs of urban teenagers,part 1: Theoretical model[J]. *Journal of the American Society for information Science and Technology*,2007,57(10):1394 – 1403.

④ Online catalogs: What users and librarians want[R/OL]. OCLC,2009 – 03[2010 – 10 – 22]. http://www.oclc.org/us/en/reports/onlinecatalogs/default.htm.

⑤ 鲁超,尚玮娇,吴思竹等.全球研究型图书馆发展战略[J].图书情报工作动态,2009(2):1 – 29.

⑥ Haines L L. Information—seeking behavior of basic science researchers: implications for library services[J/OL]. *Journal of the Medical Library Association*,2010,98(1):73 – 81[2010 –10 – 26]. http://www.ncbi.nlm.nih.gov/pmc/articles/PMC2801986.

息提供场所和提供者处于无知的状态。他们不仅是信息的消费者,更是信息的创造者,所以他们对信息和通讯技术的要求很高;喜欢交互式的系统并避免成为被动的信息消费者;通过数字形式的交流方式来发送信息而不是通话;生活的各个方面都需要多任务并行处理;渴望从信息媒体中获得娱乐,并希望在正规的教育过程中有一定的娱乐;喜欢快速浏览和快餐式信息,喜欢视频胜过文本信息;不能容忍延迟的信息服务,耐心比较差,信息需求必须马上得到满足;认为从同龄人那里得来的信息源比权威人士更可靠;一般通过反复的尝试获取计算机的技能;对知识产权的认知比较低,认为知识产权是不公平的。[1][2]

2 信息查询行为研究

2.1 信息查询的分类

在维基百科中对信息查询(information query)和查寻(information seeking)、信息检索(information retrieval)、信息浏览(information browsing)的解释大同小异,中文表达的涵义也极为相近。其实,不同的概念所表达的涵义还是有区别的。

黄少华认为,网络信息查询行为分为信息检索行为和信息浏览行为,网络信息检索行为是指具有明确信息需求的网络用户借助专门信息检索工具和使用信息检索语言获取所需信息的活动,属于基于提问(Querying)的信息查询行为;而网络信息浏览行为是指缺乏明确信息需求目标的用户利用超文本链接方式获取信息的活动,属于基于浏览(Browsing)的查询行为。[3]王庆稳认为,信息检索行为是通过提炼关键词、构建检索式的信息查询行为,是正式的信息查询;信息浏览行为是用户不通过明确查询策略,或对特定关键词不熟悉、对某一领域初步了解时的一种探索和确认性的行为,不是一种正式的查询行为。[4]王艳等人认为,信息查询指用户为获取所需信息,在与网络互动过程中所采取的一系列身体活动和心理活动,它主要通过检索与浏览这两类信息行为来完成。[5]网上信息检索行为是指通

---

① Lippincott J K. Net Generation Students and Libraries[EB/OL]. [2010 - 01 - 24]. http://www. educause. edu/Resources/EducatingtheNetGeneration/NetGenerationStudentsandLibrar/6067.

② ProQuest "Library and the net gen" — Introducing Summon[EB/OL]. [2010 - 07 - 12]. http://theshiftedlibrarian. com/archives/2009/01/24/proquest-libraries-and-the-net-gen-introducing-summon. html.

③ 黄少华. 青少年网络信息搜寻行为研究[J]. 淮阴师范学院学报,2008(5):681 - 686.

④ 王庆稳. 基于寻路理论的网络用户信息浏览行为研究[D]. 重庆:西南大学,2009.

⑤ 王艳,邓小昭. 网络用户信息行为基本问题探讨[J]. 图书情报工作,2009,53(16):35 - 39.

过特定的网上信息检索工具来满足特定信息需求的行为;网上信息浏览行为则是指事先缺乏明确的信息需求目标或特定意图,循着超链接在不同网络信息节点间自由游移的网上信息查寻行为。

2.2　搜索引擎查询行为

JISC 的调查显示:Google 和 Google Scholar 是不同年龄段的博士生们寻找资源的首选搜索引擎。国内调查也发现,大学生查询信息的首选是搜索引擎,学生们在使用搜索引擎时都有思维定势,常用的搜索引擎数一般是1—3 个,即使有强制的使用数,他们也不会有太多的改变。他们的查询行为都是从自己熟悉的搜索引擎开始。[①]B. J. Jansen 等则通过实验发现,搜索引擎的品牌作用随着研究领域的不同而变化。[②]用户对几个主要的大品牌搜索引擎的信任度很高,品牌已经影响到搜索引擎选择、检索结果评价、各环节评价、登录页面评价四个过程之中。研究发现,利用搜索引擎与社会网络工具同时进行检索效率更高。通过比较,在客观性问题或者自然学科上,社会网络工具使用更加方便;在主观性问题或者社会科学方面,社会网络工具的作用不是很明显,在利用搜索引擎检索的同时使用社会网络工具进行补充结果更好。[③]

OCLC 对科研人员的调查发现,得益于 Google 以及 Google 学术搜索在挖掘孤立信息、检索出版物以及发现所感兴趣的内容方面的惊人效率,所有的研究人员并没有把提高信息检索与管理技能放在首要的位置,研究人员提高检索能力的压力明显减轻。[④]

2.3　用户信息查询行为的影响因素

用户信息查询行为的影响因素包括用户的元认知和用户自身的认知能力。所谓用户的元认知(Metacognitive Skills),就是"反映或调节认知活动的任一方面

---

① 邓小昭. 网络用户信息行为研究[M]. 北京:科学出版社,2010.

② Jansen B J, Zhang M M, Schultz C D. Brand and its Effect on User Perception of Search Engine Performance[J]. *Journal of the American Society for Information Science and Technology*, 2009,60(8):1572−1595.

③ Morris M R, Jaime T, Panovich K. A Comparison of Information Seeking Using Search Engines and Social Networks[C/OL]. Proceedings of 4th International AAAI Conference on Weblogs and Social Media,2010:291−294[2010−10−27]. http://74. 125. 155. 132/scholar?q = cache: a00nG7_Hzh8J:scholar. google. com/&hl = zh-CN&as_sdt = 2000&as_ylo = 2010.

④ Kroll S, Forsman R. A Slice of research life: Information support for research in the United States[R/OL]. OCLC 2010−06−16[2010−10−27]. http://www. oclc. org/research/publications/library/2010/2010-15. pdf.

的知识或认知活动"。用户的元认知能力具有重要作用。G. Gorrell 等通过测试谢菲尔德大学的 405 名学生和工作人员,认为在同样的学科领域,用户的元认知能力大体类似;但是根据年龄、性别和专业的不同,元认知能力则具有较大差异。[①]

另一个影响因素是用户自身的认知能力。B. C. Nelson 等研究了系统引导与用户自我效能间的关系。[②] 结果表明,指导性引导能够改善用户的学习效率。具有较低自我效能水平的用户比同龄的、自我效能高的用户浏览较少的指导信息,学习效率较低;但使用了指导信息的低自我效能的学生可以很快提高学习效率,提升到与那些没有使用指导信息、高自我效能的学生一样的水平。可见在多用户虚拟学习环境下,用户自身认知能力比较重要,信息查询系统的引导是重要的外部影响因素。

3　用户新技术应用行为研究

网络一代对新技术的使用具有许多新的特点。技术发展必然会给网络一代的活动范围和活动方式打下深刻的烙印,总体来说他们对各种信息技术很感兴趣,对信息技术的期望很高,对技术的使用很频繁。大英图书馆和英国联合信息系统委员会在调查中对新一代用户的网络利用特点进行全面的总结:新一代用户具有超强的技术能力;通过"试错法"掌握计算机的技能;都是专家级的检索者;对通讯技术具有很高的期望;更喜欢交互的系统,正在摒弃被动的信息消费;对时滞具有"零忍受度"。[③]

社会网络的使用率增加。PEW 中心的调查发现,用户的博客使用量在降低,更喜欢阅读别人的博客而不是自己写博客。截至 2009 年,只有 14% 左右的网络用户使用博客,博客的拥有者年龄都偏高。但是网络用户使用社会网络站点的数量在增加,大约四分之三的在线年轻用户都使用社会网络站点,年轻的网络用户喜欢在社会网络工具上分享他们的个人信息,喜欢利用社会网络工具在别人的站点上进行评论,但是在这个过程中他们对于知识产权的保护意识却很少。

---

① Kroll S, Forsman R. A Slice of research life: Information support for research in the United States [R/OL]. OCLC, 2010 - 06 - 16 [2010 - 10 - 27]. http://www. oclc. org/research/publications/library/2010/2010-15. pdf.

② Researcher of Tomorrow [R/OL]. Education for Change, 2009 - 10 [2010 - 06 - 05]. http://explorationforchange. net/attachments/054_Summary% 20Report% 20Final. pdf.

③ Researcher of Tomorrow [R/OL]. Education for Change, 2009 - 10 [2010 - 06 - 05]. http://explorationforchange. net/attachments/054_Summary% 20Report% 20Final. pdf.

Facebook 是美国使用最多的社会网络,其次就是 Myspace。[①]

移动技术的使用趋向年轻化。30 岁以下的人使用无线网络的人在增多,[②]使用手机无线上网的用户呈递增趋势。PEW 中心调查显示,截至 2009 年,30 岁以下的年轻人有 80% 使用手机,其中 60% 以上的用户使用手机上网业务。[③]研究生中大多数使用移动设备对维基进行检索,研究生们使用维基的主要目的是娱乐和休闲,学习和研究的功能逐渐在增强,对这种现象的持续跟踪可以更好地推进服务的发展。

新的技术广泛应用于图书馆。对美国的图书馆调查发现,有 89% 的图书馆提供 Wi-Fi(无线网络通信技术),44% 的图书馆提供本地数字化馆藏,71% 的图书馆在其电脑上使用互联网过滤器,60% 的图书馆通过在线交谈、即时消息和电子邮件的方式提供参考咨询。[④]

4 图书馆的使用行为研究

美国图书馆协会(ALA)调查显示,随着经济危机到来和经费投入的减少,图书馆的使用率却在增加,人们希望在经济危机时期获得免费资源和有效的帮助。[⑤]华盛顿大学信息学院在《寻找背景信息:关于数字时代的研究活动,大学生们如是说》的研究报告中指出:图书馆在大学生的研究活动中发挥了重要作用,比如其网站首页,通常被学生们用作学术研究型数据库的统一入口并脱机保存;而大学图书馆馆员也经常被当做"信息领航员",帮助学生提炼论文观点,或是搜寻难以找到的资源等。另一方面,相对于期刊论文和学术型数据库等,在线百科资源在大

① Anderson J, Rainie L. Millennials will make online sharing in networks a lifelong habit[R/OL]. PEW, 2010 − 07 − 09[2010 − 07 − 18]. http://www. pewinternet. org/Reports/2010/Future-of-Millennials. aspx.

② Lenhart A, Purcell K, Smith A, et al. Social Media and Young Adults[R/OL]. PEW, 2010 − 02 −03[2010 − 07 − 18]. http://www. pewinternet. org/Reports/2010/Social-Media-and-Young-Adults. aspx.

③ Lenhart A. Teens and Mobile Phones Over the Past Five Years: Pew Internet Looks Back[R/OL]. PEW, 2009 − 08 − 19[2010 − 07 − 18]. http://pewinternet. org/Reports/2009/14-Teens-and-Mobile-Phones-Data-Memo. aspx.

④ The State of America's Libraries Report 2009[R/OL]. ALA, 2009 − 04 − 13[2010 − 10 − 26]. http://www. ala. org/ala/newspresscenter/mediapresscenter/presskits/2009stateofamericaslibraries/State%20draft_04. 10. 09. pdf.

⑤ The State of America's Libraries Report 2009[R/OL]. ALA, 2009 − 04 − 13[2010 − 10 − 26]. http://www. ala. org/ala/newspresscenter/mediapresscenter/presskits/2009stateofamericaslibraries/State%20draft_04. 10. 09. pdf.

学生们研究初始阶段发挥着更为重要的作用,由于其简练、直接、全面、系统且又实时更新,通常更多地被学生们用来理清某一新接触的主题和概念,把握其整体概况,并以此作为确定下一步搜求相关信息的参考。①

图书馆的传统技术仍在使用,移动信息系统也越来越热。研究发现,谢菲尔德大学来自不同国家的留学生认为,下一代 OPAC 的功能应该可以节省时间、易于使用和提供相关性较强的检索结果,推荐功能与检索结果导航功能正是用户所期望的。②图书馆中移动信息系统研究越来越热,T. T. Goh 等设计了模型,调查研究用户对基于短信服务的图书馆目录系统的潜在意识信念和使用意图。研究结果显示,55.2% 的人具有使用短信服务系统的意图,用户自我效能对感知易用性和感知有用性分别具有积极影响与消极影响,对使用意图没有直接影响。③

图书馆的游戏服务日渐丰富。2008 年 11 月 15 日,美国图书馆协会发起了第一个年度"国家游戏日@你的图书馆"活动,以进一步推动图书馆游戏服务的开展,包括大学图书馆在内的各类图书馆参加了这一活动。根据报道,活动中全美共有 597 所图书馆为 14 184 名用户提供了游戏服务,可谓史无前例。④紧接着,2009 年 3 月美国图书馆协会又发布了游戏工具包——"馆员的游戏指南:在你的图书馆建立游戏的在线工具包",分享了全美图书馆提供游戏服务的经验,⑤其中也包括很多大学图书馆开展游戏服务的生动案例。图书馆游戏服务的内容包括游戏资源借用服务、举办游戏主题活动、开发信息素养游戏、将游戏应用于信息素养教学等多种项目。而国内大学图书馆大多还没有认识到游戏对于图书馆读者服务的价值,对游戏的态度自然也就大相径庭,不提倡,甚至反对、禁止在图书馆内玩游戏是国内大学图书馆的通常做法。国内一些大学图书馆将游戏视为洪水猛兽,但却无法阻挡学生玩游戏的热情,这一矛盾应该受到关注。⑥

① 华盛顿大学:数字时代大学生心目中的研究活动[R/OL].图研参考,2009(3)[2010 - 07 - 10]. http://www. nlc. gov. cn/service/fuwudaohang/tyck/2009/200903z_3. htm.

② Tam W, Andrew M C, Bussey A. Student user preferences for features of next-generation OPACs:A case study of University of Sheffield international students[J]. *Program:Electronic Library and Information Systems*,2009,43(4):349 - 374.

③ Goh T T,Liew C L. SMS-based library catalogue system:a preliminary investigation of user acceptance[J]. *The Electronic Library*,2009,27(3):394 - 408.

④ Why Gaming @ the library? [EB/OL]. [2010 - 07 - 18]. http://www. librarygamingtoolkit. org.

⑤ 美国图书馆协会(ALA)发布游戏工具包[EB/OL].[2010 - 06 - 17]. http://www. nlc. gov. cn/yjfw/2009/0316/article_774. htm.

⑥ 图书馆机房玩游戏现象为何屡禁不止? [N/OL]. 2009 - 03 - 31[2011 - 01 - 25]. http://www. eeyes. net/news/news/read. php?id = 5395&pars = 9.

5　用户协同信息行为研究

协同研究大约从 2000 年就已经开始。协同最简单的解释就是"一起工作",用户协同信息行为研究发源于传统个体信息行为研究,并逐渐成为信息系统和信息用户研究中新的热点。这一领域的兴起,一方面是信息行为研究本身的需要,另一方面是由于计算机的协同技术和协同系统的推动。协同信息行为主要包含以下类型:协同信息查寻与检索、社群信息交流、协同内容创作和协同信息质量控制。其中,社群信息交流是所有协同信息行为的基础。近两年协同信息行为在技术、理论等多个方面都有发展。

协同技术的兴起进一步推动了用户协同信息行为的研究。协同技术集中体现的代表领域之一是 CSCW,它是在计算机的协调与辅助下,由小组成员共同实施的活动,劳动分工和知识共享是 CSCW 协同理论中的两个核心要素,[①]最近出现的系统包括 CoSearch、[②] Cerchiamo、[③]CI RLab 等。[④]另一个代表领域是 Web2.0,它支持用户生成内容和协同工作,如 Wiki、Blog、SNS 和社会化标注等。最近两年最为成功的例子当属维基百科,它引起了不少研究人员的兴趣。基于 Wiki 技术的大规模、自组织、开放的协同内容创作网站受到了大众的欢迎,同时也催生了新的用户协同信息行为——用户协同内容创作和协同信息质量控制。[⑤]但是这两个方面的研究成果还比较少。

协同理论是协同信息行为研究的一个必要组成部分。目前对社群用户在协同系统环境下的信息活动及其情感、认知的综合研究尚很缺乏。虽然大多数的信

---

① Foley C, Smeaton A F. Division of labour and sharing of knowledge for synchronous collaborative information retrieval[J]. *Information Processing and Management*, 2010,46(6):762 – 772.

② Amershi S, Morris M R. CoSearch: a system for collocated collaborative web search[C]. Proceedings of CHI 2008,2008:1647 – 1656.

③ Golovchinsky G, Adcock J, Pickens J, et al. Cerchiamo: a collaborative exploratory search tool[C]. Proceedings of the ACM 2008 conference on computer supported cooperative work,2008:8 – 12.

④ Fernández-Luna J M, Huete J F, Pérez – Vázquez R, et al. CIRLab: a groupware framework for collaborative information retrieval research[J]. *Information Processing and Management*, 2010,46(6):749 – 761.

⑤ Stvilia B, Twidale M B, Smith L C, et al. Information quality work organization in Wikipedia [J]. *Journal of the American Society for Information Science and Technology*, 2008,59(6):983 – 1001.

息查询行为发生在社群的背景下,但以往的研究很少关注用户群体的协同信息行为,较少关注成员之间的交互因素对个体查寻行为的影响,以及如何设计和构建群体交互式虚拟社群环境,以更好地提升用户协同信息活动的效果。①

协同分类法引入到协同信息行为的研究领域,将计算机支持的协同信息行为按意向、深度、时序和地域四个维度进行划分,以表示协同的不同程度和形式,②被研究人员广泛使用。其一,意向维度。根据用户对社群信息需求的认知情况,可将协同分为显性协同与隐性协同。其二,媒介维度。Hansen 等按照交流媒介不同将专利审查员的协同活动分为"与人关联的协同"和"与文献关联的协同"两种。③前一种是传统人际交流方式,后一种是"人—文献—人"的间接交流方式,尤其是在计算机支持的社群环境下,后一种演变为 CMC(Computer Mediated Communication)方式。计算机协同媒介的深度可从算法到界面,调节层次不同。其三,时序维度。时序也称并发性,反映了社群成员之间发生相互影响的时间次序,据此可将协同分为同步协同和异步协同。其四,地域维度。根据社群成员所处的地域分布情况,可将协同分为同地协同(或分布式协同)和异地协同。目前的研究较多针对同时或同地用户的协同信息行为,而对在计算机支持的社群环境下更为普遍的异步、异地发生的用户协同信息行为则研究较少。

6 用户隐私研究

对用户信息行为研究的过程中,由于收集资料的方法不当、分析数据的方法不当、使用用户信息的方法不当、传播用户信息的行为不当等原因,容易造成用户隐私的泄露,如何保护、利用和管理用户的隐私信息成为焦点问题。

国内外对图书馆的隐私保护在法律、政策、技术、保护与被保护等方面有一定的研究。周倩提出六维图书馆网络用户信息隐私分类实用系统,以及图书馆实现网络用户信息隐私有效保护的 3 个关键性问题:④用户隐私保护的政策、相关主题

---

① Reddy M C, Jansen B J. A model for understanding collaborative information behavior in context: a study of two healthcare teams[J]. *Information Processing and Management*, 2008, 44(1): 256 – 273.

② Golovchinsky G, Pickens J, Back M. A taxonomy of collaboration in online information seeking[C]. Proceedings of the 1st International Workshop on Collaborative Information Retrieval, 2008: 1 – 3.

③ Hansen P, Jarvelin K. Collaborative information retrieval in an information intensive domain [J]. *Information Processing and Management*, 2005, 41(5): 1101 – 1119.

④ 周倩. 图书馆网络用户信息隐私保护研究[D]. 北京: 中国科学院研究生院, 2009.

用户信息隐私保护行为、用户信息隐私保护的组织管理,为有针对性地开展图书馆用户隐私保护提供了基础。

B. Debatin 等通过调查 Facebook 用户的隐私意识与使用 Facebook 所感知的益处和存在的风险,发现 Facebook 已深入用户日常生活之中。[①]用户虽然自称了解隐私问题,但却上传了大量个人信息。隐私被侵犯后,用户更多的是改变隐私信息设置,而少数人则只是听闻他人的隐私受侵,对自己的隐私信息并不采取保护措施。作者建议用户改变态度,更安全地使用社会网络服务。面对网络的用户隐私保护问题,S. Weiss 和 J. T. Child 等分别提出隐私威胁模型(Privacy Threat Model)与博客隐私管理方法(Blogging Privacy Management Measure),探讨用户隐私保护和管理的机制。[②③]J. Domingo-Ferrer 等则提出 h(k)—隐私信息撷取[h(k)—private Information Retrieval],以有效保护用户在搜索引擎中的查询记录。[④]

C. M. Angst 等认为可以将用户健康信息(包括极为隐私的信息)进行数字化加以利用。[⑤]他们将用户信息保密行为和详细描述可能性模型(Elaboration Likelihood Model)结合,研究用户对自己健康信息保密的态度变化与行为选择,以及这种利用方式的可行性。研究发现,参与和互动能够影响用户使用电子健康信息的态度,而对于电子健康信息记录和隐私信息的态度则直接影响用户的行为选择。无论从理论上,还是在实践上,即使用户对自己的隐私极为关注,但是使用信息的态度还是比较积极,这为开发利用健康信息提供了可能性。

供稿:陈成鑫(中国科学院)

---

① Debatin B, Lovejoy J P, Ann-Kathrin Horn M A, et al. Facebook and Online Privacy: Attitudes, Behaviors, and Unintended Consequences [J]. *Journal of Computer-Mediated Communication*, 2009, 15(1):83 – 108.

② Weiss S. Privacy threat model for data portability in social network applications [J]. *International Journal of Information Management*, 2009, 29(4):249 – 254.

③ Child J T, Pearson J C, Petronio S. Blogging, Communication, and Privacy Management: Development of the Blogging Privacy Management Measure [J]. *Journal of the American Society for Information Science and Technology*, 2009, 60(10):2079 – 2094.

④ Domingo-Ferrer J, Solanas A, Castella-Roca J. h(k)-private information retrieval from privacy-uncooperative queryable databases [J]. *Online Information Review*, 2009, 33(4):720 – 744.

⑤ Angst C M, Agarwal R. Adoption of electronic health records in the presence of privacy concerns: the elaboration likelihood model and individual persuasion [J]. *MIS Quarterly*, 2009, 33(2):339 – 370.

国内外用户服务政策研究进展

2009 至 2010 两年间,国内外图书馆用户服务政策研究与实践有两大特点:一是公共图书馆运动蓬勃发展,公共图书馆各种服务指南和评估标准相继出台;二是相关研究更多聚集于数字与网络环境下的服务和问题,如数字图书馆服务政策、虚拟参考咨询服务政策、社会媒体政策,以及网络中的用户隐私保护政策等。从国内外研究与实践对比情况看,国内在公共图书馆服务政策实践上取得了很大进展,而在具体服务领域中,则是借鉴得多,研究得少,政策的推动作用还非常有限。

1 公共图书馆用户服务政策

公共图书馆是人类获取知识自由与公平的标志。公共图书馆运动多年来一直保持其持久的生命力,关于公共图书馆的服务宣言和服务政策更是层出不穷。即使是在经济危机的影响下,虽然公共图书馆的价值受到质疑、财政资金受到削减,图书馆人仍在坚持思考与变革,推出各种新的服务指南和政策,指导图书馆服务实践,为用户提供更好的服务,以此来证明自身的价值。2009 年,国际图联(IFLA)发布了《多元文化社区:图书馆服务指南》第三版,[1]并译成多种文字;2010年 7 月,国际图联又发布了《公共图书馆服务指南》第二版。[2]2009 年 9 月,澳大利亚图书馆与信息协会、公共图书馆协会委托"Libraries Alive!"项目研究制定澳大利亚公共图书馆国家标准与指南的可行性,[3]以期提高全国的公共图书馆服务水平。2008 至 2009 年,美国公共图书馆资金与技术获取研究发现,公共图书馆面临着提供宽带连接和设备升级的挑战。该项研究的数据表明,[4]用户越来越多地使

---

[1] Multicultural Communities: Guidelines for Library Services, 3rd edition [EB/OL]. [2010 - 08 - 16]. http://www.ifla.org/en/publications/multicultural-communities-guidelines-for-library-services-3rd-edition.

[2] IFLA Public Library Service Guidelines [EB/OL]. [2010 - 08 - 16]. http://www.ifla.org/en/publications/ifla-publications-series-147.

[3] National Standards and Guidelines for Public Libraries [EB/OL]. [2010 - 08 - 23]. http://www.librariesalive.com.au/Aust_PL_Standards_Project.htm.

[4] Libraries Connect Communities: Public Library Funding & Technology Access Study 2009—2010 [EB/OL]. [2010 - 07 - 06]. http://www.ala.org/ala/research/initiatives/plftas/pressmaterials/2009_10PLFTAS_keyfindings.pdf.

用图书馆的网络服务,因此制定公共图书馆宽带网络服务的政策势在必行,图书馆的网络服务政策应该纳入到国家电信政策体系之中。①英国政府自2003年以来制定发布了一系列公共图书馆政策,但是这些政策都是专业团体判断图书馆价值的工具,其内容并不完全代表图书馆用户的观点。②所以在未来的图书馆服务政策制定过程中,应该更多地考虑用户的需要。

2009至2010年,我国在公共图书馆服务政策方面取得了明显进步。2008年6月和11月,我国正式施行《公共图书馆建设用地指标》和《公共图书馆建设标准》,标志着我国公共图书馆设施建设开始步入规范化、法制化的轨道。作为政府规范性文件,它们将为我国公共图书馆的建设提供决策标准、行为依据和监督检查尺度。它们覆盖了公共图书馆布局与建设的主要方面,吸收了近年来图书馆学研究的理论成果,首次提出了网点布局原则和服务半径指标,建立了以服务人口为主要依据确定建设规模的原则,形成了比较系统的基于现实水平且具有一定前瞻性的控制指标体系,提出了与现代图书馆服务方式相适应的内部布局与建设要求,充分关注公共图书馆的环境建设。③《中国图书馆学报》2009年第1期以"图书馆建设"专稿的形式介绍了这一成就。④⑤⑥在编制《公共图书馆建设标准》过程中,在调研国外相关情况基础上,国家图书馆出版社结集出版了《国外公共图书馆建设标准与规范概览》一书,它是有关《公共图书馆建设标准》的解读性、参考性读物之一。⑦

英国和澳大利亚的公共图书馆服务标准在国内产生了比较大的影响。吴迪编译了《英国公共图书馆服务标准》;⑧徐珊从资源效益观角度,将中英两国的公

① Mandel L H,Bishop B W,McClure C R,et al. Broadband for public libraries:Importance,issues,and research needs[J]. *Government Information Quarterly*,2010,27(3):280-291.

② Boughey A,Cooper M. Public libraries:political vision versus public demand? [J]. *Aslib Proceedings:New Information Perspectives*,2010,62(2):175-201.

③ 李国新.公共图书馆"用地"与"建设"标准的性质、作用和特点[J].中国图书馆学报,2009,35(1):4-10.

④ 冯守仁.公共图书馆"用地"与"建设"主要指标解析[J].中国图书馆学报,2009,35(1):11-17.

⑤ 张广钦,刘璇,张丽,等.美国公共图书馆建设标准核心要素分析[J].中国图书馆学报,2009,35(1):18-25,70.

⑥ 王萱,徐珊.英国、澳大利亚、日本的公共图书馆建设指标[J].中国图书馆学报,2009,35(1):26-33.

⑦ 张广钦.国外公共图书馆建设标准与规范概览[M].北京:国家图书馆出版社,2009.

⑧ 吴迪编译.英国公共图书馆服务标准[J].公共图书馆,2009(1):64-66.

共图书馆服务标准进行了对比;①周玉红重点分析了《英国公共图书馆服务标准》和《威尔士公共图书馆服务标准》的制定及其变化调整,总结出几点启示,还指出这些标准存在的一些问题。②王华、柳英等介绍了澳大利亚图书馆与信息协会公共图书馆咨询委员会制定的 20 项公共图书馆服务标准的主要内容,分析了这一系列标准的特点,并为我国公共图书馆相关标准的制定提出了建议。③

在国内的公共图书馆服务标准实践中,江西省文化厅制定了《江西省公共图书馆服务标准(试行)》,并于 2008 年 11 月 11 日下发《关于颁发江西省公共图书馆服务标准(试行)的通知》,要求各设区市、县(市、区)文化局及各级公共图书馆遵照执行。自此,江西有了第一部规范公共图书馆服务行为的,由政府主管部门制定的,具有法规性质的文件。该标准的颁布实施必将进一步推动和促进江西省公共图书馆科学、健康、有序的发展。④2010 年 5 月,新疆维吾尔自治区文化厅依据中共中央办公厅、国务院办公厅《关于加强公共文化服务体系建设的若干意见》、文化部《县以上公共图书馆评估定级标准》、《公共图书馆建设用地指标》、《公共图书馆建设标准》等相关文件,制发了《新疆维吾尔自治区公共图书馆服务标准(试行)》,确立了公共图书馆的服务设施与环境、服务对象和开放时间、服务内容和方式等。⑤

2 数字图书馆服务政策

当前,数字图书馆技术和数字资源建设已经进入到比较成熟的阶段,各种图书馆服务也逐步实现了网络化。但是这些数字图书馆服务并没有统一、规范的服务政策作为指导和保障。因此,数字图书馆服务政策的研究与制定成为促进数字图书馆发展、实现数字图书馆建设目标的重要环节。2010 年 3 月,IFLA 正式在网

① 徐珊.公共图书馆服务标准中的资源效益观——中英两国公共图书馆评估标准比较[J].图书情报工作,2008,52(10):109-112.

② 周玉红.英国公共图书馆服务标准调整及其启示[J].图书馆杂志,2009,28(1):57-63.

③ 王华,王丽英,柳英. ALIA 公共图书馆服务标准剖析[J].图书馆理论与实践,2010(5):68-74.

④ 江西颁发公共图书馆服务标准[J].江西图书馆学刊,2009(1):128.

⑤ 中华人民共和国文化部.新疆颁发《新疆维吾尔自治区公共图书馆服务标准(试行)》规范公共图书馆服务,满足读者文化需求[EB/OL].[2010-05-24].http://www.nlc.gov.cn/yjfw/2010/0524/article_1744.htm.

站上公布了《国际图联数字图书馆宣言》。①宣言分为数字图书馆内涵,使命与目标,内容创建、获取与保存,宣言执行四部分。宣言指出数字图书馆运用新技术提供数字馆藏给用户使用,构成图书馆服务不可分割的一部分。其使命是将有序化和权威性的数字和非数字信息直接提供给用户使用,从而将信息技术、教育和文化三者在当代图书馆服务中联系起来。在每个图书馆机构中,数字图书馆提供了一个环境,将馆藏、服务和人员三个要素联系在一起,支撑着数据、信息与知识从创造、传播、使用到保存这一完整的生命周期。数字图书馆之间实现协作的关键是互操作性和可持续性。国家政府与相关国际组织要积极参与数字图书馆建设,在立法与财政上给予支持。数字图书馆的建设要体现各方利益相关者的需求,支持信息获取的公平性。宣言公布的意义重大,它更多的是从服务角度描述了数字图书馆的内涵、作用与建设,为世界范围内的数字图书馆建设定义了基本理念与方向。

　　2010 年 5 月 27 日,由我国文化部社文司主办的全国数字图书馆建设与服务联席会议第十次会议在上海召开,会上发布了《数字图书馆服务政策指南》和《数字图书馆资源建设指南》,这是文化部社会文化司图书馆处批准公布的第一批关于数字图书馆建设的政策性文件。两个《指南》凝聚了当前我国主要的数字图书馆建设单位对数字图书馆服务政策和资源建设方面的理念共识和相关经验,既为个体图书馆开展数字图书馆服务和资源建设提供了切实可行的指导,同时也可以作为图书馆界建设跨地域、跨系统的数字图书馆资源保障体系的有益参考。②《数字图书馆服务政策指南》全文共 11 条,包括制定背景、数字图书馆服务定义、服务政策制定基础、服务政策的维度、服务对象、服务方式、服务策略、服务内容、服务承诺、服务监督与评估、制定主体。③《数字图书馆服务政策指南》的出台,为数字图书馆履行公共职能、更好地服务用户提供了明确参考。中国图书馆学会 2010年年会宣传推广了《数字图书馆安全管理指南》《数字图书馆知识产权保护政策指南》《数字图书馆服务政策指南》和《数字图书馆资源建设指南》。这四部指南归纳整理了数字图书馆建设与服务的成果,为全国数字图书馆的建设提供政策指导,它们的贯彻落实必将对我国数字图书馆的科学有序发展起到有效的推动

　　① IFLA Manifesto for Digital Libraries [EB/OL]. [2010 − 11 − 28]. http://www. ifla. org/publications/ifla-manifesto-for-digital-libraries.

　　② 刘婵. 数字图书馆:让所有人平等获取信息[N]. 中国文化报,2010,7(15):7.

　　③ 全国数字图书馆建设与服务联席会议. 数字图书馆服务政策指南[EB/OL]. [2010 −07 −20]. http://www. lsc. org. cn/Attachment/Doc/1275990299. pdf.

作用。①

3　各类用户群服务政策

图书馆的用户群既包括普通的成年人,也包括青少年、政府、残疾人、婴幼儿、病人、老人等特殊群体。国外图书馆界人士针对不同用户群制定了一系列政策。2008 年,美国大学与研究图书馆协会发布了《图书馆远程学习服务标准》《人类学与社会学学生信息素养标准》和《心理学信息素养标准》,②③④为学生学习提供了服务和评估标准;美国图书馆协会发布了《老年人图书馆与信息服务指南》,适应了老龄化时代的需求;⑤国际图联更新了《青少年图书馆服务指南》,⑥为图书馆的青少年服务提供更新的参照。2008 年 12 月 11 日,W3C(全球网络联盟)发布《网络内容可访问性指南 2.0》。⑦该指南主要是为了对建设残障人士可读取、可理解的网络站点提供规范性指导,其中所指的残障人士包括视障、听障、肢体残缺,乃至存在智力障碍的各种能力不健全人士。该指南提出网络内容建设的四大原则:内容必须可以被感知;内容界面构成元素必须具有可操作性;内容与控制必须易于理解;内容必须能够与当前和未来技术兼容。⑧2008 年美国图书馆协会大会上,"饥饿、无家可归和贫困"任务小组报告了"穷人图书馆服务"的调查结果。⑨"穷人

①　数字图书馆建设指南的发布与推广[N/OL].[2010－08－06].http://www.xhsmb.com/html/2010/08/06/16054689816.html.

②　Standards for Distance Learning Library Services[EB/OL].[2010－08－24].http://www.ala.org/ala/mgrps/divs/acrl/standards/guidelinesdistancelearning.cfm.

③　Information Literacy Standards for Anthropology and Sociology Students[EB/OL].[2010－08－24].http://www.ala.org/ala/mgrps/divs/acrl/standards/anthro_soc_standards.cfm.

④　Psychology Information Literacy Standards[EB/OL].[2010－08－24].http://www.ala.org/ala/mgrps/divs/acrl/standards/psych_info_lit.cfm.

⑤　Guidelines for Library and Information Services to Older Adults[EB/OL].[2010－08－10].http://www.ala.org/ala/mgrps/divs/rusa/resources/guidelines/libraryservices.cfm.

⑥　IFLA. Guidelines for Library Services for Young Adults[EB/OL].[2010－08－07].http://archive.ifla.org/VII/s10/pubs/Profrep107.pdf.

⑦　New Web Accessibility Guidelines[EB/OL].[2010－08－10].http://stephenslighthouse.sirsidynix.com/archives/2008/12/new_we_accessib.html.

⑧　Web Content Accessibility Guidelines 2.0[EB/OL].[2010－08－10].http://www.immagic.com/eLibrary/TECH/W3C/W040311C.pdf.

⑨　ALA Task Force Member Survey on Policy 61. Library Services for the Poor[J]. *Progressive Librarian*,2008,(32):82－87.

图书馆服务"是美国图书馆协会《政策手册》的第 61 条,共包括 15 项服务指南。①
2009 年,美国大学与研究图书馆协会又发布了《图书馆教学人员与协调员能力标
准:实践指南》,②为图书馆员在教学中发挥协同作用提供了指导。

　　国内的不同用户群服务政策问题尚未得到足够的重视,针对各类用户的政策
研究并不多见,更多的是对国外政策的介绍与分析。曹雪在对国际图联关于青少
年、政府、残疾人、婴幼儿、犯人和病人这六类特殊群体用户服务指南内容进行分
析的基础上,提出了我国图书馆界应从三个方面来吸取国际图联的经验,其中包
括图书馆应制定相应的政策规划来保障服务的开展。③她认为要想真正落实各类
特殊群体的服务项目,保障各类特殊群体的信息权利,必须在大的方面制定相应
的法律法规,在小的范围内,即单个图书馆内部应有相应的发展规划予以落实。
金明华通过分析美国和韩国公共图书馆残疾人服务政策,指出我国在这方面存在
较大差距。而针对数量众多的残疾人群体,我国应开发相应的标准化公共图书馆
服务政策,文中提出了 8 点政策方向。④张丽通过介绍国外公共图书馆立法中关于
少儿服务的规范,以及国外已颁布的公共图书馆少儿服务规范、指南,指出应该重视
公共图书馆的少儿服务,并对其通过法律和相关的配套性文件进行规范。⑤她对国外
少儿服务标准、指南的主体内容进行了详细调查,发现了馆员、馆藏、活动、服务项
目、设备、宣传、合作和经费等几个主要因素在各个标准、指南中的具体体现情况。

4　虚拟参考咨询服务政策

　　虚拟参考咨询服务政策是指提供虚拟参考咨询服务的机构为开展虚拟参考
咨询工作而制定的行动准则。国外同行已经制定、发布和更新了一些指南与政
策,一些学者也从实践角度去检验图书馆对这些指南与政策的执行力度。Elise
Cogo 根据《国际图联数字参考咨询服务指南》(2003 年)和美国图书馆协会参考
咨询与用户服务分会制定的《参考咨询信息服务提供者信息行为指南》(2004 年)

---

　　① 61 Library Services to the Poor[EB/OL].[2010 - 08 - 11]. http://www. ala. org/ala/
aboutala/governance/policymanual/updatedpolicymanual/section2/61svctopoor. cfm.

　　② Standards for Proficiencies for Instruction Librarians and Coordinators:A Practical Guide
[EB/OL].[2010 - 08 - 24]. http://www. ala. org/ala/mgrps/divs/acrl/standards/profstandards.
pdf.

　　③ 曹雪. 图书馆特殊群体用户服务[D]. 合肥:安徽大学,2010.

　　④ 金明华. 公共图书馆对残疾人服务政策的研究[J]. 科技情报开发与经济,2009(17):
66 - 68.

　　⑤ 张丽. 公共图书馆少儿服务的法律规范问题研究[J]. 图书馆建设,2010(2):54 - 58.

评估了北美 54 家图书馆的 324 个咨询案例(每家图书馆收到来自 6 名不同用户的 6 类问题请求)。①研究发现,实际服务执行情况与两个指南的契合度不高;根据请求类型和用户姓名的不同,各图书馆对两个指南的执行度也不一样;根据两个指南的指标进行排名的结果不尽相同;用户满意度与图书馆是否遵守两个指南没有关系。研究建议高水平的虚拟参考咨询服务可以通过将一些不易观察到的行为要求融入到问题回复之中(如谢谢)发给用户、通过培训和翔实的机构政策提高馆员对专业指南的认识来进行。另外,还要注意服务技巧,管理者可以把参考馆员分成不同工作组,针对不同用户给予不同服务。2010 年,美国图书馆协会又发布了《虚拟参考咨询服务实施与维护指南》和《学科馆员管理馆藏与服务工作指南》。②③前者内容主要包括虚拟参考咨询目标、定义、服务准备工作、服务提供、服务组织和用户隐私,各大项下列出详细的要求;后者内容主要有学科馆员服务目标、定义、学科馆员培训与支持、公共图书馆与大学图书馆的学科服务(馆藏发展政策、用户和学科馆员活动)。这两个指南的发布,为虚拟参考咨询与学科馆员工作的开展提供了指导与参考。Jessica Platt 等根据《虚拟参考咨询服务实施与维护指南》,④评估了美国大学图书馆的虚拟参考咨询服务与这些政策的契合度,以及发现哪些具体方面需要改进,以加强服务的有效性。结果发现并不是所有的图书馆都能按照这些政策执行服务,大多数图书馆的服务质量低于积极体验值,只有个别图书馆的服务做得很突出。以上这些指南都是概论性的,在一些细节上并没有提供具体的操作指标,所以应该通过组织和研究项目制定服务组织、人员、用户隐私和版权等方面的政策,为虚拟参考咨询的发展与管理提供借鉴。

国内研究认为,数字参考咨询服务离不开控制,开放的数字参考咨询应该在适当的调整与控制、约束与规范的条件下进行,而服务政策是数字参考咨询事前控制的重要一环。⑤而目前虚拟参考咨询项目运行过程中的显性化服务政策并没有统一的标准规范,咨询服务的水平、质量不一,影响了用户群的扩大和咨询工作的进一步发展,因此,迫切需要对显性化服务政策进行补充与完善,制定一部内容

① Cogo E. Libraries Demonstrate Low Adherence to Virtual Reference Service Guidelines[J]. *Evidence Based Library & Information Practice*,2009,4(2):152 - 154.

② Guidelines for Implementing and Maintaining Virtual Reference Services[EB/OL].[2010 - 08 -15]. http://www. ala. org/ala/mgrps/divs/rusa/resources/guidelines/virtual-reference-se. pdf.

③ Guidelines for Liaison Work in Managing Collections and Services[EB/OL].[2010 - 08 - 15]. http://www. ala. org/ala/mgrps/divs/rusa/resources/guidelines/guidelinesliaison. cfm.

④ Platt J,Benson P. Improving the Virtual Reference Experience:How Closely Do Academic Libraries Adhere to RUSA Guidelines? [J]. *Journal of Library & Information Services in Distance Learning*,2010,4 (1/2):30 - 42.

⑤ 吴伯成. 数字参考咨询服务运行控制机制研究[J]. 图书馆学研究,2010(1):79 - 82.

更全面、更系统的虚拟参考咨询服务政策。惠艳调查了国内5个著名的虚拟参考咨询运行项目网上显性化的服务政策,从问题界定、服务对象、服务时间、用户行为、馆员行为、隐私问题、知识产权等方面加以比较分析,并提出完善我国虚拟参考咨询项目的措施。①冉从敬、赵蕊菡通过对中美40家高校图书馆虚拟参考咨询服务的调查,发现中美高校图书馆在虚拟参考咨询政策的制定和政策内容上的差距非常明显。调查的项目包括提供服务政策的图书馆数量、服务对象、问题界定、用户行为、隐私保护和产权保护,结果发现所调查的美国高校的各项数据均大于国内高校,特别是如何在参考咨询中兼顾用户的利益诉求和维护创作者的知识产权方面,美国高校图书馆比中国高校图书馆更有经验。②屈菲在其硕士学位论文《数字参考咨询服务的质量控制体系研究》中,也对中国科学院国家科学图书馆、北京大学图书馆、清华大学图书馆、上海图书馆和广东省立中山图书馆这5家图书馆的虚拟参考咨询服务政策进行了调查和对比,并在数字参考咨询服务质量控制体系的微观质量控制手段中提出7点服务政策内容。③

5 社会媒体服务政策

Web2.0技术的应用,使得图书馆的服务方式越来越多样化,博客、维基、微博和社交网络等都成为图书馆网络化服务的新领域。国外图书馆界实行Web2.0较早,因而已经有人开始关注和探索Web2.0社会媒体应用过程中的政策问题。而国内由于实行较晚且数量不多,还没有发展到这一阶段。Ellyssa Kroski认为社会媒体内容的创建者和使用者都需要社会媒体政策的引导和规范。④社会媒体政策内容具体应该包括以下几个方面:网上言论的免责声明;避免透露私人信息;实名制;尊重知识产权和理解合理使用法规;尊重合作者,在不经当事人允许的情况下,不随意发布其肖像等个人信息;避免网上人身攻击,以正确方式表达不同意见;发布准确信息;遵守其他员工守则;拥有良好的判断力,保证发布的内容符合已有标准;贡献有价值的信息;承担错误,不逃避。

目前,IBM、BBC和华尔街日报等大公司都制定了博客和社交网络政策。西肯塔基大学图书馆、佛罗里达州圣彼得堡学院图书馆、美国图书馆和信息技术协

---

① 惠艳. 虚拟参考咨询服务政策比较研究[J]. 图书馆学研究,2008(10):94-97.

② 冉从敬,赵蕊菡. 中美高校图书馆虚拟参考咨询调查比较[J]. 图书情报知识,2009(3):63-67.

③ 屈菲. 数字参考咨询服务的质量控制体系研究[D]. 长春:吉林大学,2009.

④ Kroski E. Should Your Library Have a Social Media Policy? [J]. *School Library Journal*, 2009(10):44-46.

会也都制定了博客政策。惠特曼公共图书馆、加利福尼亚州克恩县图书馆和蒙特利公共图书馆则制定了公众评论和社会网络政策。

6 用户隐私保护政策

图书馆保护读者的隐私最重要、最根本的手段是制定、颁布各种层次的隐私法律和行业政策,并通过一系列规定和措施保证这种权利的实现。美国《爱国者法案》以防止恐怖主义为目的,扩张了美国警察机关的权限,其中的第215章"图书馆条款"给予了情报机构空前的权力,以获取包括图书馆记录在内的公共活动的有关成员信息。2009年10月,美国研究图书馆协会和图书馆协会支持对该法案进行修正,以保护公民隐私和自由权利,同时避免损害政府在保护国家安全方面的利益。修正意见包括"禁止使用第215章相关条款从图书馆或书商处获取用户可辨认的个人信息"。[①]2009年11月底,已有32个州的美国图书馆协会分会提交议案,呼吁国会在2009年12月31日前宣布《爱国者法案》第215章作废。[②]但是2010年2月26日,美国众议院却通过了延长《爱国者法案》中3项备受争议条款的提案,将这些监管条款延长至2011年2月28日,这引起图书馆组织和民间自由团体的关切。[③]与美国相比,面对警察和安全机关获取图书馆用户隐私信息日益增多的问题,英国图书情报专业人员协会(CILIP)则于2010年3月发布了《图书馆用户隐私指南》,用于帮助图书情报服务从业人员处理复杂的保密和隐私问题,这些问题包括数据共享、互联网、儿童,以及警察和其他安全机关要求获取用户个人信息的权利。[④]2009年7月27日,美国政府管理与财政办公室发表声明,计划对已实行9年的网络跟踪技术禁令进行评估,如禁止跟踪联邦机构网站的cookies文件,以保护公众访问联邦机构网站时的隐私。L. McCarthy等回顾了美国联邦政府在cookies问题上的立场,论述了使用cookies政策的合法性,以及在电子政务和政府Web2.0服务环境下,跟踪使用cookies的必要性。[⑤]他们认为

---

① Library Associations Statement On The USA PATRIOT Amendments Act of 2009[EB/OL]. [2010-08-16]. http://www. arl. org/bm~doc/house-jud-1pgrpsafinal. pdf.

② Barack L. Librarians Push Against Patriot Act[EB/OL]. [2010-08-16]. http://www. schoollibraryjournal. com/article/CA6709017. html?rssid=190.

③ Congress Extends Library Provision of Patriot Act to 2011[EB/OL]. [2010-08-16]. http://americanlibrariesmagazine. org/news/02262010/congress-extends-library-provision-patriot-act-2011.

④ CILIP launches guidelines on user privacy in libraries[EB/OL]. [2010-08-16]. http://www. cilip. org. uk/news-media/Pages/news100316. aspx.

⑤ McCarthy L, Yates D. The use of cookies in Federal agency web sites:Privacy and recordkeeping issues[J]. *Government Information Quarterly*,2010,27(3):231-237.

在采用技术获取用户隐私和记录的问题上存在许多误解。除了国家和行业范围内的隐私政策,国外图书馆在保护用户隐私方面都有自己的解决方案,具有悠久的保护历史。但是随着图书馆资源提供商越来越多地通过 Web2.0 个性化服务功能来收集用户信息,图书馆的用户隐私保护政策是否对他们产生作用呢? T. J. Magi 以内容分析法调查了 27 家资源提供商的用户隐私政策,分析这些政策与图书馆专业用户隐私保护政策的符合程度。①研究发现大多数提供商都制定了用户隐私政策,但是多数政策条款与图书馆专业标准和图书馆伦理规范不一致。以上这些内容都说明用户隐私的保护不仅仅是图书馆的单方面行为,而是需要第三方(如资源提供商)、整个行业,甚至是政府的广泛参与。

国内目前尚没有出台用户隐私保护方面的法律和政策,研究主要集中于对国外经验的借鉴和对制定隐私政策必要性的分析。郭华概述美国图书馆协会隐私保护政策的发展历程与内容,为国内图书馆的用户隐私保护提供借鉴。②许维娜通过对中美两国有关图书馆用户隐私权保护的法律和政策进行考察和比较分析,认为中国图书馆行业与美国同行存在差距的主要原因是中国图书馆行业缺乏专门的法律和行业政策规范,在此基础上她对中国图书馆行业在用户隐私保护方面可能采取的努力提出了建议。③杨涛、曹树金等使用问卷调查图书馆用户的个人信息提供意愿、隐私保护政策需求及影响它们的因素。研究表明个人信息提供意愿和个人隐私保护政策需求之间存在正相关关系,即越愿意提供个人信息的调查对象,对个人隐私保护的需求程度也越高。④ 因此,明确的隐私保护政策是图书馆个性化服务有效实施的条件之一。隐私保护政策既可以由单个图书馆自行设定,也可以由图书馆学会等图书馆专业组织作为行业服务规范统一制定。在制定好隐私保护政策之后,图书馆应该在图书馆网站、图书馆宣传手册、个性化服务注册协议等中进行公告,以便让更多的用户知晓和提供反馈意见。用户隐私保护政策内容必须包括用户隐私的安全维护方案、用户隐私争议的有效渠道、个人的权利、个人信息的收集与利用范围等。

供稿:杨志刚(中国科学院)

---

① Magi T J. A Content Analysis of Library Vendor Privacy Policies:Do They Meet Our Standards? [J]. *College & Research Libraries*,2010,71(3):254 - 272.

② 郭华.美国图书馆协会与读者隐私权的保护[J].图书馆学研究,2009(12):73 - 75.

③ 许维娜.中美图书馆用户隐私权保护比较研究[J].新世纪图书馆,2009(2):67 - 70.

④ 杨涛,曹树金,等.图书馆个性化服务的用户隐私保护需求实证研究[J].图书情报工作,2010,54(5):55 - 58.

各类型图书馆创新服务举措

"几百年来,图书馆一直为读者提供书本,同时也通过读者反馈的意见来收藏新的书籍,打造馆藏体系。但现在的情况是,全球的读者正在非常热情地利用一些新的服务,因此,图书馆也应该让自己的服务顺应新的传播形式"。[①]澳大利亚国家图书馆馆长简·福勒顿的上述观点表明,图书馆必须适时推出全新的服务形式,来满足读者的需求,推动图书馆的发展。美国的伯克兰德在其《图书馆服务的再设计:宣言》一书中曾预言,"未来一百年将是图书馆员必须重新构筑图书馆服务架构的时代",并指出服务的便利性、服务的自助利用与馆外利用等是图书馆服务变化的主要特征。综观 2009 年到 2010 年国内外图书馆推出的创新服务举措,可以说创新服务推动了图书馆的发展,改善了为用户服务的水平和效果。这些创新举措主要有学科馆员服务、个性化服务、手机图书馆、社会性网络、数字电视服务、自助服务等。

1 学科馆员服务

当前,国内许多研究型图书馆都纷纷设置学科馆员岗位,开展学科馆员服务。学科馆员制度是图书馆一种新的办馆理念和服务模式,它使得图书馆的服务体系变得更加完善,读者也开始更加倾向于接受这种服务方式。学科馆员制度在国外已经存在至少有 50 年甚至更长的历史。学科馆员制度最早发端于美国和加拿大,1950 年美国的内不拉斯加大学图书馆设立分支图书馆并配备"学科馆员",1981 年美国卡内基—梅隆大学图书馆率先推出了"跟踪服务(track service)",[②]随后美国、加拿大以及西欧的部分研究型大学图书馆也相继推出了"网络化馆员免费导读(network librarian and free guide)服务"等学科馆员服务模式,深受读者欢迎。我国学科馆员制度起步较晚,1998 年清华大学率先实施"学科馆员"服务,而后学科馆员制度在我国一直呈蓬勃发展之势,继清华大学后,西安交通大学、北京大学、武汉大学等国内一些重点大学和"211"高校图书馆都相继开始实施这一制度,到目前为止全国已经有近百所高校图书馆开展了学科馆员服务。中国科学

---

① 吴昕编译. 他山之石[N]. 图书馆报,2010,3(5):A02.

② 胡继东. 关于学科馆员制度的建立与完善问题[J]. 图书情报知识,2002(3):78–79.

院国家科学图书馆于 2006 年正式开展了此项服务。到目前,国家科学图书馆已经在全院所有研究所全面启动了"融入一线、嵌入过程"的学科化服务工作,深入到研究所、实验室、课题组开展个性化知识化的服务。①

随着计算机技术和网络技术的飞速发展,国外学科馆员服务的模式出现了新的变化,参考咨询的方式也随之出现了一些新的变化。网上参考咨询逐步成为用户服务的重心,合作式的网上咨询服务也是国外学科馆员服务的一种全新的模式。②澳大利亚国家图书馆正在计划将聊天(Chat)、即时通信(IM)以及短信(SMS)甚至网络电话(VoIP)整合成一个参考咨询通信组合,以便能够即刻回复参考咨询并将其作为与图书馆员最初交流的一种方式。③美国加利福尼亚州立大学 Irvine 分校图书馆从 1997 年起利用 Apple Video Phone Kit 网络会议软件为用户提供实时交互和面对面的参考服务;④美国国会图书馆通过在线咨询系统 QuestionPoint 以及 Ask a Librarian 系统处理来自全球各地的问题;⑤澳大利亚国家图书馆应用了 AskNow 聊天参考咨询服务来回答用户在线提交的问题。此外,澳大利亚国家图书馆还应用了参考咨询管理系统 RefTracker,RefTracker 的知识库可以对参考咨询(不包括个人信息)进行回复,用户通过上网就可以获得服务,这样就提供了丰富的信息资源。⑥

目前国内外对学科馆员服务举措的研究文献和具体实践都呈上升趋势。国内研究的重点主要集中于以下两个方面:一方面,有越来越多的图书馆在实施学科馆员的实践,另一方面,也有许多研究者在深入探讨学科馆员是不是图书馆界的神话,是不是解决图书馆在信息社会中遭遇尴尬的"灵丹妙药",学科馆员制度

---

① 初景利,张冬荣.第二代学科馆员与学科化服务[J].图书情报工作,2008,52(2):6 - 10.

② 孟广均等.国外图书馆学情报学最新理论与实践研究[M].北京:科学出版社,2009:36 -37.

③ Bruhn S. Reader Services in the Next Five Years[EB/OL]. (2009 - 07)[2010 - 05 - 20]. http://www. nla. gov. au/policy/documents/ReaderServicesintheNextFiveYears. pdf.

④ 孟广均等.国外图书馆学情报学最新理论与实践研究[M].北京:科学出版社,2009:36 -37.

⑤ Annual Report of the Librarian of Congress for the fiscal year ending September 30,2007[R/OL]. Library of Congress,2008. [2010 - 06 - 15]. http://www. loc. gov/about/reports/annualreports/fy2007. pdf.

⑥ Bruhn S. Reader Services in the Next Five Years[EB/OL]. (2009 - 07)[2010 - 05 - 20]. http://www. nla. gov. au/policy/documents/ReaderServicesintheNextFiveYears. pdf.

整体效果如何,有没有达到预期的目的。[①]

2 个性化服务

个性化服务作为图书馆服务的一种重要模式,正被广泛应用在图书馆服务工作中,成为创新服务的新举措。它是随着计算机、网络与信息处理技术的发展而产生的。图书馆个性化服务主要的服务方式是:个性化页面定制服务、最新信息推送服务、知识挖掘服务、信息导航服务、智能代理、形式多样的参考咨询服务、实时交互式服务以及全文数据库个性化服务等。[②]

国内现在各图书馆开展的个性化服务的主要特点是:(1)以用户为中心;(2)实现图书馆与信息用户的友好交互;(3)建立复合式的信息资源组织体系;(4)服务方式更加灵活多样,方便读者;(5)建立快速便捷的信息传递通道。沈阳师范大学图书馆在网络环境下开展的多种个性化服务就是一个成功的尝试。[③]

国外图书馆和信息机构推行的个性化服务主要是以 Web2.0 为技术保障,应用 Blog(博客)、Wiki(维基)、RSS(简易信息聚合)、SNS(网摘)、Tag(标签)、IM(即时信息)等为核心,读者可以根据自己的个性化信息需求获取个性化的服务。美国国会图书馆于 2007 年 4 月 24 日建馆 207 周年之际,推出了国会图书馆历史上第一个博客(http://www.loc.gov/blog),这是联邦政府少数几个由官方建立的博客之一。[④]新加坡国家图书馆(NLB)将自己的资源放到一些博客上,建立图书馆的博客,利用这个博客向年轻的新加坡人介绍资源,从单纯依赖于本馆的藏书到依赖世界各国的图书,建立无边界的图书馆。[⑤]美国公共图书馆协会(PLA)开办了官方博客——美国公共图书馆协会博客(The PLA Blog)。[⑥]美国安亚伯地区图书馆(Ann Arbour District Library)把整个网站变成专题博客群。此外,伯明翰公共

---

① 李莉. 以学科化服务为契机,提升学科馆员服务的用户满意度[J]. 现代情报,2010,30(1):111 – 113.

② 王为纲,等. 图书馆个性化服务模式研究[J]. 医学信息学杂志,2010(2):66 – 69.

③ 史伟. 个性化服务:高校图书馆服务的新理念[J]. 图书馆学刊,2010(1):48 – 50.

④ Annual Report of the Librarian of Congress for the fiscal year ending September 30,2007[R/OL]. Library of Congress,2008[2010 – 06 – 15]. http://www.loc.gov/about/reports/annualreports/fy2007.pdf.

⑤ 华拉保绍. 充满活力的新加坡国家图书馆管理局[J]. 国家图书馆学刊,2007(3):2 – 5.

⑥ The PLA Blog[EB/OL]. [2010 – 06 – 20]. http://plablog.org/category/pla-blog.

图书馆、克利夫兰公共图书馆、爱尔兰都柏林市图书馆等还推出了微博服务。①

美国国会图书馆于 2006 年 12 月开始通过 RSS 订阅提供关于项目和活动的信息。在 RSS 订阅取得成功的基础上,国会图书馆在 2007 年 9 月又增加了一项全面的电子邮件更新服务。②麻省理工学院(MIT)与塔次大学(Tults University)提供新到馆图书目录的 RSS 订阅服务、期刊目次的 RSS 订阅服务及资料库 RSS 订阅服务。③

Library Success 是一个 Wiki 的实践,它为各种类型的图书馆员的设想和信息提供一站式服务。④东田纳西州立大学(East Tennessee University)图书馆设立了图书馆指导项目。圣约瑟公共图书馆也设立了专题指南维基(SJCPL Subject Guides),Wiki 站点按专题组织,帮助用户了解专题信息,发现阅读兴趣,用户也可以通过该平台反馈自己的想法和建议。巴特勒大学图书馆设立了参考维基(Butler wikiRef),它是一个关于数据库、书籍、网站等的协作评述平台,鼓励巴特勒大学的图书馆员、教师、学生添加他们使用过的参考资源,并对资源进行评论。⑤

3 全媒体服务

所谓"全媒体"就是综合运用各种表现形式,如文、图、声、光、电,来全方位、立体地展示传播内容,并通过文字、声像、网络、通信等传播手段来传输的一种新的传播形态。⑥全媒体的崛起对图书馆传统服务方式提出了新的挑战,读者利用图书馆的形式已经发生了颠覆性的变化,尤其是网络改变了现在读者利用图书馆的形式和途径。当前图书馆推出的全媒体服务方式主要有手机图书馆、社会性网络和数字电视等比较成型的方式。

---

① Microblogging[EB/OL].[2010 - 03 - 19]. http://www. libsuccess. org/index. php? title = Microblogging.

② Annual Report of the Librarian of Congress for the fiscal year ending September 30 ,2007[R/OL]. Library of Congress ,2008[2010 - 06 - 15]. http://www. loc. gov/about/reports/annualreports/fy2007. pdf.

③ 徐迈. Web2.0 在图书馆个性化服务中的应用[J].科技情报开发与经济,2010(2):11 - 12.

④ Library Success: A Best Practice Wiki [EB/OL]. [2010 - 06 - 15]. http://www. libsuccess. org/index. php?title = Main_Page.

⑤ 杨慕莲. Wiki 在图书馆中的应用研究[J].情报杂志,2008,28(10):60 - 63.

⑥ 全媒体[EB/OL].[2010 - 07 - 19]. http://baike. baidu. com/view/1491255. htm?fr = ala0.

3.1 手机图书馆

手机图书馆是一种新型的服务,它以智能手机为载体,采用先进的用户友好的技术,将实时信息推送服务和用户的自主选择相结合,为读者提供便捷、及时、个性化的服务。①手机图书馆是图书馆现代信息服务的延伸。现在关于手机图书馆的名称界定还没有统一,国内有的称为"手机图书馆",有的称为"掌上图书馆",国外有的叫 i-MODE,有的叫 Mobile Services 等。

我国图书馆从 2003 年开始开展手机服务。北京理工大学图书馆于 2003 年12 月 1 日正式推出试用手机短信息通知系统,随后北京大学、上海图书馆、国家图书馆等也纷纷推出手机图书馆服务。手机图书馆提供的服务主要包括图书超期提醒、图书预约、短信息续借、图书催还等。②目前,手机图书馆服务在各图书馆开始逐渐普及,不少图书馆开始尝试使用手机开展用户服务。

目前国外一些主要的图书馆和信息服务机构都开展了手机图书馆服务。联机计算机图书馆中心(OCLC)已经开通了 WorldCat Mobile 服务。③美国波尔州立大学图书馆已创建了移动版网站。弗吉尼亚大学图书馆也建立了移动网站。④澳大利亚国家图书馆将关注的重点集中在如何将图书馆的信息呈现在诸如手机等的移动设备上,并且要体现用户的个性化要求。⑤新加坡国家图书馆(NLB)提出了"便携图书馆"的概念验证,这一概念旨在将数字图书馆的内容和服务提供到用户的移动电话和个人数字助理,以确保用户随时随地都能够轻易使用到图书馆的服务。2009 年 2 月,NLB 发起了历时一年的针对移动门户应用和基于 SMS 咨询服务的公开讨论。⑥

手机图书馆作为新型的服务方式,经过近几年的探索和实践,已经取得一些成果,引起了广泛关注,国内外对这方面的研究也越来越重视,越来越多的图书馆开通了短信服务。随着 3G 技术的不断成熟和发展,基于 3G 手机的崭新的图书

① 袁旭.手机图书馆在高校图书馆开设的可行性探究[J].大学图书情报学刊,2009,27(3):25-28.

② 张骥.手机图书馆项目简介[R/OL].[2011-01-26].http://www.lib.cdut.edu.cn/newhp/xinwen/7/20080928 手机图书馆新闻发布会 PPT.ppt.

③ 张文彦,刘钟美,张瑞贤.美国手机图书馆的发展概况[J].图书馆建设,2009(11):96-101.

④ 金颖,张文彦.欧美手机图书馆先导计划[J].现代情报,2009,29(10):211-214.

⑤ Bruhn S. Reader Services in the Next Five Years[EB/OL].(2009-07)[2010-05-20].http://www.nla.gov.au/policy/documents/ReaderServicesintheNextFiveYears.pdf.

⑥ National Library Board Annual Report 2008/2009[EB/OL].[2010-07-14].http://www.nlb.gov.sg/annualreport/fy08/index.html.

馆服务模式必然会在图书馆的未来工作中发挥积极的作用。因此,图书馆应该加强手机图书馆的研究,加大对手机图书馆建设的投入。

3.2　社会性网络服务

近几年来,随着网络社会化应用的发展,以关系为纽带、以用户生产内容为核心、以扩展用户真实交际圈为特色的社会性网络服务(以下简称为 SNS)为互联网用户互动分享知识提供了跨时空的场所。作为 Web2.0 的核心应用,SNS 已经成为互联网行业的热门词汇。SNS 的出现彻底改变了互联网用户的生活方式,将现实生活中的人际关系带进一个"网人合一"的时代。[①]当前,SNS 在国内外图书馆的应用与讨论已经成为热点问题。可以说 SNS 给图书馆带来了一场深刻的变革,为图书馆拓展信息服务提供了新的契机和思路。

SNS 网站于 2003 年 3 月在美国悄然兴起,短短 5 个月内就风靡整个北美地区。据统计,在硅谷工作的每 3 个人中就有 1 个人使用 SNS 来拓展自己的交际圈。[②]从国内外 SNS 应用来看,社会性网络被用于图书馆开展服务已经有广泛介绍与实践,主要成果是一些标志性网站的建立和应用,如以 MySpace 为旗帜的社会交友网络,以 Second Life 为代表的虚拟三维世界"图书馆之城",以豆瓣为标志的社会读书网站等。

MySpace 中的注册用户中有相当一部分是图书馆的潜在用户。美国《图书馆杂志》撰文称,MySpace 将变成图书馆的服务空间(LibrarySpace)。从图书馆应用 MySpace 的实践来看,目前已经有很多大学图书馆参与到 MySpace 的社交网络中。巴那德大学图书馆、布鲁克林大学图书馆、乔治亚技术图书馆、休斯敦大学图书馆、肯塔基大学图书馆等纷纷在 MySpace 中建立自己的服务站点。[③]

在理论研究的同时,一些图书馆员已经开始了 SNS 的实践性服务。美国宾夕法尼亚大学图书馆利用 del. icio. us 开发了自己的标签系统,允许用户对图书馆提供的资源(如目录、引文等)和网页信息加标签,此外还提供了在线研究辅导小组、图书馆工具栏、即时信息和在线聊天咨询等一系列服务。[④]美国的 Ann Arbor 图书馆利用 Drupal 上的开源代码在 OPAC 上加入了个性标签、打分和评论的功能,还更新了其网站,提供了个人空间,使用户能添加评论、导入博客、增加 RSS

[①]　聂应高. SNS 在图书馆信息服务中的应用[J]. 图书馆工作与研究,2009(6):77-80.

[②]　能向群. SNS:网络人际传播的现实化回归[J]. 河北大学学报:哲学社会科学版,2006(2):130-131.

[③]　游园惊梦. 国外图书馆 2.0 实践:MySpace 篇[EB/OL]. [2008-05-20]. http://youmeng. bokee. com/6146533. html.

[④]　Labs. library. [EB/OL]. [2009-02-03]. https://labs. library. upenn. edu.

Feed 等。①此外,不少图书馆利用 Space 的页面作为自身宣传窗口,如加拿大的一些公共图书馆、美国的丹佛公共图书馆等。②

SNS 服务的开展,给图书馆带来的好处是:(1)促进用户互动和资源分享;(2)拓展图书馆的服务空间;(3)创新图书馆的服务内容;(4)优化图书馆的社会环境。③图书馆要深刻分析理解自身所面向的用户特点,集中资源,不断改进创新,形成自己的特色,以便在"用户为王"的时代,通过 SNS 提供更多具有创意的图书馆信息服务。

3.3 数字电视服务

图书馆与数字电视是信息产业与文化产业的重要组成部分,通信技术和信息技术的迅猛发展使得图书馆与电视发生了深刻的变化,图书馆正在向数字图书馆转变,而模拟电视也正在向数字电视迈进。目前我国大部分省市都开通了数字电视节目,市民开始享受数字电视所带来的乐趣。面对着国内数字电视的滚滚浪潮,图书馆界如何利用数字电视这个新的平台来拓展图书馆服务,成为未来研究和实践的热点。

数字电视的出现,使图书馆传播人类文化的基本功能得到了进一步的延伸和深化。从目前来看,我国的图书馆事业正在由图书馆自动化阶段向数字图书馆阶段迈进,图书馆中将保存越来越多的数字资源,这使得图书馆利用数字电视来传播图书馆保存的知识和文化有可能得到实现。利用数字电视这个新平台,图书馆可以实现查询、导航、预约预借、续借服务、预览阅览、光盘点播、新书通报、支付等 8 个方面的服务。

国内图书馆数字电视开展得比较有影响的是国家图书馆的"国图空间"。"国图空间"作为全球首家国家图书馆的数字电视应用服务项目,是国家图书馆与北京歌华有线电视网络公司合作的成果。

数字电视图书馆服务的优点主要体现在:一是普及程度高,易于操作,主动性好,读者在家只需按动遥控器就可以进行借阅、查询甚至是阅览服务;二是方便,只要家里开通了数字电视,就可以享受图书馆的相关服务。其缺点主要体现在:第一,目前广电系统正在由模拟电视逐步升级为数字电视,人们对数字电视的了解还不够全面和深入;第二,目前数字电视的相关技术还不够成熟,有待进一步完

---

① Sharing,Privacy and Trust in Our Networked World[R/OL].[2011 - 01 - 26].http://www.oclc.org/reports/sharing.

② Block M. *The Thriving Library*:*Successful Strategies for Challenging Times*[M].Medford:Information Today,Inc,2007:129 - 134.

③ 聂应高.SNS 在图书馆信息服务中的应用[J].图书馆工作与研究,2009(6):77 - 80.

善,例如读者通过遥控器只能输入数字,不能输入汉字,不能进行精确查询等。数字电视与图书馆如何更好地结合起来,为读者提供优质的服务,还需要进一步深入研究。①

4 自助服务

随着现代科技发展,图书馆服务的智能性和自助化成为一种必然。一方面,经济技术的发展、政府的重视及财政投入的增加,使图书馆服务的智能化成为一种可能;另一方面,广大市民日益增长的精神文化需求,青年一代喜爱简捷、自助的生活方式,以及现代生活节奏的加快,使图书馆服务的自助化成为一种需要。于是,图书馆自助服务应运而生。自助服务的关键是用户在图书馆寻书究学活动中实现自我、方便自我、满足自我。②从某种意义上来说,自助服务是对读者服务本质的革命。

关于图书馆自助服务的研究,图书馆界从理论到实践,由国外到国内,理论探讨、个案分析仍是渐次深入、相互推进。特别是最近几年,在自助服务应用方面出现令人惊喜的变化,一定程度上引领这一领域前进的方向。

目前图书馆自助服务主要方式有 RFID 的应用、自助借还书机、自助图书馆、图书馆 ATM、城市街区 24 小时自助图书馆系统等。

(1)RFID 技术的应用。RFID 技术是近几年兴起的一项新的自动识别技术,它为图书馆自助服务打开一个崭新世界,更加体现了一种全新的服务理念。自20 世纪 90 年代末起,欧美尤其是北美地区许多国家将 RFID 技术运用到图书馆管理全过程,自助服务在图书馆得到全面提升。美国、澳大利亚、印度、荷兰、马来西亚、新加坡等 10 余个国家的多个图书馆近年来相继采用了该项技术。国内目前已有东莞图书馆少儿室、深圳图书馆新馆、中国国家图书馆二期、杭州图书馆新馆、厦门市少年儿童图书馆、上海长宁区图书馆等采用了基于无线射频技术的自助服务。据美国保点公司统计,全球使用该公司生产的 RFID 技术的图书馆已多达 200 多家。③

(2)自助借还书机。1974 年,第一部自助借书机出现在美国德州大学达拉斯分校。随后,美国 3M 公司在澳州大学图书馆开展推出自助借还书机测试。目前,在美国、澳大利亚、英国等国和我国台湾、香港地区的许多图书馆都陆续使用了自助借还书系统。近年来,我国内地一些图书馆使用了自助借还书系统,就图

① 董朝峰.图书馆自助服务研究及应用进展[J].图书馆论坛,2009,29(4):152-154.

② 唐倩.图书馆自助服务发展历程及典型个案[J].新世纪图书馆,2009(6):45-48.

③ 朱影.图书馆自助服务发展趋势探析[J].图书馆学研究,2007(12):54-55.

书馆的类型来看,大学图书馆使用较多,其次是公共图书馆。[①]

(3)自助图书馆。台北市于2005年正式建成台湾地区的首家自助图书馆,称为"penBook无人服务图书馆",实现了图书馆的自助服务。东莞图书馆利用建设新馆的契机,建立了内地首家自助图书馆。

(4)图书馆ATM。东莞图书馆ATM是一个带操作面板和图书、读者卡出入口的智能书柜,可容纳500—1000册图书(视放置图书馆ATM空间位置而定),柜内图书使用RFID标签,但读者卡的识别仍用条形码识别技术,因而读者无需另外办证,凭(东莞图书馆)总分馆的借书证便可借书。当前图书馆ATM已实现读者证验证、按读者的借书权限借出图书、图书归还等功能,能将读者所借图书自动送出,将读者归还的图书自动上架等。国外也有类似的图书ATM机使用,比如安装在美国加利福尼亚旧金山湾区地铁自动检票口前面的Library-a-Go-Go机器等。

(5)城市街区24小时自助图书馆系统。国内最有代表性的就是被美誉为"第三代图书馆"的深圳图书馆城市街区24小时自助图书馆系统。该系统主要由自助图书馆服务机、图书馆监控中心和物流管理系统这三部分构成,其核心部分是自助图书馆服务机。

在现代社会,用户自助服务已蔚然成风,期待着将"服务至上、读者第一"奉为圭臬的图书馆界对此论题有更为深广的持续探讨与关注,以推动图书馆自助服务领域的蓬勃发展。[②]

供稿:程鹏(国家图书馆研究院)

宋辰(国家图书馆典藏阅览部)

① 钱红.自助借还书系统的"功"与"过"[J].图书馆建设,2008(5):75-76.

② 董朝峰.图书馆自助服务研究及应用进展[J].图书馆论坛,2009,29(4):152-154.

国内外图书馆服务评价研究与实践进展

服务是图书馆的核心问题,而服务的评价是检验服务效果的重要手段。近两年,国内外学术界进一步加强了对图书馆服务质量评价的研究,如上海图书馆王世伟教授领衔的"国际大都市图书馆指标体系研究"是 2005 年国家社科基金重点项目,并出版了专著。①《图书馆质量评价体系与国际标准》一书,系统地对国际标准大背景之下的图书馆质量评价问题作了深度分析和研究。②同时,在实践上,很多图书馆也将各种评价方法应用于实际服务效果的测度上,对于推动图书馆进一步改进服务与管理,产生了重要而积极的影响。总的来说,在图书馆服务评价上,基于读者调查的评价方法得到了广泛的应用,评价主体和评价内容呈现多元化。无论国内还是国外,人们关注的焦点仍然是 LibQUAL + ⑧,围绕着 LibQUAL + ⑧进行了深度研究,并进行本土化的改造与实证。关于图书馆评价的一些新趋向(LibQUAL + ⑧ Lite 和 ClimateQUAL)需要我们更多地关注,存在的问题也需要逐步地解决。

1 基于读者满意度调查的评价方法的广泛应用

近些年来,读者满意度问题得到了国内外图书馆界的广泛关注和高度认同。纵观国外图书馆服务质量评价在过去 15 年的发展,很显然,人们一直采用市场期望的概念来测量图书馆服务质量。③这一方面是受到其他领域服务管理理论发展的影响,试图利用一般服务质量评价的理论和方法解决图书馆的服务质量评价问题。另一方面,这样一种来自读者的客观评价驱使我们重新思考图书馆的服务目的、服务理念和服务实践:图书馆的服务是否真正与读者的需求相契合,在多大程度上满足了读者的需要,图书馆的服务工作有哪些方面还需要积极地加以改进。尽管用户的评价并不是图书馆评估的全部,但它所提供的评价思想和评价工具,代表的是作为服务机构的图书馆评估的主流。

---

① 王世伟主编. 国际大都市图书馆指标体系研究[M]. 上海:上海科学技术文献出版社,2009.

② 张红霞. 图书馆质量评价体系与国际标准[M]. 北京:国家图书馆出版社,2008.

③ Nitecki D A. Service quality: Research perspectives [J]. *Library & Information Science Research*,2005,27(3):411 −413.

基于读者满意度调查的评价方法是实证中应用最广的,因为能够更为直接地掌握图书馆服务的效果和读者需求,以该理论模型形成的评价体系(指标体系)也较多。除 LibQUAL + ⓡ之外,还有 Insync Surveys、DIGIQUAL、MINES 等。美国研究图书馆学会(ARL)还建立了一个 StatsQUAL™ 门户,包括 ARL statistics™、LibQUAL + ⓡ、DigiQUAL ⓡ、MINES for Libraries ⓡ 和 ClimateQUAL™等一系列评估工具体系。①

2009 年 6 月,文化部下发了第 4 次公共图书馆评估定级的通知,在"读者满意率"指标后的备注栏注明:由评估组发放调查表,对图书馆办馆条件、环境、服务质量、服务效果等征求读者意见。新增了"读者服务工作—数字资源服务"二级指标,包括图书馆网站、网上信息服务(网上预约、网上续借、参考咨询)、数字咨询利用 3 个三级指标,显示出对数字图书馆服务效果的关注。

2 图书馆服务质量评价模式日趋多元化

多年以来,图书馆一直奉行自身评价,以自我为主体开展图书馆的评价工作。自我评价(自评)仍然是需要的,但客观评价,特别是图书馆界以外的第三方开展的评价正在引起人们的关注。美国大学图书馆评价的主要目的是通过评价,证明其对大学发展的支持,对科研教学和创新的贡献。在美国,大学图书馆评价的主体包括国家机构、行业协(学)会、大学图书馆和第三方机构等 4 种类型。值得关注的是科研机构、资源提供方、商业咨询公司、出版机构等对图书馆的评价,如 Pew Reaserch Center 的"因特网与美国人的生活"项目中有关图书馆的评价,更加客观地揭示了图书馆在整个社会中的地位和状态,引发我们更多的思考。②从某种意义上讲,第三方的评价立场更加客观,评价方法更加公正,评价内容更加重要。

除了一般性的评价外,对图书馆服务某一方面内容的评价,也同样是重要的,如用户教育的评价。美国高校图书馆的用户教育至今已有 100 多年的历史。随着信息技术的发展,用户教育的重点逐步从书目教育向信息素养教育深化,教育方式从辅导手册向计算机辅助教学扩展,并开始重视用户教育效果的评估。③复旦大学图书馆 2009 年 5 月开展了"2009 图书馆宣传推广活动"系列营销活动,对营销活动的效果进行了较为全面的评估。其中包括:评估营销活动对图书馆服务的影响、评估营销活动对图书馆资源的影响、评估营销活动对目标用户的影响、评估

① StatsQUAL™ [EB/OL]. [2010 - 10 - 04]. http://www. digiqual. org.

② 李海涛,宋琳琳. 美国大学图书馆评价主体的研究[J]. 图书馆学情报学,2010(8):38 - 46.

③ 彭宁波. 美国高校图书馆用户教育研究评述[J]. 新世纪图书馆,2010(5):82 - 85.

营销活动对图书馆形象的影响。①图书馆任何服务项目都可以随时随地地评估服务的效果,总结经验和教训,促进该服务在今后更好地开展。

图书馆服务质量评价可以是单一侧面的评价,也可以是综合的评价,可以是一个维度的评价,也可以是多个维度的评价。关于图书馆服务质量多维度多层次结构模型的研究,有人提出了整合技术质量和功能质量两个方面的图书馆服务质量评价模型,认为,图书馆管理者必须根据自己的实际情况,对这两部分的质量都进行关注,不能忽视任何一方。②

一些国家图书馆协会在推动图书馆业务规范和服务标准中的作用越来越突出。澳大利亚图书馆与信息协会(ALIA)近些年来制定了20项相关标准,③用以指导图书馆各项活动的开展。其中包括:《信息自由获取声明》《作为商品的信息及其对经济发展重要性的政策声明》《联合使用图书馆声明》《图书馆与信息部门:核心知识、技能和属性》《图书馆和信息服务工作任命声明》《图书馆和保密准则》《非标准就业的政策声明》《专业操守声明》《关于雇主在教育和专业发展中的作用和责任的声明》《图书馆和信息服务资深工作人员任命声明》《澳大利亚家庭图书馆服务准则》《图书馆残疾人士标准的指导方针》《澳大利亚国民信息素养声明》《图书馆与信息素养声明》《关于图书馆、信息服务机构与本地居民的声明》《面向残疾人士的图书馆和信息服务声明》《ALIA网络内容管理声明》《保存声明:信息产品的持久性和耐用性》《图书馆和信息服务中志愿工作的声明》等。这些标准值得我们认真地进行研究和借鉴。

国际标准在推动图书馆服务评价的标准化方面起着不可替代的作用。基于国际标准(ISO)等同采用的国家标准GB/T 13191—2009《图书馆统计》已经由国家质量监督检验检疫总局和国家标准化管理委员会联合发布,于2009年9月1日正式实施。④该标准代替GB/T 13191—91《情报与文献工作机构统计标准》。与GB/T 13191—91相比,本标准在结构和内容上都有较大变化,主要变化如下:与国际标准ISO 2789接轨;增加了图书馆电子资源与服务的统计项目;规定了ISO 11620《信息与文献—图书馆绩效指标》中所需要的统计数据;增加了若干统计项目,以反映近年来图书馆工作的变化。另一部重要的标准是2008年推出的ISO 11620—2008《图书馆绩效指标》(*Information and documentation-Library performance indicators*),是该国际标准的第2版。它取代了第1版和修订版的内容,即将以等

---

① 张敏,王乐.图书馆营销活动的评估方法研究[J].图书馆建设,2010(9):80-83.

② 岳江君,施国洪,陈敬贤.图书馆服务质量多维度多层次结构模型[J].图书馆,2010(4):36-40.

③ 柳英.澳大利亚公共图书馆服务标准内容略探[J].图书馆杂志,2010,29(3):58-62.

④ GB/T 13191—2009.信息与文献 图书馆统计[S].北京:中国标准出版社,2009.

同采用的形式作为国家标准发布。

3　LibQUAL＋Ⓡ的深度研究

从2000年起，与服务质量评价相关的课题与论文如雨后春笋般出现，这在一定程度上促进了国内图书馆服务质量评价的研究与实践。根据对中国期刊全文数据库(CNKI)的检索，2008年到2010年10月不到3年的时间，国内各期刊发表有关LibQUAL＋Ⓡ的文章26篇。这些文章从不同的侧面，深入地剖析了LibQUAL＋Ⓡ的特点及LibQUAL＋Ⓡ的本土化应用问题。这些论文从LibQUAL＋Ⓡ的开发与演进、LibQUAL＋Ⓡ分数的真实性检测、LibQUAL＋Ⓡ分数的解释、LibQUAL＋Ⓡ分数的实践应用、开放式评论的量化、LibQUAL＋Ⓡ分数的影响因素、LibQUAL＋Ⓡ的质疑及LibQUAL＋Ⓡ精简模型方面对2000年至2009年国外学者在LibQUAL＋Ⓡ方面的主要研究成果进行梳理，对国外学者的相关研究特点进行了归纳。[①]

LibQUAL＋Ⓡ服务质量评价体系和方法是正在进行的实验项目，它的最终目标是要制定适合于评价图书馆的一套指标，确定读者对图书馆服务质量作出评价的方法，建立图书馆服务质量评价的模式。它的应用对图书馆个体来说，对内可以改进服务质量，对外可以运用评价结果得到更好的认同，争取更大的支持。这个项目另外一个方面的意义在于能够使图书馆将自身的服务质量与其他图书馆作横向比较，也可以将本馆当年的测评结果与往年的测评结果进行比较。

需要进一步研究和通过实践验证的问题是，LibQUAL＋Ⓡ如何才能在国内研究性图书馆中适用？有研究认为，LibQUAL＋Ⓡ方法使用的评价模型存在以下缺陷：测评层面和测评问题设置不尽科学；样本的选择没有考虑用户层面图书馆阅历的差异，绝对平均化；没有看到感知服务水平和期望服务水平之间的相关性。[②]另外的研究认为，LibQUAL＋Ⓡ可以比较准确地测量出用户满意度，它的结果是评价图书馆服务质量的重要参数，但作为评价图书馆服务质量的工具却有一定的局限性。[③]因为，LibQUAL＋Ⓡ的基本观点——"只有顾客能判断质量，其他的评价都是无关紧要的"很难适应于图书馆；图书馆服务质量并不等同于用户满意度，LibQUAL＋Ⓡ只适宜用来测量图书馆用户的满意度，不能全面测量图书馆的服务

---

① 张艳芳. 回眸近十年国外学者之LibQUAL＋研究[J]. 图书馆学研究,2010(12):2-6.

② 曹培培. LibQUAL＋Ⓡ服务质量评价方法的思考与改进——以高校图书馆为例[J]. 图书情报工作,2008,52(4):100-103.

③ 史继红. 论LibQual作为图书馆服务质量评价工具的局限性[J]. 情报科学,2008,26(3):414-417.

质量;LibQUAL＋®测量的服务质量实际上是用户感知到的质量,而不是客观的服务质量。因此,在实际工作中,建议把 LibQUAL＋® 和 ISO 11620 这样的评价方法结合起来,从不同的角度了解图书馆的服务水平。同时采用两种评价方法可以帮助我们避免偏颇,对图书馆的服务质量有一个更全面、客观的认识。

还有的论文通过 LibQUAL＋® 服务质量评价体系与我国《普通高等学校图书馆评估指标(征求意见稿)》的比较,分析了两种服务质量评价体系的差异和实际操作中的利弊,指出生搬硬套国外的理论及做法和忽略国内成功的经验,是一种认识上的偏差和倒退,提出要根据国外服务质量体系的研究成果和实践经验,总结我国成功的做法,结合我国的实际情况,扬长避短、合理借用、不断改进、逐步完善,探索一种适合我国图书馆服务质量体系评价与认证的实用模式。[①]

LibQUAL＋®作为一种评价工具一直以来处在不断的测试和完善之中。有论文研究了 2000 年以来 LibQUAL＋® 的发展,总结 LibQUAL＋® 过去 8 年间的变化与特点,进而提出图书馆服务质量测评的发展方向,主张测评指标要稳定化和通用化,测评过程要制度化和规范化,由馆内自主测评向第三方测评转化,测评方式要网络化,要定量测评与定性测评有机结合,从主观、要素评价向客观、用户感知评价方向发展。[②]

4　LibQUAL＋®的本土化改造与实证

对很多图书馆而言,LibQUAL＋®不是研究层面的问题,而是如何通过实践检验、推动图书馆服务评价实践的问题。近两年,我国先后有多个图书馆运用 LibQUAL＋®原型、LibQUAL＋®的修正模型以及 Insync Surveys 模型进行本馆服务质量的实证研究。

清华大学图书馆的具体实践表明,LibQUAL＋®的思路和模式也基本适用于国内大学图书馆。[③]通过应用修正后 LibQUAL＋®,为我们如何更好地进行图书馆服务质量评价开拓了新视野。我们可以考虑通过借鉴、移植、改造,形成适用于国内各类图书馆服务质量评价的 LibQUAL＋®。当然,有研究指出,如果要移植这个方法,并在国内图书馆界广泛应用,还需要进一步探讨研究组织实施方式、运行

---

① 朱宁. LibQUAL ＋与我国图书馆评估体系的比较研究[J]. 情报理论与实践,2008,31(5):747 - 750.

② 王秀华,吴冬曼. 从 LibQUAL 的变化看图书馆服务质量测评的发展方向[J]. 图书情报工作,2008,52(7):67 - 70.

③ 吴冬曼,赵熊,解春伟,等. 网络环境下图书馆服务质量评价方法探析——清华大学图书馆读者满意度调查工作的实践与思考[J]. 大学图书馆学报,2006(1):49 - 52.

模式机制、技术开发和技术支持、配套设施、各系统馆际合作等问题。

　　清华大学图书馆承担的国家社科基金项目(06BTQ001),在理论研究的基础上,通过大量的开放式问卷调查和专家咨询,收集分析来自读者的第一手数据,采用一定的方法对初选指标进行筛选提炼,研制适合国情的科学合理的系列指标体系,确立反映读者需求的图书馆服务评价指标体系和基于网络的读者评价方法(CLQ)。主体成果是:确立了读者服务评价的"通用指标 + 特色指标"模式,即:针对不同性质的图书馆划分了各自适用的特色指标,从而可供高校馆、专业馆、公共馆分别根据这套指标设计出各自适用的评价问卷,形成评价对象的高校图书馆、公共图书馆、专业图书馆三个版本。指标体系分为四个维度,33 项通用指标,13 个特色指标(高校馆 5 个、专业馆 5 个、公共馆 3 个),各类型图书馆指标总数分别为:高校馆 38 个、专业馆 38 个、公共馆 36 个。随后于 2008 年 10 月 14 日至 2008 年 12 月 29 日,邀请和组织了北京及全国各地 14 家高校馆、5 家公共馆和专业馆,共同参与读者满意度联合调查,进行实证研究,通过服务质量评价实验,验证第三方服务质量评价的组织流程和关键技术方法,获得宝贵的实验数据,为项目提供第一手研究数据和研究参考依据,检验、修改评价指标和方法的适用性,同时为参与调查的图书馆改进服务提供评价指导。该研究项目以第三方的身份,在国内一定范围图书馆内将首次进行联合的图书馆服务质量调查,从横向上了解不同类型图书馆(读者满意度调查)的服务现状,揭示当前图书馆服务的现状和服务效果,把握读者对图书馆服务的需求程度和图书馆服务存在的问题,对客观认知我国图书馆读者服务的实际具有重要的意义和价值。其中,厦门大学图书馆所作的问卷调查,[①]通过所获数据,比较分析了不同类型学生读者在文献资源、资源获取便利性、环境与设施、馆员和服务等方面满意度评价的异同,并思考如何更好地满足读者需求。

　　河南 4 所高校图书馆在对原有的 LibQUAL + ® 评价工具改造的基础上,以清华大学用户满意度调查问卷的 22 个项目为基础,征求专家的意见,根据河南高校的实际情况,设计问卷,对 LibQUAL + 进行验证性研究,揭示了河南省高校图书馆在服务质量方面所存在的共性问题,提出了改进的建议,同时还发现了国内外理论界在图书馆服务质量研究结果方面的异同。[②]

　　嘉兴职业技术学院图书馆在参考 LibQUAL + ® 模型的基础上,于 2007 年 10 月开展了一次面向学生读者群的服务质量问卷调查,对图书馆各项服务的相对感

---

　　① 56 陈滨,邵敏.学生读者的需求满意度调查分析——以厦门大学为例[J].大学图书馆学报,2010(3):104 - 110.

　　② 王丹丹.基于 LIBQUAL + 的图书馆服务质量评价模式研究[J].图书馆理论与实践,2008(6):1 - 4.

受满意度进行测度。结果显示,图书馆各项服务的读者满意度均处于偏低水平。在测度各项服务的读者关注度后,针对位于关注度前9位的各项服务提出提高服务质量的措施。[①]

2008年,武汉大学图书馆申请执行了完整版的 LibQUAL + Ⓡ读者调查,全额支付费用,完全遵照 LibQUAL + Ⓡ的指标体系和数据采集流程。[②]

上海应用技术学院参照 LibQUAL + Ⓡ评价模型,根据这四大评价指标,自行开发设计基于用户感受的服务质量评价系统,并运用该评价系统对上海应用技术学院图书馆服务质量的各个方面进行实例评价。[③]

浙江林学院图书馆将 LibQUAL + Ⓡ加以修正后于2008年5月开展了一次针对学生用户群的调查,在统计数据的基础上,评价了图书馆的服务质量状况,同时对 LibQUAL + Ⓡ模型在图书馆服务质量评价中的局限性进行了研究和探讨。[④]

在海南,与用户满意度有关的科研课题也被列为省教育厅的资助项目,省高校图工委将建立用户满意度评估指标体系列为2008年的重点工作计划。[⑤]

复旦大学图书馆于2009年5月在全校范围内进行了一次图书馆读者满意度调查。[⑥]本次调查参考了 LibQUAL + Ⓡ,收集和分析了其在国内图书馆中的相关实践案例,结合本校实际情况确定了本地化的调查方案。调查结果对图书馆进一步提高服务水平和服务质量方面起到重要作用,对图书馆未来的发展规划具有重要意义。

哈尔滨师范大学还运用专业化的市场调查方法——神秘顾客法,以实现 LibQUAL + Ⓡ的本土化改造。[⑦]神秘顾客法由神秘顾客(通常聘请的是独立的第三方人员,如市场研究公司的研究人员或经验丰富的神秘顾客人员),通过参与观察

① 曹嵩.基于 LibQUAL + TM 的图书馆服务质量评价——嘉兴职业技术学院图书馆服务质量调查与思考[J].图书馆建设,2008(11):73-76.

② 谢春枝.LibQUAL + Ⓡ图书馆服务质量调查的实证分析——以武汉大学图书馆为例[J].大学图书馆学报,2009(5):24-28,109.

③ 郭宏伟,孙勇,孙汝杰.基于用户的图书馆服务质量评价系统设计与实现[J].上海高校图书情报工作研究,2009(3):25-28.

④ 夏有根,潘继进,徐一忠.基于 LibQUAL 的图书馆服务质量评价及实证研究[J].理论与探索,2009,32(6):32-35,13.

⑤ 朱良杰.StatsQUAL 主要评估工具对海南省高校图书馆评估的启示[J].现代情报,2010,30(2):145-148.

⑥ 张敏,谢琳,邵诚敏,等.基于 LibQUAL 的图书馆服务质量评估与提升——复旦大学图书馆读者满意度调查案例分析[J].上海高校图书情报工作研究,2009(4):1-5.

⑦ 张艳芳.神秘顾客法:突破 LibQUAL + 本土化制约因素的对策[J].图书情报工作,2010,54(9):35-38.

的方式（participant observation）到服务现场进行真实的服务体验活动。

天津师范大学青年（教育）基金资助的"关于图书馆文献信息服务满意度调查研究"项目，结合国内的实际情况以及美国的测度工具 LibQUAL + Ⓡ 提出"指标体系"模型，通过实证研究并根据分析结果对模型加以修正和完善，最终构建科学的本地区的"指标体系"。问卷发放对象为天津市 6 所高校的图书馆用户以及天津市 19 所高校 2008 年全年借阅总量大于 200 册的图书馆用户。[①]

5 测度工具与方法的新发展

LibQUAL + Ⓡ最新的发展动态是 LibQUAL + Ⓡ 精简版（LibQUAL + Ⓡ Lite）的实验，被称为"过去若干年来 LibQUAL + Ⓡ 最重要的发展"。[②]LibQUAL + Ⓡ目前存在的主要问题是调查的问题较多（22 个核心问题和 5 个本地问题对读者而言仍然是冗长的），需要花费用户大量的时间（尽管 LibQUAL + Ⓡ宣称完成这份问卷大约需要 13 分钟，实际上要远远超过这个时间），结果是读者的回复率较低（研究表明网络调查的回复率大约在 15%—20%）。Texas A&M 大学的研究人员早在 2000 年就对网络调查的回复率问题进行过研究。学者们发现调查表的长度是决定回复率高低的关键因素。因此，LibQUAL + Ⓡ的开发者致力于最终建立一项填写不超过 10 到 13 分钟的调查，甚至花费更短的时间。为此，2003 年就有学者提出了两种简略形式的 LibQUAL + Ⓡ。到了 2008 年，ARL 和 Texas A&M 大学的研发小组测试了另外一种形式的 LibQUAL + Ⓡ，称为 LibQUAL + Ⓡ Lite。Lite 方案利用问题抽样方法获取所有有关 22 个调查问题的数据，同时只要求所确定的用户答复 22 个核心问题中的 8 个问题。22 个核心问题是：服务情感移入层面 9 个，信息控制层面 8 个，图书馆场所层面 5 个。具体做法是：用户从三个层面各选 1 个关联性（linking）问题，剩下的 5 个问题从剩下的 19 个核心问题中随机选取：2 个问题从 8 个非关联的服务情感移入问题中随机选取，2 个从 7 个非关联的信息控制问题中随机选取，1 个问题从 4 个非关联的图书馆场所问题中随机选取。这种抽样策略机制以及 2008 年春实验测试的部分结果，已有文献报道。2009 年的一篇博士论文对有关这一新的简略版方案作了详尽的数据分析和文献

① 钱蔚蔚. 天津高校图书馆信息服务质量评价实证研究［J］. 情报杂志，2010，29（5）：133 -136.

② About LibQUAL + Ⓡ Lite［EB/OL］.［2010 - 10 - 6］. http://www. libqual. org/about/about_lq/LQ_lite.

评述。①这样一种建立在合理抽样基础上的用户调查,既兼顾了调查问题的需要,又节省了读者的时间,有利于保证读者的广泛参与和较高的回复率。

ClimateQUAL®是 ARL(美国研究图书馆协会)支持的最新推出的一种组织环境与多样性评价工具。依据 B. Schneider 的 ASA(吸引—选择—摩擦)理论,多样性是组织生存所必不可少的,为此,组织就必须培育各种不同的气候将这一思想渗透到员工和用户之中。ClimateQUAL®的目标是:②促进健康的组织环境与多样化文化;帮助图书馆更好地理解员工对组织环境与多样性的认识;促进持续的员工反馈的采集和解释;认定管理组织环境的最佳实践;实现图书馆在数据基础上的解释与行为。ClimateQUAL®组织环境(organizational climate)指标包括:③组织公正环境(分布公正、程序公正、人及关系公正、信息公正);领导环境(对领导者的信任、领导—成员关系质量、管理人员热衷于服务、真正改革型领导);人际关系环境(团队层面的人际关系、管理人员对员工的人际关系的管理);深度多样性环境(非歧视性做法、标准化程序、价值体系多样性);人口多样性环境(种族、性别、职级、性取向);创新环境(监管、共事、持续学习的气候);团队环境(团队利益、团队的组织价值观、团队的结构简易化、团队的信息便捷、用户服务的环境、团队层面心理安全环境、图书馆层面心理安全环境、工作满意度、组织使命感、组织成员行为、组织退出);工作场所的心理授权(个人授权、团队授权、任务授权);工作单元冲突(人际关系、任务)。国内已经开始关注国外关于ClimateQUAL®的研究和应用情况,认为 ClimateQUAL®给我们提供了全新的评价图书馆服务质量的视角,所展示的全新的图书馆服务质量评价思想,值得我们借鉴和思考。④

6 评论与建议

纵观上述研究,国内外关于图书馆服务质量评价已经从引进和研究层面发展

① Kyrillidou, M. Item Sampling in Service Quality Assessment Surveys to Improve Rates and Reduce Respondent Burden:The 'LibQUAL + ® Lite' Randomized Control Trial (RCT)[D/OL]. Urbana:University of Illinois at Urbana-Champaign,2009. [2010 - 10 - 06]. https://www. ideals. illinois. edu/bitstream/handle/2142/14570/Kyrillidou_Martha. pdf? sequence = 3.

② ClimateQUAL®[EB/OL]. [2010 - 09 - 12]. http://climatequal. org.

③ Kyrillidou M, Lowry C, Hanges P, et al. ClimaeQUAL™:Organizational Climate and Diversity Assessment[C]. Proceedings of the fourth national conference of the association of college and research libraries,2009:150 - 164.

④ 包平,周丽. ClimateQUAL®图书馆服务质量评价新体系. 大学图书馆学报,2010(5):96 -100.

到应用与实践层面;从单纯地套用国外的评价指标,到对评价指标进行本土化的改造;从单一的评价模型到多元的评价体系;从图书馆自我评价到引入第三方的客观评价等。在这一领域,有关的理论研究与实践活动都非常活跃。

就我国图书馆而言,关于图书馆服务评价,尽管人们做了大量的研究工作与实践探索,但仍然需要不断地深化和持续地创新。为此,需要在以下方面作出努力:

(1)将图书馆的评价置于国际大背景之下

我们都承认,国内图书馆的服务无论在理念上还是服务水平上与国外相比都是落后的。如果所建立的评价指标具有国家之间的可比性,则应加强我国与发达国家图书馆之间的评价比较研究,从中发现我们所存在的问题及其根源。只有将我国图书馆的服务置于国际大背景之下,我们才能真正认识自己的差距,才能明晰图书馆服务质量提升的方向。

(2)建立规范的第三方主导的图书馆服务评价机制

图书馆的自我评价有其不可替代的作用,但自说自话,其作用仍然是有限的。我们必须跳出我们自己的圈子,以第三方的眼光,站在利益相关方(主管机构、用户等)的立场上,通过规范的评测工具与方法,从社会需求的角度,客观公正地评价图书馆所产生的效益和所作的贡献。ARL 的 LibQUAL + ®、Pew Reaserch Center、图书馆协会、国际标准等都体现了第三方评价的作用。

(3)从单一的图书馆评价到图书馆之间的联合评价

借助于第三方评价,通过一定的组织形式,利用相对比较成熟的本土化的评价指标与评价体系,对多个图书馆的服务质量进行测评,以期获得本馆的评价水平和横向比较下的水平差距,明确图书馆服务今后改进的重点和方向。自 2000 年以来,参加 ARL 的 LibQUAL + ®项目的图书馆已经超过 1000 家,成为图书馆横向评价的最重要工具。

(4)从图书馆服务的综合评价到某一种服务的单项评价

在坚持定期(每一到两年)的图书馆服务综合评价的基础上,更多地探索针对图书馆的不同类型的服务实行随时随地的评价,如前文所述一些图书馆所开展的用户教育评价、宣传推广评价等,也可以对其他更多的服务项目单独开展评价,以此及时调查读者的反馈意见,了解服务的效果,保持读者服务与读者需求的互动,更有效地开展服务工作。

(5)评价方法逐步走向相对科学与规范

国外图书馆评价方法往往经过多年的探索与改进,但仍没有成熟与定型,这是一个持续优化的过程。国内图书馆的评价方法在借鉴和本土化的过程中,仍然需要在实践中不断探索,继续在方法上加强创新。任何所谓权威的评价方法,必须经得起更多图书馆服务评价的时间检验,证明图书馆服务评价的独特价值。为此,仍需要理论界和实践界进行持续不懈的探索。

供稿:吴冬曼(清华大学图书馆)

第四篇　信息资源建设与管理

宛玲

韩新月

游　毅

李　丹(国家图书馆业务管理处)　黄晓燕

郭家义

李　武

信息资源是图书馆开展各项服务活动的物质基础,信息资源建设与管理也因此成为图书馆工作和研究的核心内容。近几年各国都在大力发展信息资源,强调信息资源的网络化、社会化和商品化,积极开发政务性和公益性信息资源。这些发展和措施在丰富图书馆信息资源采集对象的同时,也对图书馆信息资源建设与管理提出了新的和更高的要求。按照信息资源生命周期,图书馆的信息资源建设与管理工作包括政策性的信息资源建设规划与设计,管理性的馆藏建设评价,业务性的信息资源采集、加工与保存等。在这一部分中,围绕近两年图书馆信息资源建设及其研究的发展情况,我们选择了其中的图书馆信息资源建设规划、图书馆信息资源馆藏评价、数字资源长期保存、开放获取、图书馆信息资源整合等 5 个重要论题进行较为深入的梳理和总结。

古人云,不以规矩不能成方圆。信息资源建设规划是图书馆开展信息资源建设和管理的指南和基础。在信息资源内容和类型越来越丰富、图书馆用户需求越来越多样化的今天,图书馆原有信息资源建设规划必然需要修订和更改。考察近两年各国图书馆信息资源建设规划的发展,无论是在规划内容还是规划方法都出现了较大变化,特别强调了数字资源建设以及与信息服务的关系,采取了更为专业化的制定方法和流程。

馆藏评价是制定信息资源建设规划的基础,也是检验信息资源建设规划实施效果的依据。作为一种质量管理工具,馆藏评价的内容和方法都有相对稳定性,但在图书馆服务环境和馆藏环境日益向数字化和网络化方向发展的今天,需要对原有面向到馆服务和印本馆藏的评价体系进行大力度改革。前些年经过各国图书馆界深入探讨和研究已形成了一些较为成熟且被业界认可的馆藏评价指标体系,而近两年的发展主要集中在对这些评价指标体系和方法的具体应用以及对应用效益的研究。同时,数据库商参与馆藏评价方法和工具的研究也是这一时期比较突出的特点。

图书馆信息资源建设不仅要采集和拥有信息资源,还应开展提升信息资源价值的活动。在数字化网络化环境下,数字资源整合是实现这种"提升"的一个关键途径。图书馆理论界与实践界这些年一直都在开展这方面的研究。近两年的研究成果主要表现在进一步探索数字资源整合中的知识组织体系和标准化问题、开发和改进了一些数字资源整合管理系统等。数字资源整合不仅是一个全新的研究领域,更是一个有技术难关、有应用难点的复杂问题。从对近两年文献和实践的考察,虽然数字资源整合专题在技术研究和具体应用方面有一定进展,但在管理制度、宏观环境影响和共享问题等方面的研究还有待深入。

数字资源长期保存是图书馆永久拥有数字馆藏的实现方式。由于它具有重大社会意义,因此自数字资源产生以来就一直受到各界的关注并涌现出相当多的研究项目和研究成果。但同时因它具有技术难度大、经济成本高等特性，人们对它的研究热情高涨而对它的应用谨慎缓慢。近两年，数字资源长期保存专题研究和应用成果主要集中在扩展长期保存数字资源类型、加强数字资源长期保存基础设施、实现技术成果向实践领域的转化、开展多方位合作机制建设以及深入探讨长期保存活动可持续发展等方面。

开放获取是本世纪初由科学界开始的一项促进信息资源利用的开发活动。它的出现，很大程度上改变了图书馆信息资源建设的方式和方法。如，开放期刊和开放知识库成为了图书馆信息资源采集的对象，开放获取运动促进图书馆建设机构库和学科库，出版商的开放发表机制改变了数字资源许可内容和价格模式等。因此了解和掌握开放获取的发展历史和进展现状对图书馆信息资源建设及其问题研究都非常重要。近几年，开放获取活动以及对它的研究都有不菲成就，但在经济成本支付、知识产权保护、出版商利益维护、科研评价体系等多重压力下，其发展速度还并不迅速，开放获取数据量规模扩大是一个非常重要的问题。

图书馆信息资源建设规划研究

　　信息资源建设规划是指图书馆面向未来发展针对各类型信息资源所进行的系统设计,是信息资源采集、加工、管理、存储、发布和长期保存过程的整体性和长期性计划,即图书馆信息资源建设的使命、愿景、目标、战略及其实施计划的思维过程与框架。信息资源战略规划着眼于图书馆资源发展的全局,具有长远性、方向性、概括性,同时,也具有一定的宣传性,在时间上侧重于长远发展,在内容上侧重于战略层面,重点体现指导性和原则性。

　　建设和开发各类型信息资源是图书馆承担各种职能的基础,因此,信息资源建设规划成为图书馆把握未来、规范组织行为、在竞争中谋求生存与发展的重要工具,同时也是图书馆管理规范化和专业化的重要标志。本文对世界上主要的图书馆单位及联盟近两年来制定和公布的战略规划进行调研分析,调研对象类型包括国家图书馆、大学图书馆、公共图书馆和专业图书馆,同时,也参考和借鉴了相关的学术研究成果。调研发现,大多数图书馆将信息资源建设规划作为图书馆整体战略规划的子集,分散体现规划内容,只有部分图书馆选择单独制定信息资源建设规划。随着全球技术环境和竞争环境的日益复杂化,信息资源建设规划得到了图书馆界的普遍重视,对研究图书馆信息资源建设发展趋势具有重要价值。

1　信息资源建设规划的制定

　　规划的制定建立在充分调研和科学预测的基础上,一般经过分析预测战略环境、确定战略目标、确定战略执行重点、制订行动计划、发布规划、审查及监控这 6 个主要环节,是规划制定、实施、控制和评价过程的有机结合。[①]经过不断的实践探索,信息资源建设规划的制定总体上逐步成熟和规范。

1.1　有效融入科学理论

　　理论是实践的指南,在信息资源战略规划实践中,一些源于商业管理等其他领域的科学理论得到了有效的应用和良好的发展。其中,应用最为广泛、发展最

---

　　① 杨溢,王凤.图书馆战略规划的制定程序与内容框架研究[J].图书馆建设,2009(10):109-114.

为成熟的当属评价理论,例如:国家科技图书文献中心(NSTL)对开展新增文献资源的分析评价工作进行了有益的探索和尝试,初步建成了基于乌利希期刊指南(Ulrich's Periodicals Directory)基础出版数据的新增文献评价遴选平台,成为其制定战略规划的有效工具;①新加坡国家图书馆制定了影响力评估框架,作为战略规划的基础。②另外,长尾理论也逐渐应用于信息资源战略规划,"尾部"需求日益引起图书馆的重视,美国国会图书馆2008—2013年战略规划提出,将战略重心由有限的用户群转向所有用户的平等获取,相应的资源建设也转向全面、普及的保障方向;③北京大学图书馆提出,在继续保障核心资源的同时,针对交叉学科和新增学科的需求,将增加新的内容资源。④

1.2　专业化团队主导规划

图书馆越来越倾向于发展战略规划委员会或者类似部门,由专业化人员运作本馆规划事宜,使规划的制定、实施、效果评估、修正等各个环节都有可靠的保障,同时,也使得规划更具连贯性和可操作性。美国国会图书馆设立了战略研究部门(Office of Strategic Initiatives),负责全面规划该馆发展战略,包括长期保存数字资源、领导并与其他机构合作进行数字化项目、推广信息科技应用等,并将战略规划定位为常态工作,制定相应的规范、标准和流程。⑤国内图书馆一般由本馆专家委员会提出战略规划,征询行业专家意见,并经由图书馆主管单位批准而正式公布实施。

1.3　全面扫描战略环境

战略环境扫描是图书馆制定信息资源建设规划的首要关键环节,针对的环境范围趋向广大和纵深方向发展,越来越多的图书馆直接或间接采用SWOT分析方法,选择适当的分析点和观察要素,明确信息资源建设的内部优势和外部机会,技

---

① 梁芳,李燕. NSTL文献资源建设的实践与发展[J]. 数字图书馆论坛,2010(10):22 - 29.

② 新加坡国家图书馆. 图书馆2010报告[EB/OL]. [2010 - 12 - 20]. http://www. nlb. gov. sg/ShowBinary/BEA%20Repository/corporate/Publications/L2010Report.

③ The Library Of Congress. The Library Of Congress Strategic Plan Fiscal 2008—2013[EB/OL]. [2010 - 11 - 23]. http://www. loc. gov/about/strategicplan/2008-2013/StrategicPlan07-Contents_1. pdf.

④ 北京大学文献信息资源体系战略发展规划纲要(2010—2020)[EB/OL]. [2010 - 11 - 24]. http://162. 105. 140. 111/tugongwei/info/affixes/news/pkulibproject. ppt.

⑤ The Library Of Congress. Library Organization[EB/OL]. [2010 - 11 - 24]. http://www. loc. gov/about.

术发展、馆藏资源、用户行为、经济因素等都被纳入战略环境得到深层次分析。以北京大学为例,其在制定2010—2020年文献信息资源体系战略规划时,采用比对方法开展战略环境扫描,内容包括:学科资源建设(包括外文书刊、电子资源、特色学科数据库等)、学科服务能力、学科服务平台、馆员职业素养、业务水平和信息技能方面的现状,以及用户信息需求和行为、学科建设与人才培养要求、数字资源生产现状、数字资源整合和长期保存等综合环境。[①]

1.4 规划结构更加完整

信息资源建设规划的战略内容具有很强的连贯性,其构成结构和编制体例也处于不断完善之中。调查显示,战略目标、愿景、使命和环境扫描是规划的核心要素,而行动计划、价值观、战略制定过程、关键成功要素等也越来越多地出现在各类型图书馆的信息资源建设规划中,例如,加拿大国家图书档案馆在其2008—2011年发展规划中,将数字文献遗产的长期保存问题视为关键风险(Key Risk),因此,该馆在战略规划中将世代获取和保存这类资源作为关键成功要素(Key Actions)之一。[②]此外,芝加哥公共图书馆等个别图书馆也将财务、评估指标、战略策应等内容纳入战略规划。[③]

1.5 规划方法丰富多样

近两年来,图书馆加强了方法研究,力图提高规划过程的严谨性,保障规划成果的价值性。如上文所述,SWOT分析方法在信息资源建设规划中应用最为广泛,效果最为直接。此外,危机管理方法、协同理论以及新公共服务理论等也成为图书馆制定信息资源建设规划所采用和借鉴的方法,例如:中国国家图书馆在制定"十二五"发展规划时即采用了危机管理方法,酝酿建设国家文献战略储备库,对国家图书馆馆藏各类纸质文献的保存本实施异地战略保存,对馆藏数字资源实施异地防灾备份保存,以确保重要文献资源的长期保存和永久安全。[④]

---

① 北京大学文献信息资源体系战略发展规划纲要(2010—2020)[EB/OL].[2010-11-24]. http://162.105.140.111/tugongwei/info/affixes/news/pkulibproject.ppt.

② Library and Archives Canada. Library and Archives Canada Business Plan 2008-2011[EB/OL].[2010-11-25]. http://www.collectionscanada.gc.ca/obj/012/f2/012-301-e.pdf.

③ 余倩,陶俊.国外最新图书馆战略规划体例评析[J].图书馆建设,2009(10):103-108.

④ 邢宇皓.国家图书馆拟建国家文献战略储备库[N].光明日报,2010-01-22.

2 信息资源建设规划内容发展特征

图书馆信息资源建设规划的内容一般涉及资源类型、资源描述与组织、资源获取渠道、资源长期保存、资源建设策略等 5 个主要方面,①图书馆的发展目标和规划愿景决定了规划的具体内容和形式必然因馆而异。尽管各个图书馆信息资源建设规划的内容千差万别,但从总体上看,仍表现出了明显的趋同发展特征。

2.1 嵌入环境的信息资源建设

在长期和中长期资源建设规划中,各个图书馆普遍重视开展嵌入用户环境的信息资源建设,提出提高信息资源保存和可获取性的发展战略和具体措施,不但涉及信息资源采集环节,同时还与信息资源的整合与服务环节密切相关,使信息资源建设工作成为图书馆环境、用户环境乃至社会发展环境的支持系统。以大英图书馆为例,该馆一直将改善用户体验、满足用户需求置于图书馆工作的显著位置,"丰富用户体验"、"改进检索和导航功能"、"用内容服务连接用户"等成为该馆近几年战略规划的重要内容。未来规划中,大英图书馆还将继续以用户为导向,改善和发展图书馆信息资源建设和服务。在 2009—2010 年行动计划中,大英图书馆提出要支持英国研究与创新服务,由英国皇家学院领导,与高校基金委员会、高等教育委员会合作,实施英国研究储备项目,寻求加强重要学术期刊的存取能力,继续建立信息研究中心,为生物医学研究人员提供全面的实验服务信息资源保障。在该行动计划中,实施"科学技术与医学文献战略(STM)"集中体现了大英图书馆信息资源嵌入用户科研环境的部署,具体措施包括:开发新的文献内容与服务项目、扩大 STM 类文献资源、增加建设测试集合数据库等新型文献内容类型等。②

在泛在图书馆发展背景下,嵌入环境的信息资源建设发挥越来越重要的作用,多个国家图书馆均开始考虑多元文化资源建设。例如,中国国家图书馆在 2010 年全面开展了"县级数字图书馆推广计划",其中,针对新疆地区的推广资源中,专门构建了少数民族语言的视频、图书、期刊等资源,在 2011 年计划开展的"国家数字图书馆推广工程"中,民族文化资源也是建设的重点内容。对于专业图书馆和高校图书馆,将其信息资源建设规划纳入机构和用户的科研环境已经成

① 姜晓曦,孙坦,黄国彬. 国外不同类型图书馆的资源建设战略规划分析研究[J]. 图书馆建设,2009(10):83-88.

② The British Library. Action Plan for 2009/10[EB/OL]. [2010-10-22]. http://www.bl.uk/aboutus/stratpolprog/strategy0811/actionplan2009_2010. pdf.

为普遍现象,也是一种未来发展的必然选择,要求图书馆必须准确把握环境发展和用户需求,制定长期稳定并可灵活调整的资源建设方案。这也是目前国内外图书馆界重点研究的实践问题。

2.2 不断拓展信息资源类型范围

不同的目标定位决定图书馆规划的信息资源类型侧重点有所差异。国家图书馆侧重大而全的保障,尽可能丰富信息资源的载体类型和内容,例如,法国国家图书馆在2009—2011年计划中提出,将建设一个百科全书式的数字图书馆作为战略发展目标之一,发展印刷型出版物数字化、特色文献和音像资料的建设和服务。高校图书馆采取印刷型资源和数字资源并重发展的策略,并逐渐扩大新类型资源的建设,例如,西澳大学图书馆致力于为用户提供大量各种形式的教育资源、软件工具包、在线资源等。[①]专业型图书馆由于受众不同,资源类型建设规划各有不同,侧重STM研究的专业图书馆数字资源发展速度较快,科学数据、灰色文献、机构仓储等资源建设和发展效果显著。公共图书馆建设的资源内容较为广泛,主要集中在文化、教育、生活、经济等领域,以满足用户需求的印刷型资源建设为主,配合适当的数字资源。

在对未来的信息资源建设规划中,新媒体资源成为引起图书馆重视的重要内容,尤其是移动服务资源,在以手机短信服务为切入点的基础上,手机阅读和图书馆WAP网站信息建设快速发展起来。以中国国家图书馆为例,2010年,中国国家图书馆与中国移动集团公司签署战略合作框架协议,未来将在手机阅读、G3阅读器、移动互联网及终端等广阔领域与中国移动开展合作,不断增加手机阅读资源的种类与质量,[②]并在"十二五"期间加大力度研究契合移动互联网图书馆服务和移动技术发展的信息资源建设方案。美国国会图书馆提出"增加构建知识体的创造性和原创性成果"的战略目标,实现措施包括2010年起收藏全部Twitter消息等,[③]并通过为非传统格式资源建立新的采访渠道和方法来保障这类新兴资源的获取。

[①] About the Library[EB/OL]. [2010-11-12]. http://www.library.uwa.edu.au/about.

[②] 国家图书馆. 国家图书馆与中国移动集团公司签署战略合作框架协议[EB/OL]. [2010-10-30]. http://www.nlc.gov.cn/syzt/2010/0513/article_498.htm.

[③] Matt Raymond. How Tweet It Is!: Library Acquires Entire Twitter Archive[EB/OL]. [2010-4-20]. http://blogs.loc.gov/loc/2010/04/how-tweet-it-is-library-acquires-entire-twitter-archive.

2.3　加强文献数字化战略

图书馆文献数字化发展速度逐步加快,与网络信息采集一起成为图书馆获取数字馆藏的重要方式,加拿大国家图书档案馆甚至明确提出"数字化是主流"的战略发展方向,进行数字化的内容包括:①能满足用户和公众需求的资源;②代表加拿大国家图书档案馆的独特贡献的资源;③代表加拿大地理、语言、文化多样性的文献;④代表潜在合作者利益的资源;⑤急需数字化保存的文献,其中,检索工具、报纸、需要转化格式的视听资料、政府出版物、公共领域的加拿大图书、政府档案和私人档案等是其 2009—2014 年数字化的重点领域。①而大英图书馆已完成 1% 馆藏的数字化加工,并计划于下个规划期内完成绝大多数内容的数字化工作,使其能够全面反映图书馆馆藏的广度和深度,并通过数字化再造和对易损文档的保护,实现对珍稀、脆弱的文化遗产内容的长期保存。②

数字化建设与数字图书馆项目紧密结合,在信息环境变迁的大背景下,各个图书馆在数字化的各领域都表现出积极合作的态度。从总体上看,开展数字化项目的目标和步骤清晰有序,既表现了继承传统馆藏的保护和建设职能,也表明了图书馆在新领域内创新发展的决心。此外,大英图书馆等还计划在数字馆藏建设中融入一定的商业因素,通过数字馆藏建设产生收益,以助力数字化项目的长期发展。

2.4　资源组织与整合规划

联机目录、导航链接、门户网站是大部分图书馆都采用的资源组织与整合方式,但整合服务效果却存在很大差异。因此,各个图书馆都将加强资源整合作为资源建设规划的重要内容,以完善信息结构,确保用户能够完整检索、发现和获取资源。美国大学与研究图书馆协会(ACRL)提出了大学图书馆与图书馆员未来的十大假设,首要的一项发展预测便是改进图书馆数字馆藏的保存、数据存储、检索、保存和服务方法将日益受到重视。

资源组织与整合规划是一系列工作,从资源建设、加工、存储、检索和调度上进行统一规划和管理,涉及文献数字化加工体系、联合保存体系、资源检索体系、统一服务调度体系,建设贴近用户习惯的一站式发现和获取资源的检索系统,优化信息资源利用,从而达到提高资源建设成效的目的。加拿大国家图书档案馆信

---

①　Library and Archives Canada. Digitization LAC Digitization Strategy 2009—2014[EB/OL]. [2010 - 11 - 07]. http://www. lac-bac. gc. ca/digital-initiatives/012018-1100-e. html.

②　The British Library. Digitisation Strategy 2008—2011[EB/OL]. [2010 - 09 - 03]. http:// www. bl. uk/aboutus/stratpolprog/digi/digitisation/digistrategy/index. html.

息资源建设规划中要求确立描述加拿大文献遗产的新方法,大英图书馆 2008—2011 年的发展战略重点之一是"将用户与资源相连接",[①]其主要任务包括:建立和实施新的资源发现系统,改进目录查询,加强数字资源的利用,发挥 Web2.0 的作用,实现用户生成内容,建立集成的档案与手稿系统,探索与传统目录并列的数字化和全文检索系统,更有效地建立全国性资源发现与传递服务。该馆计划于2011 年实现将 Web2.0 的服务与图书馆的网站和联机发现工具有机嵌入,完成更多数字资源的集成发现,并为用户提供更好的馆内外资源检索结果和更多的数字化获取。

2.5　重视信息资源存档与长期保存

国内外大型图书馆在战略规划中普遍重视信息资源的存档建设和长期保存工作,但存档和保存的内容各有侧重。国家图书馆持续扩大国域存档的范围,例如:日本国立国会图书馆为能够方便顺利地采集网络资源,计划对国立国会图书馆法进行必要的修改,采集对象包括国家、地方公共团体、国立大学以及其他公有机构的网络资源;加拿大国家图书档案遵从本馆各项战略,采集域名中包括后缀".ca"、域名在加拿大登记、网站所有者的住所在加拿大、网站所有者和贡献者的国籍为加拿大的网站信息资源。高校图书馆和专业图书馆重视加强专题网络采集和机构仓储建设,以学术数字资源的存档和长期保存为主,全面收集和保存本单位的学术进展与研究成果,例如:英国牛津大学研究档案系统已经开始收集本校毕业生的研究成果,并且整合和连接各院系的机构仓储系统。[②]

在信息资源存档和长期保存过程中,不可避免地涉及很多法律问题,各个图书馆进行资源建设规划时对此也有所考虑,例如,美国国会图书馆采取了引导建立相关法律和政策提案的战略措施,以平衡内容拥有者的权利与保存、利用者的需求。此外,长期保存的技术问题、责任体系、合作机制、保存政策等问题也引起了图书馆的普遍重视。[③]

2.6　深化联合建设与合作发展

图书馆信息资源联合建设长期以来稳定发展,取得了丰硕的建设成果。近两

---

①　The British Library. Digitisation Strategy 2008—2011［EB/OL］.［2010 - 09 - 03］. http://www.bl.uk/aboutus/stratpolprog/digi/digitisation/digistrategy/index.html.

②　ORA and the digital publication of theses:arrangements for Humanities students［EB/OL］.［2010 - 4 - 30］. http://www.humanities.ox.ac.uk/__data/assets/pdf_file/0004/3379/digital-thesis.pdf.

③　李亭. 数字资源长期保存的非技术因素探析［J］. 情报探索,2010(9):84 - 86.

年来,联合建设和合作发展规模不断壮大,合作形式有所创新,并且合作程度明显加深。在国际合作方面,欧洲数字图书馆、世界数字图书馆、亚洲数字图书馆(中日韩数字图书馆计划)先后展开建设,合作内容从联合数字化深入到元数据规范标准化、信息资源整合、数字资源长期保存等各个领域。在图书馆联盟方面,中国高等教育文献保障系统(CALIS)三期在一般共建共享的基础上加深合作,以"元数据整合 + 文献建设"为指导思想,[①]为规范引进资源集团采购行为,CALIS 成员单位于 2010 年发起成立了"高校图书馆数字资源采购联盟"(DRAA),由 DRAA 代替 CALIS 全面处理引进数字资源的评估、谈判、集团采购方案审核与发布、组织培训、集团采购代理商选择、数据库商和代理商售后服务监督等工作。

3 信息资源建设规划实施与评价

3.1 多维度保障规划的实施

信息资源建设规划仅仅是一个纲领性文件,图书馆需要制定具体的操作方案来指导实践。美国国会图书馆、大英图书馆、北卡罗来纳大学图书馆等选择制定相应的分阶段行动计划作为规划实施的保障措施,而另外一些图书馆,虽然没有明确提出行动计划,但一般都会针对其信息资源建设战略目标,从多个维度提出具体履行措施。例如,澳大利亚国家图书馆 2009—2011 年方向中明确了战略目标,[②]即:保障澳大利亚人获取国家的图书馆馆藏资料,以增强人们的学习、知识创造、娱乐和对澳大利亚生活与社会的认识。同时,确立了五大发展方向:①采集各种类型的文献资源;②将可获取性置于图书馆各种服务首位;③与澳大利亚各图书馆合作;④支撑国家作家和科研人员的创新性工作;⑤在世界图书馆界起到积极的作用。因此,该馆从馆藏、服务、协同三方面提出了具体的战略任务:在馆藏建设方面,采集和提供澳大利亚人生活的记录;在资源服务方面,满足用户对馆藏和其他信息资源快速而便捷获取的需要;在协同工作方面,强调与其他各类机构合作,改善为公众提供的信息资源。

3.2 开展综合评价和专项评价

评估是针对战略规划执行效度的检验,通过评估可以达到监测和管理战略任务的目的,因此,评估已经成为图书馆信息资源建设规划完整流程中不可或缺的

---

① 陈凌. CALIS 三期建设与服务设想[EB/OL]. [2010 - 10 - 12]. http://www. lib. dlmedu. edu. cn/meeting/download/cl. pdf.

② The National Library of Australia. Directions 2009—2011 [EB/OL]. [2010 - 11 - 25]. http://www. nla. gov. au/library/directions. html.

重要环节。美国国会图书馆对其信息资源建设战略规划绩效展开了综合评价，2008—2013 年度，评估指标集中在资源的来源渠道、内容质量、服务能力、保存等方面，并特别提出了关于标准规范研究的指标。[①]在这个指标体系中，针对的目标成果非常明确，所提出的典型性标准相对具体，着眼于宏观和微观两个层次，有效地融合了各项标准质量和数量的评价指标。以"内容多样性和完整性"这一绩效指标为例，数量典型性指标从宏观上关注不同学科、格式、语言和地区资源的数量，在微观上关注获得整套、系列完整资源的数量，并且将获得用户请求资源的比例和资源的传播效果也作为主要的评价标准。

在我国，NSTL 积极推进国家科技文献战略保障的多元效用评价，从"国家保障"的实质内涵和整体效益观出发，对其资源建设战略进行综合测评，测评框架包括：基础资源保障程度、直接服务效益测度、直接减负效益测度和资源放大效益。[②]此外，考虑到学科结构直接关系到整个资源格局的合理性和优化程度，对于满足用户需求、提高文献保障具有显著的影响，NSTL 研究开展了专项评价，提出了资源建设中的学科结构测度方法和定量化的评价指标体系，包括学科重要性、学科覆盖率、学科优先性、学科使用率、学科增长幅度和学科交叉度，以校验基于学科的资源等级划分、资源建设内容、资源建设力度等方面的规划与策略，提出利用学科优先性和覆盖率评价资源现状，利用资源增长幅度和学科优先性确立资源建设力度，并采取基于学科重要性的资源建设分级策略。[③]

经过比较分析可以看出，在评价方法上，综合评价一般都在定量评价的基础上，实行一定标准的定性评价，而专项评价则多侧重使用定量方法；在评价内容上，资源质量和服务能力成为关注的核心要素，建设渠道和共享能力也被纳入到评价体系。随着信息环境的新发展，国外若干图书馆开始将新型资源的建设水平作为评价标准之一，例如，美国国会图书馆将"以新格式存储缴送资源的数量"作为其评价的典型性标准，并且在评价中考虑资源建设标准规范问题，在这方面，我国图书馆界尚未表现出足够的重视。

① The Library Of Congress. The Library Of Congress Strategic Plan Fiscal 2008—2013［EB/OL］.［2010 - 11 - 23］. http://www. loc. gov/about/strategicplan/2008-2013/StrategicPlan07-Contents_1. pdf.

② 张晓林,等.国家科技图书文献中心的效用形式及其评价[J].图书情报工作,2008(3):62 - 65.

③ 白海燕,胡铁军,梁芳.NSTL 资源规划和建设中的学科测度、分析与评价[J].情报学报,2009(4):266 - 273.

4 信息资源建设规划展望

信息资源建设规划从单一的分析研究,逐步发展成为指导图书馆实践的思路和方法,促进图书馆在信息资源、用户需求与发展机会三者之间建立和维持动态平衡关系,成为图书馆宏观战略规划的基础与核心。由于规划具有长期性和连贯性,当前图书馆规划呈现出继往开来的态势,信息资源建设规划的基础、内容、实施和评价发展特征在未来相当长的时间内将继续深化发展。

信息资源建设规划对图书馆内外环境保持高度敏感,在连贯性发展的同时,规划内容也会随环境的变化而进行适应性调整,在信息资源生命周期和信息系统对象模型确立的基本框架内,充分地体现出前瞻性和可操作性。基于信息资源生命周期的信息资源建设规划与信息运动的自然规律相吻合,对信息资源采集、加工、管理、存储、发布和长期保存的全流程进行全面规划,使信息资源在运行和管理的每一个环节中得到增值。面向对象技术的信息资源建设规划则着眼于业务流程和管理模式再造,重点是完成信息资源建设与信息系统整合。[①]

随着竞争环境的发展,图书馆对信息资源建设规划与图书馆事业相关性的认识越来越深刻。对于我国图书馆界而言,国家宏观战略将带来积极影响,在加强图书馆事业计划性的背景下,各级图书馆主管部门逐渐重视不同层次信息资源建设规划的制定与实施,政治、经济、文化等社会发展因素更多地被纳入规划考虑,不断提升规划内容的高度、深度和广度,逐步建立规划的监督评价机制,最终推动信息资源建设的秩序化和规范化发展。

供稿:韩新月(国家图书馆数字资源部)

---

① 董燕萍.图书馆信息资源规划研究[J].情报杂志,2008(4):37-40.

图书馆馆藏资源评价研究

馆藏资源作为图书馆建设与服务的核心，其内在价值与利用状况直接关系到图书馆的资源利用效率与用户服务效果，而数字时代馆藏数量的飞速增长与结构的日趋复杂更使得信息服务机构亟须掌握自身实体资源与海量虚拟馆藏的现实状况，从而实现协同服务与馆际共享。正是基于此，馆藏评价研究对于图书馆的资源建设与用户服务均具有普遍的价值意义。

国内外馆藏评价研究早已有之，传统馆藏评价主要从资源的数量、质量、结构、效能等方面入手，同时评价对象局限于印刷型资源。而随着数字环境下馆藏资源内涵的深刻变化与评价范式的不断演进，其评价对象由传统的印刷型资源逐渐向数字资源乃至网络信息拓展，同时各种自动化评价工具的引入也大大提高了馆藏评价工作的精确性与效率。综合来看，国内外馆藏评价研究可分为理论研究和实践探索两大领域。其中馆藏评价理论研究主要探讨馆藏评价的原则、指标体系构建以及各种定性与定量评价方法等，目的在于为实际馆藏评价工作提供方法论指导与辅助评价工具。而馆藏评价实践与案例研究更关注图书馆等信息服务机构实际开展的各种馆藏评价项目，探讨项目的实施进程与相关成果，力图通过亲身探索为领域同行提供经验借鉴。

近几年国内外馆藏评价理论研究集中于宏观层面的评价指标体系框架制定与微观层面的评价方法/工具研制两方面。具体来看，馆藏评价在评价对象上偏重数字资源、特色馆藏与机构仓储，在评价方法上注重传统馆藏评价方法的改进与自动化馆藏评价工具的开发，在评价方式上强调定性与定量指标方法的紧密结合。此外，馆藏评价研究还凸显出评价理论与实践活动的紧密结合，具体表现为在评价理论基础上文献机构开展的一系列项目实践。

1　馆藏评价指标体系与评估框架研究

馆藏评价指标体系是图书馆资源评价尤其是数字资源评估的基础，能够为具体的评价方法论乃至实践活动提供方向性指导，因此国外在该领域开展了大量研究，并建立起各具特色的馆藏服务评价指标体系。早期代表性成果包括 ISO 2789

附录 A 电子服务使用评价指标体系、①EQUINOX 数字图书馆服务绩效评价体系、②ARL 的 E-Metrics 电子资源使用评价体系、③NISO Z39.7—200X 信息服务和利用:图书馆计量等。④近几年,上述馆藏评价体系已发展成熟并在业界取得广泛共识,从而转入评价实施阶段,同时馆藏评价框架规划与整体评估成为宏观研究的新热点,其中以欧盟针对文化机构馆藏数字化水平的评估项目 NUMERIC 以及 ARL 统计与评估委员会开展的馆藏评价回顾与未来规划最具代表性。NUMERIC 是欧盟委员会于 2007 年开始实施的馆藏数字化评估标准项目,目的在于定义欧洲各类文化机构(图书馆、博物馆、档案馆)馆藏数字化现状评估的方法,并开发出一套适用于欧盟范围内整体数字化评估数据搜集的框架。在项目实施过程中,欧盟委员会与各成员国专家合作制定了一套方法体系,并通过样本调查方式对各成员国文化机构馆藏数字化水平进行了评估,结果表明 19% 的文化机构馆藏已完成数字化,但仍有 30% 的机构尚未制定馆藏数字化计划,同时欧盟内部有至少 50% 的馆藏资源亟待数字化。⑤2009 年春天,ARL 统计与评估委员会邀请成员馆对馆藏评估问题提交意见,以此明确委员会的未来方向并加速 2010—2012 年 ARL 数据统计与评估工作规划。最后,委员会在汇总成员馆反馈基础上起草了一份未来馆藏评估重点领域主题清单,内容包括馆藏数据采集机制、数字科研数据管理、多层面跨机构的评估合作,用户行为与物理空间利用评估、社会网络工具应用等,⑥从而为下一步构建馆藏评估框架指明了方向。

与国外相比,国内馆藏评价宏观研究主要着眼于国外研究成果借鉴基础上的数字馆藏评估指标体系构建,如有学者在分析数字馆藏质量影响因素基础上,建立了基于当今复合图书馆特点的数字馆藏资源评价指标体系。⑦此外在评估框架

① ISO 2789 信息与文献 电子服务使用评价指标体系[EB/OL].[2010 - 06 - 18]. http://www. chin alibs. net/quanwen. asp?titleid = 22791.

② Brophy P,Clarke Z,Brinkley M,et al. Performance Indicators for Electronic Library Services [EB/OL].[2010 - 06 - 18]. http://www. equi-nox. dcu. ie/reports/pilist. html.

③ ARLE - metricsprojectphase one report[EB/OL].[2010 - 06 - 18]. http://www. arl. org/stats/initiatives/emetrics/index. shtml.

④ 因特网学术资源评价:标准和方法[EB/OL].[2010 - 06 - 18]. http://www. chinalibs. net/quanwen. asp?titleid = 15057.

⑤ Roswitha P. NUMERIC:Statistics for the Digitisation of European Cultural Heritage[J]. *Program*:*Electronic Library and Information Systems*,2010(44):122 - 131.

⑥ Gray W. A Bimonthly Report from ARL,CNI and SPARC[J]. *Research Library Issues*,2010 (27):25 - 32.

⑦ 贾莉莉.复合图书馆实体馆藏资源评价指标体系研究[J].图书馆工作与研究,2010 (9):25 - 28.

方面,有学者提出了包括馆藏采访政策、经费分配政策、馆藏发展纲要、馆藏管理政策、馆藏保藏政策、馆藏评价政策、合作馆藏和共建共享政策在内的馆藏评估框架。①但是此类研究多由研究者个人独立推进,缺乏文献机构的有力支持及研究者间的有效合作,因而近几年研究始终停滞不前,并未出现具有独创性和令人耳目一新的研究成果,同时其内容也普遍缺乏可实施性与指向性。

馆藏评价指标作为馆藏评价体系框架的细化与延伸,国内外近两年同样不乏新成果。Franceschini 在已有的期刊使用率、重复率及影响因子等指标基础上,重点讨论了 H 指数对已有期刊馆藏评价指标的替代/补充作用。②同时,佛罗里达数字化报纸图书馆、美国国家报纸数字化项目以及国会图书馆联合对馆藏数字化报纸资源的评价指标进行了研究,着重探讨了指标的可获取性与可用性问题。③国内方面,有学者研究了期刊下载即时指标(DII)与引文指标之间的关联,并以 CNKI 数据库为样本开展了实证研究,结果表明 DII 可以作为一种独立的馆藏期刊评价指标并对期刊 H 指数等其他指标具有预测价值。④还有学者分析了影响馆藏评价指标值获取的因素,在此基础上论述了每类评价或评估指标值可能的获取方法。⑤

综上可见,近年来国外馆藏评价指标体系研究主要以数字馆藏为对象,以国际或地区性机构为主体,注重馆藏数字资源的整体评估与实际效果的量化测度。而与国外由权威组织制定馆藏评价指标体系框架标准并持续推进相比,国内馆藏评价指标体系研究多在研究者个体层面进行,缺乏整体规划与持续性,因此易受研究者个人学术注意力转移的影响。同时,国内馆藏评价指标体系研究多是对国外观点的借鉴,且局限于微观指标层面,成果理论色彩浓厚,可实施性严重不足。

2 馆藏评价的方法、工具及其应用

除了宏观的馆藏评价体系框架与测度指标研究,国内外学者还提出了各种评价方法论与辅助工具以指导实际的图书馆评估活动,从评价视角上可分为以馆藏

---

① 索传军,袁静.论数字馆藏发展政策的框架与内容[J].中国图书馆学报,2007(2):48 - 51.

② Franceschini. Analysis of the Ch-Index:An Indicator to Evaluate the Diffusion of Scientific Research Output by Citers[J]. *Scientometrics*,2010(5):203 - 217.

③ Reakes. Non-Commercial Digital Newspaper Libraries:Considering Usability[J]. *Internet Reference Services Quarterly*,2009(14):92 - 113.

④ Wan J K,Hun P H,Ronald R. The Journal Download Immediacy Index(DII):Experiences Using a Chinese Full-Text Database[J]. *Scientometrics*,2010(3):555 - 566.

⑤ 杨忻.数字馆藏评价指标的获取方法[J].图书馆,2008(5):48 - 52.

为中心的评价方法和以用户为中心的评价方法两大类别。近几年两类方法均取得了理论进展,并在各类馆藏评价项目实践中展现了其价值。

2.1 以馆藏为中心的评价方法、工具及其应用

以馆藏为中心的评价方法主要关注资源对象的规模、广度、深度、增长速度等,以往通常采用馆藏纲要及其演进、馆藏描述、成本效益分析等传统方法,而近几年馆藏评价工具的自动化与网络化成为大势所趋,iCAS、WCA、Ulrich's Serials Analysis System、Spectra Dimension 等自动化馆藏评价工具日渐风行。

馆藏评价方法上,研究者探讨了传统馆藏评价方法在数字环境下存在的诸多不足,并对以馆藏纲要(Conspectus)为代表的传统评估方法进行了改进优化,如:Richard J. Wood 认为,馆藏纲要工作表中的国会图书馆 LC 分类号无法完整表现馆藏资源;[1]而 Larry R. Oberg 则指出馆藏纲要分类对象间存在着诸多差异,从而影响评价结果;[2]此外,在 Mary H. Munroe 和 Jennie E. Ver Steeg 开展的调查中,许多受访者反映馆藏纲要分类体系的评价结果相当不准确。[3]在评估方法改进方面,Jennifer 提出的 Coverage Power Test 方法着眼于图书馆馆藏整体而非文献整体,并修正了馆藏纲要中存在的分类不一致等问题;[4]Burr 改进了馆藏描述方法,将描述数据与大学/科研图书馆联盟标准进行了比较,并在评价过程中充分考虑了出版物的年代、国别、出版商等信息。[5]

馆藏评价自动化工具方面,国外各数据库商纷纷基于自身数字资源推出馆藏评价工具与服务,其各具特色的功能大大减轻了图书馆的馆藏评价劳动强度。OCLC 推出的交互式馆藏分析系统 iCAS 以及馆藏分析服务 WCA 允许图书馆员利用 WorldCat 中的数据从规模、覆盖范围、出版年代、语种、格式、用户等方面开展馆藏评价,并通过馆际间的分析比较确定自身馆藏的重复度与独特性,甚至提供定制化的馆藏评估方案。由于 WCA 的评估过程是自动的,因此即使图书馆员对于所评价的学科知之甚少也能轻易实施,同时人工编制分类体系时存在的各种

---

① Wood R J. A Conspectus of the Conspectus[J]. *Acquisitions Librarian*,1992(7):12 – 13.

② Oberg. Evaluating the Conspectus Approach for Smaller Library Collections[J]. *College and Research Libraries*,1998(49):187 – 196.

③ Munroe M H, Steeg J E V. The Decision—Making Process in Conspectus Evaluation of Collections: The Quest for Certainty[J]. *Library Quarterly*,2004,74(2):200 – 213.

④ Beals J B. Assessing Collections Using Brief Tests and WorldCat Collection Analysis[J]. *Collection Building*,2007(26):106 – 123.

⑤ Burr R L. Evaluating library collections: a case study[J]. *JAcad Libr*,2009(5):256 – 260.

问题也得以避免。①USAS(Ulrich's Serials Analysis System)是 Ulrich 数字出版公司提供的针对期刊资源的评价工具,USAS 能够帮助图书馆识别、分析、评价印刷型与数字期刊资源的详细信息并创建评价报告,并能够整合图书馆开展期刊评价时所需的各种内部与外部评价信息以及丰富的背景资源,帮助用户识别自身期刊馆藏的优势与不足。②Spectra Dimension 馆藏评价工具由 Library Dynamics 开发,其致力于通过馆藏题名、数据层次及利用趋势分析图书馆个体及图书馆联盟的馆藏现状与未来需求,并能够帮助用户快速高效地整理大量馆藏书目记录,查看本馆馆藏题名目录并与其他图书馆进行比较,具体评价结果以 EndNote、RefWorks 等多种格式输出。Spectra Dimension 不仅包括海量的馆藏题名数据,还包括馆藏发展趋势分析以及图书馆间的资源重复率与服务绩效比较,其分析结果能够反映馆藏预算/决策以及图书馆联盟发展政策的执行效率,从而帮助其洞察未来馆藏建设中的机遇与挑战,促进图书馆与资源服务商在馆藏规划中的协作,追踪与识别馆藏发展政策的多重影响。③

与国外馆藏评价方法研究与自动化工具开发两翼齐飞相比,国内相关研究更偏向于评价理论方法的探讨。评价模型方面,有学者指出实际馆藏评价中专家给出的评价指标信息可能以区间数形式来表达不确定性信息,因此提出了不确定加权算术平均算子概念下以不确定信息环境中数字馆藏为对象的群评价模型方法。④此外,该学者还引入了区间直觉模糊数的运算法则、得分函数和精确函数,在数字馆藏评价指标权重给定的条件下建立了基于区间直觉模糊信息加权平均算子进行集结的馆藏评价模型。⑤评价方案方面,有学者提出了基于 OPAC 的馆藏评价支持系统解决方案,阐述了系统的基本思想与目标、关键技术等。⑥令人遗憾的是,尽管国内研究者所提出的上述评价方法从理论上均颇具新意,但受研究主体能力与影响所限,其价值只能作为个人理论成果而无法应用于大规模的馆藏评价实践之中。同时,具有实用价值的自动化馆藏评价工具在国内尚属空白,因此以

① OCLC[EB/OL]. [2010 - 09 - 18]. http://www. oclc. org/support/documentation/collectionanalysis/scenarios/default. htm.

② Ulrichs[EB/OL]. [2010 - 09 - 18]. http://www. ulrichsweb. com/ulrichsweb/analysis/default. asp.

③ Librarydynamics[EB/OL]. [2010 - 09 - 18]. http://librarydynamics. com/default. aspx? page = home.

④ 王居平. 不确定信息环境下的数字图书馆馆藏的群评价方法[J]. 情报理论与实践, 2009(6):35 - 40.

⑤ 王居平. 基于区间直觉模糊信息的数字图书馆馆藏的评价方法[J]. 情报理论与实践, 2010(8):41 - 45.

⑥ 张惠君,李娟. 基于 OPAC 的馆藏评价方法探究[J]. 图书与情报,2010(4):36 - 41.

机构为主体的馆藏评价自动化辅助工具研制在国内亟待开展。

近年来,国外图书馆在馆藏评价方法研究与工具开发基础上开展了大量实践活动,其中特色馆藏/机构仓储评价、自动化评价工具以及评价可视化三方面的探索尤其引人瞩目。特色文献/机构仓储评价方面,堪萨斯大学图书馆利用 check list 方法针对联合国机构出版的连续出版物进行了评价研究,将本馆馆藏与编制的参照列表进行比较,从而确定了本馆中与此类特种文献相关的纸质/数字资源,并试图找出那些仅仅出于扩大资源收藏量却严重影响期刊整体预算或浪费物理空间的政府出版物馆藏。[1]ARL 的 Lib-value 项目于 2009 年 10 月启动,为期三年,由田纳西大学领导。该项目从成本收益(ROI)视角研究了图书馆馆藏与服务对于科研、教学及社会职业教育领域的价值所在,将图书馆馆藏分为数字馆藏、特种馆藏、数字化馆藏与机构仓储四部分,在此基础上重点分析了四类馆藏在科研、教学以及社会职业教育三方面的价值,以及上述价值在教职员工、管理者、学生以及其他群体的差异性。[2]自动化评价工具方面,伊利诺伊州在进行全州馆藏评估时鼓励使用 iCAS,其后西北大学图书馆及其他 82 家图书馆也加入 iCAS 用户行列,事实证明 iCAS 能够提供客观的、馆藏纲要格式的、可在线使用的馆藏分析结果。Saint Leo 大学图书馆使用 WCA 与本馆馆藏列表、ALA 大学图书馆推荐书目以及学术期刊推荐题名列表(ACRL)进行比较,结果证明利用 WCA 能够更准确地掌握馆藏资源向 OCLC 提交的情况,还能改善馆藏可获取性并为下一步的馆藏发展规划提供可靠依据。[3]Todd Spires 利用 WAC 将布拉德学图书馆馆藏与伊利诺伊图书馆联盟中 9 个同等规模的图书馆进行比较,并在评价过程中对数据精确性进行深入分析,结果发现 WAS 特别适用于评价馆藏的年龄构成以及资源重叠与独特性。[4]也有学者基于评价实践指出了自动化评价工具的诸多不足。Jennifer Benedetto 在利用 WAC 实施馆藏评价时发现其评价结果并不精确,原因在于所有评估数据均来自 WorldCat,因而会掺杂进许多重复记录和不精确的 MARC 记录。[5]还有机构在馆藏评价中将各种评价工具综合运用以取长补短,如科罗拉多大学图

① Monroe,Amalia. Checking the United Nations: A Checklist Evaluation of United Nations Specialized Agencies Serial Publications[J]. *Collection Management*,2010(35):83 – 100.

② Regina M. Lib-Value: Measuring Value and Return on Investment of Academic Libraries [J]. *Research Library Issues*,2010(3):36 – 40.

③ Henry E,Longstaff R,Kampen D V. Collection analysis outcomes in an academic library[J]. *Collection Building*,2008(7):68 – 81.

④ Spires T. WAC Statistical Reports: A Primer for Collection Assessment Librarians[J]. *Collection Management*,2009(34):286 – 303.

⑤ Benedetto J. Development and Use of License Forms for Libraries with and without Electronic Resource Management Systems[J]. *Technical Services Quarterly*,2010(27):279 – 288.

书馆采用 USAS 与 Spectra Dimension 将本馆馆藏与其他大学图书馆馆藏及权威书目参考资源进行了比较,从而加深了对已有馆藏的认识并掌握了其存在的不足,其评价结果有助于馆藏发展政策的修订与扩展。[①]在馆藏评价可视化方面,Kim-PanJun 提出了一种可视化的馆藏评价方法与指标体系,其选择以用户为中心的 H 指数作为馆藏评价的核心指标,并开发出一套基于网络的图谱工具,进而利用该图谱工具基于 63 个学科馆藏使用率利用网络寻径算法绘制馆藏使用状况图谱,并在此基础上利用聚类分析将图谱中的馆藏资源基于其不同利用状况分为若干类别,从而清晰地反映了各学科主题馆藏的实际利用状况与优劣。[②]与国外相比,国内馆藏评价方法/工具研究的实践探索严重不足,原因在于馆藏评价工作尚未引起图书馆管理者的充分重视,同时缺乏具有实用性的中文馆藏资源自动化评价工具,因而相关评价项目寥寥。目前仅看到 CALIS 实施的"数字资源与服务评估"子项目针对集团引进的国外数据库进行了评估,主要是对引进数据库在各个成员馆使用情况的简单列表统计,包括对集团采购数据库投资、使用率、成本/效益的分析,同时使用用户满意度调查开展以用户为中心的馆藏评估。[③]

2.2　以用户为中心的馆藏评价方法与应用

以用户为中心的馆藏评价方法主要聚焦于馆藏资源利用的类型、频率以及用户期望的实现程度等,通常采用用户满意度调查进行定性评价或基于馆藏流通与馆际互借数据尤其是电子资源在线使用统计开展定量分析,而利用 SCI、SSCI、JCR 等网络数据库开展引文分析以及基于 SFX 的馆藏链接分析也成为近几年新兴的重要评价方法。

随着数字馆藏数量与需求的飞速增长,图书馆员必须处理数据库中的海量资源并追踪其使用情况,因而各种电子资源在线使用统计工具应运而生,基于 SUSHI 协议的在线电子资源使用统计收集和整合平台 ScholarlyStats 以及 COUNTER 电子资源在线使用统计规范作为其中代表,已被广泛应用于数字馆藏评价之中。此外,SFX 作为一种 Open URL 链接解析器也已成为数字馆藏评价的新手段。从 SFX 统计报告中获取的数据能够帮助我们以一种全新的视角审视图

①　Wiersma, Gabrielle. Collection Assessment in Response to Changing Curricula: An Analysis of the Biotechnology Resources at the University of Colorado at Boulder[J]. *Science & Technology Librarianship*, 2010(6):125-135.

②　Kim-PanJun, Park Ji-Hong. Developing a New Collection-Evaluation Method: Mapping and the User-Side h-Index[J]. *Journal of the American Society for Information Science and Technology*, 2009,(11):236-237.

③　张盛强. 国内外数字资源评估指标体系概述[J]. 图书馆理论与实践,2007(3):26-28.

书馆用户浏览和使用数字资源的方式，而且由于 SFX 链接统计包含了所有成功与不成功的链接访问，这就意味着图书馆能够了解那些用户想获得却由于某些原因无法获取的馆藏资源。此外，SFX 数据还能够覆盖多个数据库与用户群，并将馆藏使用数据与非使用数据汇集于一份统计包中。①

在以用户为中心的馆藏评价方法应用方面，伊利诺伊大学 Urbana-Champaign 图书馆利用 SFX 统计数据考察了学术期刊资源及其索引的利用情况，并着重关注了期刊资源的保障率问题。②内华达大学图书馆馆藏评价委员会使用 SFX 统计报告结合本馆文献流通部门的相关数据分析了不同学科期刊使用的趋势，以指导期刊采购并为用户行为分析提供相关信息。③此外，用户访谈法等传统方法依然是以用户为中心的馆藏评价的核心方法。安大略湖大学图书馆联盟的网络在线资源服务影响测度项目(MINES)就是一项基于图书馆用户访谈调查的数字馆藏评价项目，其目的在于探求数字内容的价值与影响，研究特定人群在其工作中如何使用电子资源，搜集数字资源使用数据来调整馆藏投资和制定馆藏发展政策，并评估网络数字资源与服务对于教学与科研的影响。④

此外，还有文献服务机构将基于馆藏与基于用户的两类评价方法进行整合，开展了针对本馆特色馆藏的综合评价实践。加拿大萨斯喀彻温州立大学图书馆利用综合评价方法对毒物学馆藏资源进行了分析，其中馆藏图书评价采用馆藏纲要、引文分析和馆藏描述方法，成本效益分析和影响因子数据也被用于编制期刊评价列表，而馆藏流通与馆际互借数据则用来分析高利用率馆藏资源。⑤俄亥俄大学图书馆利用电子资源在线使用统计、馆藏联合报告、相关机构等数据评价其数字环境 OhioLINK 中各个学科馆藏，并对馆员人际网络以及同行协助等新的馆藏评价方法进行了有益探索。⑥

① Tucker J C. Collection Assessment of Monograph Purchases at the University of Nevada, Las Vegas Libraries[J]. *Collection Management*, 2009(34):157-181.

② Chrzastowski T E, Norman M. SFX Statistical Reports: A Primer for Collection Assessment Librarians[J]. *Collection Management*, 2009(34):286-303.

③ Stowers E, Tucker C. Using Link Resolver Reports for Collection Management[J]. *Serials Review*, 2009(35):28-34.

④ Tucker J C. Collection Assessment of Monograph Purchases at the University of Nevada, Las Vegas Libraries[J]. *Collection Management*, 2009(34):157-181.

⑤ Crawley-Low J V. Collection analysis techniques used to evaluate a graduate-level toxicology collection[J]. *Journal of the Medical Library Association*, 2006, (20):310-324.

⑥ Wisneski R. Collection Development Assessment for New Collection Development Librarians [J]. *Collection Management*, 2008, 33(1-2):143-159.

3　小结

近年来,国内外馆藏评价在理论研究与实践探索两方面均取得显著进展,从而有力推动了图书馆的馆藏资源建设与服务。馆藏评价指标体系与评估框架正逐步完善,并将重点转向馆藏数字资源乃至网络资源,以满足网络环境下数字图书馆的馆藏评价需求。馆藏评价方法论由馆藏纲要、用户调查等单一的定性评价向定性评价与定量测度相结合的综合评价方法不断延伸,同时评价工具也从纯手工录入纸质表单的原始方法到单机版 CD 再到可检索的 CD-ROM 最后发展到自动化、网络化评价软件,从而使得馆藏评价结果更为客观精确,并显著提高了评价效率。此外,馆藏评价实践项目也正如火如荼,一方面各类型图书馆针对自有特色馆藏的小范围评估成果丰硕,另一方面区域图书馆联盟实施的大规模评估实践有力促进了图书馆之间的比较交流与资源共享。然而同时我们应当看到,国内馆藏评价研究与国外还存在较大差距,具体表现在研究主体单一、评价指标体系缺乏权威性、方法论创新性不足、评价实践活动较少等诸多方面。因此必须积极探索适合自身馆藏特点的特色评估方法工具,并加强图书馆之间在馆藏评估方面的实践合作,加快制定地区乃至全国范围内的标准化馆藏评估指标体系与自动化评估工具研制。

我们相信,随着理论研究与实践探索的不断深入,馆藏评价研究将向着评价体系标准化、评价方法多元化、评价工具自动化、项目实践规模化的方向发展,从而促使图书馆馆藏结构质量获得显著提升,并在更大范围内提供多元化的资源服务。

供稿:游毅(南京大学信息管理系)

图书馆信息资源整合研究

目前被广泛接受的图书馆信息资源整合的概念是指,图书馆遵循一定的原则、规范、标准,把馆内资源,包括馆藏书目资源、网上虚拟资源、光盘数据库或自建数据库等多种载体、多种形式、多种类型、分散异构的信息资源有机结合在一起,实现图书馆所有资源采访、分类、编目、典藏、流通工作的融合,使用户能够通过统一的界面和数据存取模式完成对不同信息资源的检索和利用。[①]

近年国内外相继出现了一系列有关图书馆信息资源整合的研究机构、研究论文及研究项目等,推动了图书馆信息资源整合实践活动的开展和进步。国内外实力雄厚的图书馆或图书馆联盟、研究所、自动化管理软件开发商等纷纷开展了一系列研究项目,并为分布式异构数字资源整合管理开发了相关系统,部分已经开始投入使用。本文拟对近两年国内有关图书馆信息资源整合学术研究和实践领域的进展进行简要梳理,以期把握图书馆信息资源整合的发展脉络及趋势。

1 图书馆信息资源整合研究的主要问题

1.1 整合模式、策略

研究者们的观点主要是建议将实体资源整合和虚拟资源整合两套方法结合起来,利用分析方法对图书馆的各种类型资源进行细分,然后根据影响整合的因素逐一进行解决,实现图书馆各项资源的完美整合。如李雪梅提出,对图书馆资源按照先馆内再馆外的顺序逐步整合,在服务上充分应用网络技术,如导航系统、链接技术等实现各数据库的无缝链接。[②]王洪芝提出,图书馆信息资源整合应该秉持需求导向观、协调共享观、虚实结合观(资源分散储存、集成检索)、动态发展观。并且建议仿照零次、一次、二次、三次文献的划分方式来对图书馆数据库及网络信息资源进行重组、整合和处理。[③]

在高校图书馆领域,赵霞提到图书馆信息资源整合中,不仅要处理好电子数据和书目数据库之间的整合关系,还要处理好高校图书馆和公共图书馆信息资源

---

① 赵冬梅.图书馆信息资源整合[J].情报科学,2005(3):362-366.

② 李雪梅.数字图书馆信息资源整合方式初探[J].科技情报开发与经济,2009,19(19):4-6.

③ 王洪芝.数字图书馆中网络信息资源的优化整合[J].图书馆学刊,2009(3):105-107.

的整合关系,以及高校重组后很多大学各分图书馆之间的关系。①张晓雁等人则从现代远程教育的角度提出,图书馆信息资源整合是打破和连接远程教育中"信息孤岛"的重要途径,高校图书馆应建立以门户网站为平台的信息资源整合系统。②

资源整合的一个重要目标是建设各馆的资源特色,研究者多从不同图书馆的地域特色和专业特长等方面进行考察,提出图书馆信息资源整合的模式、策略和方法等,对于因馆制宜采取合适的资源整合方式具有重要借鉴。如杨海燕等从体育专业图书馆特色出发,简要统计了高校体育信息资源数据库的建设状况,提出体育信息资源整合的理论框架,对提高我国体育信息资源的利用率、服务"全民健身计划"、提高体育科技人员和职工科技素质等都具有重要作用。③郑萍等对医院图书馆资源整合工作进行研究,提出采用虚实结合的模式和 ASP、SQL 数据库的技术实现图书馆信息资源的整合,满足医院图书馆及其用户在信息资源服务方面的需求。④王玉英尝试将 ILAS Ⅱ 系统纸质图书信息与电子图书信息进行文献信息资源整合,以满足图书馆各项业务及临床科研教学对信息服务的需求。⑤钟玲红针对图书馆原始存在以及最新产生的档案信息资源进行专门探讨,提出在图书馆信息资源整合时也不能忽略图书馆本身在建设和服务过程中产生的馆员档案、读者档案、科研项目档案等信息资源的整合,对其有选择地公开,也是图书馆知识管理和服务的重要方式。⑥

1.2　整合技术

研究者们多从目前图书馆信息资源整合应用中选择一种或几种技术进行介绍或深入讨论,有的研究者甚至进行编码建模,以期实现技术上的交流和探讨。

如蔡翠萌提出,图书馆信息资源整合需要通过以下几个层次的技术手段来实现:传统书目检索系统的整合技术(如 Z39.50)、馆藏链接全文信息技术(如 MARC 856 字段存放 URL 链接地址)、跨库检索整合技术(如统一应用元数据描述语言 XML)、异构数据库互联技术(如 ODBC 中间件技术标准)、信息资源分类

①　赵霞. 图书馆信息资源整合研究[J]. 兰台世界,2010(14):43 - 44.

②　张晓雁,李刚. 高校数字图书馆资源整合:破解现代远程教育"信息孤岛"效应[J]. 现代远程教育研究,2010(5):32 - 35.

③　杨海燕,王会寨,卢石. 数字图书馆建设中的体育信息资源整合研究[J]. 山东体育科技,2009,31(2):33 - 34.

④　郑萍等. 医院图书馆资源整合系统的研究与实现[J]. 中国医疗设备,2009(7):33 - 34.

⑤　王玉英. 医院图书馆资源整合系统的应用与实现[J]. 哈尔滨医药,2010,30(2):41 - 42.

⑥　钟玲红. 基于数字图书馆的档案信息资源整合及利用[J]. 四川档案,2009(6):48 - 49.

技术(如本体论技术)、上下文相关参考链接技术(如 SFX 技术)、信息发布和访问接口技术(如 Web Service 技术)等。①

李卓卓介绍了基于数字图书馆的 e-Learning 系统的资源整合,提出利用数字图书馆的资源优势、Web2.0 给数字图书馆带来的服务优势、数字图书馆知识网格技术等,实现 e-Learning 系统对资源的各项整合。②王浩介绍了 MetaLib 和它的 SFX 技术,以及该系统的体系结构和优势。也有研究者专门介绍了 Innovative Interfaces 公司研发的一种数据库资源整合方案 MAP(Millennium Access Plus),它可以实现全方位上下文相关的参考链接服务,允许图书馆根据本馆读者的需求来确定最佳的资料来源、资源组合模式和信息服务等,③可以实现拥有权限的用户在限制 IP 地址领域外还可以检索资源,实现远程访问。

吕莉媛从复杂网络的角度,对图书馆数字资源整合系统进行了研究,探讨了 P2P 技术对数字资源整合系统运行机制的作用,构建了基于复杂网络的 P2P 整合系统算法模型等。④李化祥从数据仓库的角度来探讨信息资源整合,提出信息资源集中管理的核心技术包括联机处理分析(OLAP)、数据挖掘(DM)及搜索引擎(SE)等,数据仓库技术都可以予以支持和解决。⑤王智琦,李秋实等从构建网格环境下数字图书馆的异构资源检索模型切入,研究网格环境下数字图书馆的元数据、资源整合、异构资源同构化等问题。⑥

方玮等人根据目前国内外图书馆所兴起的手机服务,介绍了基于资源整合的手机图书馆 WAP 服务系统的设计与实现。⑦倪靖指出,随着 3G 牌照的发放,手机图书馆系统的建设也在日益开展,高校图书馆应积极走合作开发与利用的道路来整合资源,如建立学生档案、完善手机图书期刊数据库、整合校园支付系统等,以

---

① 蔡翠盟.浅论图书馆信息资源整合模式及其实现技术[J].图书与情报,2009(4):87 - 90.

② 李卓卓.基于数字图书馆的 e-Learning 资源整合[J].大学图书馆学报,2009(2):39 - 43.

③ 王浩.图书馆网络信息资源整合工具——MAP 及其启示[J].图书馆研究与工作,2010 (2):24 - 25.

④ 吕莉媛.基于复杂网络的图书馆数字资源整合[J].情报科学,2009,27(12):1812 - 1815.

⑤ 李化祥.数据仓库技术在图书馆信息资源整合中的应用研究[J].硅谷,2010(20):81 - 82.

⑥ 王智琦,李秋实.网格环境下数字图书馆异构资源整合及案例分析[J].情报资料工作,2009(4):48 - 52.

⑦ 方玮,张成昱,窦天芳.基于资源整合的手机图书馆系统的设计和实现[J].现代图书情报技术,2009(6):76 - 80.

充分利用新技术提高图书馆的服务。①

1.3　整合服务

在图书馆信息资源整合服务方面,有各种现有实体服务的整合,也需要开拓整合环境下新的服务方式,尤其是现有各种整合系统中新功能的添加和应用。图书馆在信息服务中应该鼓励用户多应用多反馈,与系统开发者随时保持沟通,以完善普通服务、增加个性服务的多样化。

如李爽提出,图书馆信息资源整合系统或集成系统需要动态适应读者的个性化需求,根据读者的阅读习惯和检索体验进行人机互动以优化检索系统,探索读者服务形式的多样化和集成度,在服务内容上也要向纵深领域和专业化方向发展;同时应该注意个人隐私保护、标准化与个性化等问题的协调和处理。②

张任跃从第三方数字资源联合体的角度,提出建立区域图书馆联盟和第三方公共数字资源联合体,尤其是在机房建设、网络运营和维护、数字资源采购、读者服务、资源分散存储、人才培养基地等方面,对一些经济不发达地区实现图书馆资源共建共享甚至整合都有建设性的意义。③

朱学武提出图书馆不仅要注重图书馆界馆际信息整合,馆内资源整合时除了光盘、自建数据库、大型商业数据库、网络资源的整合外,还要加强对图书馆日常咨询课题资源、读者资源等的整合。④

由武汉大学谢春枝博士 2009 年著的《分布式数字图书馆资源整合与服务集成的管理研究》,从资源整合与服务集成的管理角度入手,围绕资源整合与服务集成过程中与管理相关的因素,分析了分布式数字图书馆资源整合与服务集成的动因、原则和方法、目标和功能、模式和环境。对研究数字图书馆信息资源整合具有重要参考价值。

1.4　整合案例分析

如"对国内 20 所高校图书馆数字资源整合情况的调查与分析"(马先皇,2009)、"网格环境下数字图书馆异构资源整合及案例分析"(王智琦、李秋实,

---

① 倪靖.手机图书馆的建设及与社会资源相整合的探讨[J].农业图书情报学刊,2009,21(11):47 – 49.

② 李爽.图书馆信息资源整合中的个性化信息服务[J].科技情报开发与经济,2010,20(10):3 – 5.

③ 张任跃.试论公共图书馆数字资源整合——引入第三方数字资源联合体的构想[J].图书馆理论与实践,2009(12):75 – 76.

④ 朱学武.网络环境下图书馆数字资源的整合与利用[J].图书馆学刊,2009(2):82 – 83.

2009）、"新海南大学多校区图书馆期刊资源整合的思考"（黄海燕,2009）、"重庆区域高校图书馆资源整合服务调查分析"（杨应全等,2009）、"总分馆制下高校图书馆文献资源整合策略研究——以哈尔滨师范大学图书馆为例"（杨革,2010）、"基于OPAC的图书馆馆藏资源整合——以洛阳师范学院图书馆为例"（陈璐,2010）、"广西高校图书馆与公共图书馆资源整合研究"（廖球,2010）等。

研究者对图书馆信息资源整合的案例研究多集中在高校图书馆,而公共图书馆则相对少一些。一是高校图书馆资源和服务整体状况差别不大,二是高校图书馆集中了很多国内的研究学者,而公共图书馆则相对少一些。

如马先皇对国内20所高校图书馆数字资源整合的情况进行了调查分析后发现,OPAC在不同的图书馆中的功能有所差异,且国外UNICORN、INNOPAC、HORIZON和ALEPH系统的OPAC功能比国内自行开发的系统（如汇文、ILAS和SULCMIS等）在总体功能上要相对更全面和强大一些。[①]这也从一个侧面显示出国内自行开发的系统与国外系统之间存在的差距。但是国内图书馆信息资源整合软件却更加注重工作流、工作量和统计方面的显性化,而国外软件重视客观数据,统计功能的显示也比较隐性。

赵波等对我国25个省级公共图书馆的网络信息资源整合进行了宏观调查和研究,提出省级公共图书馆数字资源整合状况发展不平衡,很多图书馆都建设和整合了本省的地方文献特色数据库,但是查询的深度、广度以及更新速度还都不够;同时还提出了开展学科导航建设、利用开放存取期刊（Open Access Journal）来获取网上的免费期刊、整合网络多媒体信息资源等建议。[②]

廖球以某地区高校图书馆和公共图书馆为例,对高校通过与公共图书馆资源整合进行了深入探讨,如建立全区联合目录检索系统、建设合作馆藏、开展技术资源共享等,以发展该地区的文化教育事业。[③]

1.5 整合中存在的问题

在图书馆信息资源整合过程中出现的问题很多,各馆应用的资源服务系统存在各种各样的差异,信息资源整合的步伐因而比较缓慢。但总体上还是存在一些共通的问题:缺乏统一规划和有效管理,缺乏专项业务资金,需要建立一组完整的

---

① 马先皇.对国内20所高校图书馆数字资源整合情况的调查与分析[J].图书馆理论与实践,2009(3):25-31.

② 赵波,焦慧敏.省级公共图书馆网络信息资源整合研究[J].图书与情报,2010(4):97-99.

③ 廖球.广西高校图书馆与公共图书馆资源整合研究[J].图书情报工作,2010,54(9):72-75.

馆员队伍来实现系统的整合等。

如赵菊红看到一些基层和中小图书馆信息资源整合过程中存在的问题比较多,不仅包括上述的几项问题,而且他们还对图书馆各种信息资源的价值缺少认同感。①刘冬梅从宏观上提出,我国各图书馆管理体制不平衡对资源合作共享的制约、我国很多图书馆现有技术水平的制约等。②谭小红提醒到,图书馆在网络信息资源整合时还应注重动态虚拟链接资源的可靠性和稳定性,及时维护和更新,同时还要注重对图书馆信息资源的宣传,鼓励人们试用和切身体会图书馆信息资源整合所带来的便利。③石勇还提出了图书馆信息资源整合中的知识产权问题,呼吁各图书馆在图书馆法制还没有健全的情况下,谨慎操作,以免侵犯著作权人的权益。④于春燕则提出了图书馆信息资源整合地区发展不平衡、图书馆工作标准化和规范化进程缓慢等问题。⑤

以上大多数问题研究者们在文章中都给出了一定的解决办法。如沈洁提出,在整合经费方面,要建立多元化的信息资源整合投入机制,如加强政府财政的投入力度、吸引社会参与图书馆的信息资源整合工作、在各成员馆间实践经费分担、对等权利义务等,保障信息资源整合工作顺利进行;在组建图书馆员整合队伍方面,要通过梯度培养计划加强人才队伍建设;在管理和规划方面,在各馆制定严格计划的同时,也要积极促进图书馆的相关法律法规的设立和成熟,从大环境大政策上人人出力。⑥

2 图书馆信息资源整合研究的不同层次

笔者认为,图书馆信息资源整合的技术正在逐渐摸索中不断发展,高校图书馆信息资源整合的程度与公共图书馆相比目前处于前列,但是在服务拓展、案例研究、特色资源整合、问题解决方面,也都还需要更多地讨论和实践。

在此,笔者拟对图书馆信息资源整合从纵深层次上再作进一步探讨。

---

① 赵菊红. 网络环境下图书馆信息资源优化整合存在的问题与对策[J]. 晋图学刊,2009(4):27-29.

② 刘冬梅. 图书馆信息资源整合问题研究[J]. 图书馆工作与研究,2009(6):22-25.

③ 谭小红. 浅谈高校数字图书馆信息资源整合问题研究[J]. 网络财富,2009(7):114-115.

④ 石勇. 高校图书馆整合、利用网络信息资源中的知识产权问题[J]. 科技信息,2009(22):375.

⑤ 于春艳. 图书馆信息资源整合问题探讨[J]. 社科纵横,2009,24(12):136-139.

⑥ 沈洁. 浅谈高校图书馆信息资源整合[J]. 现代情报,2010,30(7):46-48.

2.1 数据层的整合

数据层整合,就是通过一定的技术手段把不同来源、不同格式、不同特点、不同性质的异构数据,在逻辑上或物理上进行有机集中,屏蔽各种数据源的差异,让这些异构系统互联互通,并以统一的视图形式表现出来,达到异构数据的共知和共享。一般有以下几种实现方式:

(1)基于虚拟数据库系统平台的信息资源整合。目前应用比较广的是 OPAC(联机公共查询目录)对书目数据库的整合。它基于 Z39.50,Z39.50 能解决不同系统间的数据交流障碍,克服不同电脑和数据库平台异构性,为用户提供统一的界面进行检索,目前已被广泛应用于图书馆的业务系统中。

(2)基于各种链接技术的数字信息资源整合。有学者认为,这种链接方式主要有封闭式静态链接、开放式静态链接和开放式动态链接。其中,封闭式静态链接是指所有嵌入 URL 的信息链接点均在本地存储和控制;开放式静态链接主要是链源和链宿互相提供链接对象的标志符或 URL;开放式动态链接主要是基于 OpenURL(开放的统一资源定位器)协议的开放、扩展和多向性链接。[①]

目前基于 OpenURL 框架的主要有 SFX、WebBridge 和 LinkFinder Plus 等。

SFX(Special Effects Cinematography,直译为"特技效果")是以色列 Ex Libris 图书馆自动化管理系统软件研发公司为其图书馆集成管理软件 Metalib 嵌入的扩展功能,它可以使图书馆针对某个文献提供获取全文的最佳链接及其他相关信息和服务,大大提高了资源整合的程度。SFX 能实现不同来源和不同通信协议的信息完全融合、无缝链接,用户只要在数据库中点击一篇文章的记录,就会显示所有能够得到的与这篇文章相关的服务选项列表。目前国际上 ISI、CSA、Gale Group、OCLC 等公司的数据库早已采用 SFX 技术和 Open URL 协议。[②]国内也有国家图书馆、清华大学图书馆、北京师范大学图书馆使用了该技术服务。

WebBridge 是 Innovative Interface 公司研发的一种参考引文链接系统,它是一个动态链接桥,可以创建上下文链接,整合图书馆资源,包括书的封面、书评、免费记录站点、全文期刊和电子书等。它必须在 INNOPAC 系统上运行,对已经使用 INNOPAC 的图书馆来说很方便。国外使用 INNOPAC 的图书馆有波兰国家图书馆、泰国奈瑞森大学(Naresuan University)图书馆等。国内正使用和曾使用

---

① 李雪梅. 数字图书馆信息资源整合方式初探[J]. 科技情报开发与经济,2009,19(19):4-6.

② 中国人民大学图书 SFX[EB/OL]. [2011-01-18]. http://www.lib.ruc.edu.cn/2004zy/sztsg/d_library/brow.php?id=334.

INNOPAC 的图书馆有清华大学图书馆、西安交通大学图书馆及钱学森图书馆、华东师范大学图书馆等。

LinkFinder Plus 是 2002 年由 Endeavor 公司开发的产品,曾有 70 多家图书馆用户,但由于被 Ex Libris 公司收购,使用 LinkFinder Plus 技术的图书馆已被 SFX 技术所替代。

2.2 元数据层的整合

元数据层的整合主要是将数据资源通过元数据进行归并和聚类,把不同数据库结构的内容源转换为相同的数据库格式,建立一个面向主题的数据库集合,实现数据库的共享和透明访问。需要应用的技术有开放式数据库互连技术 ODBC(Open Database Connectivity)、Java 数据库互连技术 JDBC(Java Database Connector)、OAI(Open Archives Initiative Protocol for Metadata Harvesting)协议等。[①]

ODBC 是微软公司提出的数据库访问接口标准。开放数据库互连定义了访问数据库的 API(应用程序编程接口)规范,这些 API 独立于不同厂商的 DBMS,也独立于具体的编程语言,后来作为 SQL 标准的一部分,成为众多数据库互连的基本技术。

OAI 是一种独立于应用的、能够在交互平台上发布数字化信息资源、提高 Web 上资源共享范围和能力的互操作协议标准。它可以解决不同资源的元数据互操作,达到有效挖掘、发布和利用网络信息资源的目的。

我国浙江大学吴朝晖、郑国轴等于 2007 年申请了一项名为"一种基于元数据的数据资源整合方法"的发明专利(200710156364),公开了一种基于元数据的数据资源整合方法,它通过领域专家建立本领域内的元数据模型,数据拥有者根据元数据模型描述数据资源,提取元数据,系统管理员使用统一的元数据存储模型存取元数据实例,数据使用者使用目录系统实现资源发现和定位来整合数据资源。[②]

2.3 系统功能层的整合

系统功能层的整合主要在于为各种异构数据库建立虚拟的视图,以便于在一

---

① 邢湘萍,宁广德. 图书馆信息资源整合模式分析[J]. 邯郸职业技术学院学报,2010,23(2):82 - 85.

② 吴朝晖,等. 一种基于元数据的数据资源整合方法[P/OL]. 中国:200710156364,2008 - 03 - 26[2011 - 01 - 22]. http://zhuanli. baidu. com/pages/sipo/20071015/63/af70909eb7db76429b22f93b5b99bb95_0. html.

个简洁统一的界面进行检索、工作、互操作等,以拓展资源检索范围,提高用户和工作人员利用资源的效率。应用较多的跨库检索系统主要是 CALIS 资源统一检索平台、清华同方 TPI4.0/Grid20 平台、Metalib 平台等。

这些平台所基于的技术有 Web Services 等。Web Services 技术使应用程序开发从过去的以操作系统为中心的模式扩展到以网络为中心的组织模式。前者的标志性技术是基于本地的组件技术(com、javabean 等),而后者则是基于网络的 Web Services(XML/Soap)技术。这样数据共享方式就从原来的"人—人"、"机器—人"模式发展到"机器—机器"、"软件—软件"模式,Web Services 就是这个模式的具体应用,它为我们在网络范围内实现全方位数据共享提供了可能。Web Service 具有访问灵活、分类清晰、容易扩展、移植方便、支持异构环境等优点,利用 Web Service 的技术策略进行图书馆站点资源整合时,可以在资源获取、分类、扩展以及服务站点的移植、资源跨库检索等方面获得更多的技术支持。

2.4 知识网格层的整合

(1)学科信息门户

现有的学科信息门户(Subject-Based Information Gateways,简称 SBIG)将特定学科领域的信息资源、工具与服务进行集成,提供学科领域网络资源权威可靠的导航,为用户提供一个方便的信息检索和服务入口。它虽然还没有达到将知识充分整合连通的程度,但已经一定程度上实现了对专业知识的相对集中。

(2)知识网格

目前国内外学者对信息资源整合的研究开始针对知识、用户需求等,探索如何重组、集成与资源相关的应用程序和服务,避免重复开发,提高网络的运行效益。研究较多的技术是网格技术、知识网格、语义网等。

网格(Grid)研究源于美国大规模高性能计算项目——分布式超级计算(Distributed Supercomputing)或元计算(Metacomputing)。它是利用现有互联网的架构,把地理上广泛分布的各种资源,包括计算资源、存储资源、带宽资源、软件资源、数据资源、信息资源、知识资源等整合成一个逻辑整体——通过一台虚拟的超级计算机,能够为用户提供一体化的信息和计算、存储、访问等应用服务,最终实现虚拟环境下资源共享,彻底消除资源"孤岛"。①

知识网格是网格技术应用于知识管理(Knowledge Management,简称 KM),利用知识工程工具、智能软件、数学建模、模拟、计划等方法和技术,为用户创建智能

---

① 张芳芳,周宁,余肖生.网格知识组织研究[J].情报科学,2006(6):806-809.

知识平台,提供一体化知识服务的网格技术。数字图书馆应用知识网格技术可实现异构资源整合、知识全面共享、知识智能聚类并形成集合、知识动态更新、存取标准统一、分布管理等。

(3)语义网

语义网是以知识资源为基础的人类知识整合的大环境,是人类知识的一个宏观网络,它可以实现对本体(Ontology)、主题图、概念图、词网等概念关联类知识组织体系的整合。①

本体(Ontology)是知识术语的集合,包括词汇表、语义关系和一些简单的推理和逻辑规则。本体通过对概念的严格定义和概念与概念之间的关系来确定概念的精确含义,表示共同认可的、可共享的知识,因此在知识检索、语义互联网方面有着广阔的应用与发展前景。②构建本体的核心在于严格确定领域内的术语、属性、关系和规则,确立术语间的语义网络,建立术语库和关系库。目前广泛应用于各个学科领域的主题词表/分类表可以作为领域本体库的构建基础。在此基础上对资源对象进行概念分析、分类、标引、描述和处理,成为机器可以理解的带有语义信息的元数据,使得没有语义关系的独立信息形成具有语义关联的知识组织系统,这是实现基于知识、语义检索的关键。③

主题图模式的整合类似于分类主题一体化这种知识组织方法,通过建立以主题为基础的知识分类体系,形成结构化的语义网络,独立于具体的技术平台,实现对信息知识领域的宏观控制。通过主题图,可将抽象的知识内容组织成一个多维度、可视化、易于浏览的知识导航界面,借助链接技术,将用户指引到相关的资源。④

3　结语

在语义网、知识网格理论研究日趋成熟的过程中,数字资源整合技术也将日趋成熟。网格技术、P2P(Peer to Peer)技术、面向服务架构 SOA(Service Oriented

① 李雪梅.数字图书馆信息资源整合方式初探[J].科技情报开发与经济,2009,19(19):4-6.

② 蔡翠盟.浅论图书馆信息资源整合模式及其实现技术[J].图书与情报,2009(4):87-90.

③ 邢湘萍,宁广德.图书馆信息资源整合模式分析[J].邯郸职业技术学院学报,2010,23(2):82-85.

④ 邢湘萍,宁广德.图书馆信息资源整合模式分析[J].邯郸职业技术学院学报,2010,23(2):82-85.

Architecture)、Web 服务(Web Services)技术等,多技术融合、智能化发展将是数字资源整合领域研究和应用的主要发展趋势。未来图书馆信息资源整合将不再仅仅是资源的链接整合,而将成为知识资源的互通和融合。

供稿:李丹(国家图书馆业务管理处)
黄晓燕(北京大学信息管理系)

数字资源长期保存理论与实践的融合

历经十数年的发展,数字资源长期保存已经从最初的项目驱动、重点突破,逐渐发展成为赖以"保障我们的数字化未来"的"主流"研究与实践。[①]人们已经认识到,数字资源长期保存是跨机构、跨学科的理论与实践相融合的工作,只有真正融入到学术、文化、商业等领域中,并成为其有机的组成部分时,才能实现我们保存数字文化遗产的最终目标。[②]

1　长期保存资源内容的多样化发展

数字资源类型的多样性决定了数字资源长期保存内容的多样化,人们在持续关注期刊、学位论文等传统文献的数字化长期保存的同时,在保存领域上,从学术领域向政府、商业等领域扩展;在保存格式上,音视频等多媒体资源的保存逐渐引起人们的重视;同时,随着 Web2.0 的出现和发展,社会化网络信息的长期保存也走入了人们的视线。

1.1　Web 保存仍是研究的重点

吴振新等在国家社会科学基金项目"网络信息资源保存的理论与方法研究"中对国外的 Web 保存理论和实践进行了跟踪和总结,并指出,网络信息资源保存是一个复杂的、涉及多方面研究的领域,需要综合考虑各方面的因素,平衡各方的利益,有效应对技术、策略、法律、经济、管理机制、人力资源等多方面的挑战。[③]

第一,Web 资源的采集研究,主要涉及如何更好地掌握网页发生改变的特点和规律,找出更好的监测方法,以便更有效地对网页进行及时、有效的存档等。[④]Helen Hockx-Yu 和 Lewis Carwford 介绍了大英图书馆采集和重现公共艺术项目网

---

①　吴振新,等. 2009 国际数字对象保存会议(iPRES2009)综述[J]. 现代图书馆情报技术,2009(10):1 - 6.

②　7th International Conference on Preservation of Digital Objects[EB/OL].[2010 - 09 - 01]. http://www.ifs.tuwien.ac.at/dp/ipres2010/index.html.

③　吴振新. 网络信息资源保存所面临的问题和挑战[J]. 数字图书馆论坛,2009(7):1.

④　吴振新,张智雄,王婷. 网络信息资源保存的协作网络研究[J].数字图书馆论坛,2009(7):2 - 6.

站流媒体的技术和方法；①Mircea-Dan Antonescu 等利用社会学方法，对用户使用Web 信息时能够用到的信息进行扩展，并利用这些信息采集各类 Web 资源的元数据；②Marc Spaniol 等人则提出网页间存在着相互链接，然而这种链接存在着不稳定性，发现这些网页间关联存在的问题，具有重要意义，基于这一认识，他们提出了相关的可视分析方法。③

第二，Web 信息编目方法的研究，如何对海量、动态、无序而复杂的 Web 资源进行元数据编目，特别是自动编目，仍是 Web 保存中的重要挑战。当前 Web 信息编目的方法主要有传统编目方法的延续、基于 Web2.0 标签技术的信息组织方法和基于大规模 WebArchive 自动编目等；Web 信息编目实验系统主要包括基于摄入流程的 WA 编目处理系统、瑞士国家图书馆的 e-Helvetica 工程，以及新加坡南洋技术大学设计开发基于 web2.0 技术的网页标注系统 WAWI 等。④

第三，Web 保存信息服务研究，特别是如何能够以 Web 资源原有的面目向用户提供服务是研究与实践的热点，主要包括基于网络资源长期保存的网页重现技术在网站恢复、网站重建、历史页面重现应用的方法、过程、效果等。⑤MOPSEUS 项目采用语义网络技术提高基于保存的 Web 信息的服务。⑥

第四，Web 信息存储问题，一是如何有效地存储海量的信息，二是如何建立存档系统。为了解决不同版本 Web 资源的保存问题，Wasuke Hiiragi 等提出了基于策略和机构的 Web 保存系统，基于事先设定的保存策略存储不同数据来源的Web 信息资源；⑦Stephan Strodl 重点研究了用 WARC 迁移 Web 资源内容的问题，

---

① Helen Hockx-Yu,Lewis Carwford LBR. Capturing and Replaying Streaming Media in a Web Archive-A British Library Case Study[EB/OL]. [2010 - 09 - 01]. http://www. ifs. tuwien. ac. at/dp/ipres2010/papers/hockxyu-44. pdf.

② Antonescu M D,Guttenbrunner M,Rauber A. Documenting a Virtual World—A Case Study in Preserving Scenes from Second Life[C]. Proceedings of IWAW2009,2009:5 - 9.

③ Spaniol M,Mazeika A,Denev D,et al. Catch Me If You Can:Visual Analysis of Coherence Defects in Web Archiving[C]. Proceedings of IWAW2009,2009:27 - 37.

④ 孙敏杰,等.网络信息资源保存的编目方法与系统研究[J]. 数字图书馆论坛,2009(7):12 - 16.

⑤ 向菁,吴振新,孙志茹. 基于 Web Archive 的网页重现方法及应用研究[J]. 数字图书馆论坛,2009(7):17 - 21.

⑥ Gavrilis D, Angelis S, Papatheodorou C. MOPSEUS—A Digital Repository System with Semantically Enhanced Preservation Services[EB/OL]. [2010 - 10 - 21]. http://www. ifs. tuwien. ac. at/dp/ipres2010/papers/gavrilis-34. pdf.

⑦ Hiiragi W,Sakaguchi T,Sugimoto S. A Policy—based Institutional Web Archiving System with Adjustable Exposure of Archived Resources[C]. Proceedings of IWAW2009,2009:20 - 26.

提出了基于 WARC 标准迁移资源的工作流程。①

第五,Web 保存的管理问题。生命周期框架的出现,为 Web 保存的管理问题的研究与实践奠定了良好的基础,当前 Web 保存的管理问题研究与实践主要是基于生命周期框架的生命周期模型、生命周期管理成本控制以及生命周期过程控制三个方面的研究。②

第六,Web 保存的标准规范问题,网络信息资源的特点决定了现有的数字资源长期保存标准并不完全适用,Web 保存标准规范建设与使用方面仍面临着各种困难。

1.2 新兴媒体资源保存得到重视

(1)政府资源的保存

美国国家档案馆认为,为了保证美国国家政府信息资源的数字连续性,有必要对政府的办公自动化系统、业务系统、政府网站、其他软件中的所有的政府数字资源进行长期保存。③

(2)音视频等海量数据的保存

与文本化数字资源的保存相比,音视频等海量数据的保存在保存格式、保存介质、保存技术等方面都存在一定的困难,因此也引起了人们的广泛重视。维也纳技术大学的 Mark Guttenbrunner 研究了如何从音频波形恢复数字对象的技术方法;④Alexander Ball 和 Manjula Patel 等人基于 OAIS 设计了保存 CAD 的工具模型 RRoRIfE,以注册和保存工程领域 CAD 的描述信息;⑤在欧洲,视听资源档案馆、学术机构和工业机构共同合作,启动了音视频资料长期保存研究项目 Presto PRIME,重点研究各类机构保存音视频资料的方法,在此基础上,建立欧洲网络权

---

① Strodl S, Beran P P, Rauber A. Migrating Content in WARC Files [C]. Proceedings of IWAW2009,2009:43 - 49.

② 李成文,等. 基于网络信息资源保存的生命周期管理研究[J]. 数字图书馆论坛,2009 (7):28 - 33.

③ Digital Continuity. An Introduction to the Wider Context [EB/OL]. [2010 - 10 - 21]. http://www. nationalarchives. gov. uk/digitalcontinuity.

④ Guttenbrunner M. Digital Archeology: Recovering Digital Objects from AudioWaveforms [EB/OL]. [2010 - 10 - 21]. http://www. cdlib. org/iPres/presentations/Guttenbrunner. pdf.

⑤ Alexander Ball, Manjula Patel. Towards a Curation and Preservation Architecture for CAD Engineering Models[EB/OL]. [2010 - 10 - 21]. http://www. bl. uk/ipres2008/presentations_day1/ 17_Ball. pdf.

限中心,并与欧洲数字图书馆基金会共同提供先进的数字保存建议和服务;①
Addis M.、Lowe,R. 和 Middleton 等提出了视频文件的存档方法。②

(3)社会化网络信息的保存

近年来,一些新兴的网络媒体形式得到了越来越多的重视,对这些新的网络媒体内容的保存也成为近期数字资源长期保存的重要内容之一。由 JISC 资助的、英国伦敦大学计算机中心与大英图书馆数字信息保存部门共同开展的 Archive Press 项目,重点解决博客内容归档的实际问题,目前该项目的成果已经在 Google 上进行试用;③Brian Kelly 和 Marieke Guy 探讨了利用"云"技术保存个人博客的方法,包括博客的描述、迁移等问题;④Jörgen Nilsson 提出了使用元数据保存政府论坛的方法;⑤UROBE 项目基于语义网格和数据关联原则建立了 WIKI 保存原型,制定了 WIKI 内容迁移的策略;⑥而从 2010 年 4 月开始,美国国会图书馆和 Twitter 公司共同合作,在 NDIIP 项目中增加 Twitter 保存的内容;⑦来自马里兰大学的 Matthew Kirschenbaum 的研究内容则是针对个人数字文件或个人数字档案馆这一特定的领域。⑧

① Addis M, Boch L, Allasia W, et al. 100 Million Hours of Audiovisual Content: Digital Preservation and Access in the PrestoPRIME Project[C]. First International Digital Preservation Interoperability Framework (DPIF) Symposium, Germany 2010.

② Addis M, Lowe R, Middleton L. A new approach to audiovisual archiving[C]. In 63rd Broadcast Engineering Conference, Las Vegas, 2009.

③ Maureen Pennock, Richard Davis. ArchivePress: A Really Simple Solution to Archiving Blog Content[EB/OL]. [2010 - 10 - 21]. http://www.cdlib.org/iPres/presentations/Pennockm.pdf.

④ Brian Kelly, Marieke GuyLBR. Approaches To Archiving Professional Blogs Hosted in The Cloud[EB/OL]. [2010 - 10 - 21]. http://www.ifs.tuwien.ac.at/dp/ipres2010/papers/kelly-25.pdf.

⑤ Jörgen Nilsson. Preserving Visual Appearance of e-Government Web Forms Using Metadata Driven Imitation[EB/OL]. [2010 - 10 - 21]. http://www.ifs.tuwien.ac.at/dp/ipres2010/papers/nilsson-47.pdf.

⑥ Niko Popitsch, Robert Mosser, Wolfgang Philipp. UROBE: A Prototype for Wiki Preservation [EB/OL]. [2010 - 10 - 21]. http://www.ifs.tuwien.ac.at/dp/ipres2010/papers/popitsch-52.pdf.

⑦ Laura Campbell. Digital Preservation: NDIIPP and the Twitter Archives[EB/OL]. [2010 - 10 - 21]. http://www.ifs.tuwien.ac.at/dp/ipres2010/papers/campbell-27.pdf.

⑧ Matthew Kirschenbaum, Erika Farr. Digital Materiality: Preserving Access to Computers as Complete Environments[EB/OL]. [2009 - 10 - 21]. http://www.cdlib.org/iPres/presentations/Kirschen2baum.pdf.

2 长期保存基础设施的建设和发展

随着数字资源长期保存实践不断深入，单一的系统或工具已经难以满足多层面、跨领域的工程要求，长期可靠、可持续发展的长期保存基础设施建设提到了议事日程。数字资源长期保存基础设施可以被定义为一个社会、企业或操作服务正常运行所需要的基本物理和组织结构，以及为提供某项经济职能的必要设施。[①]

（1）数字资源长期保存基础设施得到了国家层面的重视

来自德国国家图书馆的 Reinhard AltenhÊner 在分析德国国内长期保存的发展状况、现有的以及正在进行的实践经验的基础上，以 DP4Lib 和 Nestor 为例，从意识、技术和项目及资助几个方面分析了德国长期保存基础设施面临的关键问题和挑战。[②]加拿大国家图书与档案馆（LAC）的 Johanna Smith 介绍了 LAC 基于数字记录的生命周期所建立的保存电子记录的强制性的立法和政策框架，包括记录保存规程、用于存档记录的重要数字记录元数据标准、数字文件格式指南以及Web2.0 和电子邮件保存准则，这些努力成为 LAC 所负责的数字保存基础设施的重要组成部分。[③]

（2）提升已有系统功能，建设数字资源长期保存基础设施

荷兰国家图书馆（KB）与 8 家欧洲国家图书馆一起定义了其近期将要更新的数字长期保存系统的基础架构，基于模型化的方法和组件技术更新其原有的保存系统 e-Depot，以建设数字保存环境，并将于 2012 年正式投入使用；[④]S. Abrams 等介绍了下一代 JHOVE2 的框架和应用。[⑤]

（3）加强数字资源长期保存基础设施的研究

来自加州数字图书馆的 Stephen Arbams 提出了实现数字保存基础设施的一

---

① Michael R Mott. Storage Products and Future Trends [EB/OL]. [2010 - 10 - 21]. http://www. digitalpreservation. gov/news/events/other_meetings/storage09.

② Reinhard AltenhÊner. e-Infrastructure and Digital Preservation：Challenges and Outlook [EB/OL]. [2010 - 10 - 21]. http：//www. cdlib. Org/ iPres/presentations/Altenhoener. pdf.

③ Pauline Sinclair, Clive Billenness, James Duckworth, et al. Are you Ready? Assessing Whether Organisations are Prepared for Digital Preservation [EB/OL]. [2010 - 10 - 21]. http://www. cdlib. org/iPres/presentations/Sharpe. pdf.

④ Hilde van Wijngaarden, Judith Rog, Peter Marijnen. Building blocks for the new KB e-Depot [EB/OL]. [2010 - 10 - 21]. http：//www. ifs. tuwien. ac. at/dp/ipres2010/papers/Wijngaarden-57. pdf.

⑤ S. Abrams, et al. The next-Generation JHOVE2 Framework and Application [EB/OL]. [2010 -10 - 21]. http：//www. ifs. tuwien. ac. at/dp/ipres2010/tutorials. html#T1.

种新方法,将基础设施中的服务划分为一系列粒子级的、独立的但可互操作的微服务,使其开发、部署、维护和升级更为容易,同时可根据各机构政策和实践环境的不同,组合成为复杂的保存功能;①Joachim Korb 和 Stephan Strodl 则基于 OAIS,详细分析了将电子记录管理(Electronic Records Management,简称 ERM)的组成系统企业内容管理系统(Enterprise Content Management Systems,简称 ECMS)升级为长期保存系统存在的问题和可能性;②Gonçalo Antunes、José Barateiro 和 Jose Borbinha 等提出了一个能够满足潜在的保存环境需求,提供便利的方式开发和部署支持长期保存的系统的数字长期保存参考架构;③David Pcolar 等探讨了不同数字仓储间互操作的问题,提出了互操作基础框架,并通过整合 iRODS 和 Fedora,证明了该基础架构的可行性;④David Minor 比较了 Chronopolis 数字保存项目和 MetaArchive 项目,并在 North Texas 大学数字图书馆进行了部署,以便为使用上述两类系统的机构改善服务提供参考;⑤Brian Aitken 等总结了 Planets Test Bed 项目中开发基础架构得到的经验和教训,主要包括开发一个适应各种资源类型的系统是困难的、分布式开发更具有挑战性、各种大型保存软件开发项目中可能存在冲突或依赖性、大型项目开发中交流至关重要等。⑥

　　① Stephen Abrams,John Kunze,David Loy. An EmergentMicro-Services App roach to Digital Curation Infrastructure[EB/OL].[2010 - 10 - 21]. http://www. cdlib. org/iPres/presentations/Abrams. pdf.

　　② Joachim Korb,Stephan Strodl. Digital Preservation for Enterprise Content：A Gap-Analysis between ECM and OAIS[EB/OL].[2010 - 10 - 21]. http://www. ifs. tuwien. ac. at/dp/ipres2010/papers/korb-14. pdf.

　　③ Gonçalo Antunes, José Barateiro, Jose Borbinha. A Reference Architecture for Digital Preservation[EB/OL].[2010 - 10 - 21]. http://www. ifs. tuwien. ac. at/dp/ipres2010/papers/antunes-61. pdf.

　　④ David Pcolar, Daniel Davis, Bing Zhu, et al. Policy - Driven Repository Interoperability：Enabling Integration Patterns for iRODS and Fedora[EB/OL].[2010 - 10 - 21]. http://www. ifs. tuwien. ac. at/dp/ipres2010/papers/pcolar-41. pdf.

　　⑤ David Minor, Mark Phillips, Matt Schultz. Chronopolis and MetaArchive：Preservation Cooperation[EB/OL].[2010 - 10 - 21]. http://www. ifs. tuwien. ac. at/dp/ipres2010/papers/minor-29. pdf.

　　⑥ Brian Aitken, Matthew Barr, Andrew Lindley, Seamus Ross. Developing Infrastructural Software for Preservation：Reflections of Lessons Learned Developing the Planets Tested[EB/OL].[2010 - 10 - 21]. http://www. ifs. tuwien. ac. at/dp/ipres2010/papers/aitken-38. pdf.

3 长期保存技术的研究与应用

随着数字资源长期保存项目的不断深入与实践化,长期保存技术的研究已经从为理论研究提供实践证明向解决实践中的具体问题方向发展。

(1)标识符在多样化保存资源中的应用

SMPTE(The Society of Motion Picture and Television Engineers,电影和电视工程师协会)制定了音视频资料的标识符标准 UMID,UMID 是音视频资料内容标签的核心内容,其目的是确保音视频资料的唯一可标识,以保证其在网格化环境或分布式环境中的可访问性和可追溯性;德国国家图书馆、大学和州图书馆一起制定了 Web 出版物中个人网页的持久标识符 URN,以确保和促进学术界长期引用的可信性和有效性,同时为了保证持久标识符编制的质量,开发了自动化工具,并在数字化的每一个阶段进行智能控制;[1]Emanuele Bellini 等人提出了在意大利基于持久标识符(Persistent Identifiers,简称 PI)解析 URN 的框架,并建设了原型系统,以在分布式系统建设中确保数字对象的唯一性。[2]

(2)保存元数据的研究与应用

如何更好地理解元数据、实践元数据,使之更好地服务于保存系统,是数字保存一直需要考虑的问题。英国国家图书馆的 Adam Farquhar 介绍了引导数字保存服务的元数据的实施,并根据 Planets 项目的实践经验,分析了保存服务与保存元数据如何交互以及保存服务如何使用保存元数据;[3]美国国会图书馆的 Rebecca Guenther 从 PREMIS 背景和原理,METS 基本原理、指南的发展过程,PREMIS 在 METS 中的执行,交换标准的实施等方面介绍了 *Guidelines for Using PREMIS with METS for Exchange* 这一使用保存原数据的最佳实践指南;[4]意大利 La Sapienza 大

---

① Halle. Persistent Identifiers: the 'URN Granular' Project of the German National Library and the University and State Library [EB/OL]. [2010 - 10 - 21]. http://liber. library. uu. nl/publish/articles/000477/article. pdf.

② Bellini, Emanuele, et al. Persistent Identifiers distributed system for Cultural Heritage digital objects[EB/OL]. [2010 - 10 - 21]. http://www. bl. uk/ipres2008/presentations_day2/38_Lunghi. pdf.

③ Adam Farquhar. Implementing Metadata that Guides Digital Preservation Services[EB/OL]. [2010 - 10 - 21]. http://www. cdlib. org/iPres/presentations/Farquhar. pdf.

④ Rebecca Guenther, Robert Wolfe. Integrating Metadata Standards to Support Long-term Preservation of Digital Assets: Developing Best Practices for Expressing Preservation Metadata in a Container Format [EB/OL]. [2010 - 10 - 21]. http://www. cdlib. org/iPres/presentations/Guenther. pdf.

学的 Angela Di Iorio 介绍了 ARTAT 项目,该项目旨在对现有的数字仓储提供一个与其他仓储进行保存元数据交换的层,为机构间进行资源交流提供一种双方都可以理解的"语言";①ARTAT 项目提出了保存元数据层(Preservation Metadata Layer,简称 PML)的概念,利用 PREMIS 语义作为通用语言,以克服保存系统的差异,传递其保存在 AIP 中的内容对象原始的上下文、相关保存信息。

(3)工作流研究

作为 Planets 项目的参与者,来自奥地利技术研究院的 Rainer Schmidt 介绍了一种面向服务的保存环境:Planets 集成环境。②Planets 基于分布式保存工作流的模式,将现有的内容仓储、保存工具和服务集成为一种分布式保存环境架构,该环境聚焦于逻辑保存数字材料而不是内容位流的物理保存,用于定义和评估以人为中心的数据保存策略。

(4)文件格式研究

英国南安普敦大学的 David Tarrant 介绍了在文件格式注册和格式风险评价领域中对于网络关联数据格式的控制和研究。③PRONOM、JHOVE、GDFR 以及其他几个项目联合倡导了"统一数字格式注册",基于 RDF 的框架管理来自多种资源(包括 PRONOM)文件格式数据,并证明了该框架的有效性;来自美国印第安纳大学的 Geoffrey Brown 介绍了如何处理数字化过程中古文献字体和信息缺失的问题;④荷兰的 RenéVan Horik 介绍了 MIXED 项目利用其开发的开源软件对文件格式实施智能迁移的研究。⑤该项目利用 XML 文档作为中间格式,对特定类型数据格式在摄入过程中实施格式转换,以便未来能以一种高效的方式将其转换为未来普遍适用的文件格式。

(5)互操作研究

美国纽约大学的 Joseph Pawletko 介绍了 TIPR(Towards Interoperable

① Angela DiIorio. A Translation Layer to Convey Preservation Metadata[EB/OL]. [2010 - 10 - 21]. http://www. cdlib. org/iPres/presentations/DiIorio. pdf.

② Rainer Schmidt, Ross King, Fabian Steeg, et al. A Framework for Distributed PreservationWorkflows[EB/OL]. [2010 - 10 - 21]. http://www. cdlib. org/iPres/presentations/Schmidt. pdf.

③ David Tarrant. Where the Semantic Web and Web 2.0 Meet Format Risk Management:P2 Registry[EB/OL]. [2010 - 10 - 21]. http://www. cdlib. org/iPres/presentations/Tarrant. pdf.

④ Geoffrey Brown. Born Broken:Fonts and Information Loss in Legacy Digital Documents[EB/OL]. [2010 - 10 - 21]. http://www. cdlib. org/ iPres/presentations/Brown. pdf.

⑤ Renévan Horik. MIXED:Repository of Durable File Format Conversions[EB/OL]. [2010 - 10 - 21]. http://www. cdlib. org/iPres/presentations/VanHorik. pdf.

Preservation Repositories)项目对于不同异构保存仓储之间复杂数字对象的传输实现。[①]该项目设计了一种包含 METS 和 PREMIS 约束的 RXP（Repository Exchange Package），使之成为所有仓储都可以读写的中间信息包，在基于 OAIS 的不同保存仓储之间实现信号包的交换存储，克服不同仓储类型之间的失配。

（6）存储技术的研究

近年来，一些新的技术，如云计算技术等的出现为海量数据的保存提供了新的思路。Raymond A. Clarke 提出了利用云计算技术开展数字长期保存的思路，并提出了长期保存云的概念。[②]

4 长期保存可持续发展的研究

可持续发展一直是长期保存研究探求的目标，随着数字资源规模的不断扩大、数字对象日益复杂化，如何从组织、法律、技术、经济等层面来保障长期保存的可持续发展成为各机构和项目的研究重点。

（1）保存计划研究

保存计划是定义任何保存行为的系统性框架。英国卢瑟福·阿普尔顿实验室的 Esther Conway 根据 CASPAR 和 DCC SCARP 项目的需求，提出了语境环境中的保存分析方法学，可以对科学数字保存仓储方法进行评估，以实现最大化的收益，实施可度量的解决方案，促进管理、支持审计/鉴定以及制定保存计划。[③]一般说来，有两种保存规划，一种是简单化，删减保存内容的数量和格式；一种是复杂的方法，允许在分析不同文件格式特点的基础上，结合特定的需求确定保存策略。Plato 项目采用第二种方式。[④]Peter McKinney 主要从数字对象生命周期在框架中的地位、工作流、评估计划、给决策者的计划描述等四个方面，比较了新西兰国家

① Priscilla Caplan, William Kehoe, Joseph Pawletko. Towards Interoperable Preservation Repositories (TIPR) [EB/OL]. [2010 - 10 - 21]. http://www. cdlib. org/iPres/presentations/Caplan. pdf.

② Michele Kimpton. DuraCloud Managing durable data in the cloud[EB/OL]. [2010 - 10 - 21]. http://www. slideshare. net/eduserv/duracloud-open-technologies-and-services-for-managing-durable-data-in-the-cloud.

③ Esther Conway, Matthew Dunckley, David Giaretta. Curating Scientific Research Data for the Long Term: A Preservation Analysis Method in Context[EB/OL]. [2010 - 10 - 21]. http://www. cdlib. org/iPres/presentations/ConwayCurating. pdf.

④ David Tarrant, et al. Connecting preservation planning and Plato with digital repository interfaces[EB/OL]. [2010 - 10 - 21]. http://www. ifs. tuwien. ac. at/dp/ipres2010/papers/tarrant-65. pdf.

图书馆保存仓储 Rosetta 和 PLANETS 项目开发的 PLATO 工具的保存计划执行情况。①

（2）可信保存研究

2009 年 4 月到 2010 年初,研究图书馆中心(The Center for Research Libraries,简称 CRL)对 Portico 的保存服务进行了认证,Portico 是得到 CRL 认证为可信数字仓储的第一家保存服务;②Paul Conway 提出了大数据量长期保存中内容质量的度量方法,包括通过手工检查样例的方法理解和记录错误,通过用户和数据提供者开放式的评估正确性的策略,并利用 HathiTrust 保存的资源进行测试,提出保存资源的质量评估方法等;③2009 年, MetaArchive Cooperative 使用可信仓储审核和标准(Trusted Repositories Audit & Certification: Criteria & Checklist,简称 TRAC)开展自审核工作,提出了分布式自审核方法(Distributed Self Audit Methods) ;④CINES 利用 BMP 保证数据质量的方法。

（3）保存服务研究

目前,许多国际机构和组织利用圣迭哥超级计算机中心存储资源代理(San Diego Supercomputer Centre's Storage Resource Broker,简称 SRB)建立数据网格,管理其大规模的、分布式的资源,同时它也提供 PresSRB 系统的效率和可用性的评价;⑤欧洲持久标识符联盟(European Persistent Identifier Consortium,简称 EPIC)从 2009 年开始基于 Handle System 研究分配和解析持久标识符的方法,并与欧洲合作者一起为欧洲研究团体提供持久标识符分配和解析服务;⑥Leslie Johnston 介绍

① Peter McKinney. Preservation Planning: A Comparison between Two Implementations[EB/OL]. [2010 - 10 - 21]. http://www. ifs. tuwien. ac. at/dp/ipres2010/papers/mckinney-74. pdf.

② Amy Kirchhoff, et al. Becoming a certified trustworthy digital repository: the Portfolio experience[EB/OL]. [2010 - 10 - 21]. http://www. ifs. tuwien. ac. at/dp/ipres2010/papers/Kirchhoff-35. pdf.

③ Paul Conway. Measuring Content Quality in a Preservation Repository: HathiTrust and Large-Scale Book Digitization[EB/OL]. [2010 - 10 - 21]. http://www. ifs. tuwien. ac. at/dp/ipres2010/papers/conway-20. pdf.

④ Matt Schultz, Emily Gore. The Importance of Trust in Distributed Digital Preservation: A Case Study from the Metaarchive Cooperative[EB/OL]. [2010 - 10 - 21]. http://www. ifs. tuwien. ac. at/dp/ipres2010/papers/schultz-39. pdf.

⑤ Kosovic D, Hunter J. Implementing preservation services over the storage resource broker [C]. Proceedings of the Fifth International Conference on Preservation of Digital Objects,2008:181 - 188.

⑥ EPIC—the European Persistent Identifier Consortium provides a Service for the European Research Community[EB/OL]. [2010 - 10 - 21]. http://www. pidconsortium. eu.

了基于美国国会图书馆保存资源、提供资源转换和 Inventory 服务的情况;①
Mopseus 基于 Fedora 通用中间件设计基于语义的数字仓储系统,为其他机构开发
和保存自己的仓储提供服务;②ARCHIVEMATICA 使用元服务和开源软件提供综
合的数字保存解决方案。③

(4)费用管理研究

英国国家图书馆的 Paul Wheatley 回顾了 LIFE 项目的发展历史以及三个阶段
的研究方法、重点以及研究案例,同时分析了各阶段成果存在的不足,重点介绍了
LIFE3 开发的成本评估工具,即数字生命周期模型,并利用真实数字集合对该模
型进行了验证,模仿其生命周期,研究其关键过程。④2009 年到 2010 年,LIFE3 项
目进入了第三阶段,这一阶段开发了基于 Web 的费用预测工具,能够显著提高计
划、管理保存数字资源的能力;⑤丹麦皇家图书馆的 Ulla Kejser 按照基础成本方法
描述了基于 OA IS 模型的保存活动,形成了重点关注数字迁移活动的数字保存成
本模型,根据 OA IS 模型并利用文献调查结果进行了修正和补充,确定与成本相
关的关键活动,并把保存活动解析为可测量的组件,分析成本相关性,提出公式,
先后利用丹麦国家档案馆两组来自不同数据迁移项目的数据集进行了测试和
验证。⑥

(5)风险管理研究

风险管理的目的是定义、防止和控制附加于长期保存特定行为和有价值资产
的风险,涉及风险的积极和消极两方面的因素。ISO/FDIS 31000 定义了控制风险

① Leslie Johnston. Transfer and Inventory Services in Support of Preservation at the Library of
Congress［EB/OL］.［2010－10－21］. http://www. ifs. tuwien. ac. at/dp/ipres2010/papers/
johnston-66. pdf.

② Dimitris Gavrilis, Stavros Angelis, Christos Papatheodorou. MOPSEUS—A Digital Repository
System with Semantically Enhanced Preservation Services［EB/OL］.［2010－10－21］. http://www.
ifs. tuwien. ac. at/dp/ipres2010/papers/gavrilis-34. pdf.

③ Peter Van Garderen. ARCHIVEMATICA: Using Micro-Services and Open-Source Software to
Deliver a Comprehensive Digital Curation Solution［EB/OL］.［2010－10－21］. http://www. ifs.
tuwien. ac. at/dp/ipres2010/papers/vanGarderen28. pdf.

④ Paul Wheatley. LIFE3: Predicting Long Term Preservation Costs［EB/OL］.［2010－10－
21］. http://www. cdlib. org/iPres/presentations/Wheatley. pdf.

⑤ Brian Hole, Li Lin, Patrick McCann. LIFE3: A Predictive Costing Tool for Digital
Preservation［EB/OL］.［2010－10－21］. http://www. ifs. tuwien. ac. at/dp/ipres2010/papers/hole-
64. pdf.

⑥ Ulla Bgvad Kejser. Cost Model for Digital Preservation: Cost of Digital Migration［EB/OL］.
［2010－10－21］. http://www. cdlib. org/iPres/presentations/Kejser. pdf.

的原则和方法,是当前风险管理的国际标准。①基于风险管理的数字仓储审核方法(The Digital Repository Audit Method Based on Risk Assessment,简称 DRAMBORA)关注个人仓储的行为、资产和内容限制等的风险管理;②Richard Wright 和 Ant Miller 提出了将费用、风险(不确定性)和价值(效益)结合在一起的模型,这个模型适用于数字图书馆以及长期保存资源的风险管理。③

(6)生命周期研究

为保证数字保存活动的有效性,数字保存活动应该贯穿数字对象的整个生命周期,而仓储系统的保存功能也需要融入到数字对象生命周期管理中。同时数据也并不保存在孤立的仓储系统中,在多个异构系统之间交换数据已成为一个需要。德国哈根大学的 Wolfgang Wilkes 介绍了 Shaman 项目基于产品生命周期管理所进行的长期数字保存。④该项目通过对保存机构、e-Science、工程领域三方面的保存需求调研发现:对于工程领域,存在重要的法律和经济动机来促使将数字长期保存整合到产品生命周期管理(PLM)中。Shaman 通过可配置的模块化解决方案将保存功能融入到 PLM 工作流中,构建了一种基于 PLM 的长期数字保存框架。

(7)保存评估

PLANETS 项目提出了仿真策略使用的七个步骤:第一步,使用软件,而非硬件博物馆;第二步,保存仿真器;第三步,可视路径;第四步,确保仿真可访问;第五步,处理相互联动;第六步,保存必要的软件组件;第七步,提供参考环境。⑤Eld Zierau 等人利用 Plato 保存计划工具和 BR-ReMS 原型评估了字节流保存策略,并在此基础上,根据不同的字节流完整性和可信性保存需求,对不同类型的数字资源的字节流保存提出了建议。⑥

---

①　ISO/FDIS 31000—Risk Management principles and guidelines[EB/OL].[2010 - 10 - 21]. http://doc. mbalib. com/view/5adb201890df1cadde3dffa51cacf625. html.

②　McHugh A,Ruusalepp R,Ross S and Hofman H. Digital Repository Audit Method Based on Risk Assessment[C]. Edinburgh:DCC and DPE,2007.

③　Richard Wright,Ant Miller. The Significance of Storage in the "Cost of Risk" of Digital Preservation[J]. *The International Journal of Digital Curation*,2009(3).

④　Wolfgang Wilkes,JÉrg Brunsmann, Dominic Heutelbeck, et al. Towards Support for Long-term Digital Preservation in Product Life Cycle Management[EB/OL].[2010 - 10 - 21]. http://www. cdlib. org/iPres/presentations/Wilkes. pdf.

⑤　Dirk von Suchodoletz, Klaus Rechert. Seven steps for reliable emulation strategies-Solved problems and open issues[EB/OL].[2010 - 10 - 21]. http://www. ifs. tuwien. ac. at/dp/ipres2010/papers/vonsuchodoletz-53. pdf.

⑥　Eld Zierau, Ulla Bϕgvad Kejser, Hannes Kulovits. Evaluation of Bit Preservation Strategies [EB/OL].[2010 - 10 - 21]. http://www. ifs. tuwien. ac. at/dp/ipres2010/papers/zierau-31. pdf.

5 长期保存责任体系与合作机制的建设

(1)责任体系建设

数字资源长期保存是对数字资源进行摄入、保存、管理并在一定条件下提供服务或转移保存的活动。为了保证数字资源长期保存的可靠性,必须通过具有法律效应的长期保存协议来确定资源提供方和保存方的权利与义务,以及相应的执行流程、管理措施和纠纷解决机制。张晓林等从权利和执行管理等维度对长期保存协议及其执行中需要考虑的因素进行了分析,并尝试提出了相应的长期保存协议框架;他们认为,长期保存协议必须根据双方权利要求和流程管理要求,对保存资源、保存摄入、数据处理、资源服务、备份与转移、过程管理和纠纷解决等进行规定。①

中国科学院国家科学图书馆一直是国内数字资源长期保存的倡导者、研究者和实践者,2009 年 9 月 3 日,中国科学院国家科学图书馆与 Springer 科学与商业媒体集团在北京国家科学图书馆举行了数字资源长期保存协议签字仪式,这样,中国图书馆首次对采购的国外海量电子资源拥有保存权。②

(2)合作机制建设与研究

大规模的合作已经成为近些年来数字长期保存项目的特点,而且不同的合作项目根据参与方的不同、任务的不同,建立了适合于不同类型保存项目的合作机制。

一类是跨国合作,如电子系统中文件真实性永久保障国际合作研究(The International Research on Permanent Authentic Records in Electronic Systems,简称 Inter PARES)、③PARSE. Insight 项目等。④欧洲数字图书馆计划旨在为未来的几代人保存那些具有丰富历史价值和文化价值的书籍、电影、杂志、地图、照片、音乐等一系列的文化资源和科技资源,为了使项目更好地开展,成立了由欧盟的各个成员国组成的工作委员会。Inter PARES 是一项大型的、跨国合作研究项目,其目的包括为制定长期保管真实电子文件的国际、国家及机构政策、战略和标准提供原则和依据。该项目目前已经进行到了第三阶段,主要工作目标是将前两期的丰硕

---

① 张晓林,郑建程,李欣. 数字文献资源长期保存协议框架[J]. 现代图书情报技术,2008(11):1-6.

② 中国科学院国家科学图书馆与 Springer 数字资源长期保存协议签约仪式举行[J]. 图书情报工作,2009(18):30.

③ The Inter PARES Project[EB/OL]. [2011-02-05]. http://www.interpares.org.

④ PARSE Insight[EB/OL]. [2010-10-21]. http://www.parse-insight.eu.

研究成果付诸实践并进一步检验与完善前期研究成果,帮助各级各类机构建立基于电子文件真实性保障的电子文件管理系统和相关的制度、指南、人员培训模式。PARSE. Insight 项目历时两年,该项目在欧盟第七框架下联合了英国、荷兰、德国、法国、瑞士等国参加,主要集中研究欧盟提供的数字资源,其中主要是科学信息,并延长它们的寿命,改善数字资源的存在环境及其保护利用。

另一类是国内合作,如英国为了保存本国数字资源而成立的数字保护联盟,[①]该联盟的宗旨包括与其他国家联合保护全球的数字信息和知识。成立数字保存联盟的作用就是保证保存项目具有良好的经营与管理机制,推进数字化的保存与管理,该联盟 2009 年至 2011 年的主要工作是以中立、友好、协商的态度来达到满足成员需求、维护良好的数字资源、分享该资源、发展数字保护标准的工作目标。

供稿:郭家义(北京市信息资源管理中心)

---

① DPC:Digital Preservation Coalition[EB/OL].[2010 - 10 - 21].http://www. dpconline. org.

开放存取运动实践与研究进展[①]

开放存取(Open Access)作为一种新的学术传播模式,正在引起国际社会越来越广泛的关注,产生越来越重要的影响。可以说,这场学术内容的开放源码运动开展得轰轰烈烈,方兴未艾。作为一项基本的描述性研究,本文旨在从图书馆的角度来考察开放存取运动在 2008 至 2010 年的最新实践和研究进展。其中,在论述 OA 期刊的实践进展方面,本研究主要参考 DOAJ 和汤姆森路透期刊引证报告,而在论述 OA 知识库的实践进展方面,本研究则主要参考 OpenDOAR、ROAR 和 Scientific Commons。这些网站和报告具有较好的代表性,能较为准确地反映 OA 期刊和 OA 知识库的实践进展。

1 OA 期刊的最新进展

1.1 数量的增长

OA 期刊数量在 2008 年的增长速度比以往任何一年都要快。DOAJ 在 2008 年新收录的同行评审 OA 期刊数量为 812 份,增长幅度高达 27%,即每天新增加 2.2 份期刊。截至 2008 年年底,DOAJ 共收录同行评审 OA 期刊 3812 份。除了这些新创建的 OA 期刊,在 2008 年,由订阅期刊模式转型为 OA 模式的期刊数量超过 30 份,包括 6 份已经拥有 25 年历史的优秀期刊。另外,也有十几份订阅期刊将其回溯刊转型为 OA 模式,供用户免费获取,其中的 6 份期刊的出版历史也超过了 25 年。

在 2009 年,DOAJ 在 2008 年的基础上又增加了 723 份同行评审 OA 期刊,增长幅度为 19%,即每天新增加 1.99 份期刊。可见,尽管 2009 年 OA 期刊仍然保持较高的增长速度,但明显低于 2008 年的同期数据。截至 2009 年年底,DOAJ 共收录同行评审 OA 期刊 4535 份。除了这些新创建的 OA 期刊,在 2009 年,48 份期刊成功地由订阅模式转向为完全 OA 模式,615 份期刊由订阅模式转为复合 OA 模式,8 份期刊由订阅模式转为延时 OA 模式,1 份复合 OA 模式转向完全 OA 模

① 致谢:本文主要是在参考 Peter Suber 撰写的 Open access in 2008(访问网址:http://www.earlham.edu/~peters/fos/newsletter/01-02-09.htm#2008)、Open access in 2009(访问网址:http://www.earlham.edu/~peters/fos/newsletter/01-02-10.htm#2009)和 Open access in 2010(访问网址:http://www.arl.org/sparc/publications/articles/oa-in-2010.shtml)的基础上完成的。借此机会对 Peter Suber 多年致力于开放存取运动表示感谢!

式。相对而言,在 2009 年,只有 3 份期刊从 OA 模式转向订阅模式,只有 2 份期刊从完全 OA 转向部分 OA 模式,只有 1 份期刊从完全 OA 转向复合 OA 模式。

截至 2010 年年底,DOAJ 共收录了 5936 份 OA 期刊,等于在 2009 年的 4535 份的基础上又增加了 1401 份,增长幅度达到 31%,为最近三年之最。从日均的发展水平来看,2008 年和 2009 年平均每天增加 2 份新期刊,而 2010 年平均每天增加 4 份新期刊,增长幅度翻了一番。除了这些新创建的 OA 期刊,在 2010 年,共有 30 份期刊由订阅模式转为完全 OA 模式(其中包括 5 份拥有 80 多年悠久历史的期刊),共有 23 份期刊由订阅模式转为复合 OA 模式,7 份期刊由订阅模式转为延时 OA 模式,1 份期刊由复合模式转为完全 OA 模式。相对而言,在 2010 年,只有 1 份 OA 期刊从完全 OA 模式转为延时 OA 模式,没有期刊从完全 OA 模式转向订阅模式。

从出版机构本身的角度来看,2008 年共诞生了 7 家新的 OA 出版机构,包括卑尔根开放存取出版公司和 e 时代出版公司等;而 2009 年新创办的 OA 出版机构数量达到 14 家,是 2008 年同期数据的两倍,其中包括开放学术出版社和布卢姆茨伯里卡塔尔基金会期刊等。在 2010 年,Hindawi 发布的报告指出提交给该出版公司期刊的作者稿件在 2008 年为 7600 篇,在 2009 年翻了一番还要多,为 16 500 篇;而仅在 2010 年 8 月一个月间,其稿件数量就超过 2000,从月收稿量达到 1000 篇到月收稿量突破 2000 篇只花了 18 个月的时间。Hindawi 出版公司的总裁 Ahmed Hindawi 先生声称,公司在 2007 年完成的 OA 转型是公司自创建以来作出的最为明智的战略决策。

1.2 影响力的提高

根据 2008 年版汤姆森路透期刊引证报告,59 种 BMC 期刊有正式的影响因子。其中 12 种期刊是新刊,29 种的影响因子有提高,18 种期刊的影响因子没有改变,总影响因子为 50,充分表明 BMC 的期刊越来越成功。根据 2009 年版汤姆森路透的报告,在 2008 年,共有 5 份 OA 期刊的影响因子在其所属领域排名第一。其中 4 份来自 PLoS,它们分别是 PLoS Neglected Tropical Diseases(隶属热带医学领域)、PLoS Pathogens(隶属寄生生物学领域)、PLoS Computational Biology(隶属数学和计算生物学领域)和 PLoS Biology(隶属生物学领域)。另外 1 份是 Journal of Medical Internet Research(隶属医药信息学领域)。另外,采纳延时 OA 出版模式的 Journal of Nuclear Medicine(该期刊在出版后 6 个月供用户免费访问),其影响因子在医学成像领域也是排名第一。

除了期刊影响因子的提高之外,OA 期刊在 2008 至 2010 年发展过程中影响力的提高还非常典型地表现在传统出版机构对 OA 期刊出版的参与活动,越来越多的传统机构为作者提供复合 OA 出版选择,不管是出于主动还是被动。根据 ALPSP(学会/协会专业出版机构协会)的调查研究,在 2008 年为作者提供复合 OA 出版选择的出版机构占所有出版机构的 30%,而在 2005 年这个数据只有 9%。从事件视角来看,其中最大的事件无疑就是 2008 年 Springer 对 BMC 的并购案,这就意味着这家仅次于 Elsevier 的全球第二大学术期刊出版机构成为全球最大的 OA 出版机构,同时也表明了部分传统出版机构开始意识到 OA 出版已经成为科学、技术和医学专业出版可持续发展战略中的一种重要元素。OASPA(开放存取学术出版机构协会)在 2008 年的成立也是近年来 OA 期刊发展的重要事件。OASPA 将在推广 OA 期刊、制定专业标准、交流成功经验方面发挥重要作用。对于这一事件,除了诸如 BMC 这样的大型 OA 出版机构和诸如 Copernicus 这样的小型 OA 出版机构之外,积极实验 OA 出版的传统商业出版机构也参与其中,比如 Sage 出版集团。Sage 在 2008 年还正式出版了它的第一份 OA 期刊,这是继它在 2007 年与 Hindawi 签署合作伙伴协议之后的一个重要举措。另外,在 2010 年, Elsevier 启动了该公司的第一份 OA 期刊(非复合 OA 期刊)——《临床案例报告国际期刊》。尽管 Elsevier 并没有在媒体发布会上强调这一事实,但由于 Elsevier 在 STM 出版中的领头羊地位,这一事件在该年度 OA 发展历程中也备受人们的关注。

2 OA 知识库的最新进展

2.1 数量的增长

在 2008 年,Scientific Commons 新收录了 72 个 OA 知识库,增长幅度为 8% (对应的存储条目增长数量为 7 532 473,增长幅度为 45%);OAIster 新收录了 129 个 OA 知识库,增长幅度为 14%(对应的存储条目增长数量为 4 886 516,增长幅度为 34%);ROAR 新收录了 271 个 OA 知识库,增长幅度为 28%;OpenDOAR 新收录了 281 个 OA 知识库,增长幅度为 28%。从全球范围来看,平均每周增加 5 个新的 OA 知识库。截至 2008 年年底,Scientific Commons、OAIster、ROAR 和 OpenDoar 收录的 OA 知识库分别达到 963、1051、1229 和 1296 个。

在 2009 年,Scientific Commons 新收录了 193 个 OA 知识库,增长幅度为 20%;ROAR 新收录了 318 个 OA 知识库,增长幅度为 26%;OpenDOAR 新收录了 262 个 OA 知识库,增长幅度为 20%。以 ROAR 的数据来看,平均每周新增加 6 个新的 OA 知识库。截至 2009 年年底,Scientific commons、ROAR 和 OpenDoar 收录的 OA 知识库分别达到 1158、1557 和 1558 个。以 Scientific Commons 的数据来看,2009 年 OA 知识库所收录的条目数量增加 7 887 824 条,增长幅度高达 33%,即平均每天就增加 21 600 多条新记录。

在 2010 年, Scientific Commons 新收录了 111 个 OA 知识库, 增长幅度为 10% ; OpenDOAR 新收录了 259 个 OA 知识库, 增长幅度为 17% ; ROAR 新收录 533 个 OA 知识库, 增长幅度为 34%。根据 ROAR 的数据, 平均每周新增加的 OA 知识库数量超过 10 个, 其增长速度大大超过 2008 年和 2009 年。截至 2010 年年底, Scientific Commons、OpenDOAR 和 ROAR 收录的 OA 知识库数量分别增加到 1269、1817 和 2090 个。

从 OA 知识库的不同类型来看, 在 2008 至 2010 年, 除了由大学创建的大量机构知识库之外, 其他三种类型的 OA 知识库在数量方面也有显著发展。(1)由科研资助机构创建的 OA 知识库。受 NIH 的影响, 相当一部分的科研资助机构都为他们资助的科研成果创建了 OA 知识库, 包括西班牙国家研究委员会、英国经济与社会研究委员会和美国能源部等。(2)基于学科的 OA 知识库。学科 OA 知识库在经过一段时间的沉寂之后, 在这两年涌现了许多新的案例, 包括 BLOSSOMS (存储数学和科学领域的视频模型)、Hprints(存储北欧国家的人文学科研究成果)、JorumOpen(存储英国的教育和学习资源)等。(3)基于项目的 OA 知识库。这类 OA 知识库的数量在 2008 年增长了数倍, 用于存储由某一特定项目产生的研究成果, 其中包括用于存储剑桥大学 Learning Landscape 项目的 OA 知识库、用于存储 2008 年开放知识库学术会议录的 OA 知识库等。另外, 截至 2010 年年底, 发展中国家在 OA 知识库建设方面也取得较大成就。据调查, 在发展中国家, 66% 的机构建有知识库。其中在中国, 中国科学院 63 个研究所也都开始运行 OA 知识库。

2.2 工具的发展

在 2008 至 2010 年, 用于创建 OA 知识库的工具得到了很好的发展。首先, 许多知识库软件包都进行了不同程度的升级。比如 EPrints 在这 3 年分别升级为 3.1、3.1.3 和 3.2.4; DSpace 分别升级为 1.5.1、1.5.2 和 1.7.0, 而 Fedora 则分别升级为 3.1、3.3 和 3.4.1。另外, 一些不太知名的软件包也做了升级工作, 比如 MOAI 升级为 1.08, PURE 升级为 3.15, VITAL 升级为 4.0, OPUS 升级为 4.0。其次, 各类插件得以发展并完善。其中最为重要的有以下几种: 服务于 Fedora 软件的 Wiki 插件(源于美国国家科学数字图书馆)、用于添加用户评论的 EPrints 插件(源于 SNEEP 项目)、服务于 DSpace 软件的推荐系统(源于 Desmond Elliott)。另外, TOCs 期刊的 API 能帮助 IR 管理人员发现需要存储在它们知识库中的新论文, arXiv 启动作者唯一标识功能以避免同名作者的模糊检索。再次, 重大技术的创新及发展。包括 SWORD 项目取得实质性进展和 OAI 颁布了新的协议 OAI-ORE。SWORD 项目实现了其最初的设想: 支持自动存储并促进 OA 知识库的快速发展。在 2010 年, MIT 开始利用 SWORD 和 SWAP 允许出版商直接将论文存储在机构知识库中。OAI-ORE 是 OAI 项目组经过多次测验后颁布的用于聚类知识库内容的下一代 OAI 协议。在 2010 年启动的 ESCAPE 项目正是通过 OAI-ORE 资源地图允许知识库自动连接不同组群相关存储资源的新项目。

2.3 合作成为重要的建设模式

2008 年至 2010 年见证了 OA 知识库在合作建设方面迈出了很大的步伐。其合作总结起来大致表现为以下两种形式。

其一,中心资源和分布式知识库的大规模合作。其中典型的例子包括 DRIVER 启动了欧洲研究型知识库门户,eIFL 启动了揭示 17 个发展中国家主要知识库的集中门户等。但是,在众多项目中,目标最为宏伟的或许要算在爱尔兰的工作项目。2008 年,爱尔兰主要的公共科研资助机构都采纳了强制性 OA 存储政策,要求受资助者将其研究成果存储在各自的机构知识库中以符合 OA 要求。同时,爱尔兰大学联合会启动了一个试图在每个爱尔兰大学都创建机构知识库的项目,伴随的辅助项目是创建一个全国性的研究平台,该平台用于收割所有爱尔兰大学机构知识库的内容、提高这些研究成果的可见度、同时实现对这些研究成果的其他管理功能,包括信息组织、资源保存、计量分析和质量评估等。

其二,支持知识库建设的组织之间的更为系统的合作。比如 DRIVER 和 eIFL. net 的合作,DRIVER 和 SPARC Europe 的合作等。而其中最引人注目的当属 Federa Commons 和 DSpace Foundation 的合作。这两个机构于 2008 年 7 月宣布合作开发 DuraSpace。DuraSpace 是一种基于云又基于机构的网络服务,能够解决许多组织没有时间、资源或意愿处理的复杂问题。随后梅隆基金会向它们提供了计划基金,以支持需求分析、焦点小组、技术设计会议及与潜在商业伙伴的会议。受梅隆基金的支持,该项目于 2008 年 11 月正式启动,并于 2009 年 2 月发布了 DuraSpace 的中期报告,对该项目的目标、特点及工作进度进行了相关介绍。在 2010 年,DuraSpace 向 DuraCloud 开放源码,并发布了最新的 0.7 版。

3 其他 OA 形式的最新发展

在其他 OA 形式的发展方面,这里以 OA 图书和 OA 数据为例进行介绍。

3.1 OA 图书的最新进展

最近三年不是图书出版探索 OA 模式和 POD(按需出版)模式的开始,但是 OA-POD 协同出版的模式在这两年开始成为一种主流趋势,而不再仅是实验产品。

从数量的角度来看,2008 至 2010 年以 OA 模式出版的图书屡有面世。尽管 Google 的图书扫描计划出现了较大问题,但是这些法律问题并没有阻碍 Google 扫描公共领域图书。截至 2009 年年底,Internet Archive 已收录 160 万公共领域 OA 图书,并且以每天 1000 本的速度递增。除了扫描这些已不受版权保护的图书之外,荷兰的阿姆斯特丹大学出版社和美国的哥伦比亚大学出版社等多家出版社都直接以 OA 模式积极出版新图书。创办于 2007 年的印度 Goa 1566 出版社,在 2008 年也出版了它的第一本 OA 图书。截至 2010 年年底,European 项目对 1400 万数字化图书提供开放存取出版服务,其数量超过了 2010 年制定的 1000 万电子图书的既定目标。这 3 年同样也出版了许多主题为开放存取的图书,比如阿姆斯特丹大学出版社出版的 3 本关于 OA 知识库的图书。而且值得一提的是,这 3 本图书在出版形式上同样也采用了 OA 模式。与 OA 图书数量的发展同步,多家 OA 图书出版机构在最近 3 年都得以创办,包括卑尔根开放存取出版社、计算机和合成数字出版社、开放专著图书社以及 OAPEN(欧洲网络 OA 出版社)等。OAPEN(欧洲网络开放存取出版)在 2008 年得到欧盟资助,在 2009 年出版了第一本图书,在 2010 年正式成立。OAPEN 是目前提供社会科学和人文艺术领域 OA 图书出版的最大出版机构之一。

从图书类型的角度来看,教科书的 OA 出版得到了广泛关注。在 2008 年,除了启动 OA 教科书出版实验项目之外,一些倡导运动也开展得有声有色。比如一项名为"降低教科书定价"的运动就得到了来自全美 50 个州 300 多所大学 1000 名教授的签名支持。2009 年可以说是教科书 OA 出版取得突破性进展的重要年份。在美国,有参议院议员援引开放大学教科书法案,大力倡导由联邦政府资助的教科书应该以开放协议出版,并为用户免费获取。加州是美国第一个通过 OA 教科书(用于公共高中学校)出版的州,而且该州从教育部收到 10 万美金的拨款用于 OA 图书出版。在 2010 年,OA 教科书出版商 Flat World 与 Barnes & Noble 大学书店部达成合作协议:当大学教授重新修改和编排 Flat World 教科书以符合学生需求的时候,Barnes & Noble 对应的大学书店都将为希望获取印刷版本的学生创建廉价的 POD 版本。与此同时,德国的 Walter de Gruyter 出版社将其复合 OA 出版模式从期刊出版扩展到教育图书出版,这是采取该措施的第一家出版机构。另外,在百科全书方面,德国 30 卷本的《布罗克豪斯百科全书》转为 OA 出版。随后,法国的《拉鲁斯百科全书》和美国的《不列颠百科全书》针对特定用户也都启动了免费在线访问版。

3.2 OA 数据的最新进展

OA 数据也是开放内容的重要组成部分。在 2008 年,欧洲研究委员会和爱尔兰高等教育部等多家机构宣布实施 OA 数据强制性存储政策,美国白宫科技政策办公室颁布了开放存取受联邦政府资助所产生的数据的操作指南,德国科学组织新联盟也宣布同时支持开放存取数据和文本。在这些政策和倡议的引导下,OA 数据在 2008 至 2010 年期间取得了实质性的进展。

首先,OA 数据项目的数量在不同国家和不同领域都有了较大的发展。美国启动了用于存储受能源部资助的研究数据的开放数据知识库、加拿大启动了用于存储加拿大家谱数据的 OA 知识库、印度启动了用于存储印度在空间探索领域所取得的数据的 OA 知识库、英国经济与社会研究委员会启动了用于存储由所有社会科学研究所产生的数据的 OA 知识库、欧洲分子生物实验室下属的生物信息研究所启动了用于存储药物或类似药物的小分子的 OA 知识库。在 2010 年,一些知名的数据集也转向 OA(部分是出于人道救济原则)。其中,比较主要的有美国疾病控制和预防中心的 BioSense 数据库和联合国粮农组织的 FAOSTAT 数据库。其次,OA 数据的存储和开放版权协议得到了更新完善。在 2009 年,开放数据共用协议颁布了开放数据库授权协议的 1.0 版本,该协议成为机构或个人实施开放存取数据时可采用的除公共领域方式之外的又一选择。OpenFlights 是首批采用该版本的机构之一,它利用该协议开放自己的航空飞行数据。在 2010 年,开放知识基金会发布了 CKAN 的 1.2 版本,Science3.0 启动了服务于公共领域数据集的免费 RDF 数据托管服务。再次,用于 OA 数据的基础设施建设工作也取得重要进展。比如,Talis 启动了 Talis 连接共用,这是一项用于存储数据集的新服务;加拿大国家研究委员会科技信息研究所创建了用于访问科学数据的 OA 门户;开放知识基金会启动了开放数据网格并用于存储用途。BioTorrents 开放数据平台在 2010 年的启动是该年度最令人兴奋的事情,该数据平台利用 BitTorrent 提供生物学领域的 P2P 数据共享服务。

4 OA 政策的最新发展

4.1 支持 OA 期刊发展的政策

在科研资助机构层面,在 2008 年,法国一项关于国家科研政策改革的报告提出实施开放存取的诸多建议,其中就包括为科研人员在 OA 期刊上发表论文提供出版资助。南非科学院也提出了同样的建议,欧洲研究委员会再次确认将启动 OA 出版基金,而英国研究信息网络则组建了一个专门工作小组,旨在研究和制定支付 OA 期刊论文出版费用的操作指南。在 2009 年,英国的维康信托基金会在原先基础上承诺提供 200 万英镑用于帮助科研人员在 OA 期刊上发表论文,荷兰的科学研究组织承诺提供 500 万欧元的 OA 出版基金。德国的研究联合会采取了一种间接的资助方式,即首先资助大学,然后由大学再资助其教职工发表 OA 论文。奥地利的科学研究促进基金会采纳的政策不仅覆盖作者出版论文费用,而且也覆盖了作者出版专著费用。英国的国家健康研究所成为 BMC 的团体会员,这种做法不是科研资助机构中的首家,却是公共科研资助机构中的第一家。瑞辉 (Pfizer)在 2009 年不仅开始为其雇员在 BMC 期刊发表论文提供出版资助,而且也为来自低收入国家的科研人员提供出版资助。瑞辉不是第一家为自己的科研人员提供 OA 出版资助的商业公司,但却是第一家为他人提供 OA 出版资助的公司。相对于每年在订阅期刊上的所有费用,这些来自科研资助机构的资金只是杯水车薪,但却具有重要的意义,因为它们表明越来越多的科研资助机构看到 OA 期刊的快速发展,同时也意识到自己有必要在这上面进行投资。

在高等教育大学层面,2008 年共有 11 家大学宣布为教职工在 OA 期刊上发表论文提供出版费用支持,包括加州大学伯克利分校、昆士兰科技大学和苏黎世理工学院等。在 2009 年,大学支持 OA 期刊发展的政策步伐加快。仅在 1 月份,全球就有 15 家大学宣布为教职工在 OA 期刊上发表论文提供出版费用支持。在 9 月份,哈佛大学联合康奈尔大学、加州大学伯克利分校、麻省理工学院和达特茅斯学院共同启动了 COPE 项目,承诺提供 OA 出版基金,并鼓励其他院校也采取同样的措施。在启动该项目之时,只有加州大学伯克利分校已经启动了 OA 出版基金,已经采纳强制性 OA 存储政策的则只有哈佛大学和加州大学伯克利分校。纵观 2009 年全年度,全球共有 22 家大学为教职工启动 OA 出版基金,与之形成鲜明对比的是,全球只有阿姆斯特丹大学因为财政问题取消了这项基金。从这个角度来看,我们可以说,相对于 2009 年全球紧缩的财政预算,该年度大学支持 OA 期刊发展的政策力度已经相当大。在 2010 年,研究型图书馆的财政预算继续面临着相对疲软的状态,尽管如此,仍有 10 家新的大学为教职工启动了 OA 出版基金,其中 6 家加入了 COPE 项目。尽管由于财政预算问题耶鲁大学退出了 PLoS 的机构成员联盟,但是凯斯西储大学重新又成为了 BMC 的支持者会员,北卡罗来纳州立大学格林波若分校跟 BMC 又续了新一轮的会员合同。

4.2　支持 OA 知识库发展的政策

在科研资助机构层面,继 2006 年和 2007 年强制性 OA 存储政策的迅速发展,2008 至 2010 年继续保持这种发展势头。2007 年末,美国国会和总统命令受 NIH (国家卫生研究院)资助的研究成果实行强制性 OA 存储政策,该政策最终于 2008 年 1 月正式发布。这是首份美国主要的公共资助机构实施的强制性 OA 存储政策,具有里程碑的意义。尽管这份新政策容许 12 个月的滞后期,却严格遵循了由维康信托基金会开创的不妥协模式,即受资助者必须遵守原则,如果某出版机构不允许基于 NIH 协议发表论文,受资助者必须寻求另一家出版机构以出版他们的研究成果。同样在 2008 年 1 月,欧洲研究委员会成为第一个要求强制性 OA 存储政策覆盖整个欧盟的机构。这一政策对滞后期的规定比 NIH 政策更为严格,即启动了 6 个月的滞后期。无疑,美国 NIH 和欧盟的这一政策是 2008 年同类科研资助机构中最大的事件。但除此之外,包括意大利国家卫生研究院在内的 12 家公共资助机构也采取了强制性 OA 存储政策。在 2009 年,5 家加拿大科研资助机构采纳了强制性 OA 政策,这是在该年度采纳这种政策的科研资助机构数量最多的国家。英国工程与物理研究委员会也采纳了强制性 OA 政策,成为英国第 7 家采纳该政策的英国研究委员会。纵观全年度,共有来自 10 个国家的 15 家新的科研资助机构采纳了强制性 OA 存储政策,这当中就包括中国科学院。2010 年在 2009 年的基础上又迈出了更大的步伐,共有来自 17 个国家的 38 家新的科研资助机构采纳了强制性 OA 存储政策。截至 2010 年年底,NIH 仍然是全球唯一一家容许 12 个月的滞后存储期的医学科研资助机构,其他 20 家采纳 OA 强制性存储政策的医学科研资助科研其论文滞后存储期都控制在 6 个月。

在大学层面,与科研资助机构政策的进展类似,实施强制性 OA 存储政策的大学数量超过实施请求性 OA 存储政策的大学。2008 年 2 月,哈佛大学文理学院宣布实施强制性 OA 存储政策。受此影响,哈佛大学的法学院、肯尼迪学院、教育研究生院也先后制定了各自的强制性 OA 存储政策。同时,哈佛大学文理学院的政策也得到其他学校院系的效仿,比如斯坦福大学教育学院等。基于大学层面的强制性 OA 存储政策在 2008 年也被 13 所大学采纳,其数量超过以往所有年份的总和。2009 年大学在 2008 年的基础上又迈出了很大的一步。首先,在数量方面,相对于 2008 年的 13 所大学,这个数字在 2009 年达到 60 所。其次,在合作方面,2009 年 10 月,26 所芬兰大学采纳了联合强制性 OA 存储政策。这是开放存取发展史上最大规模的基于大学层面的多机构合作,具有很强的导向作用。再次,除了来自学校管理层和教员层面的努力,2009 年致力于 OA 政策的学生运动也达到了顶峰。来自哥伦比亚大学、乔治城大学、乌普萨拉大学和耶鲁大学的学生一直在争取 OA 政策。除此之外,田纳西大学的学生会对创建学校 OA 知识库开展了深入讨论,新墨西哥大学的学生试图说服教授们采用 OA 教科书。在 2010 年,共有来自 15 个国家的 30 所大学采纳了强制性 OA 存储政策。如果加上基于院系层面的政策和之前已经在实施但 2010 年正式对外公布政策的数量,其总量高达 72 所,相当于在 2009 年的基础上再增长 20%。除此之外,一项在 2010 年开展的 eIFL 研究报告指出,在部分发展中国家(包括中国、波兰和南非)已经在知识共享协议的框架下提供 OA 知识库服务,同时也发现在被调查的 20 个国家的教学和科研机构中有 66% 的单位已经建有机构知识库,其中 13% 的单位提供 OA 服务。

在传统出版机构层面,在 NIH 于 2008 年 1 月正式实施强制性 OA 存储政策后,传统出版机构开始陆续宣布他们愿意遵循 NIH 的这一政策,并表示他们愿意代表作者将论文存储在 PMC 中。自然出版集团不仅表示遵循 NIH 政策,而且还决定将存储时滞缩短为 6 个月。同时,该集团还表示愿意适应来自大学层面的强制性 OA 存储要求,并最终直接将论文存储在作者所在的机构知识库中,成为第一家发表这样声明的传统出版机构。无独有偶,《基因组医学》(隶属于 Springer)也不仅表示遵循 NIH 政策,而且还决定将在该期刊上发表的所有文章(包括那些未受 NIH 资助的论文)都存储在 PMC 中。这样的政策对于诸如 PLoS 和 BMC 这样的 OA 出版机构不足为怪,但是对于传统出版机构(包括大型商业出版机构和学会/协会型出版机构)却是一个不小的变革。在 2009 年,SHERPA 对 RoMEO 数据库和 RoMEO API 进行了全面升级,根据升级后的数据,在 2009 年,允许作者自存储的出版机构首次超过 600 家。

5 OA 研究的最新进展

通过分析 WOS 三大索引数据库收录期刊在 2008 至 2010 年期间发表的关于开放存取的学术论文,我们发现图书馆学和情报学期刊仍然是刊载开放存取论文的重要阵地。通过对所发表论文的内容分析,我们进一步发现图书情报学研究人员在这两年对开放存取的研究集中在以下 3 个方面。

5.1 实践进展描述类研究

实践进展描述类研究一直是国际学术界开放存取研究的主要内容之一,最近三年的研究同样也沿袭了这一传统。具体而言,这类研究的分析单位往往基于不同级别,包括某一特定期刊或出版机构、地区或国家。在研究方法方面主要采用个案分析法和调查研究法。

《牛津期刊在开放存取方面的勇敢尝试(Oxford Journal's adventures in open access)》(Bird. C. Learned Publishing. 2008 年第 21 卷第 3 期)详细介绍了牛津大学出版社在 OA 期刊出版方面的实践,包括以《核酸研究》为案例实验完全 OA 出版模式和以其他多种期刊为案例实验不同形式的 OA 出版模式。论文也指出目前判断开放模式对传统期刊的订阅、使用和引用情况所带来的影响为时过早,需要进行更多的实证研究。如果说这篇论文是基于期刊或出版机构级别描述开放存取实践的代表,那么《中国科技期刊开放存取出版进展(Evolution of open access publishing in Chinese scientific journals)》(Cheng WH, Ren SL. Learned Publishing. 2008 年 21 卷第 2 期)和《西班牙开放存取机构知识库发展现状(The situation of open access institutional repositories in Spain）》（Melero R，Abadal E，Abad F. Information Research：an International Electronic Journal. 2009 年第 14 卷第 4 期）是基于国家级别的描述性研究。前者聚焦于中国的 OA 期刊发展现状,通过调查分析,作者认为中国期刊的 OA 发展并不稳定,医学和生物学是 OA 期刊发展较好的学科,OA 期刊的引用率高于非 OA 期刊的引用率。后者则聚焦于西班牙的 OA 知识库建设情况,作者采用在线问卷法,调查内容包括知识库覆盖范围、技术路线、机构政策、服务项目和建设机构知识库的动机等方面。这是针对于西班牙机构知识库所作的第一份详细研究报告。

5.2 开放存取的用户研究

用户接受理论认为,创新事物最终是否取得成功很大程度上取决于目标用户的使用意愿和使用行为。在最近三年,开放存取的用户(包括科研人员和图书馆员等)研究也成为该领域的一个重要内容,具体又涉及用户的认知态度、使用意愿和使用行为等维度。在研究方法方面,主要采用调查研究法。

《一项关于科研人员对 OA 出版的态度和行为的历时研究（A Longitudinal Study of Scholars Attitudes and Behaviors Toward Open-Access Journal Publishing）》（Xia JF. Journal of the American Society for Information Science and Technology. 2010 年第 61 卷第 3 期）运用时间序列分析法考察了从 20 世纪 90 年代初期以来科研人员对 OA 期刊出版的态度变化模式。通过对现有相关研究的综合分析,该研究发现尽管科研人员对 OA 期刊的认知度有所提高,但他们至今还是认为 OA 期刊缺乏质量评审,质量和声望得不到有效保证。作者希望这一发现能对 OA 宣传工作提供有益指导。《被吸引到 OA 期刊:一项生物学领域中的作者文献计量分析（Attracted to open access journals：a bibliometric author analysis in the field of biology）》（Frandsen TF. Journal of Documentation. 2009 年第 65 卷第 1 期）旨在比较来自发展中国家和发达国家的科研人员对 OA 资源的使用情况。通过对科研人员的出版行为和引用行为的比较分析,研究结果并没有支持研究假设,即来自发展中国家的作者并没有比来自发达国家的作者更多地引用 OA 资源。

研究者除了基于科研人员视角关注开放存取的用户研究外,同样也较为关注图书馆员对开放存取的态度和行为。《有志者事竟成? 学术型图书馆员对开放存取的态度调研（Where there's a will there's a way?：Survey of academic librarian attitudes about open access）》（Palmer KL, Dill E, Christie C. College & Research Libraries. 2009 年第 70 卷第 4 期）就是一个代表。这篇文章调查了全美范围内的学术型图书馆员对开放存取原则和相关行为的态度。研究表明,图书馆员对开放存取的态度大体上是积极的,但是对开放存取的支持程度也因工作性质等因素而异。

5.3 开放存取的影响研究

这类研究具体包括关于 OA 期刊的引文影响力研究和开放存取的影响效果研究。在 OA 期刊的引文影响力研究方面,通常采用文献计量法,选择一个学科或多个学科样本,就样本范围内的 OA 论文和非 OA 论文的被引率等指标进行分析和比较。《图书情报学 OA 期刊有学术影响力吗(Do open access journals in Library and Information Science have any scholarly impact)》(Mukherjee B. Journal of the American Society for Information Science and Technology. 2009 年第 60 卷第 3 期)就是一个典型。该文利用图书情报领域 17 份完全 OA 期刊作为研究样本,从发文数量、论文学科分布、影响因子、快引指数等指标入手调查它们的影响力。《OA 论文的引文优势(the citation advantage of open access articles)》(Norris M, Oppenheim C, Rowland F. Journal of the American Society for Information Science and Technology. 2010 年第 59 卷第 12 期)则选择生态学、应用数学、社会学和经济学作为学科样本,评估在互联网上有 OA 版本的期刊论文是否比只有订阅版本的期刊论文有被引优势。这一研究假设在该实证研究中得以证实,同时该研究也表明这种被引优势在不同学科中有不同的表现,其中社会学体现得最为显著。

关于开放存取的影响效果研究在研究方法层面取向较为多样,包括思辨传统和经验实证传统,具体内容则涉及开放存取对科学知识管理、图书馆传统业务和学术传播体系等诸方面的影响。《开放存取对科学知识管理的影响(the impact of open access on the management of scientific knowledge)》(Bernius S. Online Information Review. 2010 年第 34 卷第 4 期)旨在分析开放存取对科学知识创建、检索和转化的影响,同时也试图从科学家的视角确定开放存取相对于传统的基于订阅出版模式的潜在优势。Oikonomou A 于 2009 年 5 月在加拿大举办的图书馆定量和定性方法国际研讨会上提交的《开放存取对图书馆期刊订购的影响(The Impact of Open Access on Library Journal Subscriptions)》较为深刻地讨论了开放存取的发展对图书馆订购期刊所带来的变化和影响。而《开放存取对未出版文献的影响:一项对经济学领域工作文档的案例分析(The effects of open access on un-published documents:A case study of economics working papers)》(Frandsen TF. Journal of Informetrics. 2009 年第 13 卷第 2 期)则试图全面考察经济学领域的工作文档在 10 年期间(1996—2005 年)中所扮演的角色。研究表明,工作文档在特定学科数据中的可见度日益提高,但这项研究没有提供足够的证明论述开放存取给工作文档带来的好处。

供稿:李武(上海交通大学媒体与设计学院)

第五篇　信息组织与检索

卜书庆

刘华梅

喻　菲

王广平

郝嘉树

本专题通过对 2008 年下半年至 2010 年间知识组织领域相关期刊论文、会议文献以及专题项目主题的调研分析,特别是对新技术环境下图书情报与互联网领域的信息组织标准、知识组织系统相关研究与实践成果的分析、比较,试图探寻其发展规律,总结其发展趋势,为我国知识组织与信息检索系统的研发提供必要的参考。

信息组织与检索不仅是传统图书馆资源建设与用户服务的基础,而且也是数字图书馆、互联网、新一代万维网(即语义网)建设的核心。近年来图书馆、互联网都致力于对信息资源进行有序地组织及研究,其中侧重对信息资源中的知识概念关联和系统组织研究,包括网络化环境下的语义组织研究。对信息资源主题中的自然语言、标引语言与检索语言(提问语言)通过客观上表达的知识概念系统或知识分类系统进行统一控制,来提高文献或信息检索效率以及知识组织系统的自动挖掘、自动发现、自动组织、知识学习等能力。

信息技术决定信息组织方法的发挥,信息组织的理念和粒度也直接影响到信息技术的应用深度,信息检索结果、检索方式、检索效率与信息技术和信息组织理念的关系密不可分。各类型信息的组织方法和技术相互渗透、相互吸收,尤其是数字化、网络化信息的组织技术和面向网络用户大众需求的检索方法,推动着图书情报领域的专业或专用信息组织与检索方法不断改造和创新。具体来讲,近年来相关的研究实践主要有以下特点:

(1)语义化信息处理技术应用持续深化

在信息描述与知识组织方面,无论是互联网领域的 OWL、SKOS,还是图书情报领域的 BS 8723、ISO 25964、RDA、FRSAD、FRAD 等标准规范的编制、修订,都以应用信息技术及语义网技术为理念,补充或制定了计算机可理解的元数据描述规范及电子化数据系统的维护更新规范,制定了网络系统可识别的唯一标识规范和数据模型,制定了多语言、多类型知识组织系统互操作、互交换数据的协议,增补细化有利于智能化的语义关系、书目关系、名称关系及其资源对象间关系以及形式化的表示、推理、公理和函数等规范。

在知识组织系统构建方面,一方面强调机器可理解的知识组织系统的编码系统的构建,积极促动以共建共享语义网、分面分类思想来改造传统知识组织系统;另一方面也积极探索利用机器学习和自然语言处理等技术来自动或半自动构建本体,从机器可理解、智能化和实现语义网服务的角度来应用研究本体。

在信息资源检索系统构建方面,这一阶段利用新技术来改造 OPAC,提升图书馆信息检索效率的研究和实践获得了进一步的发展。研究者们提倡通过 OpenURL 等外部链接技术和应用程序接口来构建 OPAC,整合和利用互联网资源,使 OPAC 走出图书馆,成为互联网知识发现工具。

（2）以概念的唯一性与关联性来构建信息组织系统的实践继续发展

以可链接的 URI 方式来发布、共享、连接 Web 中各类资源为目的，以概念的唯一性与概念关联性来构建信息组织系统的关联数据为基础的研究和实践，已成为近两年信息描述、知识组织、信息检索的研究热点和实践点。针对任何资源而言，建立关联数据是实现计算机自动处理信息，在资源之间建立起机器可处理的语义联系的基础。

（3）基于关联数据的多功能、多技术兼容的信息检索系统研发方兴未艾

近年来，在国内外图书馆及信息机构，针对文献或信息检索、浏览、识别、发现、获取等目录功能的关联数据模型研发基于语义网的 OPAC 越来越热，通过语义网技术、移动通信技术以及开源代码的方法等多技术兼容来构建 OPAC，展示分类主题导航与分面浏览等多结构的用户界面，满足多种用户不同层次的检索需求。

（4）知识组织与信息检索系统建设的大众参与程度日益提高

近两年，国内外图书馆的一些研究项目，如 DDC、LCSH 等受控词表与分众分类法有效集成试验，再如 SOPAC 系统的多代研发，多以分众分类法设计理念和技术，通过大众参与提供标签、评注等，与受控词表、类表、OPAC 目录系统结合，构建知识组织系统与 OPAC 系统，让用户能参与到受控表以及 OPAC 资源建设中。一方面可完善知识组织系统，最终解决受控表自丰富问题，另一方面可实现数字资源的自动发现，且随时随地为用户利用 OPAC 提供服务。

通过对近两年该领域上述各专题难点、疑点、创新点等问题的研究与实践总结，我们发现，国内外近两年在该领域的研究热点基本相同，但国内多为理论技术介绍及论证，缺少实际研发和试验，有必要实践升华。在新的技术环境下，该领域出现了一些前瞻性问题的研究，包括语义网技术、本体构建方法等，成为数字资源组织领域新的研究发展趋势。

网络环境下信息组织标准或规范的编制与修订

1 BS 8723：用于信息检索的结构化词表

1.1 最新进展

英国标准协会(BSI)从 2005 年开始修订 BS 8723：用于信息检索的结构化词表标准。BS 8723 共包括 5 个部分：第 1 部分为定义、符号和缩略语；第 2 部分为叙词表；第 3 部分为叙词表之外的其他词表；第 4 部分为词表之间的互操作；第 5 部分为交换格式和互操作协议。其中，第 1、2 部分已于 2005 年 12 月出版，第 3、4 部分已于 2007 年 12 月出版。2008 年 7 月推出了第 5 部分开发草案 DD 8723—5：2008。

DD 8723—5：2008 包含的是全新的内容，提供便于数据交换的数据模型和格式。该草案包括 8 章和 1 个附录，其中 1—4 章介绍了范围、参考标准、定义及互操作词表的功能；第 5 章描述了叙词表数据的底层结构模型，分别用 UML 语言和列表格式进行了详细说明；第 6 章描述的是交换格式，详细介绍了 XML Scheme 格式的数据交换；第 7 章是可选择的其他格式，包括 MARC、SKOS、Zthes；第 8 章是协议，介绍了广泛使用的 4 种协议：ADL 叙词表协议、SKOS API、SRW/SRU、Z39.50；附录是 DD 8723—5 格式的叙词表数据实例，用来说明怎样应用第 6 章中展示的 XML scheme 格式，解释了数据模型的不同特点。①

目前该草案第 5 章和第 6 章的模型和模式需要更多用户的大规模应用，才能确定是否稳定，需要广泛征求用户意见，之后对开发草案进行审查。审查期间，根据用户提交的对该草案的评论，将适当发布更新标准公告。最后根据收到的反馈，BSI 委员会负责判断该开发草案能否转成英国标准或需要采取其他什么行动。

1.2 研究及应用

DD8723—5：2008 包括了一个模型结构，该模型、XML scheme 以及实例均可

---

① Structured vocabularies for information retrieval-Guide—Part 5：Exchange formats and protocols for interoperability[S/OL]. [2010 - 12 - 22]. http://www.docin.com/p-89764032.html.

在 BS 8723 官方网站上获取(http://schemas.bs8723.org)。这一模型已被略加修订纳入 ISO CD 25964—1 第 16 章的数据模型中。这个模型包括了为整个叙词表、叙词表概念系列、词条目的文件记录建立模型所需的元素。曾蕾对该模型和主题规范数据的功能需求(FRSAD)进行了比较,认为它们都能表达主题和名称的关系(一条记录记载一个概念及其名称),主题和主题的关系(上位/下位/顶层概念/相关概念),名称和名称的关系(首选和非首选词、异体、不同语言的词等)。①

BS 8723 是以 BS 5723:1987 和 BS 6723:1985 为基础进行的修订,面对新的叙词表编制环境、管理水平和应用环境的变化,该标准的修订也与时俱进,向电子化、网络化及应用化方向转变,首次超越了叙词表的界限,从叙词表扩展到结构化词表,将分类表、知识分类、主题词表、本体、名称规范文档等收纳进来,扩大了其适用对象的范围;把互操作问题提升为词表编制的一个重要组成部分,并规定了数据交换格式和互操作协议;不再区分单语种、多语种,而是把多语种词表编制作为互操作的一个特例;引入分面分析在词表内容构建和显示中的应用;还强调了词表的管理和维护工作,包括词表的构建更新维护机制、词表管理软件、在数字环境下的显示等。②BS 8723 标准是近几年对叙词表编制标准的最早修订,为国际和各个国家相关叙词表编制标准的修订提供了经验和可参考模型。ISO 25964 标准就是以 BS 8723 为基础进行的修订和扩展。

2 ISO 25964:2008 信息与文献——叙词表及其与其他词表的互操作

2.1 最新进展

ISO 25964 是由 ISO TC46/SC9 于 2008 年制定的标准,全称是"信息与文献——叙词表及其与其他词表的互操作",该标准内容分为两部分:第 1 部分,用于信息检索的叙词表;第 2 部分,与其他词表的互操作。对于第 1 部分,2008 年 7 月 ISO 首先推出了工作组草案 ISO WD 25964—1,2008 年 12 月推出了技术委员会草案 ISO CD 25964—1,面向各国广泛征求意见。2009 年推出国际标准草案 ISO DIS 25964—1,并进入投票阶段,投票开始日期是 2009 年 10 月 26 日,截止日期是 2010 年 3 月 26 日。ISO DIS 25964—1 在 ISO CD 25964—1 的基础上进行了

① 曾蕾.《主题规范数据的功能需求(FRSAD)》介绍及其与 SKOS 等模型之间的映射[EB/OL].[2010-12-10].http://www.ifla.org/files/hq/papers/ifla75/200-zeng-zh.pdf.

② 薛春香.网络环境中知识组织系统构建与应用研究[M].南京:东南大学出版社,2009:52-23.

修改,增加、扩展了部分内容,如对跨语言等同关系进行了扩展说明;增加了多语种叙词表中的等级结构;数据模型中增加了版本和版本历史说明,以及分面的处理;交换格式中增加了 DD 8723—5 格式;重点对协议部分进行了扩展,增加了目的和使用情况、应用环境和架构,以及叙词表专门协议和叙词表使用的通用目的网络数据库协议。该标准目前仍是国际标准草案,尚未被批准为 ISO 标准出版物。

对于第 2 部分,2010 年 4 月 ISO 以 N557 文件的形式发布了新工作项目提案 ISO NP 25964—2,该部分主要处理叙词表间以及和其他类型词表间建立映射的原则和实际问题。ISO NP 25964—2 共有 27 章内容,描述、比较了这些词表实现互操作时需要涉及的元素和重要特点,包括叙词表、分类表、知识分类、主题词表、本体、主题图、语义网、术语表、语词库、名称规范表、同义词环等。推荐建立和维护多个词表或者是叙词表和其他类型词表间的映射,描述了映射类型,等同映射、等级映射、相关映射,映射的执行情况,识别候选映射的方法,映射数据的管理,映射词表的显示,映射系统的功能,映射交换格式等。ISO 25964 第 2 部分整体涵盖的是全新的范围,之前在任何国际标准中都没有涉及,目前仍处于提案阶段,之后将提交技术委员会或子委员会投票。

2.2 研究及应用

ISO 25964 对原有内容进行了全面修订,还增补了电子功能与显示指南、叙词表管理软件的功能说明、词表之间的互操作、数据模型与交换格式等内容。作为国际标准,ISO 25964 还具有突出多语种应用、强调叙词表与其他应用软件的整合等特色。[①]ISO 25964 是国际上关于叙词表编制的最新标准,它的推出对业界产生了很大的影响。中国科学技术信息研究所以 ISO 25964 推荐的数据模型为参考,设计和实现了叙词表编制系统模型。[②]ISO 25964 数据模型是 ISO 工作组在英国国家标准 BS 8723 的基础上经过多次讨论和修改的成果,设计比较合理,而且具有较强的扩展性,能够支持用户自定义叙词和概念属性、关系、设置分面等,ISO 25964 数据模型也有较为详细的设计和描述文档,便于软件开发人员理解和实现。

ISO 25964 的提出也为我国叙词表编制标准带来了机会和挑战,我们应该坚持采用国际标准的原则,跟踪研究 ISO 25964,对我国叙词表编制标准进行修订,

① 刘华,曾建勋,沈玉兰. 网络环境下叙词表编制标准的国际发展趋势[J]. 情报杂志,2009(11):41-45.

② 梁健,乔晓东,朱礼军,等. 基于 ISO 25964 标准的叙词表编制系统模型与实现[J]. 现代图书情报技术,2010(4):77-82.

从电子化、网络化词表编制及其应用着手,针对汉语特点,从语词系统、标识系统及其数据模型等方面对我国叙词表编制标准进行修订和完善。[①]还有学者提出从合并单语种和多语种叙词表标准,将适用对象扩展为受控词表,对叙词表的维护管理和测试评估予以规定,对分面分析、互操作问题、新技术元素在叙词表编制中的应用予以规定等几个方面对我国叙词表标准进行修订。[②]

3 SKOS

3.1 SKOS 概述

SKOS 是由 W3C 提出并制定的推荐标准,由 W3C 语义网部署工作组(SWDWG)发布并维护。SKOS 建立在 RDF 基础上,提供了表达各种知识组织系统基本结构和内容的通用模型,将概念模式及语义关系表达为机器可理解的方式,还支持概念在万维网上编辑和发布,将概念与网络上的数据相链接,以及将概念集成到其他概念体系中。[③]SKOS 语言是一种比 OWL 本体描述语言更简单,但又非常容易扩展的知识结构描述语言,为知识组织系统(叙词表、分类法、主题词表、术语表等)提供了一套简单、灵活、可扩展、机器可理解的描述和转换机制,目的是为了资源的共享和重用。

《SKOS 参考》(SKOS Reference)是 SKOS 的标准规范,它的目的是帮助用户参与设计和实施信息系统,加深对语义网技术特别是对 RDF 和 OWL 的理解;2008 年 1 月 25 日发布了第一次公开工作草案,此后经过数次修订于 2009 年 8 月 18 日成为 W3C 推荐标准。《SKOS 初级读本》(SKOS Premier)是《SKOS 参考》的使用指南;2008 年 2 月 21 日第一次公开工作草案,最近一次更新是 2009 年 8 月 18 日。《SKOS 使用情况和需求》(SKOS Use Cases and Requirements)是在广泛调查的基础上,列出了有代表性的使用情况,并从中抽取主要和次要需求,用来指导推荐草案中 SKOS 的设计;2007 年 5 月 16 日发布工作草案,最近一次更新也是 2009 年 8 月 18 日。[④]

① 卜书庆. 近年来国际知识组织规范的进展研究[J]. 中国图书馆学报,2010(5):69 - 74.

② 刘华,沈玉兰,曾建勋. 中国、美国和英国叙词表编制国家标准比较研究[J]. 图书情报工作,2009(22):72 - 75.

③ SKOS Simple Knowledge Organization System Primer[EB/OL]. [2009 - 10 - 25]. http://www.w3.org/TR/2009/NOTE-skos-primer-20090818.

④ Version History[EB/OL]. [2010 - 04 - 26]. http://www.w3.org/2004/02/skos/history.

3.2　SKOS 组成及应用

SKOS 词表是由一系列 RDF 定义的类和属性组成,这些类和属性涵盖了各种传统知识组织系统结构中使用到的标签。在基本的 SKOS 中,"概念"用 URIs 来识别,带有一种或多种自然语言"标签",以及各种类型的"注释",非等级结构或相关网络结构中的概念彼此"语义相关",并集成"概念体系"。在高级的 SKOS 中,概念资源可以在不同的概念体系之间映射,被归入不同集合;可以指定概念标签之间的关系;也可以扩展 SKOS 词汇以适应特定群体的需要或者同其他数据模型的词汇相结合。另外,SKOS 还定义了一个可选扩展——SKOS 扩展标签(SKOS eXtension for Labels,简称 SKOS-XL),该扩展提供识别、描述和链接词汇条目的额外支持。

自从 SKOS 标准颁布以来,得到了国内外学者的广泛关注和研究,适时地采用 SKOS 对原有受控词表数据资源进行再组织和描述,为知识组织共享提供了基础。国内外有很多词表都采用 SKOS 格式来描述,如《美国国会图书馆标题表》(LCSH)[①]、《STW 经济叙词表》(STW Thesaurus for Economics)[②]、英国档案叙词表项目(UKAT)[③]、《欧洲通用多语种环境叙词表》(GEMET)[④]、《联合国粮农组织叙词表》(AGROVOC)[⑤]都已转换成 SKOS 格式并在网站上提供免费下载;《社会科学叙词表》(德语—英语)(Thesaurus for Social Sciences)也提供 SKOS RDF/XML 格式数据利用。[⑥]欧洲语义网高级项目(SWAD-Europe)开发的语义网环境目录 SWED,也使用 SKOS 作为叙词表描述语言;[⑦]阿姆斯特丹自由大学以 GTAA、《医学主题词表》(MeSH)为例,研究了叙词表向 SKOS 转换的方法;[⑧]GeoNames 本体

①　姚小乐,刘炜译. LCSH,SKOS 和关联数据[J]. 现代图书情报技术,2009(3):8-14.

②　STW Thesaurus for Economics[EB/OL]. [2010-04-28]. http://zbw. eu/stw/versions/latest/about.

③　UK Archival Thesaurus[EB/OL]. [2011-02-07]. http://www. ukat. org. uk.

④　General Multilingual Environmental Thesaurus[EB/OL]. [2009-10-30]. http://www. eionet. eu. int/GEMET.

⑤　Agrovoc Thesaurus[EB/OL]. [2009-10-30]. http://aims. fao. org/website/AGROVOC-Thesaurus/sub.

⑥　Converting the TheSoz to SKOS[J/OL]. [2010-04-28]. http://www. gesis. org/fileadmin/upload/forschung/publikationen/gesis-reihen/gesis-methodenberichte/2009/TechnicalReport_09_07. pdf.

⑦　The Semantic Web Environmental Directory[EB/OL]. [2009-11-04]. http://www. swed. org. uk/swed.

⑧　A Method to Convert Thesauri to SKOS[EB/OL]. [2009-11-04]. http://thesauri. cs. vu. nl/eswc06.

也采用 SKOS 表达地理特征种类;[1]我国国家图书馆分类法词表组也完成了《中国分类主题词表》SKOS 转化研究。另外还有很多概念框架、术语表等各种类型的知识组织系统都进行了 SKOS 格式转换,如:国家代码 ISO 3166—1 标准、W3C 术语表、WordNet2.0、语言代码 ISO 639 标准等,都采用了 SKOS 格式描述数据。[2]

除了作为知识组织系统表示标准之外,SKOS 应当有更广泛的应用,如基于 SKOS 构建的受控词表的互操作、基于 SKOS 的语义检索、基于 SKOS 构建领域本体等。国内外诸多机构、组织、学者着力于这方面的研究,并提供了很多实际应用案例。如在 Bio-zen 本体中,SKOS 用来表示很多现有的生命科学领域词表、分类表和来自开放生物医学本体(Open Biomedical Ontologies,简称 OBO)集合的本体;[3]在 AIMS 项目中,Agrovoc 被转换成 SKOS,并和《中国农业叙词表》(CAT)和《国家农业图书馆叙词表》(NAL)两个词表映射;[4]KVision 数字图书馆知识组织系统参考了 SKOS 对类表和词表进行形式化表示,本体化分类法和主题词表,使之在网络环境下支持自动应用。[5]

4 FRSAD

4.1 FRSAD 概述

FRSAD 是《主题规范数据的功能需求》(Functional Requirements for Subject Authority Data)的简称,是国际图联(IFLA)主题规范记录功能需求工作组(FRSAR)开发的一个实体—关系概念模型。它在 FRBR 模型的基础上,进一步解释由"作品、知识或艺术创作主题"构成的第 3 组实体在书目世界里如何相关和受控。FRSAD 的宗旨是协助评估在图书馆界以及外界实现主题规范数据的国际分享与使用的潜力。

2005 年 4 月,主题规范记录功能需求工作组(FRSAR)成立,主要致力于主题规范数据方面的工作,调查主题规范数据被大范围的用户直接使用和间接使用情

---

① GeoNames[EB/OL].[2009 - 11 - 04].http://en. wikipedia. org/wiki/GeoNames.

② W3C. SKOS Datasets[EB/OL].[2010 - 04 - 28]. http://www. w3. org/2001/sw/wiki/SKOS/Datasets.

③ Bio-zen ontology framework for representing scientific discourse in life science[EB/OL].[2010 - 04 - 08]. http://www. w3. org/2006/07/SWD/wiki/EucBiozenDetailed.

④ Agriculture Information Management Standards[EB/OL].[2010 - 04 - 08]. http://aims. fao. org.

⑤ Vision 数字图书馆知识组织系统[EB/OL].[2010 - 10 - 13]. http://kvision. pku. edu. cn/proj_intro1. php.

况,其责任是在 FRBR 框架中就 FRBR 第 3 组实体——即作品的"关于(Aboutness)"方面——制定一个概念模型。2009 年 6 月,FRSAR 发布了《主题规范数据功能需求》(FRSAD)的第一版全球评估草案。2010 年,FRSAR 在全球征求意见的基础上修改推出最终投票稿,并于 2010 年 6 月正式发布《主题规范数据功能需求》(FRSAD)最终报告。

《主题规范数据功能需求》(FRSAD)最终报告包括背景资料、目的和范围、实体、属性、关系、用户任务、结论 7 部分内容,以及 3 个附录:ABOUTNESS 建模、FRSAD 与 FRBR 和 FRAD 的关系、FRSAD 模型和其他模型。在最终报告中,FRSAR 工作组在 FRBR 框架下提出了一个与作品的 Aboutness 有关的概念模型,确定了主题规范数据 4 个用户任务:查找(find)、识别(identify)、选择(select)、探索(explore),为建立主题规范记录数据同用户需求之间的关系提供一个有明确定义的、结构化的参考框架。报告强调主题规范数据功能需求应该建立在独立于任何应用、系统或特定环境的层次上。[①]

4.2 FRSAD 组成及评论

FRSAD 概念模型为由"作品、知识或艺术创作主题"构成的第 3 组实体定义了两个实体:Thema 和 Nomen。Thema 指用于作品主题的任何实体,Nomen 指任何符号或符号序列(字母数字字符、符号、声音等),通过它可以知道、指示或称谓一个 Thema。Thema、Nomen 各自带有一组属性。FRSAD 模型建立了两组关系:(1)不同实体类型之间的关系:作品- Thema 和 Thema-Nomen。这是 FRSAD 模型的基本关系。(2)同一类型实体之间的关系:Thema-Thema 和 Nomen-Nomen。Thema-Thema 关系包含 3 种主要关系类型:等级关系、相关关系以及其他语义关系。Nomen-Nomen 关系包含两种:等同关系、部分关系。FRSAD 概念模型如下图所示:[②]

作品   有…作主题 / 有…作主题   Thema   有名称 / 是…的名称   Nomen

① Functional Requirements for Subject Authority Data (FRSAD): A Conceptual Model[EB/OL]. [2010 – 12 – 02]. http://www. ifla. org/files/classification-and-indexing/functional-requirements-for-subject-authority-data/frsad-final-report. pdf.

② Functional Requirements for Subject Authority Data (FRSAD): A Conceptual Model[EB/OL]. [2010 – 12 – 02]. http://www. ifla. org/files/classification-and-indexing/functional-requirements-for-subject-authority-data/frsad-final-report. pdf.

自 2009 年 6 月《主题规范数据功能需求》（FRSAD）第一版的全球评估草案发布以来，收到了来自全球的很多反馈意见。2009 年 7 月 31 日，美国音乐图书馆协会（Music Library Association）书目控制委员会对评估草案发表意见，他们认为 FRSAD 模型应该解决作品的体裁/形式（genre/form）表达问题。因为很多受控词表（特别是音乐和美术领域）已包含了作品的体裁/形式（genre/form）等主题词，是重要的用户检索途径。Thema 实体应该定义得更加广泛，包含物理对象、音乐体裁或形式等任何事物，而不仅限于 Aboutness 或是 Ofness 的概念。①

2009 年 7 月 27 日，美国印第安纳大学数字图书馆 Jenn Riley 对"FRSAD 模型不作任何的主题分类推荐"提出质疑，她认为："用户将主题分成概念、对象、时间、地点存在困难，但是这并不意味着 FRSAD 模型可以不作这个区分。概念/对象/时间/地点只是划分的一种方法，同样存在阮冈纳赞或其他的划分方法。但是一个模型最根本的是从这些划分方法中选择一个，遵循它实现目标。至于主题的划分可能会与'应用独立'产生矛盾的担忧是没有必要的，目前的 FRSAD 概念模型在涉及任何应用之前还有很大的成长空间。"②2009 年 8 月 11 日，美国加利福尼亚数字图书馆 Karen Coyle 在博客上发表评论，提出 FRSAD 没有为实体 thema 建立 URI，就没办法把实体 thema 表现为元数据。③

2010 年，FRSAR 最终投票稿发布之后，接收到两种截然不同反馈意见。IFLA 书目控制部分类和标引组（Classification and Indexing Section）投票同意发布该报告，编目组（Cataloguing Section）投票反对。以编目组成员美国国会图书馆的 Judith A Kuhagen 为代表，她认为 FRSAD 模型不能很好地同 FRBR、FRAD 最终兼容为一个单一的概念模型。最终经由 IFLA 专业委员会决定通过该报告，并于 2010 年 6 月正式发布《主题规范数据功能需求》（FRSAD）最终报告。④

FRSAD 模型虽然在主题实体的划分、体裁/形式（genre/form）等 Isness 概念的表达、同 FRBR、FRAD 模型的兼容性等问题上存在争议，但正如 FRSAR 工作组主席曾蕾所言："有了 FRSAD 模型以及近年来随着语义网的关联数据运动而发展

① Music Library Association Response to "Functional Requirements for Subject Authority Data" Report[EB/OL].[2010－11－05]. http://bcc. musiclibraryassoc. org/PositionPapers/FRSAD2009. html.

② Jenn Riley. Thoughts on FRSAD[EB/OL].[2010－11－05]. http://inquiringlibrarian. blogspot. com/2009/07/thoughts-on-frsad. html.

③ Karen Coyle. Coyle's InFormation：FRSAD[EB/OL].[2010－11－05]. http://kcoyle. blogspot. com/2009/08/frsad. html.

④ 76th IFLA General Conference, Gothenburg, 10—15 August 2010（Standing Committee Cataloguing Section)[EB/OL].[2010－12－02]. http://www. ifla. org/files/cataloguing/reports/meeting_2010. pdf.

起来的一些概念模型,我们能够在更高层次上完全独立于任何具体实施、体系或者场合来探讨主题规范数据和概念体系,同时能够专注于主题规范数据的语义、结构、互操作性问题。把主题规范数据放在语义网的发展环境中,特别是从关联数据(Linked Data)的角度来看,根据 FRSAD 模型建模的、用 SKOS 和 OWL 编码的主题规范数据将能够成为关联数据的一部分,为语义网的发展作出贡献。"[①]

5 FRAD

5.1 FRAD 概述

IFLA 一直致力于国际规范控制,1998 年出版《书目记录的功能需求》(Functional Requirements for Bibliographic Records,简称 FRBR),FRBR 的研究基于两个目的:一是提供一个清晰定义的结构化框架,使书目记录的数据与用户需求之间产生关联;二是推荐由国家书目机构创建的记录的基本功能级别。但是 FRBR 模型仅仅停留在书目记录,IFLA 认为将来有必要将 FRBR 模型扩展至规范记录,在目录连接机制中反映实体之间的关系。因此,1999 年 4 月,IFLA 成立规范记录的功能需求和编号工作组,2005 年 6 月,工作小组公布《规范记录的功能需求》(Functional Requirements for Authority Records,简称 FRAR)草案并征求意见。2007 年 4 月,为了澄清草案描述的是规范资料,接受各界意见将《规范记录的功能需求》(FRAR)更名为《规范数据的功能需求》(FRAD),并推出新草案。2009 年 8 月,《规范数据的功能需求》正式出版。

FRAD 全文分为两部分,第一部分是概念模型,包括 FRAD 的目的、范围、实体—关系图与定义、属性、关系、用户任务;第二部分是规范数据的当前实践,包括图书馆环境中的规范数据、规范数据转移。

FRAD 概念模型主要有两个目的,一是为规范记录中所记录的规范资料提供一个明确的定义和结构,以适应记录使用者的需求。二是协助评估规范数据在国际图书馆和其他部门共享和使用的潜力。FRAD 实际上是 FRBR 概念模型的扩展和延伸,只是它在实体—关系模型上把焦点集中在规范记录的实体上,在实体—属性关系描述的深度和广度上都有明显的补充和完善,为制定编目规则、确定规范记录中的标目形式、参照范围以及附注内容提供了依据,为建立各种实体关系、参照关系及连接方案提出了解决办法。

FRAD 概念模型集合了所有类型的规范资料,包括名称规范(个人、家族、团

① 曾蕾.《主题规范数据的功能需求(FRSAD)》介绍及其与 SKOS 等模型之间的映射 [EB/OL].[2010－11－26]. http://www.ifla.org/files/hq/papers/ifla75/200-zeng-zh.pdf.

体、地名)、题名规范(统一题名、集合统一题名)、名称—题名规范、主题规范(主题标目、索引用词及分类表)和识别码(标准号码、代码等)。FRAD 中的实体较 FRBR 扩展到 16 个,作品(Work)、内容表达(Expression)、载体表现(Manifestion)、单件(Item)、个人(Person)、团体机构(Corporate)、概念(Concept)、物件(Object)、事件(Event)、地点(Place)、家族(Family)、名称(Name)、识别码(Identifer)、受控检索点(Controlled Access Point)、规则(Rulers)、代理机构(Agency)。主要目的是希望能够协助图书馆规范数据中的名称、应用语与其他各界疑似相同的实体之间的关系。

5.2 FRAD 研究综述

本年度 FRAD 研究力度不及 FRBR,研究者围绕 FRAD 概念术语、FRAD 与编目规则、FRAD 对规范控制的影响及 FRAD 的实践应用等方面展开研究。

米尔纳·威勒(Mirna Willer)撰文介绍了 2009 年 3 至 6 月间 UNIMARC 永久委员会(Permanent UNIMARC Committee)采纳并于 2009 年夏季出版的《UNIMARC 规范格式手册》第 3 版中的变化和新增内容的概况。指出 FRAD 的术语发生变化,用“检索点”代替“标目”,用“规范(检索点)”代替“统一(标目)”。FRAD 概念模型定义了形成书目实体(FRBR 实体和系列)基础的主要实体、名称和/或标识,以及受控检索点,从而使得块和它们之间的关系的命名更为清晰和精确。体现在第二块(规范检索点)、第五块(相关检索点)和第七块(其他语言和/或字符的规范检索点),还特别体现在这些块中的标签所表示的实体的命名的精确性,例如“个人名称”、“团体名称”、“题名”。名称(作品的题名)的后一种形式还被用于总题名和名称/总题名,以符合放弃“统一”标目(即“统一题名”)的原则,并符合 FRAD 的实体—名称—检索点的组合。也就是说,(受控的)检索点基于名称,即书目实体(作品、载体表现)的称谓。并以 UNIMARC 格式列举了字段名的变化。[①]

黄艳芬阐述规范数据功能需求(FRAD)的研究背景与概念模型,并比较 FRAD 与 CNMARC 规范控制的内容、检索点、著录实体的异同,分析在 CNMARC 规范控制中实现 FRAD 概念模型存在的障碍,认为 FRAD 为我国制定编目规则、确定标目形式、参照范围以及附注内容等规范提供参考依据。[②]王璐认为,FRAD 对名称规范具有理论层面与实践层面的影响,随着 FRAD 的推广,这些术语必将渗透

---

① 米尔纳·威勒.《UNIMARC 规范格式手册》第三版如何实现 FRAD 和《国际编目原则声明》的概念[EB/OL]. 顾犇译. [2011 - 02 - 07]. http://www. ifla. org/files/hq/papers/ifla75/135-willer-zh. pdf.

② 黄艳芬. FRAD 概念模型与 CNMARC 规范控制[J]. 图书情报工作,2009(6):125 - 128.

到规范控制研究和实践工作的方方面面;同时她还分析了中文名称规范工作的现状,认为在实践层面上,规范控制在我国展开的范围较小,基于不同的理解,国内的规范规则不统一,阻碍了名称规范工作的开展,她提出应考虑是否需要以 FRAD 来制定相关规则,认为新规则的制定势必引起规范数据制作和维护操作流程的变化。①

FRAD 目前还仅仅停留在理论层面,无论是国际和国内 FRAD 概念模型都没有实际运用于图书馆规范控制实践。马里耶勒·韦夫(Marielle Veve)试图从实践层面实现 FRAD 概念模型,他认为如今图书馆有很多有关 FRBR 概念模型与应用的文献,但是几乎没有它的对应机构 FRAD 的有关文献,迄今为止没有一个真正的规范文档的应用。他分析了 FRAD 概念模型,根据 FRAD 实体、属性、关系建立了 FRAD 模型并应用于手稿的规范文档。②他的研究提供了 FRAD 有益的尝试。

6 RDA

6.1 RDA 概述

《英美编目规则(Anglo-American Cataloging Rules)》是一部具有国际影响的编目规则。随着时代的发展,文献编目的对象逐渐由传统印刷型文献扩展到数字和网络信息资源,面对文献资源的扩展与编目理念的变化,英美编目规则修订联合指导委员会(JSC)认为英美编目规则很难适应新的编目环境的要求,需要进行全面、彻底的修订。2005 年初英美编目规则修订联合指导委员会(JSC)宣布修订 AACR2,修订之初延续着序列习惯名为 AACR3。2010 年 5 月,联合指导委员会决定将正在编写讨论的 AACR3 更名为 Resources Description and Accesses(资源描述与检索,简称 RDA)。RDA 原计划 2007 年出版,但是中间经过多次讨论修订,问世时间一再推延。2010 年 6 月,RDA 发布,同时 RDA 工具包(RDA Toolkit)正式启用,编目人员可以通过编目者桌面获取 RDA 工具包,编目者桌面是集成了美国国会图书馆编目和元数据资源的在线文件系统。③

RDA 包括导言、10 个部分的指南和使用说明。它们按照 FRBR、FRAD 定义的实体、属性和关系来组织。导言部分介绍 RDA 的目的和范围、主要特点以及和

① 王璐. FRAD(规范数据的功能需求)及其对名称规范控制的影响[EB/OL]. [2010 - 05 -31]. http://www. nlc. gov. cn/yjfw/pdf/wanglu. pdf.

② Veve M. Applying the FRAD Conceptual Model to an Authority File for Manuscripts: Analysis of a Local Implementation[J]. *Cataloging & Classification Quarterly*, 2009, 47(2): 125 - 144.

③ RDA Toolkit now live[EB/OL]. [2010 - 07 - 02]. http://ala. org/ala/newspresscenter/ news/pr. cfm? id =4341.

其他资源著录与检索标准的关系。第 1 部分记录载体表现与单件的属性;第 2 部分记录作品与内容表达的属性;第 3 部分记录个人、家族与团体的属性;第 4 部分记录概念、事物、事件、地点的属性;第 5 部分记录基本关系;第 6 部分记录与资源有关的个人、家族和团体的关系;第 7 部分记录主题关系;第 8 部分记录作品、内容表达、载体表现与单件之间的关系;第 9 部分记录个人、家族与团体之间的关系;第 10 部分记录概念、事物、事件、地点之间的关系。

6.2 RDA 研究综述

在本年度对 RDA 的研究中,研究者以宏观和微观的角度对 RDA 及其关联问题展开研讨,研究涉及 RDA 的概念、RDA 的总体结构、RDA 与 AACR2 的关系、RDA 与 FRBR 和 FRAD 的关系、RDA 的实践等诸多方面。

芭芭拉·蒂利特(Barbara B. Tillett)作为美国国会图书馆 RDA 专家多次撰文推介 RDA,并以实例说明 RDA 的实现及其对编目的影响。[1][2]汤姆·德尔塞(Tom Delsey)对 RDA 的范围与目标、RDA 与 AACR2 的机构、资源分类、描述水平、信息来源、转换关系、在书目和规范记录中使用 RDA、RDA 映射到 MARC21、工作流程等方面进行综合介绍,认为 RDA"采用一致灵活的设计目标,对各类资源的描述和所有类型的可扩展框架兼容国际公认的原则,模式和标准适应一个范围广泛的社区资源描述的需要"。[3]国家图书馆吴晓静等人在"资源描述与检索(RDA)的进展及其影响研究"课题中也以宏观的角度论述 RDA。[4]

RDA 与 AACR2 对比研究主要涉及检索点概念、结构、元素、内容变化等。研究者认为 AACR2 依据 ISBD 原则组织,而 RDA 依据 FRBR 原则组织。AACR2 标目变为 RDA 的规范检索点,责任者变为创造者,主要款目变为首选题名 + 规范检索点,统一题名变为首选题名(其他信息区分)或者是常规的集体题名,参照变为变异的检索点。[5]RDA 是新的元数据标准取代 AACR2,改变了建立元数据的方式,

① RDA: Changes from AACR2 for Texts[EB/OL]. [2010 - 01 - 12]. http://www. rda-jsc. org/docs/10_1_12_RDAchangesfromAACR2fortexts. ppt.

② Barbara B T. The Influence of FRBR on RDA: Resources Description and Accesses[EB/OL]. [2008 - 06 - 28]. http://presentations. ala. org/images/1/1e/Getting_ready_for_RDA_FRBR_influences_2008rev_color. pdf.

③ Delsey T. AACR2 versus RDA: Presentation given at the CLA Pre-Conference Session[EB/OL]. [2009 - 05 - 29]. http://tsig. wikispaces. com/file/view/AACR2_versus_RDA. pdf.

④ RDA 与 FRBR、FRAD[R/OL]. 图研参考,2009(9 - 10)[2011 - 02 - 11]. http://www. nlc. gov. cn/service/fuwudaohang/tyck/2009/20090910z_8. htm.

⑤ RDA: Changes from AACR2 for Texts[EB/OL]. [2010 - 01 - 12]. http://www. rda-jsc. org/docs/10_1_12_RDAchangesfromAACR2fortexts. ppt.

它是为现在和未来设计,对使用者和图书馆员有帮助。①RDA 继承了 AACR2 的优点,RDA 记录除能与 AACR2 记录相兼容外,还能兼容如 MARC21、UNIMARC、XML、MODS、MARCXML 及 Dublin Core、EAD、VRA、MPEG7、ONIX 等多种标准数据格式。吴跃在《AACR2 与 RDA 的联系及在图书著录部分的区别》一文中根据 RDA 草案和相关文献资料,以普通图书的著录为例,就 AACR2 与 RAD 第 1 部分(第 0—3 章)在描述性数据部分的不同进行对比介绍,分析 AACR2 与 RDA 之间的关系。②林明从检索点角度出发,分析和比较从 AACR2 到 RDA 的几个与检索点有关的概念性术语的演变和差异。③霍艳蓉从 RDA 与 AACR2、FRBR、ISBD 及 MARC21 之间的关系等方面分析了 RDA,并简要地介绍了 RDA 的内容大纲和术语以及 RDA Online 的特点。④卡罗·比安基尼(Carlo Bianchini)、莫罗·圭里尼(Mauro Guerrini)讨论了 OPACs、FRBR、巴黎原则、AACR2、RDA 之间的关系,指出 ISBD 语法是 RDA 的重要组成部分并会在未来成为国际编目代码。⑤

关于 RDA 与 FRBR、FRAD 之间的关系,芭芭拉·蒂利特认为 RDA 受到 FRBR 的影响。⑥RDA 在修订过程中充分汲取 FRBR 和 FRAD 的概念模型,RDA 按照 FRBR 的实体、属性和关系来组织,各部分各章集中在支持特定用户任务的元素,充分体现 FRBR 概念和结构的编目标准。吴晓静等人在"资源描述与检索(RDA)的进展及其影响研究"课题中专门分析了 RDA 与 FRBR、FRAD 的内在关联,从概念、属性和关系的映射情况、RDA 核心元素集与 FRBR、FRAD 的关系等方面阐述它们之间的关系,认为 RDA 与 FRBR、FRAD 在概念上存在一致性。⑦

在微观层次上,研究者力图细化 RDA 的研究并运用到编目实践中。吴雷以

---

① Oliver C. Tomorrow's metadata: improving resource discovery for the user[EB/OL]. [2010 - 05 - 07]. http://www.rda-jsc.org/docs/ABQLA_RDA_tomorrow's_metadata.pdf.

② 吴跃. AACR2 与 RDA 的联系及在图书著录部分的区别[J]. 大学图书馆学报,2010(4):77 - 83.

③ 林明. 从 AACR2 到 RDA 的检索点概念演变与差异[C]//变革时代的文献编目:第二届全国文献编目工作研讨会论文集. 国家图书馆出版社,2010:7 - 14.

④ 霍艳蓉. 浅议编目员如何应对 RDA 的到来[J]. 山东图书馆学刊,2009(2):66 - 68.

⑤ Bianchini C, Guerrini M. From Bibliographic Models to Cataloging Rules: Remarks on FRBR, ICP, ISBD and RDA and the Relationships Between Them[J]. *Cataloging & Classification Quarterly*, 2009, 47(2):105 - 124.

⑥ Tillett B B. The Influence of FRBR on RDA: Resources Description and Accesses[EB/OL]. [2008 - 06 - 28]. http://presentations.ala.org/images/1/1e/Getting_ready_for_RDA_FRBR_influences_2008rev_color.pdf.

⑦ RDA 与 FRBR、FRAD[R/OL]. 图研参考,2009(9—10). [2009 - 12 - 15]. http://www.nlc.gov.cn/service/fuwudaohang/tyck/2009/20090910z_8.htm.

机构的视角探讨 RDA,通过《中文文献编目规则》与《资源描述和检索》在组织机构、人员组成、资金支持、产品用户、运作程序及指导原则等方面的比较,认为《中国文献编目规则》存在组织松散、人员流动性大、缺少可靠的资金来源、忽视用户的参与、运作程序不规范、指导原则可操作性差等问题。《资源描述和检索》经过多年的发展和修订,其成功的实践经验与完善的编修机制能够为中国编目规则修订提供借鉴。[①]宋登汉等人在 RDA 的基础上,针对中国古典文献流传中产生的三种版本特性——内容版本、形式版本和藏品附加人文信息版本,利用 RDA 体系从规范、书目、馆藏三个层次来设计古籍版本资源的整体描述,探索同一作品的定义、三种版本的内涵等,以期在古籍版本资源的描述上达到知识类聚功能和展现目的。[②③]

关于 RDA 与 MARC 的未来,RDA 的启用意味着 MARC 格式也势必发生相应的改变,但是并没有关于启用 RDA 后 MARC 会如何的一个完整的答案。2008年,英国国家图书馆、加拿大国家图书档案局和美国国会图书馆成立 RDA/MARC 工作小组,目的在于"确定 MARC21 需要作出哪些修改以便与 RDA 保持一致,并确保在未来能够实现数据的有效交换"。[④]

戴安娜·希尔曼(Diane Hillman)认为 MARC 格式提供了丰富的书目信息,RDA 的问世,并不会导致 MARC 立刻消失,MARC 离最终消失还要持续很长时间。她希望在 MARC 世界之外有一个普遍化的以 RDA 元素及词汇作为数据交换基础。她强调没有一个适用于所有机构的书目格式,图书馆可以根据需要选取所用的格式。RDA 并不能应付 MARC 使用到的馆藏层次。希望 MARC 在 Web 世界中"被重新发现"。芭芭拉·蒂利特希望 RDA 用于任何(元数据)方案或显示。认为 RDA 对 MARC 格式本身并不意味着什么。RDA 不是一种格式,它是一套编目指引,用以识别在书目中控制事物的特征。在可预见的未来,MARC 书目记录及 MARC 馆藏记录(及 MARC 规范记录)依然会存在。

关于未来 RDA 需要解决的问题,编目界公认 RDA 会对未来的编目模式产生深远的影响,但是在本年度 RDA 研究中注重 RDA 的诠释,RDA 如何应用于编目实践未深入研究。肖恩·米克萨(Shawne D. Miksa)综合了 RDA 需要解决的实践

---

① 吴雷.《中国文献编目规则》与《资源描述和检索》编修机制比较研究[J]. 图书馆建设,2010(7):69-73.

② 宋登汉,周迪,李明杰. 基于 RDA 的中国古籍版本资源描述设计[J]. 图书馆,2010(4):31-33.

③ 宋登汉,周迪,李明杰. 基于 RDA 的中国古籍版本资源描述设计[J]. 图书馆,2010(5):49-52.

④ Joint Steering Committee for Development of RDA. RDA/MARC Working Group update [EB/OL]. [2010-06-24]. http://www.rda-jsc.org/rdamarcwg.html.

问题：①FRBR 规定的查找（Find）、识别（Identify）、选择（Select）和获取（Obtain）等4 个用户任务能否成功,在图书馆目录中如何实现;② RDA 的实施问题、可行性研究、可用性研究;③图书馆系统的重新设计,利用优势建立实体关系模型;④⑤如果使用 RDA,书目关系、书目家族以及这些关系如何影响用户的搜索,书目控制如何深入研究;⑥实体关系模型和可视化的新的编目工作流程,实体关系模型如何工作、表达、表现实体关系模型;⑦MARC 和都柏林核心集对编码标准的影响;⑧编目规则的历史研究、编目规则的改变以及 AACR1、AACR2 的实现;⑨图书馆和编目员理解的编目社区的 RDA 扩散和采用率;⑩再概念化的书目控制;⑪重新定义图书

① Miksa S D. Resource Description and Access (RDA) and New Research Potentials[J/OL]. *Bulletin of the American Society for Information Science and Technology*, 2009, 35 (5): 47 - 51. [2011－02－07]. http://www. asis. org/Bulletin/Jun-09/JunJul09_Miksa. pdf.

② Miksa S D, Moen W, Snyder G, et al. Metadata assistance of the Functional Requirements for Bibliographic Records' four user tasks: A report on the MARC Content Designation Utilization (MCDU) Project[C]. Knowledge organization for a global learning society: Proceedings of the Ninth International ISKO Conference, 2006:41 -49.

③ Resource Description and Access (RDA) in Australia [EB/OL]. National library of Australia. [2011－02－11]. http://www. nla. gov. au/lis/stndrds/grps/acoc/rda. html.

④ Visionary Technology in Library Solutions (VTLS)[EB/OL]. [2011－02－07]. http://www. vtls. com.

⑤ Network Development and MARC Standards Office, Library of Congress. FRBR Display Tool. (Version 2.0.)[DB/OL]. [2009－05－01]. http://www. loc. gov/marc/marc-functional-analysis/tool. html.

⑥ Miksa S D. Resource Description and Access (RDA) and New Research Potentials[J/OL]. Bulletin of the American Society for Information Science and Technology, 2009, 35 (5): 47 - 51. [2011－02－07]. http://www. asis. org/Bulletin/Jun-09/JunJul09_Miksa. pdf.

⑦ Dublin Core Metadata Initiative: Scenarios[EB/OL]. [2009－05－01]. http://dublincore. org/dcmirdataskgroup/Scenarios.

⑧ RDA/MARC Working Group[EB/OL]. [2009－05－01]. http://www. collectionscanada. gc. ca/jsc/rdamarcwg. html.

⑨ Knowlton S. Criticism of cataloging code reform, as seen in the page of Library Resources and Technical Services (1957—66)[J]. *Library Resources and Technical Services*, 2009, 53 (1):15－24.

⑩ Miksa S D. Resource Description and Access (RDA) and New Research Potentials[J/OL]. *Bulletin of the American Society for Information Science and Technology*, 2009, 35 (5): 47 - 51. [2011－02－07]. http://www. asis. org/Bulletin/Jun-09/JunJul09_Miksa. pdf.

⑪ Library of Congress Working Group for the Future of Bibliographic Control: On the record [EB/OL]. [2009－05－01]. http://www. loc. gov/bibliographic-future/news/lcwg-ontherecord-jan08-final. pdf.

馆目录;非传统数据添加到书目记录;①编目规则的倾向化、数据值的历史变化、编目规则和类似主题的设计;②图书馆系统之间的互操作性等。③

7　GB/T 3792 文献著录

7.1　最新进展

GB/T 3792 文献著录是信息资源描述方面的国家标准,近几年由全国信息与文献标准化技术委员会(SAC/TC4)依据国际标准书目著录(ISBD)系列标准对其进行了修订。该标准共分 9 部分,已陆续颁布使用。2009 年 9 月 30 日最新发布了 4 个系列标准,即 GB/T 3792.1—2009 第 1 部分:总则;GB/T 3792.3—2009 第 3 部分:连续性资源;GB/T 3792.4—2009 第 4 部分:非书资料;GB/T 3792.9—2009:电子资源。这些标准分别规定了各种类型文献的著录项目、排列顺序、著录用标识符、著录信息源、著录用文字及著录项目细节等。其中,第 1、3、4 部分是在原标准的基础上进行的修订,尽量与 ISBD 保持一致,增加了部分术语和定义,修改了部分项目名称,修改了部分著录项目,细化了著录方法、标识符及著录顺序等。第 9 部分即 GB/T 3792.9—2009:电子资源是新增的标准,主要是适用于计算机控制(包括在计算机外部设备上使用)的电子资源,如通过网络或电信访问的资源、交互式多媒体资源,以及限制发行生产的资源、按需付费的资源或预定生产的资源的著录规则。

7.2　研究及应用

文献著录总则为相关机构制定和修订其他专门文献类型的著录规则提供了基础,还为相关机构处理规则未包括的资料类型提供了依据。各种文献类型著录规则的制定,在全国范围内提供了一致的著录规则,便于国家书目机构和国内外图书馆与情报界之间实现书目记录的交换。通过指定书目著录的组成单元、规定

---

①　Miksa S D. Resource Description and Access (RDA) and New Research Potentials[J/OL]. *Bulletin of the American Society for Information Science and Technology*, 2009, 35(5): 47－51. [2011－02－07]. http://www.asis.org/Bulletin/Jun-09/JunJul09_Miksa.pdf.

②　Miksa S D. Resource Description and Access (RDA) and New Research Potentials[J/OL]. *Bulletin of the American Society for Information Science and Technology*, 2009, 35(5): 47－51. [2011－02－07]. http://www.asis.org/Bulletin/Jun-09/JunJul09_Miksa.pdf.

③　Miksa S D. Resource Description and Access (RDA) and New Research Potentials[J/OL]. *Bulletin of the American Society for Information Science and Technology*, 2009, 35(5): 47－51. [2011－02－07]. http://www.asis.org/Bulletin/Jun-09/JunJul09_Miksa.pdf.

这些单元的表示顺序,以及区分这些著录单元的标识符,使不同来源的记录具有互换性,帮助克服阅读记录的语言障碍,还有助于将手工卡片形式目录转换为电子形式目录。①

修订后的文献著录规则融合了新时期编目理论与方法论,从体系结构到内容、文字都焕然一新,既体现出中国编目的特色,适应当前编目工作的实际需要,又保持了与国际编目标准的一致性,顺应了国际编目工作发展的大趋势。②

GB/T 3792 文献著录标准的修订,为统一我国中文文献著录,建立和健全我国统一的文献报道和检索系统,开展国内外书目信息资源交流,开发和利用文献资源,加速我国编目工作标准化、规范化、国际化的进程,推进编目事业与编目理论研究的发展等方面都起到了积极促进作用。

8　OWL

本体描述语言 OWL(Ontology Web Language)是继 XML、RDF(S)、OIL 之后,由 W3C 本体工作组开发被 W3C 最新推荐的 Web 本体描述语言标准。它增加了更多的用以描述属性和类的词汇,提供更多的元语以支持更丰富的语义表达。

8.1　OWL 及其相关标准的进展

W3C OWL 工作组于 2009 年 10 月 27 日发布了 OWL 2 的一系列推荐标准,2004 年推出的 OWL 1 在表达、句法、OWL 种类定义和注释等方面存在着缺陷,OWL 2 是对 OWL 1 的修改、优化和扩展。其中,OWL 2 仍是以 RDF/XML 为基础,其他的语法角色和基于 RDF 的语义关系没有变化,并且与 OWL 1 兼容。

OWL 2 增加的新特性为:(1)扩展了数据类型支持,增加了更加丰富的数据类型、数据范围和数据类型限制;(2)增加了描述属性和类的词汇,如描述类之间关系的不相交,有限制的基数限制算子,描述属性特征的不对称属性,反身形式属性、键和属性链;(3)扩展了注释能力;(4)增加了简单的元模型。除此之外,OWL 2 定义了 3 个新的文件,包括 OWL 2 EL、OWL 2 QL 和 OWL 2 RL,来满足不同的应用,选择哪个文件要根据本体的结构和推理的任务。③

W3C OWL 工作组一共发布了 12 个推荐标准,分别为:OWL 2 网络本体语言

---

①　GB 3792.1—2009 文献著录 第 1 部分:总则[S].北京:中国标准出版社,2010.

②　孙更新,江志新.我国文献著录规则国家标准(GB/T 3792)修订的新进展[J].图书馆理论与实践,2009(11):14－17.

③　OWL 2 Web Ontology Language Profiles[EB/OL].[2010－11－05].http://www.w3.org/TR/2009/REC-owl2-profiles-20091027.

XML 系列、结构说明和功能样例句法、快速参考指南、OWL 2 网络本体语言文件、初级读本、文件概要、新的特性和推理依据、与 RDF 图的映射、OWL 2 网络本体语言直接语义、OWL 2 网络本体语言一致性、用户案例与要求和测试案例。①②目前，W3C OWL 工作组的工作处于暂停时期，他们在等待 XSD 1.1（XML Schema 定义语言）中的第二部分成为 W3C 推荐标准之后，再据其更新相关的成果。③

W3C 规则互操作格式（Rule Interchange Format）工作组于 2010 年 6 月 22 日发布了 11 个一系列的 RIF 推荐标准，RIF 是在各语义 Web 标准，如 RDF、OWL 和 SPARQL 等间建立一个互操作的规则。该文件还对 RIF、数据与本体语言 RDF、RDFS 和 OWL 之间的互操作进行了翔实的说明。11 个文件分别为：RIF 概述、核心语言、基础逻辑语言、制作规则语言、逻辑框架语言、数据类型和内置插件 1.0、RIF RDF 与 OWL 的兼容、OWL 2 RL 中的 RIF、与 XML 数据的合并、RDF 中的 RIF 和 RIF 测试案例。④⑤

8.2 OWL 应用方面的进展

OWL 越来越成为本体间互操作的中间语言格式。近两年有学者就基于其他模型，如 IDEF3、UML 活动图的模型与基于 OWL 模型进行互操作和使用 OWL 格式的本体对互操作工具进行实验等方式，证明了基于 OWL 进行互操作是节省成本和时间的方法。⑥OWL 较之 Cycl、Loom 和 KIF 等有很多优点，同时 OWL 也提供了本体映射的标签，并分为了 3 个类型，非常有助于不同本体之间的映射和互操作。⑦

---

① OWL 2 Web Ontology Language Document Overview[EB/OL].[2010 – 11 – 05].http://www.w3.org/TR/owl2-overview.

② OWL 2 Web Ontology Language New Features and Rationale[EB/OL].[2010 – 11 – 05].http://www.w3.org/TR/2009/REC-owl2-new-features-20091027.

③ OWL Working Group[EB/OL].[2010 – 11 – 06].http://www.w3.org/2007/OWL/wiki/OWL_Working_Group.

④ RIF Overview [EB/OL].[2010 – 09 – 24].http://www.w3.org/TR/2010/NOTE-rif-overview-20100622.

⑤ RIF RDF and OWL Compatibility[EB/OL].[2010 – 09 – 24].http://www.w3.org/TR/rif-rdf-owl.

⑥ Garcia-Castro R.,Gomez-Perez A. Large-Scale Benchmarking of the OWL Interoperability of Semantic Web Technologies[C]. IEEE International Conference on Semantic Computing,2008:214 – 221.

⑦ OWL Web Ontology Language Guide[EB/OL].[2010 – 09 – 5].http://www.w3.org/TR/owl-guide.

基于 OWL 词表实现术语服务相关应用。近两年美国国家癌症研究所(以下简称 NCI)和我国深圳大学曾新红研究了用 OWL 表示的词表来进行术语服务的相关应用。NCI 于 2008 年 12 月推出 BiomedGT 测试版,并于 2009 年 1 月进行了更新,[①]BiomedGT 中术语服务侧重于进行术语联盟和开放内容的编制,其中添加了合作术语编制工具,能使生物医学研究团体直接加入进来进行术语的扩展和改进。[②]曾新红等开发的 OntoThesaurus-TS 系统则侧重于用 OWL 表示词表,实现多途径检索,主要是通过网络在线浏览,获得所需概念术语及其相关信息(如分类号/入口词/英译名/指定关系相关概念等),并能进行查询扩展(英文扩展、同义词扩展、上/下位词扩展、指定关系扩展等)。[③]

对 OWL 表示的本体进行一致性检查、推理和优化表达等。目前,实现这些应用是通过开发推理机实现的,包括 Racer、FaCT++、Pellet 和 KANO2 等。一致性检查的内容有检查语法一致性、语义一致性和用户自定义的一致性。在实际应用中,推理机能够把类、属性和实例之间错综复杂的关系整理清楚,用符合应用需求的格式组织本体中的信息。推理机还可以根据类具有的属性对实例进行归类处理。[④]

OWL-S 是 OWL 在语义网络服务中的应用,近两年里将 OWL-S 应用在语义 Web 服务(Semantic Web Service)的语义描述、自动发现、检索和服务组合方面的研究开始增加起来。使用 OWL-S 中的语义标签对 Web 服务进行语义标注后,服务注册中心或基于本体的搜索引擎通过匹配服务的请求和标签中的语义信息,能够实现服务的自动发现和检索,或是进行形式化的语义推理,识别服务之间的业务逻辑关系进而进行服务组合。

供稿:刘华梅　喻菲　王广平　郝嘉树
(国家图书馆中文采编部)

① BiomedGT Collaborative Ontology Development Wiki[EB/OL]. [2010 - 12 - 24]. http://biomedgt. nci. nih. gov/wiki/index. php/Main_Page.

② Noy N F, Coronado S, Solbrig H, et al. Representing the NCI Thesaurus in OWL DL: Modeling tools help modeling languages[J]. *Applied Ontology*,2008,3(3):173 - 190.

③ 曾新红,林伟明,明仲. 中文叙词表本体的检索实现及其术语学服务研究[J]. 现代图书情报技术,2008(2):8 - 13.

④ 潘超,古辉. 本体推理机及应用[J]. 计算机系统应用,2010,19(9):163 - 167.

语义网影响下的数字资源知识组织

随着现代信息技术和网络技术的迅猛发展,各式各样的数字信息环境不断出现,数字资源对象纷繁复杂、数量庞大、流动变更频繁,如何有效地进行知识组织就成为数字资源建设中的一个热点问题。本文通过跟踪和研究国内外近两年数字资源知识组织的相关文章和项目,从基于传统知识组织工具的知识组织、基于元数据的知识组织、基于语义网的知识组织、基于大众参与的知识组织等方面进行整理和分析,以期为我国相关研究提供参考。

1 基于传统知识组织工具的知识组织

在数字环境下,随着数字资源的信息量、信息种类及传递速度的发展,尽管传统的知识组织方法不能完全满足数字资源组织的需要,但仍然发挥着重要作用。分类法和主题词是信息组织最基本的方法。但由于数字资源有诸多不同于传统信息资源的特性,研究人员在采用传统的分类法和主题词进行数字资源组织时,都提出对其进行改造和完善来适应数字环境的构想和实验。

1.1 传统知识组织工具的改造

由于传统知识组织工具的局限性,导致其在数字环境下组织数字信息资源时产生了一些问题。针对国内使用最广泛的《中国图书馆分类法》(简称《中图法》)、《中国分类主题词表》(简称《中分表》),国内学者进行了大量的探讨,提出了对传统知识组织工具进行改造的措施和思路:建立良好的用户界面将分类法的体系结构展示给用户;对类目进行必要的修改,包括修改类名以增强其表达性和通用性、控制使用类目的深度、通过网络链接技术对辅助表进行处理使其与类目连接等;针对线性结构,改造成网状结构;加强对网络信息的多维揭示,增加必要的新类目来尽量包容所有网络信息资源;分解和标记类号的组成因素,使其能够准确表达特定主题或主题面,对分类法本身进行分面组配改造;扩展分类法与其他受控词汇的联系,提供各种分类法之间号码的转化;建立自动分类系统等。①②随着网络的迅速发展,我们还应该借鉴国外 DDC、UDC 网络化的经验,推进《中图法》网络化的发展和完善,更加完善《中图法》网站功能,加大与用户的交流,加大《中图法》网络版中网络技术的运用,提供可视化网络友好界面;还可提供类号构建功能,帮助用户从已有的类号中选择构建新的分类号,缓解复分组配时构建类号的困难;还可以增加与其他情报检索语言结合的映射,③从而更好地发挥其组织数字资源的作用。

国家图书馆的卜书庆根据中国国家数字图书馆知识组织系统构建要求,结合多年的词表编制经验,提出基于《中分表》构建"综合性数字资源的知识组织体系"构想,从《中分表》的知识体系出发,对基本大类、分类级别、多属性划分排列法、类目属种关系和方面限定关系与主题词概念结合处理、通用复分表与专用复分表的复分次序及方法、主题词概念关系的细化及形式化描述、相互映射的款目结构等方面进行结构化改造调整,以适应综合性数字资源的知识组织,并提出在"综合性数字资源知识组织体系"的基础上,还可以进行构建领域知识本体、以网络社会化方式构建通俗的知识组织系统、建设"国家数字图书馆学科信息门户"等方面的研究,进而实现自动标引、智能检索、学科导航、知识挖掘等方面的应用。④

1.2 知识组织体系的构建

充分利用各种现代信息技术,继承和借鉴传统知识组织工具的优点,兼顾数字信息资源的特点,构建新的知识组织体系来组织数字资源也是近两年的研究热点。

网络时代下,在叙词表编制方面,应该利用海量的数字信息资源,通过计算机抽取相关的专业术语并利用计算机的计算速度和智能程度获取词间关系,在领域专家人工辅助干预下,建立适合现代网络信息资源特点和大众化的领域用户使用的叙词表。⑤在知识组织体系的构建、管理、存储、维护、互操作及语义元数据生成

① 范艳君,刘立强.利用中国分类主题词表组织网络信息资源的模式分析[J].农业与技术,2009(6):196-198.

② 侯胜君.网络环境下传统信息资源组织方法的应用[J].太原师范学院学报,2009(4):169-170.

③ 潘宇光.《中图法》的网络化趋势[J].图书馆学刊,2009(12):92-94.

④ 卜书庆.基于《中分表》的国家数字图书馆知识组织思考[J].图书馆论坛,2009(6):194-198.

⑤ 常春.网络时代叙词表的编制与应用[J].图书情报工作,2009(8):8-11.

方面,国外提供了很多适用的开源软件,如 TeamTres 是一款基于 PHP 和 MySQL 的 Web 词表管理软件,它支持款目词各种注释类型,支持多种词间关系的构建,支持等级层次显示和字顺列表显示,支持多种格式导出整个词表,如基于 XML 的 Zthes,基于 RDF 的 SKOS 等,最新版本还增加了不同词表映射方面的功能。THManager 是一款基于 Java 的开源软件,它首先是一款词表管理软件,可管理、维护基于 SKOS 格式的词表,在互操作方面有突出性能,具有实现不同词表间自动关联的构建功能。[①]我们可以充分利用这些开源软件,更好地为数字资源知识组织服务。

中国科学技术信息研究所以"新能源汽车"领域为例构建集成知识组织系统,首先对现有各种知识组织系统,如叙词表、术语表、词单等的规范化表示和语料中新词的发现构建基本的词索引库;利用关系推导、模式识别等多种同义词挖掘方法发现词索引库中的同义词;通过关系逻辑的整理,提炼关系逻辑推导规则和判定规则,对词表中原有的词间关系进行选择、推导和调整,同时利用关联挖掘方法发现来自不同词表的术语词汇之间的关联,最终形成集成基础词库;然后在集成基础词库的基础上面向具体领域或具体应用,包括当用词筛选模型和集成构建的新知识组织系统的评价;最后是概念词库构建,是对集成词库中词汇语义关系的细化,为构建更高层次的知识组织系统提供术语概念。[②]

辽宁省图书馆的郭广堃以东北抗战史数据库为例,设计开发了融入知识组织系统的面向主题的数据图书馆建设系统。搜集与东北抗战史有关的名词术语进行定义和解释,并按人物、事件、组织机构、场所、物品、文献等归类,再根据有关标准按照语义关系、知识体系对有关的名词术语进行系统组织,建立了《东北抗战史知识叙词表》;围绕确定的内容范围通过馆藏文献和网络收集相关资源,包括图书、期刊、报纸、音频、视频、纯文本、网络文献、MARC 等多媒体数据;继而通过数字化加工,根据文献类型分别建立知识组织系统库、知识库、图片库、书目库、多媒体库、网络资源库、元数据库、索引库等,将经过处理的各类型文献用《东北抗战史知识叙词表》标引,建立各种类型文献之间的相关链接;最终与检索提问窗口相链接,提高文献检索效率,实现资源共享。[③]

---

① 白海燕,姜波.基于开源软件构建数字图书馆的知识组织体系[J].现代图书情报技术,2009(4):7–12.

② 薛春香,乔晓东,朱礼军.基于集成的领域知识组织系统构建初探[J].现代图书情报技术,2009(11):29–33.

③ 郭广堃.融入知识组织系统的实验型数字图书馆建设——以东北抗战史数据库为例[J].图书馆工作与研究,2010(2):43–46.

1.3 分面分类的应用

分面分类是一种灵活而实用的信息组织方式,它吸收了传统的分面分类法的基本原理,从数字资源对象的属性出发,揭示对象的多个属性面,通过简单主题概念的组配,可以确切地表达各种主题概念。

复旦大学的孙宇研究阮冈纳赞分面分类思想在 Web2.0 环境下的延伸应用,针对大众分类法和标签使用的随意、无序、分散等问题,提出借鉴分面分类思想,改变标签纯粹的平面结构,引入大的分类管理,可分两级或三级,下面层次则按照用户对内容的描述和标记进行组织。①青岛理工大学的张振森等在已有理论的基础上,重新组织制作分面分类体系的步骤。然后以当当网为例进行应用研究,并通过对新的分面分类体系和网站原有信息组织方式的比较,得出分面分类体系的优势:分面分类系统具有动态分布结构,可以随着环境的变化,及时增加新的分面、类目,修改原有类目;分面分类系统有效地解决了模糊类目的归属问题,因为在分面设置时充分考虑各个分面之间的互斥性;每一个分面下条目的组织方式灵活,可以按照字顺、时间、等级排列,更加易于管理。②

加拿大麦吉尔大学信息研究学院的 Ménard 等提出构建分面分类法模型,为加拿大文物数字馆藏提供一种新的可视化表示,同时为用户浏览这些内容提供新方式。项目采用四步方法来开发这一分面分类法模型,最终生成一个双语的和可扩展的词表结构,用于描述加拿大文物数据库记录,为世界各地的访问者获取加拿大博物馆馆藏提供了更好的方式。另外,项目开发的方法为支持大型文化组织网站发展作出了直接贡献。③西英格兰大学信息科学和数字多媒体学院的 Fripp 研究了传统分面分类法和语义网文献评注之间的关系,特别是在关联数据环境中,深刻分析了分面分类法背后的概念思想和关联数据架构的关系,并通过对选定的网络文献用 Semantic Proxy 工具进行实际分析验证了这一思想。研究发现,除了技术语言之外,两种方法的原理是非常相似的。通过利用分面分析,现代信

---

① 孙宇.阮冈纳赞分类思想在 Web2.0 环境下的延伸[J].图书馆论坛,2009(5):100 - 102.

② 张振森,程灏,李丽.网络信息分面分类体系的理论与应用研究[J].情报杂志,2009 (8):62 - 66.

③ Ménard E,Mas S,Alberts I. Faceted classification for museum artefacts:A methodology to support web site development of large cultural organizations[J]. *Aslib Proceedings*,2010,62(4/5): 523 - 532.

息检索技术可以为检索查询增加一个语义层,从而提高信息检全率。①

2 基于元数据的知识组织

元数据是数字环境下对数据进行组织和处理的基础,不同应用领域存在不同的元数据方案。但仅仅根据现有的元数据标准并不能满足数字环境下知识交换、共享和重用的特定需求,因而研究人员在现有元数据方案基础上又展开了进一步的研究。

2.1 基本元数据应用

图书馆领域对元数据的使用由来已久,并随着互联网的兴起,又有了更深入的发展。从早期的分类、编目,到机读格式的 MARC,到都柏林核心集 DC,到可扩展标记语言 XML,元数据已成为数字资源组织的一个重要工具。

MARC 格式属于规范化的受控编目,其系统完善、字段完备、数据结构严密,能对信息进行较完整层次的分析描述,使信息的完全性、准确性得到保证;信息资源经过编目人员过滤、筛选和规范,更符合使用者的要求;其数据元素组成具有统一性,有利于资源共享。②但 MARC 格式较为复杂,用其进行网络信息资源组织,需要依靠专业编目员来完成,非专业人员难以完全掌握其规则,不能参与进来,这就限制了对数量庞大、变化频繁的网络信息资源的组织。不过对于因特网上相对稳定的信息资源,也比较适合用 MARC 格式进行组织。

DC 元数据借鉴了图书馆编目、分类、文摘等宝贵经验,是描述、发现、管理和检索信息资源的有效信息组织方式。它的最大特点就是数据结构简单,向 DC 靠拢有利于图书馆的文献信息参加网络环境下更大范围的统一处理与共享。XML 不仅仅是一种标记语言,也是新一代的网络语言,具有良好的可扩展性和自描述性,它遵循严格的语法要求,便于不同系统之间信息的传输。因此,面对纷繁复杂的数字信息资源的描述、揭示和集成,很多学者认为最理想的组织模式就是基于 XML 的 DC 描述,即采用 DC 作为信息资源主要的著录和描述工具,以 XML 文档结构作为著录格式的结合方式。③

---

① Fripp D. Using linked data to classify web documents[J]. *Aslib Proceedings*,2010,62(6):585-595.

② 王英芬. MARC 格式组织网络信息资源的优缺点研究[J]. 农业图书情报学刊,2009(9):58-60.

③ 张春红.基于 DC 的高校图书馆网络信息资源组织应用分析[J].长春师范学院学报(自然科学版),2009(6):194-197.

2.2　元数据模型

不同的数字环境所包含的数字资源的类型、创建目的、采取的服务方式都有所差异,因而它们在采用元数据模型进行知识组织时,会根据自身的需要对现有的元数据方法进行修改和完善。

全国高校创建 CALIS 专题特色数据库过程中,统一按照"CALIS 专题特色数据库信息描述元数据规范"中所规定的书目信息、网络资源信息、图像信息和全文信息等元数据规范处理,元数据规范不能完全覆盖建库单位的资源类型,各建库单位可根据特定资源的特点,在遵守核心元素、资源类型核心元素、个别元素的结构组成的规则上,自行定义与设计新的描述元数据方案。

Wagger、Park 和 Bedford 从商业部门的角度提出使用元数据模型管理世界银行出版物,基于世界银行 30 年的旗舰系列报告,创建世界银行出版物门户。[①]他们采用人工产生、机器自动产生、人工和机器辅助结合的方法,利用现有的经济领域的主题分类表,提出了元数据模型策略。元数据不仅能描述出版物的基本信息(作者、标题、日期、对象类型)及分类信息(主题、国家、区域分类),还能满足不同用户从不同层次获取信息的需要,如元数据可用于整篇报告、部分章节以及图片和图表。他们的研究为普通领域和银行领域创建出版物门户提供了见解,并提供了内容架构、元数据架构和自动化分析方法的最佳做法。

2.3　元数据互操作

在数字图书馆建设过程中,出现了多种元数据格式,元数据之间的互操作问题日益突出。赵仁铃从制度及规范等非技术途径的视角,分析了元数据互操作的解决方案。认为可以从三个方面实现:制定具有普适意义的"元数据规范"以规范元数据的开发工作;建立元数据共建共享的重要机制——元数据开放登记机制(Open Registry);鼓励元数据复用。[②]

为了把分布在不同系统中的异构数据集整合起来,实现高度集成的数据查询功能,张宇等通过对典型的应用系统分布场景进行建模,制定一种伸缩性良好的元数据规范,进而提出一种可对分散系统中的异构数据集进行集成,对集中的元数据信息进行统一管理,并为用户提供单一入口查询的整合方案。方案已经应用

---

① 　Wagger S,Park R,Bedford D A D. Lessons learned in content architecture harmonization and metadata models[J]. *Aslib Proceedings*,2010,62(4/5):387 – 405.

② 　赵仁铃. 基于非技术途径的元数据互操作研究[J]. 图书情报研究,2010(3):25 – 28.

在医药卫生科学数据共享工程中,取得了一定的成效。①

3　基于语义网的知识组织

语义网是新一代的 Web,它的核心思想是通过给万维网上的资源添加能够被计算机所理解的语义,并在资源之间建立起机器可处理的语义联系,实现计算机自动处理信息的目的。把语义网运用于数字资源组织,不仅能解决资源的异构问题,克服检索障碍,还提高了知识存储的质量,并将结果以可视化的方式展现给用户,提高用户满意度。基于语义网的知识组织主要包括术语的语义化、关联数据、语义集成、语义互操作等方面的内容。

3.1　术语的语义化

在数字环境下,知识资源的细粒度化及语义化发展推动了知识组织体系从机器可读向机器可理解发展。如何对知识内容进行语义标注和组织是近两年研究人员关注的一个热点问题。研究人员尝试将传统知识组织工具(主题词表、叙词表、分类法、规范文档等)以 SKOS、OWL、RDF 等编码语言进行描述,以帮助机器对语义的理解。

SKOS 是 W3C 发布的为知识组织系统的语义化描述提供基本框架的标准,自标准颁布以来,得到了国内外学者的广泛关注和研究,适时地采用 SKOS 对原有受控词表数据资源进行再组织和描述,为知识组织共享提供了基础。美国国会图书馆已将其 LCSH 词表的 MARC 格式数据转换成 SKOS 数据提供下载;AGROVOC 也已转换成 SKOS 格式并提供免费下载;Dewey 团队对 DDC 的 SKOS化也进行了实验性的研究;国内很多学者也对《中分表》的 SKOS 化进行了理论和实际转换研究。而曾蕾认为分类体系中的大部分特殊问题并不能用 SKOS 表达,意识到 SKOS 和 OWL 支持的底层模型是不同的,因此开始对 OWL2 网络本体语言表达分类法进行探讨,②从复杂类目表述、类目表述间的关系公理、更复杂类目表述和关系的属性和约束三个方面详细分析了 OWL2 在分类体系中的具体应用,证明了用 OWL2 揭示分类体系及相关问题的可行性。

3.2　关联数据

关联数据是语义网技术之一,描述了通过可链接的 URI 方式来发布、共享、连

---

① 张宇,蒋东兴,刘启新.基于元数据的异构数据集整合方案[J].清华大学学报(自然科学版),2009,49(7):1021-1024.

② Zeng M L, Panzer M, Salaba A. Expressing classification schemes with OWL2[EB/OL].[2010-11-15].http://www.iskoi.org/ocs/index.php/int/rome2010/paper/view/41.

接 Web 中各类资源的方法。近两年,围绕关联数据展开了一系列的研究,并召开了一系列的国际会议,2010 年 9 月 ISKO UK 在伦敦召开了"关联数据——网络知识组织的未来"会议,①会议讨论了关联数据的出版发布与浏览,以及怎样使URIs、RDF 和 SKOS 这样的语义网技术连接的关联数据能够增加更多价值。会议不仅揭示了大量可用数据,包括关联数据在图书馆、政府部分、商业部分等的应用,而且还提出了免费发布的障碍,虽然技术还不是完全成熟,但商业利益、版权和对潜在价值的忽视才是进展的最大障碍。

随着关联数据的不断发展,不但降低了整合分布式异构数据源的复杂性,同时也推动了图书馆基于关联数据的新应用。目前,关联数据在数字图书馆的应用主要集中在以下几个方面:将图书馆资源发布为关联数据,利用关联数据扩展资源发现服务,利用关联数据实现数据融合与语义检索服务,利用关联数据在学术研究和学术交流中发挥更大的作用,跨机构的关联数据的开发与复用,利用关联数据实现图书馆与其他系统之间的集成。②目前,国外一些图书馆已经开始采用RDF 和关联数据,如瑞典联合目录已经采用关联数据的架构,开放其 200 多个成员馆超过 650 万条书目记录,以及 20 万条规范记录。③美国国会图书馆也已将其LCSH 词表发布为关联数据。TELplus 项目也将法国 RAMEAU 主题词表发布为关联数据,并且 RAMEAU 关联数据的一部分已经通过 MACS 项目与 LCSH 关联数据和德国 SWD 关联数据实现了语义互联。④

3.3 语义集成、语义互操作

实现语义互操作保障了不同系统的用户能够在分布式环境中发现、检索和利用所需要的资源和服务。因而互操作一致是信息组织中的热点问题。

北卡罗来纳州立大学元数据研究中心的 HIVE(Helping Interdisciplinary Vocabulary Engineering)项目旨在构建一个能够动态整合多个受控词表的 HIVE 模型。这是一种自动生成元数据的方法,通过动态整合专业领域内用 SKOS 编码的受控词表,从而有助于内容创建者和信息专家实现主题编目,并解决受控词表

①　Linked Data:The Future of Knowledge Organization on the Web[EB/OL]. [2010 - 12 - 15]. http://www. iskouk. org/events/linked_data_sep2010. htm.

②　黄永文. 关联数据在图书馆中的应用研究综述[J]. 数字图书馆,2010(5):1 - 6.

③　Making a Library Catalogue Part of the Semantic Web[EB/OL]. [2010 - 12 - 16]. http://dc2008. de/wp-content/uploads/2008/09/malmsten. pdf.

④　RAMEAU subject headings as SKOS linked data[EB/OL]. [2010 - 12 - 16]. http://www. cs. vu. nl/STITCH/rameau.

的成本、互操作与可用性等问题。①

拉夫堡大学信息科学学院的 Libo 等也研究了互操作问题,他们提出开发一个中间件平台从技术上和语义上整合不同术语资源,从而提供不同图书馆门户系统的跨主题浏览服务。②经过分析比较,选择 DDC 作为转换语言,以计算机科学类为例,实现受控词表 UKAT 和 ACM 到 DDC 的映射。主要研究结果表明,由于整个Web 分布式术语资源种类繁多,建议的中间件服务对从技术上和语义上集成不同术语资源是必不可少的,从而促进学科交叉浏览。通过文献调研及研究中的发现和自我总结,就支持跨主题浏览的中间件服务的重要方法和特点提出了若干建议。

4 基于大众参与的知识组织

数字知识环境的一个重要特点是用户参与到其中并能与其他用户进行互动和交流,体现在知识组织上,就表现为吸收了更多 Web2.0 思想,让用户参与到知识组织体系的构建中,以实现知识的发现、分享。因而在最近两年的数字资源知识组织中,大众参与知识组织是一个热点话题。主要体现在分众分类法的应用,与受控词表的结合等方面。

4.1 分众分类法

随着社会性软件的发展,分众分类法(Folksnonomy)作为一种新型的网络信息资源的分类组织方法,被应用到越来越多的网络系统中。目前国内外成功应用Folksonomy 的网站有 Del. icio. us、Flickr、BlogBus 和豆瓣等,每个网站都有自己的特色功能。通过分析,研究者认为 Folksonomy 分众分类法在网络信息组织方面具有以下优越性:即刻反馈、异步交流、动态更新,充分满足用户个性化的信息需求;构建网络社区以实现知识的分享;实现信息多角度揭示以提高检索效率;发现隐性知识以促进用户研究学习。分众分类在广大用户和信息资源之间建立了一个更加个性化和多元化的桥梁,随着数字图书馆的兴起,分众分类法也被广泛应用于数字图书馆服务领域,如应用于各个大学图书馆的 OPAC、各种类型的数字资源库或机构知识库、社会编目网站、个人图书馆等领域。③分众分类法是数字资源组织的有利补充。

————————

① HIVE: Helping Interdisciplinary Vocabulary Engineering [EB/OL]. [2010 – 12 – 16]. https://www. nescent. org/sites/hive/Main_Page.

② Si L E, O'Brien A, Probets S. Integration of distributed terminology resources to facilitate subject cross-browsing for library portal systems[J]. *Aslib Proceedings*,2010,62(4/5):415 – 427.

③ 熊燕. 网络信息资源的分众分类研究[J]. 图书馆学刊,2010(5):39 – 41.

但伴随而来的是标签的随意性、标签垃圾等问题给用户信息检索带来了难题。如何在不增加用户使用成本的前提下,采用一定的技术手段,通过与其他信息组织方法相结合或借鉴其他信息组织方法的理念,对 Folksonomy 进行优化,以改善浏览和检索的效果,提升用户体验,是 Folksonomy 亟待解决的问题。徐少同针对现有标签语义不明确、语法结构混乱、标签缺乏维护、缺少通用性等不足,提出了 6 项优化设计建议:系统通过显性化提示向用户推荐高质量标签;建立受控词表,引入后控手段;将用户设置为创建者、浏览者、评论者、管理员等不同级别;使用自动聚类和归类技术;提高标签检索性能;提高标签系统的兼容性和开放性。[①]

4.2　分众分类法与受控词表的结合

以用户为中心的分众分类系统尽管在信息资源组织方面起到了重要作用,但标签词汇的随意性、与主题的无关性、带有明显个人主观性等问题影响了资源的获取。针对这些问题,研究人员一致认为有必要引入受控词表,将分众分类法和受控词表结合起来,通过推荐受控词汇来帮助用户提高标签的质量。

Rolla 将 LibraryThing 网站的用户标签与 LCSH 进行比较,认为用户的标签可以提高对图书馆收藏文献的主题存取效率,但不能取代受控词表,因此允许用户使用标签对书目数据进行标注,在一定层面上能够弥补主题词系统的不足。[②]肯塔基大学图书馆和信息科学学院的 Kwan 研究了分众分类法(用户词表)和 LCSH (受控词表)语词匹配问题,目的是在分众分类中潜在使用 LCSH。他们从 Delicious 中选择一个分众分类法样本,和 LCSH 语词匹配。在构建 LCSH 匹配树的基础上,调查了分众分类法与 LCSH 的重叠,以及分众分类法在 LCSH 树上的分布情况。实验结果表明,标签和 LC 主题词相匹配的总比例大约占所有标签的三分之二,另外还有 10% 的潜在匹配,而改进匹配的关键是识别和描述。研究结果可用于发展分众分类法和 LCSH 之间映射的创新方法,这将直接有助于有效获取和检索标签网络资源,以及集成基于这两种词表的多个信息知识库。同时,这项研究表明了 LCSH 用于 Web 资源发现的可行性。[③]UKOLN(英国图书馆和信息网络办公室)指导的 ENTAG 项目,旨在探讨受控词表与分众分类法的有效集成方

①　徐少同. 网络信息自组织视角下的 Folksonomy 优化[J]. 图书情报工作,2009(5):102 – 105.

②　Peter R J. User Tags versus Subject Headings Can User-Supplied Data Improve Subject Access to Library Collections[J]. *LRTS*,2009,53(3):171 – 184.

③　Yi K,Chan L M. Linking folksonomy to Library of Congress subject headings: an exploratory study[J]. *Journal of Documentation*,2009,65(6):872 – 900.

法,使用户输入的标签能够与 DDC 的类名进行匹配,系统可以向用户推荐与该标签相似的上下位类目等,以实现数字资源的发现。[①]

除了理论层面的探讨,实践中关于分众分类法与受控词表结合的应用也在开展,主要有两方面:[②]一是基于受控词表的分众分类法系统,如 Librarything 作为图书类的标签系统,通过与国会图书馆、亚马逊网站及多个图书馆的信息比较,为用户返回精确的书目数据,帮助用户标出标签信息。[③]二是嵌入分众分类法的图书馆书目服务系统,如纳什维尔公共图书馆与 Delicious 相连,建立了标签与书目记录的链接,并推荐一些与这些标签含义相同的网站链接供用户进一步使用;[④]安娜堡图书馆开发了社会网络工具 SOPAC 与图书馆的目录集成,允许用户评价、浏览和评论相关标签,并通过标签检索相关书目信息等。[⑤]

5 结语

近两年国内外对数字资源组织的研究呈不断加深和拓展的趋势,在保持对传统知识组织工具研究的基础上,将信息组织领域中的新概念和新思想融入到实际应用中。研究主题大多仍然集中在知识组织系统的理论和应用方面,通过吸收不同知识组织系统的特点,改造、构建知识组织系统以适应数字资源组织;强调了分面分类思想在知识组织中的作用;更加注重知识组织系统编码和处理的机器可理解,与语义网等新技术更紧密结合;将标签系统、大众分类法与知识组织系统结合以提高知识组织质量。元数据作为数字资源组织的基础,仍得到研究人员的关注。从上述调研中可以看出,目前我国学者对数字资源组织的理论研究远远超过其在现实工作中的应用,今后如何将理论与实践相结合仍然是我们努力的目标。

供稿:刘华梅(国家图书馆中文采编部)

---

① Golub K,Lykke N M,Moon J,et al. Enhancing social tagging with a knowledge organization system[C/OL]. Emerging trends in technology:libraries between Web 2.0,semantic web and search technology,IFLA Satellite Meeting,2009. [2010-12-15]. http://www.slideshare.net/michaelday/enhancing-social-tagging-with-a-kos.

② 贾君枝.分众分类法与受控词表的结合研究进展[J].中国图书馆学报,2010(9):96-101.

③ Librarything[EB/OL]. [2011-02-11]. http://www.librarything.com.

④ Nashville Public Library[EB/OL]. [2011-02-11]. http://www.library.nashville.org.

⑤ Ann Arbor District Library[EB/OL]. [2011-02-11]. http://www.addl.org.

OPAC 与搜索引擎相互融合的发展

OPAC(Online Public Access Catalogue,公共联机检索目录)是一种在因特网上对馆藏信息资源进行查询的工具,用户可以通过万维网查寻 OPAC 从而定位文献在图书馆中的具体位置。1975 年俄亥俄州立大学(Ohio State University)以及 1978 年达拉斯公共图书馆(Dallas Public Library)开发出了最早的大规模联机目录。早期的 OPAC 只是传统目录的电子版本,用来呈现图书馆中的书或期刊书目资料与馆藏流通状况,随后逐渐扩展到期刊中的论文、期刊目次、非本系统的索引信息等内容。[①]

20 世纪 90 年代,OPAC 的访问界面由基于字符的界面变为 Web 页面,但大多数 OPAC 从设计到底层搜索技术都没有太大发展。同时,图书馆外的组织开发出了更复杂的信息检索系统。像 Google 这样的网络搜索引擎还有 Amazon. com 这样的流行商业网站提供了更易于使用也更强大的系统,能够使用概率模型和基于向量空间的检索实现检索结果的相关性排序。在互联网广泛使用之前,OPAC 通常是图书馆用户首先使用的信息检索系统。现在习惯了网络搜索引擎的图书馆用户开始对传统 OPAC 复杂的检索机制越来越不满意,这反过来引起了图书馆界内部对 OPAC 的批评,并在近些年开始了一系列新一代图书馆目录的研究和开发。[②]

1 基于用户需求的下一代 OPAC

《图书馆高技术》2009 年第一期发布"下一代 OPAC"(Next generation OPACs)专刊,收录"下一代 OPAC"文章 8 篇,内容涉及:OPAC 从"发现"到"获取"的转变,[③]图书馆目录中社会网络数据(LibraryThing for Libraries)、[④]用户创建

---

① OPAC 研究,何时热起来[EB/OL].[2010 - 08 - 05]. http://oldhuai. bokee. com/4411788. html.

② Online public access catalog[EB/OL].[2010 - 08 - 05]. http://en. wikipedia. org/wiki/Online_public_access_catalog.

③ Denholm C, et al. Making the new OPAC seamless: dealing with the transition from "finding" to "getting"[J]. *Library Hi Tech*,2009(1):13 - 29.

④ Mendes L H,et al. Subjecting the catalog to tagging[J]. *Library Hi Tech*,2009(1):30 - 41.

标签,①澳大利亚议会新检索系统 ParlInfo 的数据及用户分析,②开源软件项目 VuFind、③④Blacklight 的实施和经验等。⑤专辑编辑 Bradford Lee Eden 在引论中对专辑文章作了介绍:很多图书馆已经利用 Web2.0 技术对其 OPAC 进行改造或重组,或者通过全新的前端应用,或者集成 FRBR 功能的后端软件,或者通过整合用户熟知的社会网络工具。新一代 OPAC 解决方案,结合私有或开源软件,通常基于 OPAC 中原有的结构化元数据生成更多的浏览选项,提供更多的 Web2.0 工具(如二维和三维信息可视化工具)。某些图书馆整合新的开源或免费 OPAC(如 LibraryThing)提供给用户使用,或者通过实施程序脚本和重新设计提问,使它们的 OPAC 更易于访问和检索。⑥

继 2007 年在《图书馆技术报告》发表《下一代图书馆目录》专门报告之后,2009 年 1 月美国田纳西州范德比特大学图书馆创新科技与研究中心主任 Marshall Breeding 在"图书馆馆藏与技术服务协会冬季研讨会"(ALCTS 2009 Midwinter Symposium)上,作了题为《下一代图书馆界面:概念概述和商业及开源产品概览》(Next Generation Library Interfaces:Overview of concepts and a brief tour of commercial and open source products)的主题报告。他提出现今图书馆的网站与目录应该朝提供以使用者喜好为导向的检索接口努力,解决之道在于重新定义"图书馆目录"、重新思考图书馆目录的传统概念、提供更好的信息传递工具、提供更强大而有力的检索能力以及用户更友好的呈现方式。他指出,现今每家图书馆因采用同一家图书馆自动化系统而呈现完全一样的 WebPAC 界面,并没有发展有特色且有效率的检索界面。检索与查询的新典范应该是让使用者在已经缩小范围的检索结果中再往下查询、重视各个分面的浏览、运用可视化的搜寻工具以及在查询时呈现其他附加服务。这些诉求包括:加强查询功能以及结果呈现,使内容更加具体生动地呈现,个人的定制化内容以及单一登入接口,后元数据检索

① Steele T. The new cooperative cataloging[J]. *Library Hi Tech*,2009(1):68－77.

② Missingham R,et al. Accessing information in a parliamentary environment:is the OPAC dead[J]. *Library Hi Tech*,2009(1):42－56.

③ Ho B,et al. Implementing VuFind as an alternative to Voyager's WebVoyage interface:One library's experience[J]. *Library Hi Tech*,2009(1):82－92.

④ Houser J. The VuFind implementation at Villanova University[J]. *Library Hi Tech*,2009(1):93－105.

⑤ Sadler E B. Project Blacklight:a next generation library catalog at a first generation university[J]. *Library Hi Tech*,2009(1):57－67.

⑥ Library Hi Tech 专辑:新一代 OPAC[EB/OL]. [2010－10－03]. http://catwizard. net/posts/20090321200208. html.

时代的运用(post-metadata search era),提供完整且正确无误的搜寻结果。①

2008 年,OCLC 对终端用户和图书馆员这两大重要群体进行问卷调查,2009年 4 月发布题为《联机目录:用户和图书馆员需要什么》(Online Catalogs:What Users and Librarians Want)的研究报告展示了此次调研的结论。报告论及了图书馆用户和图书馆员对数据质量的需求以及目录的使用、目录用户和目录树等问题。随着下一代图书馆联机目录的出现,OCLC 也开始制定下一代 WorldCat 数据质量计划。研究表明,终端用户和图书馆员在目录质量优先的问题上存在较大的差异,需要平衡终端用户和图书馆馆员的要求,整合来自图书馆和来自网络的(例如 Flickr 和 Facebook 这样的以不同方式组织大量信息的系统)两种用户组织信息的方式提供新的高质量的目录服务,应结合搜索引擎目前流行的一些特征,发现、传递和丰富书目数据,传递、链接更多的在线内容,应用分类表、主题词表和结构化数据来改进联机目录的相关性排序,通过合作来共同承担丰富目录发现系统、关键词和索引所耗成本。②

2 基于 FRBR 功能揭示的 OPAC

随着科学技术的飞速发展,世界范围内的信息环境发生了巨大的变化,受书目结构与显示模式的限制,传统 OPAC 逐渐暴露出以下缺陷:同一作品拥有多重记录,扁平、独立的记录间关联性不强,扩展检索能力不强,相关度排序能力差,在网络环境中的可视性差等。国际图书馆协会于 1998 年推出了《书目记录的功能需求》(Functional Requirements for Bibliographic Records,简称 FRBR)。FRBR 出版之后,概念模型中实体—属性的书目描述方式,以作品、内容表达、载体表现逐层聚集书目的理念,书目记录的树形结构等对传统的 OPAC 造成了很大冲击。③开发基于 FRBR 模型的 OPAC 系统,以层次结构向书目使用者展示作品、内容表达、载体表现和单件之间的关系,对 OPAC 系统现有的书目记录进行改造,使其能够准确表达各实体之间的关系,从而改进检索界面,使检索结果能够按照 FRBR 定义的层次结构树状显示,方便用户准确地查找、定位自己所需的书目信息。④

---

① Marshall Breeding 访台带来的讯息与省思[EB/OL].[2010-10-05].http://www.lib.thu.edu.tw/blog/resserver.php?blogId=6&resource=81%E6%9C%9F9-11.pdf.

② Calhun K,et al.联机目录:用户和图书馆馆员需要什么[EB/OL].[2010-10-05].http://www.oclc.org/reports/onlinecatalogs/213724acb_Online_Catalogs_fullreport.pdf.

③ 胡晓鹰.FRBR 化中文 OPAC 运算法则开发研究[J].图书情报工作,2008(8):91-94.

④ 王子鹏.基于 FRBR 模型的 OPAC 系统检索界面的改进[J].图书馆论坛,2010(12):113-114.

基于 FRBR 的 OPAC 系统往往以作品为聚合点,提供作品的不同版本和译本形式,以树状或类树状结构进行区分,按作品进行集中和浏览,并关联相关作品与主题,从而对资源及其关系进行清晰的揭示。同时,在各层或各种版本的描述中,提供相应的细节信息,减少了困扰用户的不同版本信息数量,方便用户辨识和选择所需的作品单件。[①]

目前,国外一些 FRBR 化或类似 FRBR 的 OPAC 系统已开发成功并提供服务。如:澳大利亚音乐中心、印第安纳大学库克音乐图书馆与数字图书馆项目 Scherzo(FRBR 测试目录)、OCLC 的 FictionFinder 原型系统、[②] 以 xISBN 和 thingISBN 补充现有的目录(如雅典郡公共图书馆 Hamlet 款目中)、瑞典国家图书馆的 LIBRIS 系统、[③] VTLS 公司将 FRBR 集成到它的产品中、[④] Open Library 的 Hamlet 款目、[⑤] 佛兰德公共图书馆网站使用的 AquaBrowser 图书馆界面软件、[⑥] 日本国会图书馆的 NDL Search 原型系统等。[⑦]

OCLC 从 2001 年就开始致力于 FRBR 及其应用研究,开发了一个基于 FRBR 的原型系统——Fiction-Finder,对 WorldCat 中的 250 万条小说记录进行浏览和检索。此外,还公布了一个将书目记录转换成 FRBR 模式的算法 FRBR work-SetAlgorithm。OCLC 研究办公室还有一个新的实验原型 Curiouser,适用于 FRBR 概念上的更大使用,能够以用户友好的显示方式,将作品的载体表现和内容表达集合起来。[⑧]

澳大利亚国家图书馆的演示系统 LibraryLabs 将 OPAC 检索结果中相关记录归并为类似 FRBR 的结构,把作品分为"作者/题名:超级作品;作者/题名/形式(资料类型):作品;作者/题名/形式/语种:内容表达;作者/题名/形式/语种/版本/出版年/出版者:载体表现;MARC 记录:载体表现或单项"。[⑨]

---

① 闫婷. 浅析 FRBR 对 OPAC 发展的影响[J]. 学理论,2010(17):112-113.

② FictionFinder: A FRBR-based Prototype for Fiction in WorldCat[EB/OL]. [2010-10-12]. http://www.oclc.org/research/activities/fictionfinder/default.htm.

③ LIBRIS—Hamlet[EB/OL]. [2010-10-12]. http://libris.kb.se/bib/8092987?tab1=vers.

④ VTLS—Home[EB/OL]. [2010-10-12]. http://www.vtls.com.

⑤ Open Library[EB/OL]. [2010-10-12]. http://openlibrary.org.

⑥ Zoeken.bibliotheek.be[OL]. [2010-10-12]. http://zoeken.bibliotheek.be.

⑦ Next-L Enju:日本的开源 ILS 及发现界面[EB/OL]. [2010-10-12]. http://catwizard.net/posts/20101213195446.html.

⑧ 刘孝文. 国内 FRBR 研究综述[J]. 图书馆理论与实践,2009(2):42-45.

⑨ 胡小菁. 新一代 OPAC 案例分析[EB/OL]. [2008-04-25]. http://oldweb.lib.tsinghua.edu.cn/bianmu/experience/files/20080425huxiaojing.ppt.

3 基于分类主题导航与分面浏览的 OPAC

图书馆用户经常用主题词检索 OPAC，往往没有检索结果。检索失败的很大原因是，用户检索词与信息检索系统能识别的词不匹配。支持分类法和主题词浏览检索的 OPAC 界面可以解决这个问题。DeweyBrowser 是 OCLC 研究的原型系统。它旨在帮助用户更有效地检索和浏览用 DDC 组织的馆藏资源（WorldCat 数据库中 70% 的资源是按杜威分类法分类的）。可视化的界面方便用户直观地检索和浏览 WorldCat 数据库中约 2 500 000 条记录以及按杜威分类法简表组织的馆藏集合。目前这一原型已经升级到 beta V2.0 版。①

希腊爱奥尼亚大学（Ionian University）的研究人员提出了利用图书馆系统中隐藏的主题标目进行书目数据的浏览和检索的新方法。他们利用《国会标题表》的希腊版子集构建了一个 OWL 格式的本体，通过采用 AJAX 技术的基于 Web 的图形用户界面同图书馆用户进行交互。这个信息检索过程表明一个隐藏本体具有为主题标目及其之间的关系建模的能力。该研究能够促进本体结构的交互浏览，并且将来可能用于其他领域的本体开发。②③加拿大的研究人员设计开发了一个试验系统，对文献数据库的主题标目和它们之间的关系建立了一个可视交互地图。这个可视化原型系统是关键词检索的有力补充，通过为用户专门的检索需求提供有效的检索词实现主题浏览。④

当用户使用的检索词过于简单而导致检索结果数量过多时，分面浏览和可视化导航功能十分有用。WorldCat 从作者、载体格式、年代、体裁、语种、使用对象（Audience Level）等方面提供逻辑子类目供用户选择来实现搜索结果管理和优化，还运用主题术语的分面式应用 FAST（Faceted Application of Subject Terminology）来细化检索主题。利用颜色的不同（DeweyBrowser beta V1.0）或标签云的大小（DeweyBrowser beta V2.0）来显示类目下检索结果数量的多少，起到信

① 刘颉颃. 从 WorldCat 及相关原型看新一代 OPAC[J]. 图书馆论坛,2009(1):72-74.

② Papadakis I,et al. Semantic navigating an OPAC by subject headings meta-information[J]. *Electronic Library*,2009(5):779-791.

③ Papadakis I,et al. Semantic Navigation on the web: the LCSH case study[J]. *Metadata and Semantics*,2009(4):279-288.

④ Julien C A,Cole C. Capitalizing on Controlled Subject Vocabulary by Providing a Map of Main Subject Headings: An Exploratory Design Study[J]. *Candian Journal of Information and Library Sciences*,2009,33(1-2):67-83.

息导航的作用。①

4　基于用户参与的 OPAC

Web 2.0 是一个互动双向网络。在此环境下的图书馆理应从单纯的"用户读取"模式转变为"参与编写"和"共同建设"模式。作为图书馆与用户间信息互动交流桥梁的 OPAC，更应在技术上作出改进，开发社会化网络的功能，用户可在书目记录中增加评论、给文献评级、对认为有误的记录加注说明、添加"标签"揭示文献主题等，然后根据一定的算法进行智能选择，充分体现开放与互动，则更能引发用户查阅 OPAC 的兴趣。

美国宾夕法尼亚大学图书馆率先提供了 Tagging 服务，可由用户对 OPAC 添 Tag，目前对设置次数大于 57 的 Tag 呈现 Tag 云图，并提供 RSS 定制功能，这样可使学生看到更全面的资料，开展教师指定书目等业务。②OCLC 的 WiKi 版联合目录 Open WorldCat 就允许用户为书目记录增加和修改目次、注释和评论，并有计划地将这些用户参与贡献的数据整合到检索系统中去。用户参与 OPAC 建设能够大大丰富书目记录的内容，有助于提升 OPAC 在揭示书目信息上的价值。③

安娜堡地区图书馆（Ann Arbor District Library，简称 AADL）的 OPAC 是第一代 SOPAC，比如任何人可以标注的卡片目录、丰富的内容敏感信息链接、OPAC 检索结果 RSS 订阅等。2007 年 1 月 21 日，AADL OPAC 再度升级，引入了对馆藏进行评级、标签、评论、回复评论等社会性功能。其开发者 John Blyberg 将新版 OPAC 称为 SOPAC，即 SocialOPAC 的简称。④开发完 SOPAC 不久，John 到 Darien 图书馆工作，在 2008 年 9 月 1 日推出了新的 Darien Library 网站，它就是 SOPAC 2.0 版的网站。SOPAC 2.0 是适用于各种图书馆集成系统的 OPAC 前端，由 SOPAC 提供可定制的用户界面，Locum 提供与 ILS 的联结，Insurge 提供独立的标签、评级、评论等社会性功能。同样是基于著名的 2.0 建站开源软件 Drupal，SOPAC 2.0 版本真正具有模块化、可移植代码的开源应用，采用 GPL（第三版）授权。SOPAC 1.0 版虽然也放出了源代码，但是在 Drupal 代码内部修补，可以看成

①　刘颋颃. 从 WorldCat 及相关原型看新一代 OPAC[J]. 图书馆论坛，2009(1):72-74.

②　李艳卿，等. Library2.0 在图书馆 OPAC 中的应用及影响[J]. 江西图书馆学刊，2008 (4):101-103.

③　张秀红. 图书馆 OPAC 与网络书店功能比较及改进[J]. 图书馆理论与实践，2010(4): 89-92.

④　AADL 的新版 OPAC[EB/OL]. [2010-10-21]. http://catwizard. net/posts/ 20070122204622. html.

是专为 Ann Arbor 图书馆定制的 Drupal。①

SOPAC 是这一类型开源软件中比较突出的代表,该软件最初在 Ann Arbor District Library 开发并实现,是 Social OPAC 的简称,侧重于加强 OPAC 的社会性功能,允许读者提交标签、评论、评级等,可适用于各种图书馆集成系统。它使用开源的 Drupal 内容管理系统作为结构,读者书目检索请求被发送到 Drupal,该软件再向图书馆集成管理系统发送相应的请求,然后 Drupal 对管理系统的回应进行处理后得到题名、作者、主题、借阅信息等关键字段,并将这些信息与存储在 Drupal 中的其他信息,诸如评级、标签、评论、封面等组合在一起,生成一个新网页并发送到读者的浏览器。②

5　基于开源软件的 OPAC

Marshall Breeding 在 2008 年 ALA 出版的《图书馆技术报告》(*Library Technology Reports*)中发表《Open Source Integrated Library Systems》文章指出,开源软件(Open Source)是全球图书馆自动化系统的一种新趋势。Marshall Breeding 同时也预测,在未来图书馆集成系统产业中,传统经由授权的图书馆集成系统与开源图书馆集成系统应该会是两者共存的局面。③近年来,Web 2.0 对图书馆传统的自动化管理模式带来了巨大冲击,图书馆员们开始反思网络环境下的图书馆应该向读者提供怎样的资源发现平台才能充分发挥图书馆资源的价值,OPAC 成为最活跃的开源软件试验对象。这些开源软件的应用为图书馆软件开发带来了新鲜力量,在推动新一代 OPAC 开发和应用进程中起到重要作用。④

Scriblio(之前名为 WPopac)是美国马萨诸塞州普利茅斯州立大学(Plymouth State University)图书馆在 2006 年基于博客软件 WordPress 开发实现的一个开源 CMS 和 OPAC 系统。⑤WordPress 内嵌永久链接、评论、追溯、垃圾评论筛选等功能。Scriblio 保留了 WordPress 丰富的 API 应用和主题结构,因此拥有该博客平台所有

①　SOPAC 2.0[EB/OL].[2010-10-21].http://libraryviews.blogsome.com/2008/09/02/739.

②　韩志萍.新一代 OPAC 开源软件的兴起及未来发展[J].大学图书馆学报,2009(6):39-45.

③　Marshall B.Open Source Integrated Library Systems[EB/OL].[2010-11-25].http://www.librarytechnology.org/LibraryTechnologyReports.pl.

④　韩志萍.新一代 OPAC 开源软件的兴起及未来发展[J].大学图书馆学报,2009(6):39-45.

⑤　About Scriblio[EB/OL].[2010-11-25].http://about.scriblio.net.

用户以及软件设计人员、开发人员和管理人员的参与和支持。Scriblio 可以提供分面组配检索、浏览、标签等功能，并将这些结果同步发送到 Plymouth State University 使用的 Millennium WebOPAC。①目前使用 Scriblio 的机构有普利茅斯州立大学拉姆森图书馆（Lamson Library）、新罕布什尔州塔姆沃思库克纪念图书馆（Cook Memorial Library）、新罕布什尔州北部布朗制造公司照片档案 Beyond Brown Paper、波士顿大学神学院传教学历史文集、香港科技大学。2008 年 5 月，北京大学图书馆就开始尝试利用开源软件 Scriblio 搭建下一代图书馆界面。2009 年 4 月，系统完成大部分本地化配置，并投入试运行。②

　　VuFind 是由美国维拉诺瓦大学法尔维图书馆（Falvey Memorial Library, Villanova University）的工作人员于 2007 年为本馆设计开发的图书馆资源门户，目标是取代传统 OPAC，成为检索、浏览图书馆所有数据资源的一站式图书馆资源门户。③VuFind 允许用户检索图书馆的所有资源目录（包括电子期刊论文）；可以显示图书的封面和评论；允许用户置标；支持检索结果相关度排序；支持分面浏览。2010 年 7 月，VuFind 结束测试期，正式发布 VuFind 1.0 版，除了性能更加稳定，还增加对非 MARC 元数据格式、移动终端界面、杜威十进制分类法、ProQuest 的 Serials Solutions 业务部门的 Summon 服务的灵活支持功能。④此后，澳大利亚国家图书馆（National Library of Australia）、耶鲁大学图书馆、伦敦经济学院（London School of Economics）、乔治亚理工学院（Georgia Tech）、密西根大学图书馆（University of Michigan Library）等机构随即采用 VUFind 作为其新的 OPAC 系统。⑤耶鲁大学图书馆 2008 年 8 月开始试验用 Yufind（基于开源软件 Vufind）替代其原 Orbis 目录系统，此时两个目录系统并行使用。2009 年 8 月发布 Yufind 第二版。2010 年 1 月开始，耶鲁大学图书馆的默认页面正式改为 Yufind 系统。⑥

　　2006 年弗吉尼亚大学图书馆人员受到 Endeca 的启发，开始开发名为 Blacklight 的 OPAC 前端开源软件，该软件独立于该馆现有的 ILMS 系统，于 2008

　　① 韩志萍. 新一代 OPAC 开源软件的兴起及未来发展［J］. 大学图书馆学报，2009（6）：39 - 45.

　　② 朱本军，聂华. 低成本实现一站式全文检索［EB/OL］.［2010 - 11 - 25］. http://www. 2124. cn/szxy_8172/20091222/t20091222_432830. shtml.

　　③ Vufind［EB/OL］.［2010 - 11 - 27］. http://www. vufind. org.

　　④ Vufind［EB/OL］.［2010 - 11 - 27］. http://www. vufind. org.

　　⑤ Katie Armstrong. New VUFind personalizes online library searches［EB/OL］.［2010 - 11 - 27］. http://www. villanovan. com/new-vufind-personalizes-online-library-searches-1. 1574432.

　　⑥ Tidmarsh D. What will 'Yufind' that Orbis can't［EB/OL］.［2010 - 11 - 27］. http://www. yaledailynews. com/news/2010/jan/25/what-will-yufind-that-orbis-cant.

年 10 月推出使用。[①]Blacklight 采用 Apache Solr 作为其搜索引擎的企业级数据索引,具有分面浏览、相关检索、资源书签、每条资源永久的 URL 地址、用户标签等功能。[②]目前,Blacklight 已发布到 2.7 版,使用 Blacklight 的机构有:农业网络信息中心(Agriculture Network Information Center)、北卡州立大学图书馆古迹(Historical State)、西北数字档案(Northwest Digital Archives)、斯坦福大学、弗吉尼亚大学、威斯康星大学麦迪逊分校(University of Wisconsin-Madison)、WGBH 媒体图书馆和档案馆(WGBH Open Vault)。

开源软件最主要的优点在于代码公开、大众参与及由此带来的版本更新及时、功能完善等。上面介绍的 OPAC 开源软件基本上全部由图书馆员开发而成,其设计更为贴近图书馆员的读者服务理念。目前的 OPAC 开源软件的开发和维护除了有社区支持,还会有开源软件公司作技术支持,软件的稳定性有保证,这也是很多国外图书馆选择开源软件的重要原因之一。[③]

6 基于移动技术的 OPAC

从今天的基于网络的数字图书馆应用到将来的基于手机移动技术的数字图书馆服务,个人使用图书馆的自主性会越来越明显。手机图书馆的服务将是一个趋势,是图书馆服务更加个性化的一个突破口,建立移动数字图书馆平台,将扩展和深化现有数字图书馆的功能和服务能力,为将来的图书馆事业开展一个新的市场。[④]

美国 LibraryThing 出品的 LibraryAnywhere,为图书馆利用移动设备吸引用户提供了一个低成本解决方案,其功能将使图书馆能够为移动用户提供访问网上目录的入口,包括检索图书馆馆藏以及完成诸如查看、请求或者更新之类的服务的能力。LibraryAnywhere 的运行可以不考虑图书馆使用的自动化系统以及用户使用何种移动设备。目前它支持大部分主流图书馆集成系统,包括 SirsiDynix Symphony、Horizon、Dynix sites、Millennium、Destiny、InfoCentre、Voyager、Polaris、Alexandria。同时它也支持多种移动设备,拥有任何一款主流智能手机的图书馆

① 韩志萍. 新一代 OPAC 开源软件的兴起及未来发展[J]. 大学图书馆学报,2009(6):39－45.

② Blacklight[EB/OL]. [2010－11－27]. http://projectblacklight. org.

③ 学术图书馆也用开源 ILS——UPEI 舍 Unicorn 用 Evergreen[EB/OL]. [2010－11－27]. http://catwizard. net/posts/20080610215340. html.

④ 辛清华. 基于手机移动技术的数字图书馆服务热[EB/OL]. [2010－12－02]. http://www. nmgkjyjj. com/Article_Show. asp? ArticleID＝2394.

用户都可利用这项服务。[①]

汇文手机图书馆系统是为读者提供基于手机等移动终端的图书馆信息服务系统。它包含汇文短信服务平台和汇文手机 OPAC 系统两个子产品。汇文手机 OPAC 系统主要提供以下功能:书目检索、我的图书馆、新书上架、热门推荐、热门借阅、读者荐购、图书馆公告、图书馆导航等。[②]

北京师范大学图书馆也开发并开通基于 WAP 的移动书目检索系统,简称 WAP OPAC。该系统作为 OPAC 移动服务的延伸,方便读者"随时、随地、随身"获得与北京师范大学图书馆 OPAC 系统一致的资源服务。该系统的基本功能与北京师范大学图书馆 OPAC 系统基本一致,主要功能包括读者信息查询更新、书目查询以及单册查询、读者预约以及续借等。[③]

7 基于网络信息搜索链接的 OPAC

2009 年 OCLC 发布的《联机目录:用户和图书馆员需要什么》报告中已指出,扩充数据(例如摘要和内容注释)对终端用户检索有重要影响,用户需要扩充记录,扩展的数据提高了图书馆资源的利用率。要达到这个目的,手工为每个记录增加扩展数据并不现实,利用现有的互联网技术改变目录的呈现形式,无缝链接相关外部资源,扩展目录检索空间,呈现更多信息帮助读者选择资源将是图书馆 OPAC 发展的一个趋势。

OPAC 是查询图书馆信息的入口,用户希望通过一站式检索服务获得图书馆提供的多种整合信息资源,通过 OpenURL 链接在浏览资源时能够方便连接到图书馆的数据库进行查询,通过授权能够从所属的或就近的图书馆获取全文。同时 OPAC 也可通过外部链接和应用程序接口两种方式整合和利用互联网资源。一方面,图书馆可在书目检索的页面上加入超链接,链接到其他图书馆 OPAC、网上书店、网上出版社、搜索引擎上相关图书信息;另一方面,图书馆可以利用专业书评、书商、电子书等网站提供的应用程序接口,将封面、用户评论、标签等信息插入

---

① LibraryThing 推出图书馆目录移动式访问系统[EB/OL].[2010-12-02]. http://www.nlc.gov.cn/service/fuwudaohang/tyck/2010/201002d_5.htm.

② 汇文手机图书馆系统[EB/OL].[2010-12-02]. http://www.libsys.com.cn/mobile.php.

③ 基于 WAP 技术的数字图书馆移动信息服务系统[EB/OL].[2010-12-02]. http://tgw.lib.tsinghua.edu.cn/case/118.

OPAC 界面,完善 OPAC 功能。①

7.1 基于社会网络合作的 OPAC

OPAC 在全新的图书馆的数字环境中存在,它绝不是封闭的、孤立的、将被取代的东西,而是信息生态链中的一环,是可以关联、挖掘的东西。图书馆书目数据如果不能融入互联网庞大的信息库中,就会被信息社会边缘化。除了前面提到的开发新的社会化 OPAC,还有一种温和的方式使图书馆 OPAC 与现有的社会网络合作,利用社会网络开发商提供的 Web 服务获取增强的内容揭示方式,包括文摘(或摘要)、目次、标签等,实现传统 OPAC 的社会化改造。②

近年来,我国图书馆界围绕 OPAC 的社会网络改造进行了广泛的研究。从2008 年开始,特别是进入 2009 年后,江苏汇文公司、深圳大学图书馆、深圳科图公司等图书馆集成系统开发机构已开发出新型的 OPAC 系统,陆续在深圳大学、厦门大学、广州市图书馆等图书馆投入实践。③2009 年,汇文公司推出 OPAC 4.0,除了提供传统的 OPAC 书目信息外,还与豆瓣网全面合作,增加了从豆瓣网获取的封面图片、内容介绍、作者介绍等内容。还可点击相关资源中的各种链接,直接进入其他资源库搜索与检索内容相关的各种资源。如可通过豆瓣网了解图书的详细情况、读者评论等内容,也可通过读秀图书检索了解该书的版权页、前言页、目录页,并进行该书的正文页试读。④

与此同时,社会网络也在发布一系列开放 API,供图书馆 OPAC 及其他信息系统利用。LibraryThing.com 创办于 2005 年 8 月,核心服务为个人网络书架与基于书籍的社会化网络。LibraryThing 使用 Z39.50 协议自动从书商及图书馆那里获取书籍数据,用户还可以上传/导入符合 MARC 或者 Dublin Core 格式的书籍数据。用户建立了属于自己的书架,对书进行 tag 等操作之后,LibraryThing 就会推荐你可能感兴趣的书籍,并且社会化网络功能也会起作用:使用 Members with your books 这个功能,LibraryThing 会告诉你 50 个和你拥有相似书籍的用户;当你浏览别人的书架时,LibraryThing 会告诉你,他与你共同拥有哪些书籍。通过这些

① 苏建华.数字图书馆 OPAC 与图书搜索引擎和网上书店功能的比较研究[J].高校图书馆工作,2009(5):47-49.

② 吴江.OPAC 与豆瓣融合改进体现 FRBR 的编目模式研究[J].图书情报工作,2009(4):43-46.

③ 余春.国内图书馆新型 OPAC 的实践与思考——以深圳大学、厦门大学图书馆为例[J].图书馆学研究,2010(4):59-62.

④ 张秀红.图书馆 OPAC 与网络书店功能比较及改进——以汇文 OPAC4.0 与亚马逊网络书店为例[J].图书馆理论与实践,2010(4):89-92.

找朋友的方法,你可以方便地在 LibraryThing 上建立起你的书友网络。①在社会化网络的运营之外,创造了一种把虚拟的网络关系实体化到现实世界中的方式——图书交换(Swap Books)。②LibraryThing 发布了一系列可以插入图书馆类目的专用插件,让图书馆员可以将 LibraryThing 的功能和内容,不用另外自己再实现,直接就放进他们的 OPAC。③利用 LibraryThing 图书馆类目插件的 OPAC,在通过 OPAC 查寻后的书目信息网页中出现 find similar items 及 tags 选项。

值得一提的是 LibraryThing For Libraries(LT2FL),这是 LibraryThing 网站专门面向图书馆推出的图书评注模块,它突破了由大学图书馆自行开发实现、本校读者加注标签的功能,充分利用 LibraryThing 网站所有用户提交的图书评论及标签信息,以此增强本馆读者的图书检索体验。它的运行与 OPAC 相对独立,通过一个实用小程序在 OPAC 和标签浏览器之间建立关联。这个产品并不像该网站的书封一样免费提供,需要付一定的年费。尽管如此,已经有许多图书馆开始使用这一产品加强本馆 OPAC 的功能。这个产品的价值不在于其软件,而在于其提供的读者书评。从其用户群来看,公共图书馆比学术图书馆更欢迎这种功能增强型的产品。④

7.2 基于网络书店信息整合的 OPAC

OPAC 与网上书店具有相同的基本功能:查询、揭示图书。用户通过互联网上的任何一台终端机,不受时间空间的限制,访问它们的检索界面,查找和阅读所需书目信息,从而进行购买或借阅。⑤由于电子商务的兴起,网络书店也迅速发展起来,例如著名的亚马逊网上书店(Amazon. com)。与图书馆的 OPAC 相比,亚马逊对图书内容的揭示更加多样而深刻,包括图书评论(专业书评和顾客评论)、书封、目录、作者访谈推介、全文节选等。⑥而且亚马逊有免费的封面服务,封面数量多,不限制每天的请求数。图书馆 OPAC 可以利用网上书店提供的应用程序接

---

① 个性化站点:LibraryThing. com[EB/OL].[2010 - 11 - 10]. http://hi. baidu. com/huipk/blog/item/3051f8196bd79f79dab4bdb0. html/cmtid/43fdfc0384439786d43f7c70.

② Librarything[EB/OL].[2010 - 11 - 10]. http://www. librarything. com/about.

③ Tim Spalding. 图书馆员的未来[EB/OL].[2010 - 11 - 13]. http://libspace. org/tag/librarything.

④ 韩志萍. 新一代 OPAC 开源软件的兴起及未来发展[J]. 大学图书馆学报,2009(6):39 - 45.

⑤ 李淑芬. 图书馆 OPAC 与图书搜索引擎、网上书店的功能比较和启示[J]. 图书馆建设,2008(6):49 - 51.

⑥ 周虹,等. 清华大学图书馆 OPAC 书封服务的设计与实现[J]. 现代图书情报技术,2008(8):84 - 87.

口,把扩展数据加入到图书馆目录中,通过合作来共同承担丰富发现系统、关键词和索引所耗费的成本。

清华大学图书馆 OPAC 书封服务利用 INNOPAC/Millennium 系统提供的接口调用外部数据源的数据,并最终无缝整合到书目查询结果的显示页面上,是一种比较典型的 Mashup 模式,而 Mashup 这种交互式 Web 应用正是 Web2.0 的典型应用之一,将 Web2.0 技术应用于图书馆 OPAC 服务中,符合现在 OPAC 的发展趋势。同时,OPAC 书封服务也是一次利用现有互联网技术改进用户使用图书馆 OPAC 体验的有益尝试,对书籍封面的浏览加强了用户选取图书的针对性,最终提高了用户对图书馆书籍的使用效率。[①]

8 基于图情领域研究与应用的搜索引擎

搜索引擎是根据一定的策略、运用特定的计算机程序搜集互联网上的信息,在对信息进行组织和处理后,为用户提供检索服务的系统。目前图书情报领域对搜索引擎的研究主要集中在:搜索引擎的检索效能评价、第三代搜索引擎的发展趋势、对图书馆信息服务的影响等方面。搜索引擎主要有四种类型:目录式搜索引擎、全文检索式搜索引擎、垂直搜索引擎和元搜索引擎。目录式搜索引擎如 Yahoo、Google 目录、搜狗目录;全文检索搜索引擎如 Google、百度;垂直搜索引擎如 Google 学术、百度新闻、腾讯娱乐搜搜等;[②]元搜索引擎如 INfospace、Dogpile、搜星等。[③]

目前针对网络搜索引擎展开的检索效能评价研究的方式主要有两种:一种是从搜索引擎本身特征入手,侧重于一些直观的观测数据,如搜索引擎的响应速度、稳定性、易用性、界面设计等特征。第二种是采取实验的方法对比研究,从用户体验角度出发评价搜索引擎的检索效能,主要步骤包括确定信息需求、选择搜索引擎、评价结果文档相关度以及确定测度指标。[④]

随着搜索引擎技术的发展和理念的革新,学者们根据重大技术变革对搜索引擎的发展进行阶段划分。一般把 Google 出现之前早期的目录式、全文检索式搜索引擎称为第一代搜索引擎。第一代搜索引擎往往以反馈结果的数量来衡量检索结果的好坏,即"求全"。第二代搜索引擎以 Google 为代表,依靠机器抓取,建立在超链

---

① 周虹,等.清华大学图书馆 OPAC 书封服务的设计与实现[J].现代图书情报技术,2008(8):84-87.

② 马费成,等.国外搜索引擎检索效能研究述评[J].中国图书馆学报,2009(7):72-79.

③ 王俊程.搜索引擎的种类与使用技巧[J].硅谷,2008(7):36.

④ 马费成,等.国外搜索引擎检索效能研究述评[J].中国图书馆学报,2009(7):72-79.

分析基础之上,提高了查准率,检索思想、方法和目标有了根本性的改变。第三代搜索,是对整个网页作一种分析和数据挖掘,不仅要找到更多的结果,而且要更加智能化、人性化、更加精确,能够理解用户需要什么结果,然后进行聚合和整理。[1]从2008年至2010年学者的研究中,我们可以总结出搜索引擎的发展趋势:

(1)智能化。基于自然语言理解技术的搜索引擎,能够深刻理解收录的信息和搜索的请求,并能通过自动分类、自动聚类等人工智能技术及内容分析技术和区域智能识别技术,大大增强了查询能力,实现同检索用户使用自然语言交谈,达到智能化检索,使查询结果更为精确。[2]

(2)个性化。搜索引擎的个性化就是将搜索建立在个性化的搜索环境之下,跟踪用户的搜索行为,通过对用户的不断了解、分析,积累用户的搜索个性化数据,充分考虑用户的特点、动机和需求来提高用户搜索效率,并为用户提供全程帮助和服务,使得个性化搜索更符合每个人的需求。[3]搜索引擎的个性化包括:个性化搜索和个性化网页排名。当前网页排名的研究热点集中在 Topic-sensitive PageRank 和 Personalized PageRank 上。Personalized PageRank 的研究主要集中在用户模型上,针对每个用户计算一个个性化网页排名向量。[4]

(3)垂直化。垂直搜索是对特定的专业领域或行业信息进行专业化的、深入的分析挖掘和精细分类,信息定位更精准,专于自己的特长与核心技术,保证该领域信息的完整收录、及时更新。[5]

(4)公众参与。美国的 Nosyjoe、Squidoo 和 Sproose 等搜索引擎让其他用户来帮助确定哪些网页是最有用的,剔除根据链接数量排序的方案中时常无关紧要和充斥着垃圾信息的搜索结果。[6]

(5)查寻引导。一些搜索引擎能通过提供提示语来帮忙用户确定关键词,如:雅虎和新生代引擎 Accoona;或者将搜索结果根据不同的侧重话题分门别类,如:美国的 Ask. com 和 Clusty。[7]

(6)整合搜索。整合搜索就是把多元的信息整合起来,然后作一个动态的排

① 张立彬,等.第三代搜索引擎的研究现状及其发展趋向探析[J].情报理论与实践,2008(5):785－789.

② 包瑞.浅析第三代搜索引擎的发展[J].晋图学刊,2010(4):20－22.

③ 马费成,等.国外搜索引擎检索效能研究述评[J].中国图书馆学报,2009(7):72－79.

④ 朱前东,庞弘燊.搜索引擎个性化检索研究综述[J].图书馆学刊,2008(6):14－17.

⑤ 包瑞.浅析第三代搜索引擎的发展[J].晋图学刊,2010(4):20－22.

⑥ 张立彬,等.第三代搜索引擎的研究现状及其发展趋向探析[J].情报理论与实践,2008(5):785－789.

⑦ 张立彬,等.第三代搜索引擎的研究现状及其发展趋向探析[J].情报理论与实践,2008(5):785－789.

序,如:Google 发布的一款叫 UniversalSearch 的搜索引擎。①

（7）P2P 对等网络搜索技术。P2P 所包含的技术就是使联网用户共享所有用户硬盘上的文件、目录乃至整个硬盘。P2P 搜索技术使用户能够深度搜索文档，而且这种搜索无需通过 Web 服务器，也可以不受信息文档格式和宿主设备的限制，可达到传统目录式搜索引擎无可比拟的深度。②

随着搜索引擎技术的发展和快速应用，搜索引擎商和图书馆在信息服务上有着越来越多的交集。搜索引擎一定程度上影响着图书馆的发展，主要体现在技术和理念两个层面：③一是技术层面。搜索引擎商为了实现搜索引擎的强大功能，不断推出新的技术，不仅仅是为了提高检索，更是为了用户享受到更多的信息服务与对信息的追求。例如，智能搜索、排序算法、查询引导、P2P 对等网络搜索技术等。二是理念层面。搜索引擎越来越多地考虑到用户的信息需求与检索习惯，推出个性搜索、垂直搜索、整合搜索等。这些理念深刻地影响到用户的信息行为，从而对图书服务产生影响。

2005 年的《图书馆和信息资源的认知》(Perceptions of Libraries and Information Resources)从图书馆的角度更深入地探究了信息查寻者的行为和偏好，并揭示了他们搜寻信息时的一个明显现象：更多选择使用搜索引擎（84%），而不是图书馆网站（1%）。④图书馆目录正在结合搜索引擎目前流行的一些特征，使用户能够从中获得更多的内容，有效地增强目录的功能性，如：全文检索和检索结果按相关性排序；检索词的拼写更正，相关词检索；保存用户的检索历史，分析用户的检索偏好和习惯，为用户推荐个人书目；丰富书目记录，将标准的书目著录项目以外与图书内容相关的信息加到书目记录之中，包括封面、目次、摘要、书评等；增加外部网络链接，方便用户一站式检索；增加分类浏览方法，用户可以在所检索的类目附近进行资源浏览，有效地进行扩检或缩检。⑤

图书馆的 OPAC 书目记录普遍存储在特定数据库中，需要经由专门检索界面检索，且检索结果没有固定的 URL，搜索引擎无法对其进行索引和搜索，用户因此也无法利用搜索引擎检索获取 OPAC 的书目记录。部分图书馆也开始和搜索引擎合作，将 OPAC 书目数据交给搜索引擎，方便用户获取。从 2004 年初开始，

① 马费成,等. 国外搜索引擎检索效能研究述评[J]. 中国图书馆学报,2009(7):72-79.

② 王新. 谈网络搜索引擎的现状及发展[J]. 东方企业文化,2010(4):22.

③ 林强. 搜索引擎对图书馆发展的影响[J]. 学理论,2010(21):196.

④ Calhun K,et al. 联机目录:用户和图书馆馆员需要什么[EB/OL]. [2010-10-05]. http://www.oclc.org/reports/onlinecatalogs/213724acb_Online_Catalogs_fullreport. pdf.

⑤ 李淑芬. 图书馆 OPAC 与图书搜索引擎、网上书店的功能比较和启示[J]. 图书馆建设, 2008(6):49-51.

OCLC 通过 Open WorldCat 计划与 Google 和 Yahoo 合作,向其提供 WorldCat 里的数据。①Google 图书搜索是在 2002 年 Google 启动的"图书"计划上发展而来的。使用 Google 图书搜索可以通过输入"关键词",找到和这些"关键词"匹配的图书进行在线浏览和购买。该图书搜索不仅可以搜索图书摘要,而且还可以对图书全文内容进行搜索以及提供书评、网络参考、建立个人图书馆等个性化服务功能。②此外,Google 还提供了一些图书搜索 API:图书馆可以在自己的 OPAC 网站上嵌入 Google 图书搜索预览,并使用 JavaScript 以编程方式控制这些预览;通过 Google Data API,OPAC 可以执行全文搜索并检索图书信息、评论、排名、标签和用户库;通过向 OPAC 添加一些简单的 Javascript,就可以使用 ISBN、LCCN、OCLC 编号和其他标准标识符向 Google 图书搜索内容添加更多可自定义的、可靠的链接。③

9 结语

从上述研究,我们可以总结出 2008 年至 2010 年 OPAC 与搜索引擎的研究热点:关注 OPAC 用户的需求,鼓励利用社会网络、网上书店、各种外部资源来丰富 OPAC 数据,为用户提供摘要、目次、封面、评论等丰富的元数据,改善用户的检索体验;整合各种馆藏资源,提供简单的一站式检索界面,让 OPAC 从为用户发现信息到提供信息,更加重视图书馆传递服务;增强的检索功能,通过分面浏览、可视化导航等新元素,让 OPAC 真正成为图书馆信息的知识发现工具;检索结果的优化显示,FRBR 化 OPAC 提供检索结果的按作品聚类的分层显示,引入相关性算法辅助结果排序帮助用户发现更相关的资源,检索结果的分面浏览功能帮助用户缩小检索范围;注重标签、评论、书签等社会化功能的开发,让用户能参与到 OPAC 资源建设,加强用户与 OPAC 的互动;开源软件 OPAC 的蓬勃发展,成为传统图书馆 OPAC 系统的补充或替代,灵活为用户提供服务;移动终端成为 OPAC 系统新的平台,随时随地为用户利用 OPAC 提供服务。

供稿:喻菲(国家图书馆中文采编部)

---

① 黄嘉铃,等. 从 Open WorldCat 计划:看迈向新境界的 OCLC——OCLC 亚太地区总裁王行仁先生专访[EB/OL]. [2010 - 12 - 05]. http://www. flysheet. com. tw/OCLCTW/download/oclc _2005. pdf.

② 赵兴官. 图书馆 OPAC 与 Google 图书搜索引擎的比较及其启示[J]. 情报探索,2009 (12):86 - 88.

③ Google 图书搜索 API[EB/OL]. [2010 - 12 - 05]. http://code. google. com/intl/zh-CN/apis/books.

知识本体的自动构建与应用研究

本体构建及本体应用作为知识本体重要的研究方向和主要的研究内容，仍是近两年研究的热点和被关注的领域。因此，本文通过跟踪和研究国内外近两年论文和会议文献，并参考国内外权威机构研究的内容，分别从本体构建和本体应用这两方面来分析和总结其近两年的进展及研究热点。

1 本体构建

近几年围绕本体自动或半自动构建的相关技术的研究非常活跃，其中，本体学习和本体匹配仍是最近两年研究的热点，相关的学者和专家提出利用统计、机器学习（Machine Learning）和自然语言处理（Natural Language Processing）等技术自动或半自动地从已有的数据资源中获取知识从而生成期望的本体。近两年出现的与本体构建相关领域的最新进展有本体评估和模糊本体的构建，它们或是能评估所构建的本体并指导本体构建过程或是能解决传统本体在知识表达上的局限性，对于提高本体在构建过程中的合理性和有效性，以及在对现实世界或知识进行真实和准确的表达方面有非常大的促进作用。

1.1 本体学习（Ontology Learning）

近两年国内外在该领域的研究都很活跃，研究的内容包括以下几个层面。本体学习的内容，包括内涵（概念）和外延（实例）、分类关系、一般关系、规则和公理。学习的技术方法，包括基于统计的方法、词汇句法模式（Lexico-Syntactic Patterns）、关联规则（Association Rules）、形式概念分析（Formal Concept Analysis）和聚类等技术。

近两年国内外对基于不同知识来源进行本体学习的研究比较活跃，不同的知识来源有语义词典、半结构化数据和非结构化数据。基于语义词典的本体学习主要集中在利用分众分类法、社会网络（Social Network）、WordNet 和词表中的语义关系以及对其中潜在语义的挖掘来为本体构建准备概念和概念之间的语义关系。其中，需要语义相似度算法等来进行技术支持。该种方法与从互联网或领域文本中抽取相比节省了词性标注、概念选择及关系学习等过程所需要的时间，因此大大提高了构建效率。①②③基于半结构化数据的本体学习主要集中在利用维基（Wiki）、关系数据库这种半结构化数据来构建本体。在基于关系数据库的方法中，由于不同的关系数据库语义结构不同，需要分析关系数据库与本体模型之间的对应关系，包括关系数据库元数据模型与本体概念框架模型之间的映射关系以及关系数据库中存储的关系与本体之间的映射关系，分别就关系数据库如何生成本体概念集、本体属性集、本体概念之间的关系集、本体公理集以及本体实例集进行规则定义和描述说明。④⑤

对本体学习的评价也是目前本体学习的热点问题，目前对本体系统的评价还没有形成一个统一的评价标准，大致可分为四类：基于黄金标准的评价、基于应用的评价、数据驱动的评价和人工评价。大家的探讨集中在寻找合适于本体学习评价的更完备的基准和评价手段，而不仅仅是词法交迭和分类法评价。在面向任务的本体学习评价方法中，面向问答语境、机器学习和文本蕴含是近两年新出现的方法。⑥

本体学习是构建本体的重要手段，但并不是唯一途径。目前对本体学习的研究也远未成熟，未达到实用的地步。国内外重要的知识库构建，如 Cyc ontology、SUMO、HowNet 等，目前的建设开发都还是主要依靠专家和技术人员手工进行。

1.2　本体匹配

本体融合和本体映射是构建本体的另一种途径，而本体匹配是本体融合和映射得以实现的关键技术。手工匹配效率低、成本高，目前国内外有众多的研究学者和学术团体致力于本体自动或半自动匹配技术的研究以及本体匹配系统的构

---

① 张有志，王军. 基于 Folksonomy 的本体构建探索[J]. 图书情报工作，2008，52（12）：122－125.

② Gaoying C，Qin L.，Wenjie L，et al. Mining Concepts from Wikipedia for Ontology［C］. IEEE/WIC/ACM International Joint Conferences on Construction Web Intelligence and Intelligent Agent Technologies，2009，287－290.

③ 费静婷，顾君忠，杨静，等. 基于 WordNet 和聚焦爬虫的半自动领域本体构建[J]. 计算机应用，2008，28（12）：67－70.

④ 任柏青. 基于关系数据库的领域本体构建方法的研究与实践[D]. 北京：北京邮电大学，2009.

⑤ Heping C，Lu H，Bin C. Research and Implementation of Ontology Automatic Construction Based on Relational Database［C］. International Conference on Computer Science and Software Engineering，2008，1078－1081.

⑥ Zavitsanos E，Paliouras G，Vouros G A. A Distributional Approach to Evaluating Ontology Learning Methods Using a Gold Standard［C］. 3rd Ontology Learning and Population Workshop，2008.

建,并取得了一定的成果。

近两年本体匹配在以下三方面得到关注和讨论,它们也是本体匹配以后主要的发展方向。①虽然本体是在特定的背景和上下文环境中构建的,然而背景知识却没有成为本体构建的规范,背景知识的缺失大大增加了本体匹配的不确定性。使用丰富的背景知识可以有效增强本体的匹配过程。提出的解决方法主要包括手工添加缺失的背景知识公理作为匹配前预处理工作的一部分,借用语言资源和领域本体等技术,或者利用语义网作为背景知识(即自动发现在线相关知识源作为背景知识)、挖掘概念间的语义和利用 Web 查询。②大型本体的出现给当前的本体匹配技术带来了挑战。由于没有对大型本体的特征给予充分的考虑和有效的处理,本体匹配过程将会因为时间复杂度过高而得不到理想的匹配结果,甚至无法完成。因此大型本体分割作为一种解决方案应运而生。这一问题的研究重点有三个:如何分割本体、如何选择需要进行匹配的本体片断和如何避免本体分割可能造成的结果遗漏。③静态组合的匹配算法和人工调节的匹配参数难以适应数据的变化,动态匹配算法则可以动态地选择、搭配和组合各种匹配算法,以及对匹配参数进行自动调节,这样就可以适应不同的匹配过程。①

1.3　本体评估(Ontology Evaluation)

本体评估可以指导本体构建过程,并且能在自动或半自动的本体学习技术中有效地评估以选择合适的本体、选择学习算法中可调参数的值或指引学习过程本身。

国外对于本体构建的评估已受到较多专家学者的关注。目前,国外本体构建评估方法主要有五种,包括基于用户的评估方法、基于任务的评估方法、基于应用的评估方法、基于黄金标准的方法和基于语料库的评估方法。随着越来越多本体评估方法的提出,创建能够运用这些方法从而使评估工作更易进行的本体评估工具就显得越来越重要。目前已出现的 4 个本体评估工具 ODEval、OntoQA、Core 和OntoManager 的创建都使用了上述一种或几种评估方法,它们基于本体的不同侧面来检测本体构建规划、本体构建过程、本体应用以及本体维护等阶段出现的问题或错误。大体来说,关于本体的评估内容可概括为以下几个层面:一是本体概念和概念间语义关系层的评估。二是本体结构层次的评估,主要包括本体构建的概念体系的结构化及本体表示体系的结构化。三是本体语境层评估,比如通过链接或引用程度不同给予不同的权重值,如果一个本体定义了另一本体中类的子类,或者一个本体将另一本体中的类作为某关系的定义域或值域使用,则前面的

---

①　赵晋巍,真溱.本体匹配技术研究概述[J].现代图书情报技术,2009(11):6-9.

引用就很可能比后面的引用要重要。四是对本体应用层评估,主要涉及本体作为语义网中能在知识层提供知识共享和重用的工具,实现有效的语义检索及其文本数据的推理研究。①②

国内对本体构建的评估研究才刚刚起步,主要是山西大学管理系的贾君枝教授及其学生在研究。他们主要是对国外本体评估工具的比较分析,对本体评估指标体系的构建研究和构建本体层面的简单评估,目前尚未看到有评估本体构建的技术和方法研究。③④

1.4 模糊(Fuzzy)本体的构建

现实世界中存在模糊概念在传统本体中无法精确表达,而且存在领域概念之间缺少清晰界限的问题,Fuzzy 本体就是将模糊集理论引入本体来解决传统本体在知识表达上的局限性。Fuzzy 本体的构建方法分类与传统本体的构建类似,主要分为人工构建和自动构建,前一种方法有较多的局限性,因此自动或半自动构建 Fuzzy 本体是目前主要的研究热点。Fuzzy 本体构建的不同之处在于需要将模糊逻辑引入到本体,目前主流的构建方法是以形式概念分析(Formal Concept Analysis)为基础,将模糊逻辑引入其中,通过模糊形式概念分析,构造模糊概念格,目前比较经典的概念格构造算法有批处理算法和渐进式算法,利用这些算法生成模糊概念,并将其约简、去掉重复的模糊概念,还需对模糊概念的关系进行判断,主要有包含关系、被包含关系以及不相关关系等。模糊概念层次关系自动构建是重点也是难点,目前主要的解决方法为模糊概念相似性算法和对模糊概念格进行模糊概念聚类。以上得出的是分类关系,对于非分类关系在模糊形式概念分析中很难获得,还需要在领域专家的指导下在构建工具的辅助下人工添加完成。⑤

1.5 本体构建特点分析

从参考文献来源和内容类型统计,我们得出近两年有关知识本体构建的特

---

① Janez B,Marko G,Dunja M. A Survey of Ontology Evaluation Techniques[EB/OL].[2010 - 09 - 15].http://knoesis. wright. edu/library/download/tart_bud_sheth07. pdf.

② Goczyla K,Waloszek W. CartoMetric:Semantic ontology evaluation with cartographic methods[C].The 1st International Conference on Information Technology,2008:1 - 4.

③ 贾君枝,刘艳玲.本体评估指标体系的构建研究[J].图书情报工作,2009,53(12):100 -103.

④ 贾君枝,牛雅楠.本体评估工具的比较分析[J].图书情报工作,2010,54(6):87 - 90.

⑤ Wei C,Qing Y,Li Z,et al. Research on Automatic Fuzzy Ontology Generation from Fuzzy Context[C].The Second International Conference on Intelligent Computation Technology and Automation,2009:764 - 767.

点:近两年国内外领域本体的内容构建都呈上升的趋势,且涉及多个学科,如农业、金融、物流、军事、地理和教育等领域的本体构建。大多数领域本体内容构建的方法和步骤借鉴了计算机领域和人工智能领域提出的本体构建方法体系,如七步法、骨架法、METHONTOLOGY 法、TOVE 法等,在概念的获取和确定、定义类、类层次关系和属性方面大多是通过领域专家手工构建的方法来完成。

从相关文献和机构从事的项目和研究能够看出,近几年国内外在利用机器学习和自然语言处理等技术对本体进行自动或半自动构建的探讨和研究比较活跃。其中,本体学习和本体匹配仍是最近两年研究的热点,对它们的研究偏向于算法、建模、计算公式的改进等。从成果来讲,本体自动构建的成果大多集中在分类体系这个层面,对于其他非分类体系自动生成的研究较少。在实际项目中,也缺乏大规模知识库和专业领域实践项目的支持。

从发表的期刊和会议主题我们能够看出,从事图书情报领域和知识组织研究的学者在本体构建方面的研究偏向于比较、分析、综述,更加看重以传统的知识组织体系向领域本体概念体系的过渡、复用和转化。在实际项目中,缺乏足够的技术支持以及相关系统软件框架的支持。目前比较活跃的自动和半自动构建技术主要是计算机和人工智能领域的专家和学者在研究。

2 本体应用

近两年本体的应用主要集中在信息抽取(Information Extraction)、语义 Web服务、信息/语义检索和推理、语义异构引起的系统互操作和集成。以下我们将围绕这四个方面对本体的相关应用进行分析和总结,对其中的典型案例进行介绍,并总结出近两年本体应用的特点。

2.1 本体应用于信息抽取 (IE)

基于本体的 IE 技术是一种把本体和信息处理技术结合起来实现 IE 的技术,它是当前进行 IE 的重要方法。基于本体的 IE 包括利用本体来计算概念的相似度、获取概念、语义关系和相关信息等。[①]目前基于本体的 IE 主要有两种技术,一种是基于规则的方法,一种是用机器学习的方法。基于规则的方法依靠人编制规则来建立领域本体知识库,其优点是不需要对本体知识库进行经常性更改,抽取效率较高,但其对该领域以后出现新的概念或关系无法及时发现,会导致信息抽

---

① Ilyas M, Kung J. Ontology-Based Similarity Measurement in Software Projects through SimReq Framework [C]. Fifth International Conference on Software Engineering Advances, 2010: 412–416.

取的召回率降低。机器学习方法在信息抽取领域的应用研究受到广泛的关注,它主要通过学习已经标记好的语料库获取规则,无需投入大量人力,但需要足够数量的训练文档,才能保证其信息抽取的效率。[①]在基于本体的 IE 类型中,目前有本体驱动的 IE 和文档驱动的 IE。大部分基于本体的 IE 都是由文档驱动的,本体作为 IE 的一个组件,实现对文本的语义解析或标注。[②]我们以来自印度安娜大学 A. Jaya 和 G. V. Uma 使用本体自动生成故事的案例来介绍本体在 IE 中的具体应用。该案例中,故事的构建首先使用自然语言处理中的句法分析来生成故事的句子,本体的应用表现在从语义层来修正句子。使用本体可以帮助人类或软件代理来理解信息结构、重用领域知识、使领域推理清晰、分析领域知识和分割领域知识。对故事使用本体推理主要解决的问题为:使描述充分的细化、寻找更具体或通用的类、进行提问、减少冗余等。如对 Crows killed the lion 这样一句话,我们可以根据领域本体中的概念及其属性或实例等对这句话的正确性进行推理。crow 和 lion 的等级结构和属性如下所示:

Living being→animals→wild→Lion(king,legs,anger,roar,kill)

Living being→animals→Domestic→Bird→crow(black,legs,fly)

通过如下的逻辑推理对该句进行验证:

Wild→Lion→kills(birds,animals)

Bird→crow→ + kill(animals)

从推理机可以得出 Crows 是不能杀动物的,而 Lion 是可以的,因此推导出该句话存在逻辑错误,推理机建议将句子改为 Crows killed by the lion 或者是 Crows could not kill the lion。[③④]

2.2 本体应用于语义 Web 服务的发现、组合和执行

近两年将本体应用在语义 Web 服务自动发现、组合和调用方面的研究开始增加。作为语义 Web 技术的基础,本体技术在 Web 服务中的应用是现如今本体

---

① 胡致涌,胡迎松.基于领域本体的信息抽取系统的设计与实现[J].价值工程,2010,29(14):158-159.

② Xiquan Y, Rui G, Xiao M. Overview of Ontology-Based Information Extraction [C]. International Conference on Internet Technology and Applications,2010:1-4.

③ Jaya A, Uma, G V. Role of ontology in automatic construction of stories for kids [C]. International Conference on Intelligent Agent & Multi-Agent Systems,2009:1-5.

④ Jaya A, Uma G V. A novel approach for construction of sentences for automatic story generation using ontology [C]. International Conference on Computing, Communication and Networking,2008:1-4.

研究领域中非常活跃的一块,使用本体标注的语义 Web 服务(SWS)可以提供一个无二义性的服务模型,在服务提供者和服务请求者之间说明关于服务的功能性和非功能性信息,以创建自动、智能的 Web 服务。

本体在它们当中的主要应用表现在对注册中心(如 UDDI 或 P2P)注册发布的 Web 信息和用户的 Web 服务需求使用本体进行语义标注和规范化的基础之上,利用本体中的业务过程、业务关系和服务层次等概念及其语义关系计算语义相似度进而发现相关的 Web 服务,或是进行形式化的语义推理,识别服务之间的业务逻辑关系进而进行服务组合。[1][2]

目前,最具影响力的语义描述框架为 WSMO(Web Service Modeling Ontology)和 OWL-S(Web Ontology Language for Service)。为了实现本体在 SWS 中的服务部署、发布、发现及调用,WSMO 和 OWL-S 不仅仅提供了描述网络服务的本体,也提供了执行机制、服务模型和专业化工具等,因此在这里对它们作简单介绍和比较。WSMO 为语义网络服务提供基于本体的框架计算模型,以解决 SWS 的部署和整合等问题。它由本体、目标、Web 服务和中介器四个顶层要素组成:本体是对其他三个要素中使用的语义术语及 Web 服务使用中要交换的信息的形式化定义;目标代表客户通过使用 Web 服务所要达到的目标;Web 服务是自动的服务处理和使用所需的 Web 服务的形式化描述,与 Web 服务的内部实现无关;中介器解决要互操作的各要素之间可能发生的不匹配。[3]OWL-S 是用 OWL 语言描述的 Web 服务的本体,在 OWL-S 中,由服务概况、服务模型和服务基础三部分来描述:服务概况描述服务提供者所提供的服务的功能;服务模型描述服务如何工作,主要是服务提供者用来描述服务的内部流程,对服务操作给出详细描述;服务基础描述如何服务。OWL-S 是 OWL 在语义网络服务中的应用,它定义基本的类和属性描述服务,而不关注专门领域或问题的应用。

WSMO 是一个网络服务建模本体,创建一个与语义网服务相关的各个方面的描述本体,目的在于解决整合问题,更加关注网络服务的整合,同时也关注专门领域的应用。OWL-S 定义了网络服务的外部可见的行为,而 WSMO 同时构建了怎样利用其他的服务提供者,实现网络服务的功能。[4]OWL-S 由于发展时间较长,相

① 崔华,应时,袁文杰,等.语义 Web 服务组合综述[J].计算机科学,2010,37(5):21-25.

② 高云全.一种基于领域本体的语义 Web 服务动态组合方法[J].软件导报,2008,7(12):147-149.

③ WSMO[EB/OL].[2010-09-16].http://en.wikipedia.org/wiki/WSMO.http://en.wikipedia.org/wiki/Web_Services_Modeling_Language.

④ 魏来,王雪莲.WSMO 理论框架与应用研究[J].现代情报,2010,30(8):19-24.

对成熟,其应用比较广。WSMO 的概念模型庞大,其定义正在逐步实现和完成之中,应用也仅限于 WSMO 相关研究项目内部。从近期语义网相关国际会议来看,WSMO 的相关研究非常活跃,取得的成果也较多。

2.3　基于本体的信息、语义检索和推理

基于本体的信息/语义检索和推理仍是近两年本体应用的研究热点。应用本体的系统大都集中在专家系统、问答系统、知识引擎和数字图书馆等信息或知识系统中,较多的文献围绕系统的模块设计展开,在具体的开发实现过程中,我们看到近两年有利用开源的检索系统或推理机,如 Lucene 和 Jena 等,实现本体的信息/语义检索和推理。本体存储的方式方面包括用关系数据库存储三元组数据、基于内存的 RDF 存储和基于磁盘的 OWL 文件存储的形式。

本体在信息检索中的应用主要表现在以下两个环节:一是根据本体对被检索的信息资源进行文档预处理,包括语义标注与建立基于概念的文档索引;二是系统借助本体知识库分析用户查询中所包含的术语含义,准确理解用户的查询,在用户检索过程中系统可为用户提供语义提示,如进行关键词扩展,去除冗余关键词,反馈给用户由其选择,使用户更精准地描述自身的信息需求。[①]这其中需要用到的本体语义相似度计算在国内外得到重视。目前计算两个本体之间的相似性有两种方法,一种是两个概念的相同上位类越多,它们的语义相似度就越高,一种为两个概念包含的相同属性越多,相似度就越高。[②③]

基于 Fuzzy 本体的语义信息检索提供了更好的信息处理机制,成为近两年计算机和智能领域的研究热点。利用 Fuzzy 本体模型生成的语义信息检索,具有更好的概念层次结构和对逻辑推理的支持,对于基于知识的、语义的信息匹配和模糊信息查询,还能保证更好的查全率和查准率。

我们通过具体案例介绍来揭示基于 Fuzzy 本体语义检索的优越性。华中师范大学的杨青等人构建了教学 Fuzzy 本体,提出一种基于模糊控制规则的 Fuzzy 本体模型。例如对于"优秀教师"这样一个检索查询,显然"优秀"是个非精确概念,需要通过相似性计算模糊本体中与概念"优秀"相匹配的概念,并将其扩展到

---

① Xiangsheng Y, Ruoman Z, Chuan Z. An Ontology-Based Framework for the Construction of Teaching Resource Library[C]. International Workshop on Intelligent Systems and Applications, 2009:1-4.

② Qiu W. Development and Application of Knowledge Engineering Based on Ontology[C]. Third International Conference on Knowledge Discovery and Data Mining, 2010:518-521.

③ 曾新红,黄华君,林伟明. 超大型中文叙词表本体的检索与推理研究[J]. 现代图书情报技术,2010(7/8):58-65.

各属性,重新组合形成新的基于属性的模糊查询条件,再利用该模糊控制规则库的模糊本体模型创建基于属性值的查询。该教学 Fuzzy 本体中,教师有教学态度、科研能力、授课水平等属性,他们的属性值是带有模糊性的:教学态度有很好、好、很差等,科研能力有很强、较强、弱等,授课水平有很高、高、低等。通过计算各个概念之间的相似性,得到相应的模糊形似矩阵,通过设定阈值得到相应的扩展的各属性为:优秀教师科研能力强、教学态度好和授课水平高,同时,各概念在模糊控制规则库中还存在基本概念间的序关系,推理出查询条件扩展为:优秀教师科研能力较强和优秀教师科研能力很强等。这样就重新组合形成新的基于属性的模糊查询条件,再利用该模糊控制规则库的模糊本体模型创建基于属性值的查询。可见,基于 Fuzzy 本体的语义检索既能保持查询的精度,又能防止信息漏选。①

2.4　本体匹配应用于由语义异构引起的系统互操作和集成

本体匹配正在成为由语义异构引起的系统互操作和集成的重要解决方案。分布式网络环境下,散落的信息资源和各自为政的数字图书馆、企业的商用信息系统一定程度上都面临着语义异构的问题,本体匹配正在成为由语义异构引起的系统互操作和集成的重要解决方案。

近两年,信息系统语义异构问题主要围绕方法层面探寻基于本体的有效方法,解决特定领域的异构问题。所采用的方法主要为本体与代理结合的方法和本体间映射方法。基于本体的异构数据集成架构的设计也是近两年研究的内容之一,主要包括架构的层次结构设计和查询处理技术。②③

值得一提的是,武汉大学的董慧等人对本体的应用环境进行了研究。为了实现本体的各种应用,他们提出了本体应用环境的概念与结构框架。他们将本体应用环境分为前台和后台,后台环境为后台管理员提供本体库等的建立、维护工作,前台环境为用户提供检索策略、检索手段和面向具体应用的各种功能,并且提出

　　①　Chen W,Yang Q,Zhu L,et al. A Fuzzy Ontology Generation Framework and Its Application to Subjective Credit Reporting Management[C]. International Forum on Information Technology and Applications,2009:377－381.

　　②　Mengquan W,Zhoulong W,An-ding Z,et al. Ontology-driven Heterogeneous Geographic Data Set Integration[C]. Intelligent Systems,2009:207－211.

　　③　胡帅,张晓凌. 基于本体的异构数据集成方法研究[J]. 电脑与信息技术,2009,17(1):69－72.

根据应用环境的具体领域进行灵活组装。①

2.5　本体应用的特点分析

从相关文献和机构从事的项目和研究我们得出有关知识本体应用近两年的特点：

本体应用涉及的学科领域广,本体在其中发挥了重要的作用。目前,知识本体的应用对象涉及的领域越来越广泛,本体在其中发挥着各种作用,如生物医学中的生物医学信息学方面的参考本体(the Foundation Model of Anatomy)可以提供一个实物和空间的概念用以命名人体;地理空间领域的用于高级检索的布莱梅大学语义译者(Bremen University Semantic Translator for Enhanced Retrieval)使用基于本体的元数据结合术语推论用于地理信息网络服务发现;化学领域的功能团本体(Functional Group Ontology)作为重要的信息来源支持识别、分类和预测生物活性功能的任务,提取 FGO 中共同模式和坐标信息内容可以寻找药效团模式;等等。

国外本体应用更加专业化、针对性更强。国外相当多的领域中热门问题都构建了属于自己的领域本体来开展相关应用,比如专为阿尔茨海默病(AD)研究而建立的语义网应用于神经医学(Semantic Web Applications in Neuromedicine),其中的本体可以使语义网背景中与该病有关的科学知识生态全过程被制作、存储、检索、整合,并且能与其他的数字科学信息进行交换。

有关本体应用的研究学者来源较广,包括计算机科学、图书情报领域、医学、地理学和经济管理等多个领域,其中,国内外在计算机科学领域对本体应用的研究居多,图情领域紧随其后。计算机科学领域大多从机器可理解、智能化和实现语义网络服务的角度来对本体的应用进行研究,而图情领域则从知识或资源组织的角度对本体的应用开展探讨。

供稿:郝嘉树(国家图书馆中文采编部)

---

① 董慧,王菲,姜赢,等. 基于数字图书馆的本体应用环境研究[J]. 中国图书馆学报,2009,35(5):53-58.

第六篇　新技术在图书馆的应用

刘炜

孙　蕊

郑晓乐

顾晓光　张　洁

索　晶

图书馆行业有许多"俚语"、"行话"很让人困惑,筑起一道道莫测高深的围墙,维持着这个行业的"门槛"甚至"尊严",其中就包括"技术服务"一词。从字面上看,图书馆的"技术服务"应该指在图书馆中利用技术为读者提供的一切服务工作,但实际上它只是指"采选、编目、处理等使印刷型图书期刊资料能够为读者所用的过程",①也就是图书馆馆藏在提供给读者使用之前所进行的所有工作。这项服务并不直接面对读者,而只是图书馆的内部工作。这项工作的结果是导致井然有序的书库典藏和供读者自助查询的目录系统(包括 OPAC)的产生,书目系统可以看成书库典藏的各种映射,用于提供检索入口或工具。

这样看来,图书馆的"技术服务"既是馆藏资源整序和揭示的功臣,又是无法满足读者及时准确找到信息的罪人。网络时代,图书馆面临读者对象和资源环境的双重改变,其所依赖的技术支撑体系也必然发生彻底的变化。

我们先来看看读者发生了怎样的变化。

据调查,目前被网络社会"养刁了"的读者,在信息搜寻和获取方面,已经形成大量"恶习",他们已经习惯于为各类网络新贵们提供的以下"技术服务":②

1. 一站式检索(如 Google 或 Amazon);

2. 能够直接获取全文或原文链接(或者试读);

3. 元数据丰富,例如有图书封面或读者评论;

4. 链接丰富,例如可以直接点击引文链接;

5. 单点登录认证(SSO);

6. 安全的隐私保护;

7. 交流与协作功能;

8. 支持同一资源的多种格式;

9. 支持多种推送方式(如 RSS、微博、email、IM)和其他分享方式;

10. 与网络虚拟社区(SNS)直接挂接;

11. 直接提供馆外资源的嵌入式访问;

12. 其他智能服务,如自动纠错、自动关联、自动排序、自动推荐以及各种个性化服务功能。

资源环境方面发生的变化业界已有很多研究,除了纳入馆藏的数字化资源形式多样、格式复杂、服务不便、需要整合之外,另一个巨大的技术需求是要将"可获得资源"纳入到图书馆的服务范围。

上述需求直接挑战了以 OPAC 为代表的现代图书馆系统(对读者而言,图书

---

① http://www.lita.org/ala/mgrps/divs/lita/ital/292010/2902jun/eden.cfm.

② http://www.loc.gov/catdir/calhoun-report-final.pdf.

馆系统就是 OPAC），让我们感到有必要改造我们的图书馆系统，乃至重新定义图书馆的"技术服务"。但是这样定义的结果，是不是只能全盘采用各类相关信息技术？从而像某些"有识之士"担心的，发生由"技术迷失"而导致的图书馆服务独特性的丧失以及核心竞争力的下降？

现在下结论恐怕还为时太早，现在正是图书馆行业面对大量蓬勃而起的信息技术，打开大门、不断尝试和兼收并蓄的阶段。本集技术专题选取了目前被认为与图书馆密切相关的五个技术领域，进行重点介绍，涉及营造信息环境和优化图书馆资源组织等各个方面，另有与知识组织和元数据相关的技术因为与图书馆行业"太相关"，属于图书馆职业的"核心技术"，被列入其他专题。

本集"技术专题"收录的五个领域分别为：

风起云涌的手机图书馆；

利用 SNS 拓展图书馆虚拟空间；

阅读的数字化革命；

云计算与图书馆自动化系统的未来；

利用关联数据重组知识世界。

这五个领域涵盖了从基础架构（云计算）到终端应用（手机图书馆），从知识组织与发布方式（关联数据）到人与人之间的"次世代交往"（SNS），乃至未来图书馆赖以生存的"数字化阅读"问题，这些领域都是近年来刚刚显山露水的新生事物，限于作者的水平和认识深度，发表在这里的总结和综述可能还存在许多不全面、不准确的地方，但是无论如何，新技术的应用已将未来图书馆的大幕徐徐拉开，如同威廉·吉布森所言：

"未来就在这里，只是还没有被人们普遍认知而已！（The future is here, it's just not evenly distributed yet. ）"

传播这些认知，正是这些文章最重要的目标之一。

风起云涌的手机图书馆

互联网的普及,通信技术和计算机科学技术的飞速发展,造就了信息时代的数字图书馆。随着无线互联网的发展,以手机为移动终端代表的一种崭新的数字图书馆服务方式——手机图书馆,开始兴起并得到快速发展。手机图书馆是通过在图书馆内部部署移动代理服务器,将图书馆服务延伸到手机客户端的一种新的服务模式。

1 手机图书馆的发展基础

1.1 发展背景

近年来,移动网络与移动终端发展迅猛。据统计,2009 年年底中国手机用户达到 7.4 亿,据 2010 年 7 月中国互联网络信息中心发布的第 26 次《中国互联网络发展状况统计报告》统计,截至 2010 年 6 月底,我国手机网民规模已达 2.77 亿。[①]移动网络、手机终端在中国互联网发展中起着更加重要的作用。而 2009 年 1 月份 3G 的正式发牌也极大地鼓舞了整个 3G 产业链的信心,进一步扩展了移动应用的范畴。3G 的出现也使得移动互联网的应用模式得以扩展,视频服务、音频服务、手机应用程序商店等都具有了更好的用户体验。

1.2 应用价值

3G 时代,智能手机为图书馆带来的最明显的变化是具有了移动性、实时性,用户可以不受时空限制使用图书馆。3G 技术使得图书馆服务个性化、创新性更为突出,为图书馆服务带来了新思路。刘炜认为,移动图书馆的未来应具备全功能、智能化、自适应和集成性等特点。[②]学者王善林认为,手机图书馆的服务具有广泛性、移动性、个性化、便捷性、互动性、实时性、人性化和经济性等诸多明显优势。[③]

---

① 中国互联网络信息中心. 中国互联网络发展状况统计报告[R/OL]. 2010－06[2010－11－22]. http://www.cnnic.net.cn/uploadfiles/pdf/2010/7/15/100708.pdf.

② 刘炜. 移动图书馆 Why, What and How[R/OL]. 2010－08[2011－03－07]. http://wenku.baidu.com/view/a26ab48984868762caaed510.html.

③ 王善林."手机图书馆"在读者服务中的应用[J].图书情报论坛,2009(2):58－60.

3G 手机在图书馆的应用越来越广,其服务具有势不可挡的渗透力和随时随地的可达性,是一般媒介无法同日而语的,因而体现出以下的应用价值:①服务价值。3G 手机图书馆携带方便,正好弥补了读者在移动空间利用信息的不便,并结合可视化的信息服务,为图书馆的宣传开辟了新天地,对读者的引导、熏陶、关怀、注视,实现读者与图书馆无缝的读者体验。①②弥补价值。3G 手机图书馆在一定程度上有效地弥补了数字信息资源。不同地区在获取文化信息资源上存在严重的不平等,3G 手机图书馆是图书馆向数字化发展的新形式,它将无线通信网络和数字图书馆系统结合起来,利用高普及率的手机新媒体平台延伸、拓展传统的图书馆服务,并可以随时随地进行信息传输与服务。②③文化引导价值。通过手机图书馆,让读者耳濡目染读书的真谛和至理名言,认识到阅读是成长的基石,从而提高读者文化素养。④读者回归价值。图书馆的社会教育本质特点就是自我导向性教育,通过 3G 手机图书馆的全民渗透力,有助于引导人们重新关注图书馆,让走进图书馆成为一种时尚,营造出全民学习的氛围。

总之,3G 为移动图书馆带来的发展机遇包括:①有利于搭建移动图书馆平台;②有利于图书馆资源的充分利用;③有利于读者利用移动图书馆获取资料;④有利于数字图书馆的快速发展。③

1.3 国内外手机图书馆的发展

(1)国外手机图书馆的发展

国外图书馆手机服务的应用可以追溯到 2000 年左右,迄今为止,芬兰、日本、英国、美国、韩国、新加坡等国都有一些图书馆在试验提供手机信息服务,它们的实现方式也主要是短信息和无线上网两种。芬兰赫尔辛基技术大学图书馆使用芬兰 Portalify 公司开发的 Liblet TM 系统,以短信服务为主,兼顾 WAP 及其他接入技术,提供的手机服务有续借、到期提醒、预约到书通知、列出读者借阅清单等,读者免费使用,只需向运营商支付基本通信费。芬兰国会图书馆也开通了手机短信息服务,服务项目有续借、到期提醒、预约到书通知、检索失败的信息、咨询、读者反馈、每周阅读提示等,读者也是免费使用。日本东京大学图书馆为 i-MODE 手机用户提供在线书目查询、催还、预约、续借、即时通知等服务。美国南阿拉巴马大学图书馆的"无屋顶图书馆计划"使用 PDA 通过移动通信网检索图书馆资源,读者可以通过无线方式连接图书馆的在线目录(OPAC)查询馆藏资料。日本、韩

---

① 师晓青.手机图书馆信息服务应用价值研究[J].情报资料工作,2009(1):99-102.

② 茆意宏,吴政,黄水清.手机图书馆的兴起与发展[J].大学图书馆学报,2008(1):3-6.

③ 赵晓晔.3G 为移动图书馆创新服务带来新的发展机遇[J].北京邮电大学学报,2009(6):32-35.

国等也相继开发图书馆手机服务的技术软件,并在这一领域取得了很大的成就。剑桥大学的调查发现:学生喜欢接收来自学校的短信,只要不是特别频繁。①很多学校使用 JISC 开发的 JANET Txt 短信系统,该系统可以很轻松地集成到图书馆管理系统中。文本短信提醒使图书馆忙碌的移动用户快速了解图书馆的信息。从当前的应用情况分析,国外手机图书馆的服务内容包括:①短信参考咨询服务;②移动图书馆流通服务;③移动语音导览服务。

(2)国内手机图书馆的发展

自从北京理工大学 2003 年 12 月开通了手机服务后,国内图书馆手机服务便开始迅速发展。上海图书馆利用上海电信短信服务平台,延伸图书馆服务时空,增加与读者互动途径,提供开馆信息、书目检索、文献请求、参考咨询、讲座预订等服务内容。济南市图书馆推出短信服务,移动手机用户可通过短信实现图书查询、续借、咨询等服务。湖南理工学院图书馆开通手机短信提醒服务,服务功能包括图书到期提醒、超期催还和预约到书提醒。浙江工业大学图书馆开通手机短信提醒服务。深圳图书馆开通了手机服务,包括服务公告、外借到期提醒、续借、读者借阅信息、书目查询、读者证挂失、参考咨询、预约到书通知、读者荐购通知、咨询回复通知等服务。重庆大学图书馆也开通了图书预约短信通知的服务。南京森林公安高等专科学校图书馆手机服务的内容有预约到书通知、超期催还通知、续借、事务通知。另外,据了解,南京图书馆的新馆数字图书馆工程正在实施一项图书馆手机服务计划,该计划将以南京图书馆的数字图书馆系统为支撑,建设图书馆手机服务系统,对移动数据技术的应用不仅仅停留在手机短信息上,还包括手机移动上网等新的移动通信技术,在服务项目上正在进行读者需求调查,计划根据读者的需求,将数字图书馆的功能尽可能多地延伸到图书馆手机服务上,为读者提供更方便、更有效的信息服务。

2 手机图书馆发展过程中存在的问题分析

手机图书馆的进一步发展,需要在技术、人员、资源和服务模式方面给予全面的关注与支持。但是,从当前的发展现状来看,手机图书馆在发展的过程中,仍存在诸多需要进一步解决的,包括技术的、社会的,以及政策制度等方面的问题。

2.1 开展手机图书馆服务的局限性

国内已开通的手机图书馆服务系统绝大部分基于手机短信平台,并且都是在

---

① Keren Mills. M-Libraries:Information use on the move[EB/OL]. [2011 - 03 - 07]. http://arcadiaproject. lib. cam. ac. uk/docs/M-Libraries_report. pdf.

图书馆原有的集成管理系统之上定制开发,不具备兼容性、互换性。随着中国手机用户越来越多,手机带来的影响力也越来越大,而相应的信息传播形式也会越来越广泛,图书馆的移动信息服务项目也会促进信息传递与交流,并推动图书馆与用户之间的融合。然而,由于手机终端和无线通信网络的特性,手机图书馆也存在不少局限性。鄢小燕、李名洋认为,手机图书馆以基本的图书馆业务为主,服务内容与渠道较为单一,难以满足用户的需要,仅从技术角度出发,对系统性因素探讨不足。[①]事实上,手机图书馆发展还存在以下瓶颈:①短信息的消息格式比较简单,只支持文件,且长度受限,一般不得超过140个字节,而且用手机发送短信输入过程比较麻烦;②手机内容容量小,计算速度较慢,手机带宽与数据传输速率低,显示屏幕较小等;③手机图书馆系统难以与图书馆业务系统做到无缝连接。由于手机图书馆系统的开发需要对图书馆业务比较熟悉,而图书馆所使用的业务系统因版权、商业秘密等原因不可能完全开放,在这种不透明状态下部分功能很难实现。

2.2　开展手机图书馆服务需要进一步解决的问题

虽然3G技术为图书馆提供了发展的空间,但现阶段的技术应用仍存在许多制约因素。3G的新业务发展对手机功能提出了更高的要求,用户需拥有3G手机才可以享受各种服务,使3G手机走近普通用户将是一个渐进的过程。可以说,手机图书馆的发展将进一步促使手机图书馆建设者从资费、硬件、软件和管理等角度作更进一步的思考。手机数字图书馆系统的功能会越来越强大,其应用前景也非常乐观。但需要解决的主要问题有:[②]一是解决运行机制的问题,适应市场经济发展要求的适当收费的服务模式以及规范的经营管理是最急迫的问题;二是对通讯行业技术标准进行规范统一,或者起码在本系统业务内进行规整,主要涉及文本格式、传输质量、关联服务和其他硬件软件配置;三是数字图书馆资源来源、整理、归类的质量标准,原始资料毫无疑问是影响手机数字图书馆的主要因素,如何在符合知识产权保护、著作权权利保障等条件下实现图书资源的传播使用,在现有运行的网上数字图书馆系统中均存在程度不一的问题,需要加以认真的解决。不过,针对手机数字图书馆的发展前景来看,其大的趋势将是明确的,所有因素和问题虽然是客观的但不是主流的,会随着行业的逐步成熟和发展而得到相应的解决,我们应当努力把手机数字图书馆系统的建设与服务紧密结合起来,使其能更

---

①　鄢小燕,李名洋.国内图书馆手机移动信息服务现状研究[J].图书馆学研究,2010(2):63-67.

②　侯惠芬.手机数字图书馆的应用及发展趋势[J].农业图书情报学刊,2010,22(3):132-134.

好地为读者服务,从而推动我国经济和文化事业的发展。为此,国内外有关组织、学者均不断作出各种努力和尝试。

2.3 解决手机图书馆发展问题的多方尝试

手机在图书馆服务中的广泛应用使许多服务商争先恐后地进入这一领域以便占领先机,如欧洲 Digital Airways 软件公司推出了 Kaleido Phone Library,澳大利亚 Altarama 公司推出的软件系统中含 SGM 短信图书馆功能,美国 34 个公共社区大学推出包含 SMS 服务的 Penisula Library System,我国深圳移动通信公司开发了深圳图书馆短信服务系统。同时许多图书馆也在陆续开发出自己的系统,如清华大学自行开发的短信服务系统。

(1)国外图书馆界的尝试

无线通讯协议(简称 WAP)是在数字移动电话、因特网或计算机之间进行通讯的开放式全球标准。此种方式需要读者的手机具备上网功能,具有浏览器软件,能够访问 WAP 网站。因此读者在使用这种模式的时候,需要付出一定的数据通信费用。在此基础上读者可以随时方便地浏览每种数字资源,挑选自己需要的信息下载阅读。新加坡义安理工学院图书馆的手机 WAP 服务,只要用户具有一部支持 WAP 的手机,就可以享受手机 WAP 服务。英国汉普郡图书馆建起一个 WAP 网站,为 WAP 手机用户提供该郡 54 家图书馆的详细地址、联系方式、开放时间等信息服务。[1]日本移动公司通过移动电话使用 Internet 服务,其采用分组交换叠加技术,保证用户实时在线,使用简化的 HTML 编辑网站,让传统 Web 网站容易转变为 i-MODE 网站。日本富士山大学图书馆以及东京大学图书馆都利用 i-MODE 技术分别开发了各自的书目查询系统。[2]

(2)国内图书馆界的努力

手机作为一种普遍应用的信息设备,为人们泛在地使用信息资源带来极大便利。手机自身在信息显示容量上存在先天不足,因此要求信息的发布者更为有效地对相关发布信息进行符合手机界面特点的预处理,以便为用户提供一个友好方便的信息使用环境。在清华大学移动数字图书馆系统(TWIMS)项目中,研究人员提出了利用缩略语转换来实现手机发布信息压缩的方法,作为手机图书馆发布

---

[1] 侯惠芬.手机数字图书馆的应用及发展趋势[J].农业图书情报学刊,2010,22(3):132 -134.

[2] Masamitsu Negishi. Mobile access to libraries:librarians and users experience for "I-Mode" applications in libraries. Libraries for life:democracy, diwrsity, delivery. 68th IFLA council and general conference:conference program and proceedings,Scotland,2002:115.

信息预处理的一个组成部分。^①南京图书馆吴政研究了基于 Struts 设计模式以及 Web Services 技术,提出与系统无关、与平台无关、与终端无关的通用手机图书馆系统的体系结构设计与解决方案。^②清华大学图书馆张蓓等对基于流通通知短信发送服务的总体设计架构开展研究,指出这种架构可以划分为 4 个环节。^③张蓓、周虹介绍短信发送服务在清华大学图书馆流通领域的应用,详细说明短信内容提取子系统和短信发送子系统的设计和实现方案。^④曾瑞、赵跃龙利用移动 WAP 技术构建数字图书馆的一般思想,提出采用 WAP 网站技术来为读者提供随时随地服务的技术方案,设计并实现一个功能较完善的移动图书馆系统原型。^⑤

3 手机图书馆的未来发展

3.1 国外学者非常重视对手机图书馆的应用研究

手机图书馆服务作为图书馆在泛在环境下拓展自身服务范围、提升服务能力的重要途径之一,不断受到国外学者的重视。包括 Sally Wilson、Graham McCarthy、R. Bruce Jensen 等学者在内,均通过实验或案例调研的方式,开展手机图书馆服务的影响与应用研究。

(1)关注手机用户的移动服务需求

关注手机用户的移动服务需求是提升手机图书馆服务的必要前提。Sally Wilson、Graham McCarthy 等学者通过对 Ryerson 大学图书馆的用户调查发现,^⑥该校当前拥有智能手机的学生数占到全部学校生数的 20%,预计在未来的三年内,这一比例将增加到 80%。针对这一发展情况,图书馆应该充分挖掘和提升基于智能手机的移动服务。学者 R. Bruce Jensen 通过对不同用户使用若干种手机(包括功能相当简单的手机和智能手机)进行移动阅读的调研,指出由于手机具有高

---

① 白如星,张成昱,王茜. 基于缩略语转换的手机图书馆发布信息预处理机制初探[J]. 现代图书情报技术,2010,190(3):64-70.

② 吴政. 通用手机图书馆系统的设计与实现[J]. 现代图书情报技术,2009,174(1):98-104.

③ 张蓓,周虹,张成昱,等. 清华大学图书馆流通通知短信发送服务设计与实现[J]. 现代图书情报技术,2009,174(1):93-97.

④ 张蓓,周虹,张成昱,等. 清华大学图书馆流通通知短信发送服务设计与实现[J]. 现代图书情报技术,2009,174(1):93-97.

⑤ 曾瑞,赵跃龙. 基于 WAP 技术的移动图书馆研究与设计[J]. 信息技术,2009,53(21):106-109.

⑥ Sally Wilson,Graham McCarthy. The mobile university:from the library to the campus[J]. *Reference Services Review*,2010,38(2):214-232.

效和使用方便的特点,虽然目前并没有太多的美国用户利用手机阅读资料,但是,这种情形将很快发生改变,图书馆应该抓住这样的机会,将自身收藏和整理的各类课件资料通过用户较为熟悉和使用方便的手机进行提供。①

(2)不断探索手机服务与图书馆移动服务的融合

为了调研手机对图书馆信息服务的影响及探索手机在图书馆服务中的应用,2010年,Joel Cummings、Alex Merrill、Steve Borrelli 等学者设计了一份用于调查手机用户是否会通过手机访问图书馆 OPAC 的问卷。②研究结果表明,58.4%的受调查者表示会通过手机访问图书馆的 OPAC。由此足可见手机图书馆的发展潜力。资源建设是移动图书馆服务的基础。为了研究图书馆的馆藏资源建设是否受到移动用户的直接影响,Glenn Davidson、Dan Dorner 等学者对新西兰6家提供移动图书馆服务的图书馆馆藏采集标准与选择策略开展调研。③调研结果表明,在移动图书馆馆藏建设方面,并没有放之四海而皆准的选择标准;移动图书馆的馆藏建设者在一定程度上需要考虑不同类型移动用户的需求以实现其相互之间的平衡。当然,馆藏资源采集与建设标准需要考虑多方面的因素而不仅仅只有用户需求。

(3)注重实际效果并有效总结经验

Laurie Bridges、Hannah Gascho Rempel、Kimberly Griggs 等学者对当前世界范围内有关移动应用、移动技术在图书馆的应用特别是手机访问图书馆 OPAC 等研究进行了系统的评述。④深入剖析当前图书馆通过软件开发商提供和图书馆自行开发的移动信息服务,并从图书馆领导者和创新者的角度,指出将图书馆现有的资源与服务借助手机平台进行有效整合集成的重要性,同时就这一发展方向提出有操作性的若干建议。Miquel Codina Vila、Andrés Pérez Gálvez、Javier Clavero Campos 等学者指出,⑤提供基于手机的信息服务有利于以各种不同的方式扩大用户对图书馆的应用,也有利于馆员与图书馆用户之间通过手机建立更为密切的交

① R. Bruce Jensen. Optimizing library content for mobile phones[J]. *Library Hi Tech News*, 2010,27(2):6−9.

② Joel Cummings, Alex Merrill, Steve Borrelli. The use of handheld mobile devices:their impact and implications for library services[J]. *Library Hi Tech*,2010,28(1):22−40.

③ Glenn Davidson,Dan Dorner. Selection criteria for mobile library collections[J]. *Collection Building*,2009,28(2):51−58.

④ Laurie Bridges,Hannah Gascho Rempel,Kimberly Griggs. Making the case for a fully mobile library web site:from floor maps to the catalog[J]. *Reference Services Review*,2010,38(2):309−320.

⑤ Miquel Codina Vila, Andrés Pérez Gálvez, Javier Clavero Campos. Mobile services in the Rector Gabriel Ferraté Library,Technical University of Catalonia[J]. *Reference Services Review*,2010, 38(2):321−334.

流。因此,图书馆要敢为人先,不断尝试借助各种有利于推动移动服务的软件和工具提升自身的服务水平和被用户认可的程度。学者 Buhle Mbambo-Thata 以南非大学图书馆为例,分析该馆开展手机图书馆服务第一个 6 个月的效果。他认为,手机图书馆服务不应该成为被生拉硬拽到图书馆业务中的一种服务方式,图书馆建设者应该有清晰冷静的思考和客观准确的判断,监测和评价这一服务方式对图书馆带来的影响。[①]在此基础上,再有的放矢地开展手机图书馆服务。诸如 iPhone 等智能手机功能的加强使得远程学习者可以不受时空限制浏览和使用各种电子课件。[②]但是,当前绝大多数具备移动视频浏览功能的手机并不能有效支持用户方便地浏览语义相关的海量电子课件资源。为此,Roman、Max Source 等学者开发了一款专门用于浏览电子课件资料的软件。其使用试验结果表明,该软件有利于提升用户对电子课件资源的利用效率。

国外学者 2009 年至 2010 年有关手机图书馆的研究成果表明,开展手机图书馆服务是图书馆在 U 时代不可回避的一种信息服务方式。因此,图书馆需要考虑的问题不在于图书馆要不要开展手机图书馆服务,而在于图书馆应该如何利用手机图书馆开展更为随时随地的信息服务。

3.2 图书馆开展手机图书馆服务的策略建议

尽管国内图书馆已经在手机图书馆建设方面取得一定的成效,但在继续推进手机图书馆的纵深服务上,仍需要进一步加强。国内的移动图书馆建设在 2000 年以后逐渐兴起,2005 年进入集中发展阶段,一些大学图书馆(如清华大学图书馆、成都理工大学图书馆等)和公共图书馆(如上海图书馆、苏州图书馆等)相继推出自己的移动图书馆应用服务,主要包括短信提醒(图书到期/预约到馆)、短信查询(图书馆基本信息、书目信息)、书目 WAP 查询等。学者宋超英指出,实现与优化手机图书馆服务的策略,包括:充分认识手机移动信息服务的特性,努力扩大其影响并使之服务于大众;认真调查和分析读者的移动信息需求、提高服务质量,满足受众的个性化需求;运用系统工程方法进行动态建设,逐步完善手机图书馆自身建设。[③]总体而言,开展手机图书馆服务,图书馆需要综合考虑多种因素,权

---

① Buhle Mbambo-Thata. Assessing the impact of new technology on internal operations: With special reference to the introduction of mobile phone services at UNISA Library [J]. *Library Management*,2010,31(6):466 - 475.

② J. Huber,J. Steimle,S. Olberding,et al. Browsing E-Lecture Libraries on Mobile Devices: A Spatial Interaction Concept [P]. Proceedings of 10th IEEE International Conference on Advanced Learning Technologies,2010:151 - 155.

③ 宋超英.手机图书馆对图书馆发展的影响[J].河北学刊,2010,30(7):191 - 193.

衡多方条件,才能做到事半功倍。

（1）定义合适的移动图书馆内容

移动图书馆的功能还要受手机无线上网速度、屏幕尺寸、处理的速度及存储能力等因素影响,其中最大的限制因素就是手机的有限内存。这些因素直接影响信息的显示方式,定义适合手机图书馆的信息数量与类型是其成功的重要影响因素。有调查显示,用户最希望在移动设备中获取的信息是图书馆的开放时间、联系信息、图书馆的方位、OPAC,以及他们的借阅记录,所以一定要保证这些信息在主页上点击一次就可以获取。有更多的图书馆也在考虑如何让用户通过移动设备更多地获取机构知识库的内容。

（2）格式设计

适合计算机终端的设计与内容未必适合手机,因为手机的屏幕比较小。一般的图书馆网站最初是为最普通的 640×480 到 1280×1024 而设计的,且可以水平导航条与垂直侧面导航条。但是如果应用较小的移动设备,以往的设计就会使信息显得比较拥挤庞杂。因此图书馆的技术人员需要对内容进行重新组织。如要重新定义文本、图像、图形、表格的尺寸,以及弹出窗口的位置与尺寸等。

（3）将内容从格式中分离出来

成功的 m-library 解决方案应当可以为很多设备服务,亦即方案应独立于设备。这个问题可以通过将内容从格式中分离出来而增强浏览器的能力与灵活性来解决。一个好的解决方案是利用 XML 语言编写的,且能利用 XS 让我们识别内容,并将其显示在不同的设备上。

（4）注重移动图书馆网站的信息构建

移动终端的屏幕较小,因此在设计移动网站的页面时要保持页面的简洁,一些不必要的功能如个性化定制、我的账户功能等保留在桌面版中即可。此外,因为移动网站每个页面的容量有限,对用户来讲通过目录导航访问相关的内容不是特别方便,可以通过在首页上嵌入搜索引擎来解决这个问题。此外,由于移动终端设备的种类繁多,在网站设计好后,最好能用多种终端设备进行页面显示效果的测试,目前这一测试也可以通过一些模拟软件来完成。

（5）充分考虑技术、资金因素

图书馆要开展手机图书馆服务需要大量的资金和资源的支持,也需很多当前图书馆员工并不一定具备的专业知识。因此在对服务投入大量的人力物力之前,一定要明确图书馆的实际需求,确保该项服务可以给图书馆服务增值,移动图书馆的发展要秉承这样一种精神。

从当前手机图书馆服务的发展现状来看,国内与国外图书馆手机服务相比各有千秋。虽然国内图书馆手机服务起步比国外图书馆的手机服务晚,普遍水平比较低,但在有些方面也处于领先地位。国内图书馆手机服务想要发展到一个新的阶段,就必须从认识上重视起来,图书馆手机服务需要形成系统化,从读者手机到网络中心,从网络中心到图书馆工作人员,需要建立一个系统的部门,以此来提高整体的图书馆手机服务水平。当前,手机图书馆的发展引起了广泛关注,国内外对这方面研究越来越重视,我国近年关于手机图书馆服务的研究也逐渐增多。从手机在图书馆中基于短信的初级应用到较深层次的知识发现等,都是研究的热点问题。总之,3G技术为图书馆带来了机遇,也向我们提出了许多新的挑战。图书馆应紧跟技术发展,利用3G技术为读者提供更高质、高效、个性化和人性化的服务。

供稿:孙蕊(国家图书馆参考咨询部)

利用 SNS 技术拓展图书馆虚拟空间

SNS 在互联网领域,SNS 有三层含义:1)服务,Social Network Service;2)软件,Social Network Software;3)网站,Social Network Site。Social Network Service 中文直译为社会性网络服务或社会化网络服务,意译为社交网络服务。中文的网络含义包括硬件、软件、服务及网站应用,加上四字构成的词组更符合中国人的构词习惯,因此人们习惯上用社交网络来代指 SNS(包括 Social Network Service 的三层含义),用社交软件代指 Social Network Software,用社交网站代指 Social Network Site。

从目前来看,SNS 技术对图书馆的影响主要表现在两个方面:一方面,一些图书馆积极将自己的资源和服务向一些著名的 SNS 网站延伸和推广,以更广泛、更亲和地接近用户;另一方面,一些图书馆也开始尝试在自己的网站建设和相关的网络服务中嵌入 SNS 技术元素,以更为用户喜闻乐见的方式提供服务。

1 图书馆服务向社会性网络的延伸

本着"到用户中去"的理念,图书馆对现有的社会性网络服务表现了极大的兴趣,并将自己的服务与其结合起来。利用 SNS 网站开展的图书馆服务主要集中在馆藏资源检索、参考咨询服务以及图书馆活动介绍等,图书馆也逐渐开始关注用户的兴趣,发布社区活动或者社会重要文化活动的通知,并与用户开展讨论交流。

经过数年的发展,国外的 Facebook、Second Life、MySpace、Foursquare,国内的豆瓣、开心网、人人网等众多成熟且知名的 SNS 网站上都开始出现图书馆的身影。国外高校、学术界、科学界利用 SNS 的氛围为图书馆介入 SNS 开展服务提供了良好的社会基础。"Facebook for Scientists"项目由美国国家健康研究所提供资金赞助,7 所大学组成。[①]目的是为了实现专家学者之间超越学科和地理界线的交流联系,于 2009 年 11 月正式实施。该项目的核心是建设一个名为 VIVO 的开源软件平台。在项目团队中,有图书馆的技术专家,负责语义网和关联数据的设计。董真,刘传玺在《Facebook 与国外图书馆服务》一文中列举了 9 所大学在 Facebook

---

① Brynko,Barbara. Viva VIVO:let the networking begin[J]. *Information Today*,2010,27(1):22.

上开展服务的实例,介绍了他们开发的软件和可以实现的服务功能。①比如,加拿大阿尔伯特大学(University of Alberta Alum)的 Piyapong Charoen wattana 开发的应用软件,安装后会显示在 Facebook 用户的账户上,提供该大学图书馆书目查询、电子书、期刊、音乐视频检索和参考咨询,以及在线预定小组研究室等服务。②又如,由伊利诺伊大学厄本纳香槟分校(University of Illinois at Urbana Champaign)的图书馆员 David Ward 开发的应用软件 UIUC Library Search,只要把它安装到自己的 Facebook 账户上,就可以点击左侧的链接使用该图书馆馆藏书目检索、论文检索、图书馆员在线帮助等服务。

2010 年 3 月,笔者对 Facebook 上 645 个图书馆账户进行了调查。其中关注人数过万的有 16 家。从类型上看,公共馆和高校馆的数量相差不大。从服务上看,公共馆注重于社区和社会活动,高校馆注重于结合教育开展活动。

Second Life 因其 3D 功能,可为图书馆提供更加生动和多样化的服务手段。除了服务介绍、与用户交流、提供参考咨询服务之外,图书馆还可以在 Second Life 里提供国际虚拟会议功能,开展展览工作,提供娱乐服务。③2009 年 9 月 25 日,香港理工大学率先在 Second Life 中建立国内首个虚拟大学校园,该校的包玉刚图书馆(PanYue-kong Library)也搬进了虚拟世界,成为国内第一个进入 Second Life 的虚拟图书馆。④从其项目描述来看,这是在该校推行混合教育的背景下由校方资助而得以实施的。该馆基本仿照实体图书馆建设,设计为 6 层建筑,一楼大厅设有参考咨询台,各层分布有报告厅、讨论室、展览回廊、图书阅览室等。⑤

国内著名的 SNS 站点人人网上,已有数量不少的图书馆员职工以个人名义注册使用。⑥除此之外,也有类似清华大学图书馆这样以机构名义在人人网站开展馆藏资源检索和新书推介服务的例子。清华大学图书馆在人人网上建立公共平台,提供新书通告、馆藏书目检索等服务。

开心网是近年来在国内发展起来的又一个影响卓著的 SNS 网站,青浦图书馆和上海师范大学图书馆等馆已经利用这一平台建立了比较成功的服务案例,其中上海师范大学图书馆(开心网账户名称为"涂书寮")在这里已经构筑了比较成熟

---

① 董真,刘传玺. Facebook 与国外图书馆服务[J]. 图书馆论坛,2008(6):75 - 77,84.

② U of A Libraries[EB/OL]. [2010 - 03 - 12]. http://apps. facebook. com/ualib-search.

③ 李菁楠,等. 虚拟世界中图书馆服务中的应用研究[J]. 图书馆建设,2009(11):52 - 55.

④ 香港理工大学新闻网. Second life 虚拟校园亚洲首创[EB/OL]. [2010 - 03 - 12]. http://www. polyu. edu. hk/cpa/polyu/newSLetter/pdf/200911_newSLetter_p02-05. pdf.

⑤ 香港理工大学包玉刚图书馆[EB/OL]. [2010 - 10 - 29]. http://coresl. edc. polyu. edu. hk/about. html.

⑥ 人人网[EB/OL]. [2010 - 03 - 12]. http://www. renren. com.

的服务体系,①包括提供馆藏介绍、参考咨询以及各类型辅助研究工具(如 endnote 软件等)的使用指导等。

而作为一个起步更早,且与图书阅读关系更为密切的 SNS 网站,豆瓣网早在 2006 年就出现了与图书馆相关的小组,比如"上图生活"、"首都图书馆"、"我爱大连图书馆"等。这些小组为图书馆爱好者们提供了交流的场所,同时也为图书馆推广自己的资源与服务提供了平台。"首都图书馆"小组还提供了博客、新浪微博等相关链接;"我爱图书馆"小组提供了交流图书馆的使用、讨论图书馆的发展的平台。除此之外,厦门大学、清华大学等高校图书馆还在豆瓣上提供馆藏检索服务,②③但是需要使用 firefox 浏览器和下载专门的软件,用户并不能通过豆瓣直接体验到这些服务,在便捷性上还有所欠缺。

近年来微博的兴起和流行,也给图书馆界带来了新的契机,国内一些新潮的图书馆迅速在新浪微博中开辟出新的服务阵地。2009 年 11 月 2 日,与其在开心网的落户同步,上海师范大学图书馆在新浪微博上也开通了服务,④其提供的服务内容与开心网类似,也包括讲座信息公布、NoteExpress 软件使用培训、图书馆服务咨询等。2010 年 12 月 1 日,首都图书馆馆员 Islanderlee 在其书社会的博客上整理了新浪微博中出现的 37 个图书馆账号及其拥有的粉丝数目。⑤12 月 5 日,他又在图书馆界民间学术交流组织 IG2.08 活动中介绍了当前中国内地图书馆对新浪微博的使用情况,列举了新浪微博上提供的服务类型,包括图书馆通知、学校通知、图书馆的内部消息、失物招领、讲座预告和报道、活动预告、回答读者的问题、读者意见调查等。⑥

实际上,图书馆界对微博的关注不仅仅停留于在各微博服务站点开设账号这么简单,微博广泛凝聚社会各阶层民众的思想、智慧而形成的文化资源也逐渐引起了图书馆界的重视。2010 年 4 月 14 日,美国国会图书馆宣布将收藏 Twitter 上的所有历史记录,其收藏起始年限将追溯到 2006 年 Twitter 诞生时,此举旨在让后世能够以此为线索了解目前人们的想法。

---

① 开心网[EB/OL].[2010 - 03 - 12]. http://www. kaixin001. com.

② 豆瓣网的图书馆藏书目信息扩展脚本[EB/OL].[2010 - 10 - 29]. http://news. xmulib. org/2008/12/post-30. html.

③ THU LIB COOKIES 使用说明[EB/OL].[2010 - 10 - 29]. http://166. 111. 120. 35/ service/cookie. htm.

④ 上师大图书馆微博[EB/OL].[2010 - 10 - 29]. http://t. sina. com. cn/shnulib.

⑤ Nalsi. 图书馆@新浪微博[EB/OL][2010 - 12 - 03]. http://librarysalon. com/space-25- do-blog-id-6087. html.

⑥ How Library use 新浪微博[EB/OL].[2011 - 01 - 30]. http://www. slideshare. net/ islanderlee/how-libraries-use.

图书馆界在各大 SNS 网站上的活跃表现逐渐引起了图书馆界一些专业研究者的关注,人们开始理性观察这些 SNS 网站上的图书馆现象,分析其存续运转状况,并对其产生的影响进行各种角度的分析和思考,期待从中总结归纳出可资推广借鉴的成功经验。

2008 年 2 月下旬,Dean Hendrix 向 144 个图书馆员发放了调查问卷,72 名馆员给予了反馈。他们当中,所有人都熟知 Facebook,只有 2 名图书馆员(3%)表示不知道本馆是否有 Facebook 服务。但是,其他 70 名确认本馆已在 Facebook 网站提供服务的受访者中,只有 9 名(12.5%)表示本馆仍在维护 Facebook 页面,维护和更新 Facebook 的时间不等,从每周更新到每周在线 120 分钟都有;另外 61 名(85%)则告知他们的图书馆没有继续维护 Facebook 页面,没有维护 Facebook 的原因有:缺乏时间、认为没用、用户不使用 Facebook、领导不鼓励使用 Facebook、员工缺乏如何使用与建立 Facebook 的知识等。[①]

美国华盛顿的 Gelman Library 曾经发起过一个“图书馆员是你的朋友”的运动,图书馆员开通了自己的 Facebook 页面并使用它们和学生保持联系。这些图书馆员利用他们的 Facebook 分享研究要点,展示图书馆应用并强调他们作为学生朋友的存在。他们通过张贴海报、发放书签等方式宣传其在 Facebook 上的服务,但是,最终的效果是大多数图书馆员在 Facebook 上的好友都是图书馆员或类似行业的人,难以说明学生在 Facebook 上对图书馆的使用效果。基于如此失望的结果,Gelman Library 开始思考学生们究竟想要什么? 学生究竟是如何使用 Facebook 的,在社交环境中,图书馆可以扮演怎样的角色?[②]

虽然图书馆在 SNS 网站开展服务的效益尚待检验,但是一些图书馆及图书馆工作者主动利用 SNS 网站开展图书馆宣传的举措已经充分显示出 SNS 网站伟大的传播力量。从 2010 年度在 Facebook 上掀起的轰轰烈烈的“拯救图书馆”系列宣传战中可见一斑,[③] 其中比较典型的如美国夏洛特梅克伦堡图书馆(Charlotte Mecklenburg Library)、英国的斯特尼斯特拉福图书馆(Stony Stratford Library)等图书馆的拯救运动。2010 年 3 月,美国北卡州夏洛特梅克伦堡图书馆被要求退给

① Dean Hendrix, et al. Use of Facebook in Academic Health Sciences Libraries[J/OL]. *J Med Libr Assoc*,2009,97(1):44 – 47[2011 – 01 – 30]. http://www. ncbi. nlm. nih. gov/pmc/articles/PMC2605034.

② David Bietila. Beyond the Buzz:Planning Library Facebook Initiatives Grounded in User Needs[R/OL]. [2010 – 08 – 12]. http://www. ala. org/ala/mgrps/divs/acrl/events/national/seattle/papers/135. pdf.

③ Stephen Abram. Save the Library Campaigns[EB/OL]. [2010 – 04 – 01]. http://stephenslighthouse. com/2010/04/01/save-the-library-campaigns.

郡政府 200 万美元的经费,民众迅速行动起来,在 Facebook 和 Twitter 上募集资金,并呼吁提高对图书馆的重视,该项活动虽然最终并没有达到两周之内募集 200 万美元的目标,却使人们加深了对该馆的印象,并使该地区一部分图书馆免于被关闭的命运。①无独有偶,为了抗议政府为削减预算而关闭图书馆的决定,英国的斯特尼斯特拉福图书馆也于 2011 年 1 月在 Facebook 上发起了一个拯救图书馆的宣传运动,活动期间得到至少 1000 名用户的支持,他们在短短两天之内将该馆 1 万 6 千本图书外借一空,以此表达社区对图书馆的强烈需求和高度认可。②

2010 年度在 SNS 网站上开展的另外一个与图书馆相关的重要宣传活动名为"关注图书馆(Follow a Library)",该项目自当年 4 月发起,主要始于荷兰,随后传播到其他地区。当年 10 月 1 日被该项目的支持者们命名为"关注图书馆日",他们进一步发起倡议,鼓励广大 Twitter 用户使用"#followalibrary"标签,向其他用户介绍自己最喜欢的图书馆。③这个活动得到很多图书馆博客作者的关注:Michael Stephens 在他的博客上介绍了这个活动,并提到这个活动的意义在于让图书馆突破图书馆员的小圈子,让所有人都能关注;④另一位知名图书馆博客作者 David Lee King 也在博客上介绍了这个活动,并建议图书馆要主动向 Twitter 发推并要求粉丝转发;同时提倡通过提问的方式和读者进行互动,以扩大和保持活动的宣传效果。⑤

2　社会性网络服务向图书馆的渗透

除了深入 SNS 网站与读者开展互动交流并推介图书馆的各项服务以外,目前国内外一些图书馆也在尝试利用 Web2.0 工具,建设具备 SNS 功能特点的用户互动社区。

---

① Trainor, Cindi. Will social media activism reverse the fortunes of besieged libraries[J/OL]. *American Libraries*, 2010, 41(1):18. [2011 - 02 - 27]. http://americanlibrariesmagazine. org/features/04202010/will-social-media-activism-rescue-besieged-libraries.

② Maev Kennedy. Library clears its shelves in protest at closure threat[EB/OL]. [2011 - 01 - 14]. http://www. guardian. co. uk/books/2011/jan/14/stony-stratford-library-shelves-protest.

③ Follow a Library! [EB/OL]. [2011 - 02 - 27]. http://www. alatechsource. org/blog/2010/09/follow-a-library. html.

④ Michael Stephens. Follow a Library Day at ALA TechSource[EB/OL]. [2010 - 09 - 20]. http://tametheweb. com/2010/09/20/follow-a-library-day-at-ala-techsource.

⑤ David Lee King. followalibrary Day is Oct 1[EB/OL]. [2010 - 09 - 23]. http://www. davidleeking. com/2010/09/23/followalibrary-day-is-oct-1/? utm_source = feedburner&utm_medium = feed&utm_campaign = Feed: + davidleeking + %28David + Lee + King%29.

公共图书馆方面,司莉、谭仪介绍了吉林省图书馆、兰州市图书馆和长沙市图书馆等典型的 SNS 应用。[①]如:用户登录吉林省图书馆的求知论坛,就进入了一个互动社区,除了可以关注图书馆的信息,享受图书馆提供的简报、课题查新等服务外,还可创造一个虚拟个性空间,可进行聊天交友以及在虚拟社区银行和商店进行交易,从而建立广泛的社交网络;兰州市图书馆与长沙市图书馆也在自己的论坛中为用户提供 SNS 服务,倾向于信息的交流与共享,还可以拥有自己的迷你博客,在这些活动中交友,建立自己的社交网络。调查显示,我国省市级图书馆对 SNS 的应用还不够成熟,省市级图书馆应向一些典型的 SNS 网站或应用学习,更好地提供以用户为中心的人性化服务。从其调研中可以发现 SNS 在国内公共图书馆的应用非常少,这与图书馆对 SNS 信任态度有关,也跟信息素养有关。

高校图书馆方面,重庆大学图书馆推出了一项名为"我的书斋"的社区服务,开创了高校图书馆利用 Web2.0 工具建设 SNS 服务社区的先河。该服务社区类似于 Google 的个性化首页 iGoogle,为读者提供论坛、博客、新书通报、数据资源、公告等信息源,读者登录后可以定制自己的首页。尽管该社区服务目前仍处于起步阶段,在服务内容和形式上还不够完善,但仍值得各高校图书馆借鉴学习。另外一个值得推荐的实例是中国科学技术大学图书馆自主开发的 SNS 平台,该平台的特点是用户可分为系统管理员、学科管理员、教师用户、学生用户四个等级,各级用户及其权限设置可以随着对人际交流的实践深入来逐渐调整。

美国亨县公共图书馆(Hennepin County Public Library)的网页采用了嵌入式 Library 搜索框中的代码库,便于 My Space 的用户去检索所需要的个人资料。图书馆网页上不断旋转浮现工作馆员的图片,方便读者点击随时进行参考交流。夏洛特和梅克伦堡县(Charlotte & Mecklenburg County Public Library)的"图书馆阁楼"网页以博客帖子著称,通过 Meebo Me 嵌入式聊天窗口,了解年轻人的喜好,把服务推送到用户中去。[②]

作为对信息技术最为敏感的行业之一,图书馆界对于 SNS 技术的应用显然不能满足于用它来搭建一个互动平台,更为重要的,人们希望能够利用新技术更好地传递图书馆丰富的馆藏资源内容,于是 SOPAC(Social OPAC,社会化的 OPAC)在 2007 年应运而生。2008 年 9 月 1 日,SOPAC 2.0 进一步上线。9 月 25 日,SOPAC 的开源社区开张,提供软件下载。网站提供从软硬件需求、下载软件、初始准备、安装、首次收割数据到系统维护的详细说明,并开设了论坛,供图书馆员、程序员就各自的相关工作及彼此之间的项目合作进行讨论。SOPAC 2.0 是适用

---

① 司莉,谭仪. Web2.0 在我国省市级公共图书馆应用的调查与分析[J]. 图书馆杂志,2010(5):20-23,40.

② 宋蕊. SNS 式数字参考咨询服务探析[J]. 图书馆论坛,2009(5):83-85,99.

于各种图书馆集成系统的 OPAC 前端,提供可定制的用户界面、与 ILS 的联结,以及独立的标签、评级、评论等社会性功能。①

除了与读者开展互动,SNS 技术也被逐步应用到图书馆工作人员之间的学习和交流活动中。澳大利亚开展了 Learning 2.0 的计划,利用 SNS 设置一些课程,由此让图书馆员了解和开始使用 Web2.0 工具,提高他们使用 Web2.0 工具的能力,从而提升图书馆员的职业能力。②近两年来,中国内地也出现了类似应用 SNS 技术搭建的图书馆员学习平台,其中影响较大的如"书社会",目前会员人数已经超过 1500 人。

3 有关 SNS 技术在图书馆应用的研究与思考

最近几年,图书馆界对 SNS 给予了相当多的关注。在 IFLA 会议的征文主题中,仅 2010 年 6 月至 8 月间,至少有 9 个会议在其会议主题中提到了社会性网络和社会媒体。③

这一阶段,图书馆对 SNS 的研究表现出三大特点,一是对过去实践的总结反思,二是开始进行与 SNS 用户有关的研究,三是微博在图书馆的应用成为热点。

在《作为图书馆工具的 Facebook(Facebook as a Library Tool)》一文中,作者对过去几年图书馆对 Facebook 的研究文章进行了归类分析,总结为 5 类文章,分别是:④

(1)关于图书馆如何利用 Facebook 的探讨,这是当前最主要的文献。包括最佳实践和如何使用 Facebook 的想法。研究中发现大多数学生没有把 Facebook 当做学术工具,这也导致图书馆员在基于学术目的提供服务时变得小心谨慎。

(2)关于图书馆应用 Facebook 的案例分析。研究文章开始讨论单个图书馆在使用 Facebook 方面的经验,包括延伸服务和营销,比如使用 Facebook 来营销 Rutgers library,通过 Facebook 群发消息,通过 Facebook 和其他校园组织建立更进一步的联系等。

---

① 编目精灵. 开源 OPAC 前端软件 SOPAC 2.0 下载[EB/OL]. [2010 - 11 - 25]. http://catwizard. blogbus. com/logs/29766526. html.

② The impact and benefits of Learning 2.0 programs in Australian libraries[P/OL]. [2011 - 01 - 30]. http://www. vala. org. au/vala2010/papers2010/VALA2010_93_Stephens_Final. pdf.

③ 六六. IFLA 会议[EB/OL]. [2010 - 11 - 25]. http://librarysalon. com/space-47-do-blog-id-4906. html.

④ H. Glazer. Clever Outreach or Costly Diversion? An Academic Library Evaluation its Facebook Experience[J]. *College and Research Libraries News*, 2009, 70(1):11 - 19.

（3）关于 Facebook 用户行为及需求的研究。相关的调查研究发现，Facebook 在宣传图书馆方面是有帮助的，研究者们建议图书馆员将 Facebook 作为一个延伸服务的工具来和学生联系，并使用 Facebook 提供内容传递、参考帮助、延伸服务和信息素养指导。

（4）关于图书馆利用 Facebook 提供服务内容及其效果的调查。比如利用 Facebook 开展的参考咨询服务的应用及宣传，研究发现，通过 Facebook 收到的参考咨询服务请求在图书馆的全部参考咨询服务中已经占到相当大的比例，因此，研究者们认为，图书馆应该创建 Facebook 页面和用户联系。

（5）对 Facebook 使用目的的理解。一些学者的调查结果显示了图书馆员们使用 Facebook 的主要目的，包括发布声明、贴照片，以及将图书馆服务延伸到用户所在的地方等。

3.1　SNS 的服务模式研究

Chu 提出图书馆员可以在社会性网络上开展的行动包括：整合 MySpace 和 Facebook 应用于信息素养教育。[①]建立图书馆员自己的页面、课程页面，将 MySpace 和 Facebook 与参考咨询结合起来。在电子邮件、电话和参考咨询台之外增加 MySpace 和 Facebook 页面可能有助于加强现有的读者关系和建立新的关系。MySpace 和 Facebook 可以推动延伸服务。有些图书馆利用 MySpace 和 Facebook 宣传新馆藏，图书馆员能够提醒学生图书馆现有的服务和资源来支持他们的学术研究，从专业的研究帮助到额外的研究时间。

一些图书馆已经把他们的页面作为图书馆网站的延伸或门户。在学生可能更喜欢通过他们经常访问的网站来发现和使用图书馆资源的想法下，提供书目链接、参考咨询、研究指导、事件提醒等功能。这显示了应用学生喜欢的技术提供延伸服务的重要性，不要寄希望于他们来使用图书馆选择的技术。学校里的其他机构已经开始使用社会性网络，这些机构与图书馆的延伸服务都是相关的。

吴晓明在其硕士论文的研究中提出了适合我国国情的三种社会性网络服务模式，分别是：（1）基于即时通讯（IM）的社会性网络服务模式；（2）基于 RSS 博客抓取的社会性网络服务模式；（3）基于个人知识平台的社会性网络服务模式。[②]

耿晓光、安东梅分析了图书馆可以利用微博开展的工作类型。[③]李华和赵文伟

①　Melanie Chu, Yvonne Nalani Meulemans. The Problems and Potential of MySpace and Facebook Usage in Academic Libraries[J]. *Internet Reference Services Quarterly*, 2008, 13(1):69 - 85.

②　吴晓明. 社会性网络服务模式研究[D]. 辽宁:辽宁师范大学管理学院,2009:18 - 22.

③　耿晓光,安东梅. 微博及其在图书馆的应用[J]. 图书馆学研究,2010(6):38 - 39,37.

提出图书馆可以从 4 个方面应用微博进行服务,分别是互动的读者服务、信息传播、读者舆情监测、学术交流。①陶文萍根据图书馆本身职务的区分讨论了图书馆可依据微博客的写作主体和内容范围来建立图书馆微博客类型,如馆办公室建立新闻微博客,相关部门建立馆务微博客,学科馆员建立主题微博客,职能馆员建立服务微博客,有关项目成员建立项目微博客,各种类型根据自己的微博客理念提供相关内容范围的服务。②黄令贺、葛敬民讨论了微博在高校图书馆的应用:学科知识导航、参考咨询、用户相互学习、协助管理,并提出把现有的短信服务和博客服务结合起来转化为微博在图书馆的服务应用。③

Lori Bell 和 Rhonda B. Trueman 两位年轻的虚拟图书馆员,在他们 2008 年 10 月出版的新书中详细地讲解了如何在 Second life 中进行虚拟参考咨询、建讨论组等,④这是目前国内外第一本专门关于图书馆与 Second life 的论著。除此之外还有大量的文献对在 Second life 中构建虚拟图书馆和提供信息服务进行了推广和介绍,王勇分析了 Second life 中的虚拟图书馆建设与 Lib2.0 发展的相互关系。⑤

德国的 Jin Tan 探讨了虚拟图书馆的价值及具体技术应用,比较了虚拟图书馆相较现实图书馆的优势。⑥这些理论研究多数对图书馆是否有必要在 Second life 中提供信息服务进行讨论,并且总结了馆舍构建和服务推广的方法及经验,尝试从多个角度探讨如何促进图书馆在 Second life 中信息服务的开展,尽管有些分析和观点还处于浅层思考上,但对实践操作有很大的指导意义。

3.2　图书馆自建 SNS 网站的功能实现

图书馆自己开发 SNS 网站在图书馆看来可能比较耗费成本,然而在 Web 环境下并不尽然。即使没有专业的社交软件,图书馆同样可以利用人们熟悉和喜欢的免费工具如 Word2Press、Flickr、NetVibes 等开发出自己的网络社区。

从现有的研究来看,对图书馆自己建设 SNS 的研究讨论基本以结合高校图书馆的实际工作为立足点,讨论 SNS 网站实现的功能和特点。

---

①　李华,赵文伟.微博客:图书馆的下一个网络新贵工具[J].图书与情报,2009(4):78 - 82.

②　陶文萍.微博客:图书馆服务的网络手机[J].湖北师范学院学报,2010(3):150 - 152.

③　黄令贺,葛敬民.微博客及其在高校图书馆中的应用模式的研究[J].情报理论与实践,2010(4):84 - 86,79.

④　B. Lori, B. Rhonda. *True man, virtual worlds, Real Libraries: Librarians and Educators in Second life and other Multi-User Virtual Environments*[M]. Information Today, Inc. , 2008.

⑤　王勇.在 Second Life 中建立虚拟图书馆[J].图书馆学刊,2009(2):97 - 106.

⑥　Jin T. Bibliotheken in Second life[D]. Fachhochschule Potsdam, 2007: 7 - 11.

比如黄金霞等讨论了 SNS 对图书馆信息服务网站建设的借鉴作用,认为 SNS 对专业领域知识环境的建设工作有以下几个方面的启发:(1)以用户关心的问题为节点进行信息组织;(2)提供用户对信息的评论;(3)不同类型信息资源的 Top 推荐;(4)用户的自我标签结合系统强制性标签;(5)提供用户的个性化服务定制;(6)移动的信息服务环境;(7)软件工具的嵌入,实现用户的数据处理。①

陈敏豫等介绍了中国科学技术大学图书馆自主开发的 SNS 平台,该平台的功能有:(1)在 SNS 平台的导航页面上提供 OPAC 馆藏系统的入口链接,在 OPAC 馆藏检索系统的网页上,实现了对书目数据从 OPAC 系统到 SNS 系统的推送;(2)文献传递和馆际互借系统整合进入 SNS 平台;(3)将每个学期的课程信息导入 SNS 平台,系统可以自动为每门课程建立相关的群组。②

魏群义等介绍了"我的书斋"的功能:有统一登录界面;与 OPAC 相结合;与 Web2.0 技术及工具相结合。其中构建个人书斋的目标是整合图书馆的所有服务,为用户提供个性化服务平台和个性化空间,打造读者个性化学习平台,满足用户个性化服务的需求,书斋互访功能有助于实现读者各类资源的共享。③

3.3 SNS 使用者的研究

Farkas 在 2006 年就提出,我们应该知道我们的用户,至少意识到他们在线在做什么,并看见图书馆能在我们用户的在线社交世界中扮演什么角色。④

LynParke 从图书馆学角度分析了图书馆进入 Second life 开展服务的关键问题,以及图书馆和图书馆员应该怎样适应三维世界中用户的需求问题。⑤Margaret 的研究表明,用户在 Second life 中的信息行为主要表现在 5 个方面:寻找社交信息、使用可见的经验性的机制、偶然发现、利用 Second life 的检索设施、玩耍与幽默。⑥

① 黄金霞,鲁宁,宋文.他山之石 可以攻玉——SNS 对图书馆信息服务网站建设的借鉴[J].图书情报工作,2009(21):82-85.

② 陈敏豫,左晶晶,陈超.关于图书馆 SNS 社会性平台的构建与应用[J].大学图书情报学刊,2010(3):49-51.

③ 魏群义,等.图书馆 2.0 的理论研究与实践[J].图书与情报,2009(4):16-21,46.

④ M. Farkas. Libraries in Social Networking Software[EB/OL].(2006-05-10)[2011-01-26]. http://meredith. wolfwater. com/wordpress/index. php/2006/05/10/libraries-in-social-networking-software.

⑤ P. Lyn. Second Life:The Seventh Face of the Library?[J]. *Electronic Library and Information Systems*,2008(3):232-242.

⑥ O. Margaret. Talking,Looking,Flying,Searching:information seeking behavior in Second Life[J]. *Library Hi Tech*,2008(4):512-524.

Rebecca Tolley-Stokes 对 SNS 用户的经济收入作了分析,并指出:Facebook、Second life、Myspace 用户的收入是不同的;不同的用户对信息需求和社会交往的要求是不一致的。[①]

Gail K. Dickinson 对学校图书馆工作人员使用 SNS 的情况作了调研。[②]调查结果显示,有 23.7% 的人从来没有使用过 SNS,有 48.1% 的人是出于个人目的使用 SNS,其他分别是:在教授社会性网络技术工具中作为教学工具占 10.2%,维护社会性网站作为虚拟图书馆计划的一部分占 11.7%,教授社会性网络技术但不在教学过程中使用占 6.3%。

在此调查结果的基础上,Gail K. Dickinson 提出学生和教师不需要我们帮助他们如何使用社会性网络工具,他们需要的是如何把社会性网络工具整合进学校的学习型社区。作为图书馆的职业工作,我们应当积极地应用社会性网络技术作为学习工具。

Gelman Library 在开展 Facebook 服务的过程中发现结果与预期存在差距,为了了解学生在 Facebook 上的行为习惯,他们联合人类学家开展了相关研究。其研究结果发现学生在 Facebook 上主要是为了维系线下关系,他们不愿意与真实生活中未曾谋面的人建立网上联系,Facebook 对他们来说主要是一个休闲场所;与学校有关的活动主要是为了完成学习作业,但主要是联系确定时间安排,大多数受访者认为 Facebook 不适合于深入讨论学术问题而且会耽误作业完成进度;对于与图书馆在 Facebook 上交流的问题,学生们认为双方之间的关系比较尴尬,他们对官方身份进入 Facebook 的感情上无法认同。对于图书馆,他们表示乐意与其交流,但是或多或少有点不舒服。

David Bietila 撰文对 Gelman Library 的这一研究进行了介绍,[③]他认为学生对 Facebook 的使用方式对图书馆开展服务来说,既是挑战又是机会,随着时间流逝,Facebook 本身也在发生变化,学生使用 Facebook 的行为习惯也在发生变化。作为一种职业的存在,图书馆应当积极地融入社交环境,开展服务。但是图书馆也应当意识到,对于学生来说,图书馆未必就会受到足够的欢迎,图书馆不能因此裹足不前。他对图书馆提出 4 点建议:当发展一个虚拟的形象时,应考虑学生对图书馆的真实理解和接受度;考虑学生们怎么在真实世界中拜访图书馆员并与之交

---

① Rebecca Tolley-Stokes. Close the Online Class Divide[J]. *Library Journal*, 2010(2):37.

② Gail K. Dickinson. How Do You Use Social Networking Tools? [J]. *Library Media Connection*, 2010(2):45.

③ David Bietila. Beyond the Buzz: Plannning Library Facebook Initiatives Grounded in User Needs[EB/OL]. [2010 - 08 - 12]. http://www. ala. org/ala/mgrps/divs/acrl/events/national/seattle/papers/135. pdf.

流;提供资源,但是如果学生不来使用也别惊讶;认识到 Facebook 可能也在图书馆员的生活中扮演角色。

3.4 SNS 的隐患研究

在对 SNS 未来的发展上,理论界一方面有积极的态度,如 Shirley Duglin 认为图书馆对社会性媒体的适应是对时代的适应,既可以证明图书馆职业存在的社会价值,也可以保存社会发展的历史资料;[①]另一方面也抱有一定的忧虑,认为 SNS 存在安全隐患。

在研究者们思考 SNS 的未来发展方向及应用的同时,提醒图书馆谨慎对待 SNS 的声音也在不断涌现。首当其冲的是信息安全问题。Facebook 和 Twitter 的安全隐患一直以来都遭人诟病。网络钓鱼和网站的自动更新设置都会带来安全隐患。在 Schiller、Kurt 的文章中以 FBI 的调查结果来说明在 SNS 网站上对好友发来的链接或者消息都要小心甄别。[②]Melissa L. Rethlefsen 以 foursquare 为例,讨论了 Google buzz 带来的安全隐患,认为那些公布自己度假计划的用户面临非常严重的安全危机。[③]了解周围的人在做什么也许是一件很美妙的事情,但是对大多数人来说这是对个人隐私的侵犯。图书馆在应用 foursquare 和类似的定位工具的时候,需要考虑用户的隐私和安全问题。

Farkas、Meredith 认为员工对 SNS 的使用有可能会对图书馆的形象造成影响。[④]事实上,不乏因为在 SNS 上的言论而对员工和企业双双造成困扰的例子。因此对图书馆来说,制定必要的政策约束官方和私人对 SNS 的使用以维护图书馆的名誉是未来发展中需要考虑的问题。Grensing-Pophal、Lin 称 SNS 未必就能取得好的效果,很多企业都中断了 SNS 发展计划。[⑤]

Doug Johnson 称不要混淆了社会网络和教育网络。他问教师是否应该在 Facebook 上加学生为好友,其答案是否定的,因为这将使彼此的交流关系变得混

---

① Shirley Duglin. Amateur hour in the social space[J]. *Information Today*, 2010, 27(3): 15.

② Schiller, Kurt. Phishing scams edge into social networks[J]. *Information Today*, 2009, 26 (10): 46.

③ Melissa L. Rethlefsen. Checking In: Location Services for Libraries [J]. *Library Journal*, 2010(4): 42－43.

④ Farkas, Meredith. Governing Social Media: Protect Your Library's Brand Online [J]. *American Libraries*, 2009, 40(12): 35.

⑤ Grensing-Pophal, Lin. Social media: investing in what works[J]. *Information Today*, 2009, 26(10): 1.

乱,从而不利于教学工作的顺利进行。①2010 年 3 月,LMC 提供了一个调研问卷结果,这个调研的主要问题是,究竟什么是我们作为一份职业的等待。559 人回答了该问卷,其中 25% 左右的人从来没有使用过社会性网络,48% 的人只出于个人目的使用,少于三分之一的人声称他们使用社会性网络技术进行教学、建立工具使用模型,或者介绍这些工具技术。

图书馆谈论 Web2.0 和 SNS 已经很多年了,其理念也被广泛接受,但是效果如何呢? 2010 年 7 月 ALA 年会上,LITA 标准组称图书馆正在使用 Facebook、Twitter、Flickr 来宣传图书馆,但是没有充分的证据来说明为实施这些活动所耗费的时间和取得的效果。②Kaser、Dick 引用了客户关系管理研究者 Natalie Petouhoff 博士针对 INTEL 等多家著名的软件和技术公司利用社会性网络平台开展客户服务的回报率问题的研究成果,认为既然商业公司在社会性网络平台上的用户管理行为可以得到有效测量,那么图书馆和信息机构的用户管理行为应该也同样存在有效的测量方式。③他们研究、比较了图书馆 Facebook 使用的理想状态和实际情况。

图书馆员必须意识到,Facebook 作为图书馆的一种应用工具还有很多需要注意的问题。如果一个图书馆不能保证至少每周更新一次或多次 Facebook,Facebook 可能就不会成为有效的工具。对于那些组织很多活动、展览比较活跃的图书馆而言,Facebook 将会成为一个更好的工具。但是,图书馆员也不应该在 Facebook 上陷得太深,因为 Web2.0 的工具变得很快,会有下一个工具或者社会性网站成为用户的宠儿。

4 结 语

应用 SNS 开展图书馆服务已经进入了一个新的阶段,无论实践的范围还是研究的范围,相比过去都有了一定的扩展。庞大的用户群体为图书馆开展 SNS 方式的服务奠定了基础。围绕 SNS 的图书馆服务和理论研究仍是当前的热点问题。从书社会的交流来看,关于 SNS 的问题仍然是关注的热点。新浪微博开通后,图书馆进入得非常迅速,有一部分原因是过去 Web2.0 实践和理念的宣传打下了比较好的基础。

---

① Doug Johnson. Don't Confuse Social Networking with Educational Networking[J]. *Library Media Connection*, 2010(2):98.

② Library as a Library Tool[EB/OL]. [2011 - 01 - 30]. http://www. ala. org/ala/mgrps/divs/acrl/publications/crljournal/preprints/crl-088. pdf.

③ Kaser, Dick. Plotting social media's bottom line[J]. *Information Today*, 2009, 26(9):16.

对中国内地来说,SNS 的用户基础已经形成,为图书馆应用 SNS 开展服务奠定了基础。根据 CNNIC《报告》显示,截至 2010 年 6 月底,我国网民规模已经突破 4 亿关口,达到了 4.2 亿,互联网普及率攀升至 31.8%。我国网民的互联网应用表现出商务化程度迅速提高、娱乐化倾向继续保持、沟通和信息工具价值加深的特点。截至 2010 年 6 月,我国使用社交网站的网民规模达到 2.1 亿,使用率为 50.1%。半年增加用户 3455 万,增幅达 19.6%。社交网站用户中,使用电脑和手机两类终端的重合用户达到 39.1%。由于手机上网的随时性和随身性,使用手机上社交网站的用户有 9827 万,占社交网站用户总数的 46.7%。^①波士顿咨询公司在 2008 年 9 月发布的《中国城市地区网民分析》中对 Web2.0 在中国的现状作了调查,结果显示中国正式成为"Web2.0 强国"。^②中国内地的图书馆完全拥有自己的用户基础。

从目前的情况来看,国外,特别是美国,利用 SNS 开展图书馆服务比较普及,中国对 SNS 的了解程度还是在世界前列的,只是实践上稍显薄弱。所以反映在理论上,美国开始出现对服务形态包括 SNS 本身价值的反思,甚至开始关注用户本身的特点对图书馆开展服务的影响,认为图书馆应当根据用户具体的需求有针对性地设计图书馆的服务。中国内地则还没有到达这个程度,更多的是关注应用案例,在实践上也还没有形成主要阵地,产生聚集效应。

在服务手段上,还是延续现有的服务内容,被动地与用户发生关系,或者是简单地借用用户的爱好以增加黏性。总体来看,图书馆利用 SNS 开展服务主要体现在和用户交流、进行图书馆公关和营销、介绍图书馆服务、开展参考咨询工作、提供书目检索和新书介绍等几个方面,没有制造传播热点利用 SNS 人际关系网络来宣传自己。事实上,图书馆也可以利用 SNS 的网络和沟通特点开展馆际互借和原文传递等服务。

对中国内地而言,宣传国外的经验对于本地接受 SNS 和开展服务存在非常好的价值,但是同时也应当关注本国的 SNS 网站,从而选择适合自己的服务阵地。比如以 Second life 来说,尽管其是世界范围内知名的 SNS 网站,并且有了一个非常良好的图书馆服务聚集点,但是 Second life 上的中国用户基础非常薄弱。在 Linden 实验室 2008 年 1 月发布的 Second life 主要经济指标报告中显示,截至

---

① 中国互联网络信息中心. 第 26 次中国互联网络发展状况统计报告[EB/OL]. [2010 - 12 - 02]. http://www.cnnic.cn/uploadfiles/pdf/2010/7/15/100708.pdf.

② 波士顿咨询. 中国 Web2.0 应用超越西方国家[EB/OL]. [2009 - 03 - 25]. http://news.csai.cn/internetnews/2008091110132491497.htm.

2008 年 1 月 5 日,543 万 Second life 用户中,只有约 1% 是来自中国内地。[①]并且,Second life 的使用相对比较复杂,并不适合中国的普通网民。对中国的公共图书馆来说,除非要与国外的图书馆开展交流,或者拓展馆际互借等网络,否则不适合在 Second life 上投入太多的精力。相反,高校图书馆,为了配合本校教学任务和促进国内外学校之间的交流,帮助学生与国际高校展开研究、教育等交流,是完全可以在 Second life 中开展服务的。在中国内地,有一个类似 Second life 的网站叫 Hipihi,积累了一定的用户数量,但是由于使用要求高和交易平台缺乏,导致用户扩展能力有限。对中国内地的图书馆来说,把握好新浪微博、开心网之类发展前景较好的 SNS 网站是当前比较好的发展途径。但是无论多成功的 SNS 网站,总有倒闭的风险,图书馆需要做好承受这类风险的准备。

总之,从图书馆类型上看,公共图书馆、高校图书馆、图书馆组织等都对利用 SNS 开展服务具有浓厚的兴趣。但是从总量上看,无论是注册图书馆的数量还是开展服务的类型,活跃程度还是开发图书馆可用的匹配 SNS 的软件等诸多方面,高校图书馆的发展还是具有领先优势。从背景上来看,很有可能是高校本身对 SNS 的重视,加上混合交流理念的流行,推动了高校图书馆在 SNS 领域的发展。移动通讯方式的发展对 SNS 本身的服务模式造成了影响,比如手机与微博的互动成为时下的潮流。对于图书馆来说,手机图书馆也恰恰是当前的服务热点。将手机图书馆与图书馆的 SNS 服务相结合也是未来可以考虑的发展方向。对图书馆来说,了解 SNS 上存在的危机,一方面可保障自己服务活动的顺利开展,另一方面可以帮助用户更好地网络生存。图书馆需要了解如何保护自己和用户的信息安全,制定合理的信息政策,同时也需要了解社会对信息安全和隐私问题的态度,避免在设计服务的时候触犯用户的隐私禁区。

对中国内地来说,图书馆利用 SNS 开展服务还需要培养社会环境,无论是图书馆自身的认同还是社会对图书馆的认同,都需要时间。与此同时,探索服务模式、规范服务行为也是题中应有之意。

供稿:郑晓乐(上海图书馆)

---

① 封玮.我国高校图书馆在 Second Life 中开展信息服务的研究[D].重庆:西南大学,2010.

阅读的数字化革命

早在公元前 3300 多年,古埃及人就用墨水在莎草纸上书写。大约在公元前 1300 年,古埃及的书记员曾这样吟诵:"是读书人把他的故事传扬。"在他们的心目中,"阅读"就是"朗诵"。[①] 5000 多年过去了,人类获取信息的方式和途径已完全不同,从西方的贵族和宗教阅读、中国的"不为功名不读书"到现在的信息过载,以至于信息焦虑,阅读的历史如同人类文明社会的发展历史一样,既亦步亦趋,在渐进中进行改良,同时也充满着革命的味道。如果说造纸术、印刷术是阅读冷兵器的话,那么信息技术则是阅读革命的飞机大炮。

自从 Michael S. Hart 于 1971 年在古登堡计划中推出了真正意义上的电子图书以来,40 年过去了,人类文明成果展现的载体已经从传统的纸质悄然地进入到了数字化平台,随着电子技术、通讯技术的发展,互联网的兴起,阅读已经不再囿于图书及文字,而是多平台、多资源类型的展现。

1 数字化阅读的平台

从家用电脑到移动终端,阅读平台在近 10 年内发生了很大的变化。当手机、PDA、PSP、MP4 等移动终端慢慢成为人们进行数字文档阅读的载体后,基于电子墨水技术的电子书阅读器出现了。2007 年 11 月,美国亚马逊公司发布了 Kindle 电子书阅读器后,引发了阅读器产业的兴起,所以有人将 2007 年称为电子书阅读器元年。虽然早在 1998 年"火箭"电子书阅读器就已上市,但由于技术、营销等原因并未在市场中占有一席之地,但 Kindle 却赢得了不俗的市场,除了因为亚马逊公司在出版产业多年积累形成的相对成熟的市场环境外,电子墨水技术支撑的屏幕也是其成功的很大因素。电子墨水阅读器具有无背光、容量大、低能耗、重量轻等优势,还有最贴近传统阅读的感受。

2010 年 4 月,苹果公司推出了平板电脑 iPad,引发了购买狂潮,80 天内售出了 300 万台。iPad 内置 iBooks 应用程序,用户可以从其网上书店下载电子图书进行阅读,同时还有包括 Kindle 等多款可选的应用程序用来阅读。

2010 年 12 月,Google 推出电子图书商店,以挑战亚马逊 Kindle 网上书店,此

---

① 费希尔.阅读的历史[M].李瑞林,等译.北京:商务印书馆,2009:22.

前,美国最大的图书零售企业 Barnes & Noble 公司也推出 Nook 阅读器及网上书店,希望在电子图书市场占有一席之地。

这一切都是技术带来的革新,当我们在家用电脑上阅读文献的时候,有人说那种正襟危坐的感觉不是阅读的感觉,没有体验到捧着书本阅读的随意和方便,于是移动终端出现了。经过 10 多年的技术发展,在近 3 年内达到了一个突破性的变化:以 Kindle 为代表的电子书阅读器和以 iPad 为代表的平板电脑。

2 数字化阅读的资源类型

从传统的纸质资源到数字资源,除了介质的变化之外,最具有突破性的是提供给我们的资源类型发生了很大的变化,比如电子图书、电子报纸、电子杂志、网络游戏、网络动漫、博客、播客等。

从文本呈现到多媒体的形式展现资源内容,阅读的方式表现为多元化态势。人们的阅读习惯也逐渐改变。比如数字杂志发行商 Zinio 推出了针对 iPad 的多种电子杂志,在这些电子杂志中,既有文本文章,也有音视频及图片。①出版社出版的图书样式也发生了改变,比如美国的 Vook 公司已经与 25 家出版社合作出版媒体电子图书,②在传统图书的电子版基础上嵌入了音视频等多媒体内容,除了能够展现更多的内容,还可以作为增值内容而获得额外的收入,这相当于 DVD 影碟中的花絮部分。

3 阅读数字化革命的十个思考

3.1 深阅读还是浅阅读

王余光、汪琴在《世纪之交读者阅读习惯的变化》一文中提出"浅阅读、读图、读网是当前阅读的主要特征";③2010 年全国高考语文卷 Ⅱ 作文的题目是《深阅读浅阅读》,可以看出这已经是一个难以回避的文化现象。

当大部头的著作被拆分得七零八散,当博客、微博等所谓的快餐文化甚嚣尘上的时候,当在"面朝大海,春暖花开"中,伴着茶香品味书香的情景被昏天黑地中大量网页冲击自己眼球的浮躁所替代时,我们如何去面对数字时代对我们阅读

① iPad 杂志初探:看上去很美[EB/OL].[2010 - 12 - 12].http://blog. it. sohu. com/readwriteweb/archives/7460.

② E-Books Fly Beyond Mere Text[EB/OL].[2010 - 12 - 12].http://www. nytimes. com/2010/07/29/books/29ebook. html? scp =4&sq = book&st = cse.

③ 王余光,汪琴.世纪之交读者阅读习惯的变化[N].中国图书商报,2005 - 01 - 21.

的影响？

王余光认为读书还是读网，"这或许并不重要，重要的是，读什么内容。阅读习惯的改变，是不可阻挡的历史潮流"。在我看来，如果确实是有深阅读和浅阅读的差别，那么我们应该更加欣喜，因为我们有了更多阅读感受的选择。它们并非是两条平行线，而是网络时代阅读生态变化的一种必然。我们有了更多宽泛的选择和阅读的快感。

3.2　文字还是多媒体

虽然在传统的纸质环境下，也会有缩微胶片、光盘等内容的展现载体，但它们基本上还是以文字的表现为主。但在网络时代，文字变得不是那么纯粹了，我们有了更多的选择。在多媒体资源的风起云涌中，我们是不是需要做一个阅读的纯粹者，一个传统的捍卫者或者说一个文字的洁癖者呢？

可能人们很难去逃避技术给我们带来的影响。文字对于我们的重要性不言而喻，它开启了我们对于事物的想象力，但多媒体形式的表现并没有让文字失去原有的力量，而是让内容变得更加生动，做到了你中有我，我中有你。

当我们在阅读新闻的时候，网页中会出现一个嵌入的音频或者视频来还原背景；当我们在 iPad 上阅读一本图书的时候，里面加载了几个视频，作者在讲述创作这本书的心得；当我们在做家务的时候，打开电子书阅读器，用文本朗读功能将耳朵唤醒，使得我们的眼睛得以放松。对于有视力障碍的读者来说，这就是他们了解世界、洗涤心灵的古登堡。

数字时代的阅读已经不仅是文字的阅读，是利用一切 IT 技术表现内容的阅读。我们既读"书"、读"图"，也读"网"。根据 comScore 公司统计，[①]作为世界上最大的视频分享网站，YouTube 在 2008 年 12 月的访问量为 59 亿次，2010 年 5 月的访问量就达到了 146 亿次，而这个庞大的数字仅是由美国网民贡献的。作为世界上最大的图片分享网站，Flickr 在 2010 年 9 月存储的照片总量达到了 50 亿张。[②]

文字和音视频等多媒体资源在互联网时代的互补显而易见，我们无须去辩论多媒体是否侵蚀了我们对于文字的想象力，它的存在如同中国文字的变化一样，都烙在了技术驱动下时代发展的影子上。

---

①　comScore：5 月 YouTube 视频访问量创历史新高［EB/OL］．［2010 - 12 - 12］．http://tech. sina. com. cn/i/2010-06-25/08284350288. shtml.

②　Flickr 网站用户上传照片量达 50 亿张 年增 10 亿［EB/OL］．［2010 - 12 - 12］．http://tech. cn. yahoo. com/yxk/20100919/4c26. html.

3.3　自媒体还是出版大鳄

在亚马逊公司的平台上,作者可以直接上传自己的作品,自行定价并通过 Kindle 平台进行销售,这种个人出版的模式直接颠覆了传统的出版模式。2010 年 10 月,亚马逊又推出一种叫做"Kindle Singles"的计划,[①]吸引作者在 Kindle 平台发布篇幅介于短篇和长篇著作之间的"小册子"。在传统出版的模式下,这种篇幅的作品也不常见,而 Kindle 的此次举措正是适应用户阅读习惯变化的一招妙棋。

几年前,已经有不少作者绕开传统出版商对自己的作品进行网络营销。从亚马逊的例子看出,个人的出版如果借助于网络的平台能够取得非常不俗的成绩。我国盛大的起点中文网拥有大批的网络写手和读者群,通过读者的阅览量进行收费,并与作者进行收益的分成。这些都改变了传统出版的方式。

虽然以上的例子并非主流,短期内还没有对传统的出版商造成很大的冲击,但它们的发展速度却不容小视,如果传统的出版商不能紧跟数字出版的步伐,也许将很快被市场淘汰。

3.4　收费还是免费

Google 模式下的网络环境,让用户感受到免费带来的好处。当免费的乌托邦成为网民的伊甸园时,又有多少人想为他们所需的内容付费?

现在来说网络资源免费的共产主义时代已经到来确是妄言,但 Google"免费＋广告"的策略成为了产业模式的一个代表。在互联网初始的混沌状态中,Google 为其拨开了一片天空。与之相对应的,当音乐产业日薄西山之时,苹果公司的"iPod＋iTunes"的收费模式让音乐产业看到了崛起的曙光。随后的"亚马逊＋Kindle"、"iPad＋iBooks"都效仿此收费模式,并且取得了很好的收益。

美国《连线》杂志主编克里斯·安德森(Chris Anderson)在 2010 年 8 月撰文《Web 已死,因特网万岁》,[②]他在文中说"我们正在逐渐抛弃开放而自由 Web,寻找更加简单、时髦、用起来更舒服的服务,这丝毫不亚于我们当初对它的喜爱之情"。在这篇引起业界广泛热议的文章中,作者充满了对商业模式变革的推崇。他特别提到了苹果公司与传统媒体的合作,推出 iPad 版的图书、杂志、报纸、游戏

---

① Kindle Singles Will Bring Novellas, Chapbooks and Pamphlets to E-Readers[EB/OL]. [2010 - 12 - 12]. http://www. wired. com/gadgetlab/2010/10/kindle-singles-will-bring-novellas-chapbooks-and-pamphlets-to-e-readers.

② The Web Is Dead. Long Live the Internet[EB/OL]. [2010 - 12 - 12]. http://www. wired. com/magazine/2010/08/ff_webrip/all/1.

等内容。

虽然,免费的资源越来越多,但收费资源的营收增长同样非常迅速。美国出版商协会的报告显示,①美国2010年1月至8月的电子图书销量比去年同期增长了193%,达到了2.63亿美元。

收费和免费将是以后网络良性发展的两把利剑,网络资源的丰富和完善需要两种模式的共同促进。

3.5　创作共用协议还是版权独有

据一位制作电子书阅读器的业内人士透露,目前中国出版社官方推出的用于阅读器ePub格式的电子图书不足5000本。虽然具体数字较难考证,但大量劣质和非法电子图书的存在,造成了一定程度的"劣币驱逐良币"。任何人都可以无视版权制作电子图书进行发布,甚至从中营利。诸如百度文库等资源分享网站被以盛大为首的出版商告上法庭以及汉王科技被中华书局认定侵权的案例比比皆是。

我们如何才能辨认出以及阅读到"良币"的电子图书呢? 造成大量"劣币"存在的原因是什么呢? 一个很大原因是传统的版权规则跟不上互联网时代的发展,甚至出现了水土不服。同时,网络环境下分享理念的渗透,使得越来越多的个人和团体进入了新的阵营。本着知识共享的理念,创作共用(Creative Commons, CC)协议应运而生,②它是网络上的数字作品(文学、美术、音乐等)许可授权机制,致力于让任何创造性作品都有机会被更多人分享和再创造,共同促进人类知识作品在其生命周期内产生最大价值。

该协议以构建一个合理、灵活的著作权体系为宗旨,在作者保留某些权利的情况下,作品在特定条件下可以被自由复制或修改,这与传统的所有权利保留的做法形成了鲜明对比,从而使其他人能够在不违反法律的前提下获得更多的创作素材。

CC协议的出现虽然没有撼动传统的版权规则,却是一次互联网知识共享理念的胜利。作为阅读的群体,我们拥有更多选择的权利。当旧势力的改革跟不上现代的步伐,手中满盘的蛋糕必将会被他人分割。同时,因为变革初始的种种不确定性,使得内容产业出现某种混沌的状态。

3.6 Web 还是 APP

克里斯·安德森所说的"Web 已死"的背景之一是互联网大量应用程序的出现。由于手机、iPad 等移动终端不同于家用电脑的特点和某些局限,用户的阅读越来越多地从网页浏览转移到应用程序(APP)的使用。Kindle 的应用程序不仅可以在 Kindle 上使用,而且还可以在手机、iPad 上使用,摆脱了敲入网址的束缚,以单独的形式供用户使用。苹果公司的 iBooks 也可以在 iPad 和 iPhone 上使用。同时,针对于阅读电子图书的 APP 更是层出不穷。《连线》杂志推出 iPad 版的电子杂志 APP 后,第一期便得到了超过传统纸本杂志订阅量的佳绩。目前,越来越多的杂志推出了 iPad 版,无论是传统杂志的扫描版还是专门为 iPad 所做的 iPad 扩展版,都是以 APP 的形式进行呈现。

不得不说,这是移动终端阅读的一个非常显著的趋势。虽然 Web 不会死去,我们还要通过它进行查询、浏览、记录,但在移动终端得到越来越广泛应用的情形下,APP 会得到更加快速的发展和应用。

3.7 推送还是拉取

传统阅读是需要我们按图索骥地寻找所需的资源,如同图书馆的目录卡片所起的作用一样。但在网络时代,我们要应对如何从浩如烟海的信息中快速地找到所需要的信息的问题。

如果说传统阅读是"拉取(Pull)"的话,那么网络时代的阅读则要丰富许多。RSS(真正简易聚合)的应用改变了这一切,它带来了一种全新的信息管理方式和网络阅读的革命。用户根据自己个性化的信息需求,通过 RSS,使信息发布者将用户感兴趣的内容即时地"推送"过来,实现了信息的整合传播。

这也是刚才提到的"Web 已死"的一个例证。我们打开 Google Reader 的应用程序,不需要再登录新闻网站就可以接收到所关心的新闻报道,并且摒弃那些我们并不在意的其他信息。我们不需要每天对着图书馆主页的新书目录进行刷屏,而是图书馆主动将我们关心的主题目录推送到我们面前。

尼葛洛庞帝在 20 世纪出版的《数字化生存》中提到:数字化会改变大众传播媒介的本质,"推"送比特给人们的过程将变为允许大家(或他们的电脑)"拉"出想要的比特的过程。[①]

庞杂纷乱的网络资源改变了我们获取信息的方式,由被动变主动,信息传播与接收从神交已久到比特知音,从远在天边到近在眼前,这是 Web2.0 的力量。

---

① 尼葛洛庞帝. 数字化生存[M]. 胡泳,等译. 海南:海南出版社,1997:4.

3.8 "容"重要还是"器"重要?

Kindle 的成功让出版业看到电子墨水技术带来的春天没有多久,我国的汉王科技等一批阅读器厂商也迅速跟进推出了自己的产品。很快我们又被苹果公司的 iPad 炫目的资源展现形式所折服。它们同时成为了数字出版产业发展的强力催化剂。

对于阅读器来说,是纯粹的软硬件设计重要还是里面的内容重要?赵亮用"有'容'乃'器'"表达了自己的观点:只有"内容"才是电子书阅读器成功的关键。[①]但在现实中,却并非这么简单。由于阅读器的历史较短,在进入数字出版产业领域中还需要很长的路需要走,特别是大多数厂商在内容合作开发上没有与出版商达成某种良性循环的模式,所以像国内的阅读器厂商大多还是通过售卖硬件进行营利,而没有达到 Kindle 在内容建设上所取得的成绩。

从长期的发展来看,抓住数字出版的源头才是关键,而最直接的表现就是如何能够拿到"内容"以及如何能够平衡相关权益方的分配,这两个方面互为因果。

3.9 平板电脑还是电子墨水阅读器?

基于电子墨水技术的电子书阅读器以最接近传统纸张阅读的方式近几年横空出世,成绩不俗。我认为主要原因有以下几个:(1)家用电脑等阅读终端的普及使更多的人习惯于电子书的阅读;(2)人们获取信息的方式也随着互联网的普及慢慢改变;(3)eInk 技术成为电子书阅读器在这几年发展的一个硬件条件;(4)亚马逊 Kindle 阅读器的商业模式创造并引领了一个较好的产业环境。直到 2010 年 4 月,苹果公司推出了平板电脑 iPad,打破了以 Kindle 为首的阅读器一枝独秀的市场,它为我们提供了良好的多媒体资源阅读体验,使得越来越多的公司加入到资源合作中。

除了 iBooks 应用程序外,很多类型的内容都能够在 iPad 上得以展现。比如漫画书已经进入了 iPad 平台,Boom、Graphic. ly、iVerse 等公司已经开始开发出 iPad 应用程序,除了用数字化展现内容外,Graphic. ly 将社交网络整合到移动和桌面应用中,用户登录后即可以对每帧漫画进行评论。[②]

同时,另外一个名为 Flipboard 的应用通过与众不同的理念和设计将用户的 Twitter 和 Facebook 变成一本杂志,并拥有优于网页浏览的便捷。Twitter 带来了

---

① 赵亮.电子书阅读器,现在与未来的桥梁——2009 年电子书阅读器产业的发展与影响述评[J].数字图书馆论坛,2010(6):1-19.

② 传统漫画书会被 iPad 所取代吗?[EB/OL].[2010-12-12]. http://article. yeeyan. org/view/163030/155429.

一场新闻革命,而社交网站 Facebook 已经拥有超过 5 亿的用户,并且按页面浏览量计算,Facebook 上周占美国互联网市场的 24.27%。①两者通过苹果的应用程序对网页的内容有了更好的展示。

ChangeWave 公司对 2800 名美国消费者进行了调查。2010 年 11 月的调查结果显示:75% 的 iPad 用户对他们在这款设备上的阅读体验表示"非常满意",而 Kindle 用户仅有 54% 给出了同样的反馈。②要是把认为"还不错"的读者也算进去,iPad 得到了 96% 的认可,而 Kindle 依旧要逊色一些,数值为 92%。

根据 ChangeWave 研究负责人 Paul Carton 的介绍,从 8 月份至今,iPad 在电子书市场的份额已经翻了一倍,而且与 Kindle 的差距已经缩小到 15% 以内了,目前他所占市场份额达到了 32%。相反跟 8 月相比,Kindle 的市场份额则下降了 15%,变成了 47%。

虽然 iPad 的销量不错,但并没有让 Kindle 停止它前进的步伐。亚马逊公司的报告显示,2010 年第二季度,亚马逊的电子图书销量首次超过精装本图书销量,每卖 100 本精装本图书就能卖出 143 本电子书。总裁杰夫·贝索斯(Jeff Bezos)针对这个数据说:"想到购买精装书的亚马逊顾客还没电子书多,我真的很惊异。我们卖精装书 15 年了,卖电子书的时间只有 33 个月。"③图书的种类大大增加,从 3 年前的 8 万多种到现在的 70 多万种,而且涵盖了绝大部分的《纽约时报》畅销书榜上的图书。在内容建设上,将 iPad 远远地甩在身后。④

传媒大亨鲁伯特·默多克(Rupert Murdoch)于 2010 年 11 月宣布:他的新闻集团将与苹果公司合作,推出一份专门以 iPad 为平台的电子日报,并命名为《The Daily》(日报),他们看中了苹果应用程序的影响力。⑤

可以看出 iPad 正在一步步地侵蚀 Kindle 的份额,但它们的增长量确实齐头并进,共同推进了数字阅读的发展。与其说是选择 Kindle 还是 iPad,不如说是选择阅读文字的快感还是选择多媒体带来的视觉和听觉带来的冲击。不同的群体有不同的需求,虽然这两个设备在阅读体验上还有一些待改进之处。

---

① Facebook 页面访问量占美互联网市场 1/4[EB/OL].[2010 - 12 - 12]. http://tech.sina.com.cn/i/2010-11-20/09564889398.shtml.

② 电子书之战:Kindle 快成明日黄花,iPad 锋芒毕露[EB/OL].[2010 - 12 - 12]. http://www.ipadzh.com/?p=6267.

③ 亚马逊电子书销量首超纸质精装书[EB/OL].[2010 - 12 - 12]. http://www.dianzhishu.com/amazon/20100721-718.html.

④ Amazon Says E-Books Now Top Hardcover Sales[EB/OL].[2010 - 12 - 12]. http://www.nytimes.com/2010/07/20/technology/20kindle.

⑤ A News Corp. Newspaper, but Not in Print[EB/OL].[2010 - 12 - 12]. http://www.nytimes.com/2010/11/22/business/media/22carr.html.

3.10 个体与群体

一直以来,阅读是一个非常个人化的行为,甚至关系到自己的隐私。虽然也有读书会这样的阅读团体,但由于缺少有效的沟通渠道,阅读还是不经意地贴上了"个体"的标签。

网络时代让这一切发生了很大的变化。人们可以通过豆瓣网站记录、分享自己所阅读的图书、观看的电影和聆听的音乐。用户通过对图书的评价来影响其他人对于该书的阅读。而且,用户可以根据自己的喜好建立某个主题小组,类似于读书会,形成一个小的社区,互通有无,交流心得。

打开网上商店准备购买一本图书时,网站会提醒你购买本书的读者可能还会购买的其他图书,这种社会化的网络技术应用正在改变着我们阅读来源。

网络所具有的分享特征使得用户能够主动地去了解某些资源,并根据自己的判断来决定是否进一步的阅读。传统的口耳相传移植到网络中,使得少人问津甚至是历史遗孤的资源游入"蓝海"中,甚至跃入"红海"。"酒香不怕巷子深"这句话对于网络资源来说也许会比传统出版下的资源更有说服力。

网络社区文化的力量使得我们的阅读环境从一个小山村走向了整个地球村,你影响着我,我影响着你。

4 我国数字化阅读的发展

近几年来,我国数字产业发展迅速。据统计,2009 年我国数字出版产业的产值达 799.4 亿元,比 2008 年增长 50.6%,产业增长率继续保持高增长速度。[①]其中数字期刊收入 6 亿元,电子书收入达 14 亿元,数字报(网络版)收入达 3.1 亿元,网络游戏收入达 256.2 亿元,网络广告达 206.1 亿元,手机出版(包括手机音乐、手机游戏、手机动漫、手机阅读)则达到 314 亿元。网络游戏、网络广告和手机出版成为数字出版产业名副其实的三巨头。预计 2010 年,数字出版业的发展仍将保持快速增长态势,整体收入将突破千亿元大关。

阅读的革命就是出版的革命,阅读的变革离不开出版的革新。我国数字出版方兴未艾,甚至在某些方面达到了发达国家的发展水平,但我们不能回避整个行业发展的落后。新闻出版总署副署长孙寿山总结了五个方面的表现:

一是传统新闻出版单位运用科技手段的主动性和能力仍然不强。目前,国内

---

① 数字出版产业年度报告发布 六大问题七大趋势详解 [EB/OL]. [2010－12－12]. http://www.cnii.com.cn/xxh/content/2010-07/21/content_780340.htm.

的数字出版产业基本是由技术提供商来推动的,传统出版单位处于被动的地位。除少数有实力、资金雄厚的出版集团积极拓展数字业务,众多中小型出版单位受限于自身资金、资源、人才的制约,在开展数字出版和推出数字化产品方面建树不多。二是相关制度安排尚未到位。三是人才缺乏,特别是缺少既懂出版又懂数字技术的复合型人才。四是行业标准化意识比较单薄,存在着只认部门规章,漠视技术标准的现象;行业标准尚未形成,特别是基础性标准和关键性标准存在缺失。五是数字出版全行业仍未形成统一、合理的数字出版商业模式或营利模式。

制约数字出版快速发展的瓶颈问题依然存在,有些问题和矛盾还比较尖锐。网络阅读环境还不完善,市场中充斥很多不规范的操作,还没有形成传统出版的数字化转型。而从国际上来看,从事专业出版的跨国集团基本完成了数字化转型(如 Elsevier、Springer 等出版集团),从数字化方面获取的收益已经超过 50%,专业出版的数字出版商业模式转型已经基本完成。

虽然传统出版机构的数字化转型并不充分,但在数字出版产业中却出现了很多新生力量,并且赢得了较好的市场和口碑。在这其中,电子书阅读器市场发展尤为迅速。

汉王科技从 2008 年开始推广阅读器以来,经过两年多的时间,其产品已经排在世界阅读器销量的第二位,占据了国内市场的绝大部分份额。2010 年 11 月 2 日,汉王科技还在香港太子始创中心举行全港首家数字阅读咖啡体验店开幕仪式。[①]

中国移动与多家电子书阅读器厂商合作,推出数字阅读业务。中国移动在浙江成立阅读基地后,于 2010 年 5 月份开始正式推出手机阅读业务,目前,中国移动已经推出支持移动阅读业务的 400 余款手机终端及 8 款电子阅读终端。[②]

2010 年 7 月,中国联通宣布,公司与中国文化传媒集团签署战略合作协议。与此同时,我国第一家文化信息类手机报《中国文化手机报》正式创刊。此前,中国电信则和国家新闻出版总署签署了合作备忘录,加大在数字阅读和数字出版领域的合作。[③]

2010 年,中国三大通信运营商全部正式进入到数字出版领域,它们利用先进的技术以及庞大的用户群等优势,联合众多内容提供商,为我们提供多元化的阅

---

① 香港首家! 汉王开数字阅读咖啡体验店[EB/OL]. [2010 - 12 - 12]. http://www. pcpop. com/doc/0/594/594248. shtml.

② 中国移动调整电子图书阅读器终端补贴政策[EB/OL]. [2010 - 12 - 12]. http://www. techweb. com. cn/news/2010-07-19/643373. shtml.

③ 三大运营商逐鹿数字阅读 聚合应用破局移动互联[EB/OL]. [2010 - 12 - 12]. http:// news. xinhuanet. com/eworld/2010-08/09/c_12425427. htm.

读服务。

正如孙寿山所说,以数字出版为代表的新业态已经成为世界出版大国强国的战略选择,在出版技术创新、新业态培育等领域的竞争日趋激烈,我国还有较长的路需要走。

5 我国图书馆如何应对阅读的变革

网络环境下,图书馆受到了前所未有的影响,更多的用户习惯于通过互联网检索和获取资源。图书馆如何能够与时俱进,立足于我们的优势利用新技术为用户服务呢?

5.1 加大电子资源的馆藏数量

我国图书馆的数字化馆藏建设已经有 10 多年的历史,并取得了一定的成绩。公众可以通过图书馆的网站进行数字资源的获取。最近几年,数字资源的馆藏数量越来越多,电子资源采购经费的比例加大,高校针对外文文献的联盟采购也有了很大的进展。2009 年 12 月,由北京大学图书馆、香港城市大学图书馆牵头,两地 15 家高校图书馆以联盟采购的方式首批成功购入 4425 种共 9781 册英文学术性电子图书。[①]

据 2009 年高校图书馆发展报告(征求意见稿),468 所高校图书馆的电子资源采购费总额约为 4.98 亿元,馆均约为 106.5 万元,约占馆均文献资源购置费的 32% ,高于 2008 年的 94.4 万元和 2007 年的 82 万元。这些数据表明,各个馆用于采购电子资源的经费,基本上是连年递增。[②]

5.2 拓展多种服务方式

随着手机网民的大幅度增加,图书馆开始搭建移动图书馆的平台,从而可将传统互联网和移动互联网进行融合,将图书馆跨库检索技术与移动环境无缝对接,为读者提供更加便捷的服务,逐步确立图书馆在移动阅读中的地位。

国内已经有多家图书馆提供了移动服务,2008 年 12 月,国家图书馆推出了以短信、WAP 等技术为主的移动数字图书馆、短信服务、WAP 网站、国图漫游以

---

① 共同建设 共享未来——2010 年内地与香港高校图书馆英文图书合作馆藏发展工作会议在北大举行[EB/OL].[2010 - 12 - 12].http://hi.baidu.com/pkulibrary/blog/item/a557adf299d3f35c352accdd.html.

② 2009 年高校图书馆发展报告(上)[EB/OL].[2010 - 12 - 12].http://blog.sina.com.cn/s/blog_542d9f710100okcl.html.

及手机阅读等服务模块,"掌上国图"服务正式向读者开放。上海图书馆早在2005年就开始了移动服务的探索和实践,并于2009年10月正式对外推出以http://m.library.sh.cn为域名的手机图书馆网站,初步实现了将图书馆服务延伸至读者手机端。一个月后,上海图书馆又在国内图书馆界首家推出手机电子书服务。①

移动技术的发展对图书馆的应用是一次良好的契机,它在一定程度上正在改变着图书馆的服务模式。

随着电子书阅读器的出现,越来越多的图书馆推出了外借阅读器服务。国家图书馆从2008年9月推出阅读器的馆内借阅服务,到2009年9月实行外借服务。上海图书馆在2009年3月开始实行阅读器的外借服务。2009年5月,北京大学图书馆向读者提供阅读器外借服务。

通过借阅阅读器,拓展了图书馆的服务方式,并且为阅读器产业培育了市场,更好地引导读者的阅读习惯的改变。

以上可以看出,我国的很多图书馆在新技术的环境中并未落伍,但同时也应该看到,大部分的图书馆并没有真正地利用好技术带来的变化,特别是公共图书馆发展的步伐没有跟上。反观美国,从1998年开始,美国的图书馆开始向公众提供电子图书的业务,但仅能浏览,不提供下载,而且主要用于科研、教学。但2010年,美国66%的公共图书馆向读者提供电子书,而3年前只有38%。②截至2010年9月30日,高春玲通过调研发现,美国排名靠前的40所大学图书馆中,30所图书馆提供移动图书馆服务,普及率高达70%。③

同时,图书馆也加大技术的研发力量和进行最新的技术应用,2008年9月,中国国家图书馆推出了"数字国图'3D虚拟现实馆'",以3D的技术来展现人类文明的遗产。④

刘炜认为图书馆在网络环境下应该"以数字图书馆为资源基础,以图书馆2.0为服务基础,使出浑身解数拉住读者,抢占虚拟世界中的高地,尤其要抢占电

---

① 张磊,等.上海图书馆的移动服务[J].数字图书馆论坛,2010(11):8-16.

② E-books in U.S. Public Libraries[EB/OL].[2010-12-12].http://www.ala.org/ala/research/initiatives/plftas/2009_2010/ebooksmap0910.cfm.

③ 高春玲.解读美国移动图书馆发展的昨天、今天和明天[J].数字图书馆论坛,2010(11):25-32.

④ 数字国图"3D虚拟现实馆"震撼登场[EB/OL].[2010-12-12].http://biz.cn.yahoo.com/080910/6/ruqu.html.

子书服务市场,在新兴的产业链中合纵连横,发挥独特作用,使数字阅读无所不在"。①

6　结语

　　福楼拜在《致尚特皮小姐》中写道,"阅读是为了活着",这句话成为很多读书人的座右铭。数字时代的阅读不仅是为了活着,而且是为了活得丰富多彩、千姿百态。数字阅读的时代还没有真正来临,它只是走在路上;也可以说数字阅读的时代已经到来,它并非一蹴而就,而是自我修正,亦步亦趋。数字时代的阅读并非去纸质化,而是信息时代资源存取与拥有的多元化,它提升而非消除原有的模式。资源类型的多元化与阅读平台的延伸是数字化阅读的纵横坐标,它们的长度依赖于信息技术的发展,同时也引领阅读的方向。

供稿:顾晓光(北京大学信息管理系)

张洁(国家图书馆)

---

　　① 数字阅读与未来图书馆[EB/OL]. [2010 - 12 - 12]. http://www. kevenlw. name/archives/2051.

云计算技术与图书馆自动化系统的未来

2009 至 2010 年,是云计算概念在图书馆领域内推广的两年。在 IT 领域中,云计算已经是一种成熟的商业运作模式,大量 IT 领域巨头 Amazon、Google、Microsoft 等都推出了自己的云计算软件平台,覆盖从直接提供软件服务的 SaaS 到提供硬件支持的 IaaS 的各种应用。而在图书馆领域内,一方面积极通过调整图书馆的工作模式,利用这些通用平台以帮助发展图书馆业务工作,另一方面也在对图书馆自身的云计算平台进行研究,以期实现一些图书馆特有的业务需求。

本文以国内的同方知网、维普中文科技期刊数据库、万方数字化期刊 3 个数据库,国外的 Emerald、EBSCOhost、Factiva、ScienceDirect、ProQuest、Elsevier、IEEE、ISI Proceedings 各大数据库,以及美国国会图书馆、大英图书馆、OLCC 等网站为信息获取的渠道,结合 Google 和百度的新闻搜索和文件搜索功能,对 2009 至 2010 年图书馆界在云计算方面的应用和研究作了一次分析总结,以期反映这一阶段中图书馆领域内云计算的总体发展情况。

1 云计算的概念和起源

云计算的概念是在 2007 年由 IT 界提出的一个概念,关于到底是谁提出,有很多不同的声音,有人认为是 Sun 公司的约翰·盖奇,他早在 1988 年曾经说过"网络就是计算机"。[①]有人认为是 1995 年,Oracle 的 CEO 拉里·艾利森(Larry Ellison),他提出了网络计算机(NC)的概念,[②]但大多数人还是认为云计算是 2007 年由 Google 公司正式提出。[③]那么究竟什么是云计算,先引入 Sun 在《云计算入门白皮书》作出的定义:"云计算是一种把 IT 资源当做服务来提供的手段,几乎所有 IT 资源都可以作为云服务来提供:应用程序、计算能力、存储容量、联网、编程工

---

① 范百炼."网络就是计算机"的远见卓识[N/OL].计算机世界报,1995(41).[2011 - 02 - 27].http://www2.ccw.com.cn/1995/41/134908.shtml.

② Network Computer From Wikipedia, the free encyclopedia[EB/OL].[2011 - 02 - 27]. http://en.wikipedia.org/wiki/Network_computer.

③ Google and I. B. M. Join in 'Cloud Computing' Research[EB/OL].[2011 - 02 - 27]. http://www.nytimes.com/2007/10/08/technology/08cloud.html?_r = 2&ex = 1349496000&en = 92627f0f65ea0d75&ei = 5090&partner = rssuserland&emc = rss&oref = slogin.

具,以至于通信服务和协作工具。"①通过 Sun 公司的定义,可以看出云计算这个概念本身就是强调资源即服务,让用户共享运营商的 IT 资源,实现云服务。而资源共享这个概念在计算机领域并不鲜见,可以说贯穿了计算机发展的历史。早在 20 世纪 70 年代中期,随着大规模集成电路的出现,服务器的计算性能得到了大幅提高,计算机领域就已经出现了分时操作系统,用时间片轮转的方式,让几十甚至几百个使用者同时访问同一台计算机。到了 20 世纪 70 年代末,Intel 设计出了第一台 PC 机,个人电脑的出现使计算机的主流应用又回到了独占使用的情况。20 世纪 90 年代初互联网开始在普通公众身边出现,Oracle 和 Sun 这些有前瞻性的公司提出了 NC 的概念,使用瘦客户机通过终端服务的方式远程访问服务器,但当时的网络条件和计算机硬件的限制,使得 NC 的发展并不顺利。直到 21 世纪初随着 Web2.0 概念和云计算概念的提出,IT 资源共享这个概念才又回到人们的视野中。通过上述的简介,可以看到 IT 界也是于资源共享和单机工作的发展交替出现中发展,随着计算机性能和网络质量的提高,资源共享乃至云计算的工作方式会得到越来越多人的接受。如果用政治经济学中的表述方法那就是:IT 资源共享与集中是由人们日益增长的计算需求和计算机硬件的能力之间的矛盾造成的。

云计算虽然是由 IT 界首先提出,但这个概念本身并不是一个技术名词。要实现云计算,需要由虚拟化技术、服务器集群、负载均衡、Web、XML 等很多具体的计算机技术共同完成。而这些技术本身都已经比较成熟,甚至已经成功应用了十几年。所以在 IT 界内,甚至在 2009 年国内的图书馆界都就云计算是不是炒作,进行过争论。以笔者的观点,云计算所使用的技术比较成熟,但大量的成熟技术和技术应用环境带来的工作模式却是以前所不曾使用的,这种新的工作模式使得云计算很有可能在不久的将来作为一种主流的服务模式而长久存在。与其说云计算是炒作,不如说是包装来得更准确一些。

云计算作为一种新的资源利用方式,受到了图书馆界的关注。通过对 CNKI 收录的论文进行分析,图情专业关于云计算方面的论文数量 2009 年 20 篇,2010 年 89 篇。按 CNKI 的分类,其中图书馆学及管理共 59 篇,数字图书馆 28 篇,读者工作及藏书建设 17 篇,各类型图书馆 7 篇,情报学、情报工作 1 篇。可以看到国内对云计算方面的研究还是以 2010 年为主,侧重于讨论云计算对图书馆各领域的影响。

国外相关论文主要通过 ISI Proceeding 提供的工具进行了数据分析,分析结

---

① Sun 云计算入门白皮书[EB/OL].[2011 - 02 - 27]. http://wenku. baidu. com/view/292fb1da50e2524de5187e34. html.

果如图 1 和图 2 所示。

字段: 出版年	记录数	%, 共 80	柱状图
2009	41	51.2500 %	
2010	24	30.0000 %	
2008	13	16.2500 %	
2007	2	2.5000 %	
字段: 出版年	记录数	%, 共 80	柱状图

图 1　按时间分类进行归类

字段: 学科类别	记录数	%, 共 80	柱状图
INFORMATION SCIENCE & LIBRARY SCIENCE	80	100.0000 %	
COMPUTER SCIENCE	74	92.5000 %	
BUSINESS & ECONOMICS	21	26.2500 %	
MATHEMATICAL & COMPUTATIONAL BIOLOGY	4	5.0000 %	
ENGINEERING	3	3.7500 %	
IMAGING SCIENCE & PHOTOGRAPHIC TECHNOLOGY	3	3.7500 %	
MATHEMATICS	3	3.7500 %	
MEDICAL INFORMATICS	3	3.7500 %	
PUBLIC ADMINISTRATION	3	3.7500 %	
RADIOLOGY, NUCLEAR MEDICINE & MEDICAL IMAGING	3	3.7500 %	
字段: 学科类别	记录数	%, 共 80	柱状图

图 2　按研究领域进行归类

可以看到,国外图书馆领域的关于云计算论文的研究高峰出现在 2009 年,在 2010 年出现了论文数量上的下滑,这一点和国内的情况有很大不同。从论文的研究领域上分析,论文主要集中于计算机技术领域(当然这也与不同数据库的分类方法有关),除了和国内类似的研究方向外,国外有一部分的文章着重分析介绍了图书馆使用 Google App 等云计算工具和对读者培训方面的内容。

云计算作为一种资源分配提供方法,对于图书馆这样一个集保存、开发人类信息资源及社会教育功能于一身的社会机构提供了非常好的平台支持。图书馆用户可以按自身的需求,应用云计算的工具为读者服务。一方面,图书馆作为 IT 成果的享用者,主要以应用云计算平台为主,这包括直接使用成熟的面向服务的应用(SaaS)与面向开发的应用(IaaS 和 PaaS),但另一方面,大型图书馆,或者有实力的图书馆软件商也会自行开发图书馆专用的云计算平台,这种云平台随着开发者的角度不同,各有侧重面,当这个平台可以较全面地覆盖图书馆采、编、阅、藏等环节后,就可以称这个云平台是一个基于云的图书馆集成系统(Integrated Library System,简称 ILS 系统)了。

2 云计算技术的应用

(1)图书馆界对公众型云计算工具的利用

图书馆对云计算工具的了解,是从由 IT 企业开发的面向公众的云计算工具开始的,例如 Google Doc、Google Reader 等 SaaS 的软件,或者 Amazon 提供的 EC2、S3 等 PaaS 软件。EC2(Elastic Computer Cloud,弹性计算云)是基于 VM 实例运行平台,S3(Simple Storage Service,简单存储服务)是云存储平台。这两者是亚马逊最常用的云服务,也是国外研究云计算时最常用的两个平台。

(2)培训

丹佛公共图书馆向普通公众普及云计算应用,并对普及情况进行一系列研究,用户进行以 Google 的相关产品为主的使用培训,向用户培训 Google Docs、YouTube 等应用,并通过这种培训起到了非常好的效果。[1]图书馆作为一个社会教育机构,对公众进行云计算的普及性教育是分内的工作。

(3)办公应用

美国东肯塔基大学图书馆在日常的工作中使用 Google Docs,它们把 Google Calendar 当做培训和会议的日历,还用 Google Analytics 来收集网站、图书馆目录以及博客的数据。[2]

中国国家图书馆也在 2010 年年底启用了新的 OA 系统,该系统采用"万户 ezOffice 协同管理平台"软件,采用 B/S 模式运行,内部集成了文档、日历、邮件、论坛等多个办公工具,所有数据存放于国图的服务器上,是典型的私有云的应用。

(4)图书馆系统搭建

OhioLINK 图书馆联盟正在使用 Amazon's Web Services 托管一部分他们的数

---

① Cassi Pretlow, Tina Jayroe. Training in the Clouds[J]. *Computers in Libraries*, 2010, 30 (4): 18 – 23.

② Ellyssa Kroski. Library Cloud Atlas: A Guide to Cloud Computing and Storage[J/OL]. *Library Journal*, 2009 – 10 – 09[2011 – 02 – 27]. http://www.libraryjournal.com/article/CA6695772.html.

字公共资源,并且测试在云中的服务器管理以及 DSpace 馆藏软件的局限。①

哥伦比亚区图书馆(District of Columbia Public Library)使用 Amazon 公司的 EC2 服务托管网站,并使用 S3 服务对图书馆集成系统进行备份。②

位于科罗拉多州甘尼森的东部州立大学(Western State College in Gunnison, Colorado)正在为其 ELibrary 使用 Google's App Engine,它们还把两个 Microsoft Access 的数据库——丛编流通和政府出版物管理——移到了这个服务上。③

一家奥地利研究中心机构利用亚马逊的 EC2 和 S3 云基础设施,在其上进行实验性部署,研究数据资源在云计算技术下的长期存储问题。此项研究通过云计算的方式来解决计算能力不足的问题,通过网格存储来解决存储的问题,并举了 EGEE 的例子,说明网格可以提供 PB 级的存储能力,同时对云存储的执行效率进行了测试。④

2009 年 6 月,美国国会图书馆 NDIIPP 项目与 DuraSpace 合作开展了一项为期一年的关于数字资源永久保存的试验项目的应用,该合作使用的是 DuraSpace 开发的云平台 DuraCloud。DuraCloud 平台可以使一家机构在没有专门技术基础设施的条件下提供数据长期保存服务。除美国国会图书馆外,NDIIPP 项目的成员还有纽约公共图书馆和生物多样性历史文献图书馆也参与了此项应用。⑤

CiteSeer 索引基于云环境下的研究与实现:在一个云环境中使用 CiteSeer 引擎服务的实例。⑥CiteSeer(又名 ResearchIndex),是 NEC 研究院在自动引文索引

① Ellyssa Kroski. Library Cloud Atlas: A Guide to Cloud Computing and Storage [J/OL]. *Library Journal*, 2009 - 10 - 09 [2011 - 02 - 27]. http://www. libraryjournal. com/article/CA6695772. html.

② Ellyssa Kroski. Library Cloud Atlas: A Guide to Cloud Computing and Storage [J/OL]. *Library Journal*, 2009 - 10 - 09 [2011 - 02 - 27]. http://www. libraryjournal. com/article/CA6695772. html.

③ Ellyssa Kroski. Library Cloud Atlas: A Guide to Cloud Computing and Storage [J/OL]. *Library Journal*, 2009 - 10 - 09 [2011 - 02 - 27]. http://www. libraryjournal. com/article/CA6695772. html.

④ Rainer Schmidt, Christian Sadilek, Ross King. A Service for Data-Intensive Computations on Virtual Clusters [C]. 2009 First International Conference on Intensive Applications and Services, 2009: 28 - 33.

⑤ Library of Congress. Library of Congress and DuraCloud Launch Pilot Program Using Cloud Technologies to Test Perpetual Access to Digital Content [N/OL]. [2011 - 02 - 27]. http://www. loc. gov/today/pr/2009/09-140. html.

⑥ Pradeep Teregowda, Bhuvan Urgaonkar, C. Lee Giles. Cloud Computing A Digital Libraries Perspective [C/OL]. 2010 IEEE 3rd International Conference on Cloud Computing, 2010 [2011 -02 - 27]. http://csl. cse. psu. edu/publications/teregowda-2010-cloud. pdf.

（Autonomous Citation Indexing，简称 ACI）机制的基础上建设的一个学术论文数字图书馆。这个引文索引系统提供了一种通过引文链接的检索文献的方式，目标是从多个方面促进学术文献的传播和反馈。通过实验证实 CiteSeer 引擎在云环境中是可以持续发展的。

（5）云服务器搭建

中国国家科技图书馆使用 XENServer 软件搭建了一个云平台。①XEN 是 Linux 平台虚拟化的常用软件，但使用难度较大，且必须安装在 Linux 上，XENServer 简化了 XEN 的操作，除了 Linux 外还可以运行在 Windows 平台上，可以比较简单地搭建一个云平台。国家科技图书馆通过 XENServer 实现了包括 Linux、Windows Server；Wiki、论坛等平台，是图书馆建立云平台的基础。XENServer 有一个免费版 XENServer Express Edition，可以供初学者下载学习。②

云平台的系统框架设计：基于 Google 提供的 App Engine 开发平台和公钥加密实现的数字图书馆平台，该平台具备了基本的数据加工和流通等功能。③④⑤

中国高等教育文献保障系统 CALIS 的第三期规划将建设基于云技术的数字图书馆服务平台（Nebula 平台）。建设中国高等教育数字化图书馆（China Academic Digital Library & Information System，简称 CADLIS），一方面为高校用户提供多级的数字资源和书目数据的查询服务，另一方面帮助各高校馆提供本地化的云计算解决方案。⑥

① 测试服务地址：http://cloud. las. ac. cn。

② 赵华茗，李春旺，周强. 基于 XENServer 的数字图书馆云服务平台实现研究［J］. 电信科学，2010（S1）：33－38.

③ 叶小榕，邵晴. 一项结合云计算和 PKI 的数字图书馆系统框架设计［J］. 科技导报，2010，28（9）：63－67.

④ Buck, Stephanie. Libraries in the Cloud Making a Case for Google and Amazon［J］. *Computers in Libraries*, 2009, 29（8）: 6－10.

⑤ Google Code. 在 Google 的基础架构上运行您的网络应用程序［EB/OL］.［2011－02－27］. http://code. google. com/intl/zh-CN/appengine.

⑥ 王文清，陈凌. CALIS 数字图书馆云服务平台模型［J］. 大学图书馆学报，2009（4）：13－18，32.

CALIS SaaS服务	CALIS 本地应用系统	第三方 本地应用系统	第三方 应用系统
	CALIS本地应用基础平台		

CALIS Cloud云联邦服务平台（Service Federation Platform）
（统一服务接口、服务注册和集成、认证、安全等）

CALIS Cloud公共服务平台(PaaS)
（数据服务、统一认证、计费等）　　第三方公共服务平台(PaaS)（图片、支付等）

基础平台服务（Basic/PaaS）
（数据库、应用环境等）

基础设施服务（LaaS/HaaS）
（存储、计算等）

图 3　CALIS 云服务平台总体模型

Nebula门户服务

CALIS中心门户	分中心门户	图书馆门户	ISV门户

Nebula应用系统/服务

统一检索	仓储检索	资源调度	馆际互借	文献传递
参考咨询	版权保护	学位论文	特色库	教学参考
联机编目	期刊服务	资源导航	服务评估	机构库
古文献	联合订购	知识服务	数据发布	数据采集
课件	培训	社区服务	长期保存	其他…

Nebula核心服务和通用服务

用户注册	账户管理	统一认证	大数据存储	检索引擎
服务注册	服务同步	统一授权	文件下载	知识引擎
应用注册	服务调度	代理认证	工作流	标识符管理
租客注册	负载管理	支付	安全管理	日志
组件自动更新	缓存管理	计费	监控	可视化

Nebula开发平台

客户端	ORM服务	远程服务	系统服务	国际化

Nebula基础服务

Nebula OSGi基础框架

图 4　CALIS 云服务平台服务架构

3 基于云的图书馆集成系统的实现

上面是图书馆领域内对云计算的应用技术的探讨，涉及云计算实现的方方面面，从直接简单的应用软件服务，到利用云计算建立自己需要的索引，最后再到建立图书馆需要的专用云平台。随着对云计算了解的深入，有一些图书馆领域的机构已经开始使用基于云计算模式的图书馆集成系统，虽然其中有些系统只上线了部分功能，或者只具备了云计算的部分特性，但是这种发展代表了图书馆集成系统的未来。下面举例说明：

（1）WorldCat Local①

WorldCat Local 是 OCLC 在 2009 年 4 月推出的一款基于 Web 的产品，该产品在原来 WorldCat. org 的基础上，加入了针对成员馆的个性化功能，例如当成员馆的用户登录后，可以看到自己所属馆的馆标，而且检索书目时，成员馆的馆藏数据也会在检索列表的最前面。通过这种方法为成员馆建立了一个线上的 OPAC 系统。除此外，WorldCat Local 还集成了例如 SNS、联邦检索等功能，这样一款在线 Web 产品应该算是一种针对图书馆用户的云计算应用。从 OCLC 的规划上看，在未来 1 至 2 年里，WorldCat Local 还将添加采访模块和流通模块等功能。当这些功能实现后，WorldCat Local 就具备了一个图书馆集成系统的主要功能而成为一个基于云计算技术的图书馆集成系统。②③

（2）Koha Express④

Koha 系统诞生于 1999 年，是世界上第一个开源的图书馆集成系统，该系统是典型的基于 LAMP 平台（Linux + Apache + MySQL + PHP/Perl/Python）开发的软件，符合 GNU 协议。这种平台先天优势决定了 Koha 系统具有搭建成本低、修改灵活的特点。最早是新西兰的 Horowhenua Library Trust，委托一家叫 Kapito Communications 的软件公司开发了 Koha 的第一个版本。2005 年，Liblime 公司成立并从商业的角度开始支持 Koha，陆续增加了很多新功能，迄今为止已经有超过

---

①　编目精灵. WorldCat Local：取代本地 OPAC？［EB/OL］.［2011 - 02 - 27］. http://catwizard. blogbus. com/logs/5057907. html.

②　OCLC 启动 WorldCat Local 快速启动计划［EB/OL］.［2011 - 01 - 26］. http://www. doc88. com/p-54259870739. html.

③　Andrew H. Wang. WorldCat Local OCLC 应用云计算提供图书馆服务的范例［EB/OL］.［2011 - 02 - 27］. http://www. docin. com/p-61549895. html.

④　编目精灵. 开源与云计算结合的 ILS——Koha Express［EB/OL］.［2011 - 02 - 27］. http://catwizard. blogbus. com/logs/46354311. html.

800 个图书馆用户采用 Koha 系统。在 2009 年 9 月,Liblime 公司推出了名为 Koha Express 的系统托管服务,类似于网站建设的虚拟主机服务,为用户提供了一个可以直接应用的 Koha 平台,通过这种方式提供了 Liblime 公司的云服务。与 OCLC 的 WorldCat Local 相比,Koha 提供了更加完美的图书馆集成系统的功能。因为用户是直接使用一个完整的 Koha 系统,包括在线的编目模块和用户管理模块等。

但是另一方面,Koha 系统中每个图书馆的数据相对独立,没有利用到云服务器端馆藏信息的共享功能,各图书馆的读者都只能检索到自己访问的图书馆的数据。另外 Koha Express 虽然费用低廉,仅为＄299/年,但允许的书目数据量最大只有 7.5 万条,所以只适合社区图书馆等小型图书馆使用。

（3）‡biblios. net Cataloging[1]

‡biblios. net Cataloging 是世界最大的免费图书馆记录(元数据)仓储,它采用基于社会网络的编目模式,提供完全免费的、基于浏览器的编目服务。

‡biblios. net Cataloging 系统是基于 Google Gear 开发的 Web 端程序,支持 MARCXML、ISO 2709、DC、ONIX 等多种数据格式。该系统最大的特点是把维基的观点引入编目领域,所有书目数据没有编目级别的限制。任何人注册账号后,都可以对书目数据进行修改。该系统支持开放存取,上传和下载书目数据都是免费的。

但是,‡biblios. net Cataloging 系统也有其缺点,一个问题是 Google Gear 技术已经被 Google 放弃,因为 HTML5 标准中已经内置了离线解决方案,另一个问题是 biblios. net 目前还是一个实验性系统,这种模式本身并没有被图书馆界广泛接受。

（4）Nihon Unisys[2][3]

日本的 Nihon Unisys 公司基于云计算电子图书,修改了 iNeo 公司设计的数字图书馆系统,修改后的系统对电子图书进行了加密,用户无法打印或复制。目前该系统只应用于 PC 机,未来可能会应用到 iPad 等手持设备上。

（5）NExpress Koha[4][5]

该项目是一个自动化服务,目的是为各种类型的图书馆提供一个资源共享库,通过一个统一的 ILS 系统降低软硬件成本,该项目建立了 NEKLS（Northeast

① ‡biblios. net Cataloging[EB/OL]. [2011 - 02 - 27]. http://biblios. net.

② Nihon Unisys Ltd.. Nihon Unisys To Supply E-Book System To Libraries[N/OL]. Nikkei Report, 2010 - 05 - 29[2011 - 02 - 27]. http://topics. treehugger. com/article/0geVbIagj7dy2.

③ Nihon Unisys Launches Cloud Computing Library Service[N/OL]. Jiji Press English News Service, 2010 - 06 - 07 [2010 - 02 - 27]. http://www. accessmylibrary. com/article-1G1-228322140/nihon-unisys-launches-cloud. html.

④ Kansas Regional Library Systems[EB/OL]. [2010 - 02 - 27]. http://systems. mykansaslibrary. org.

⑤ NExpress Shared Catalog[EB/OL]. [2010 - 02 - 27]. http://www. nexpresslibrary. org.

Kansas Library System),Kansas Library Express 是基于 NExpress Koha 项目的快递服务,利用 NEKLS 向堪萨斯州内的读者投递图书。

(6)浙江数字图书馆群

国内也有与 NExpress Koha 类似的运行系统,以浙江省为例,就有省级的浙江网络图书馆,市级的嘉兴数字图书馆、宁波市数字图书馆、杭州市数字图书馆,以及高校系统的浙江省高校系统图书馆等。这些数字图书馆共有的特征就是在数字文献上对自身资源整合并利用上游提供的资源,为所属范围内的用户服务。另外在普通文献上大力开展文献传递服务,通过快递的方式借阅图书。数据的整合主要是通过网页抓取、数据导入和 OAI 收割三种方式来完成。

从上述的几个系统可以看到以下几点特征:

(1)对于云计算的发展,联合编目中心由于原来的数据方面和系统方面的积累,有着得天独厚的优势,所以比较完善的图书馆系统云平台很有可能最先出现在像 OCLC、CALIS 这种机构中。

(2)图书馆的数字资源主要以分布在各自不同的系统中,完全依靠分布式系统进行联邦检索,不管是从响应速度上,还是从数据的唯一性上都无法很好地满足用户需要。只有经过种种途径整合过的数据,才能更好地完成任务,完成查询后,再通过分布式系统或云存储的方式把资源提供给读者。

(3)开源的图书馆系统搭建明显具有成本优势,应该是发展云计算平台非常良好的基础,但从目前的实现上看,各图书馆相互独立,这样的系统类似于网站建设上的虚拟主机服务,还有需要改善的空间。

4 云计算在图书馆领域的影响

除了与云计算直接相关的 IT 技术的研究外,还有些学者把主要的研究视角集中在图书馆在目前的云计算的背景下会受到哪些影响,换言之,图书馆面临的机遇与挑战。

(1)安全问题

图书馆引进云计算平台,首当其冲的问题就是安全问题,从云计算不同的角度考虑,对于图书馆对云计算平台的安全问题有截然不同的两种意见:

一方是认为云计算平台由专业的 IT 公司搭建,为用户提供了一个可靠、安全的数据存储平台,有专业的技术人员负责系统安全,有强大的硬件防火墙屏蔽非法操作,所以云计算可以提高图书馆数据的安全性;[1][2]另外云计算采用服务器集

---

① 孔凡娟.云计算带给图书馆的影响与思考[J].图书与情报,2010(2):93-95.
② 尉霖.云计算在图书馆工作中的应用研究[J].农业网络信息,2010(8):54-56.

群,通过数据冗余来提高数据的可靠性,从硬件层上提高数据的安全性。①

但是另一方认为如果图书馆的所有信息资源都放在云服务器中,而不是在本地的话,当"云"出现问题的时候无法保障图书馆服务的正常开展,作为图书馆的有些应用对本地的响应速度有较高的要求,远程服务可能会影响读者的使用体验;有些数据库商和资源提供商的合同中,要求图书馆购买的服务只能在一个有限的范围内应用,如果上传到云服务内,那在知识产权上可能会引起法律纠纷;图书馆除了公众的普通读物外,还承担着数据保密需求(保密数据和用户信息)。②针对这些问题,研究者提出了自己关于图书馆在云计算条件下安全的解决方案。③④

这两种结论只是由于视角不同造成的,云计算平台在安全问题上有着明显的优势与劣势。在图书馆打算利用云计算平台之前,先要考虑自身需求,根据自己的侧重点作出实际的选择。

(2)资源共享问题

大量的文献中都提到了云计算一个最大的优势,就是资源共享。云计算的工作原理为图书馆提供了一种新型的数据资源共享模式。由于数据都在一个统一的平台内,所以资源的重复建设和资源状态更新时间,都比原来常见的分布式检索系统有了很大的改进。云计算平台从技术角度解决了各馆的数据资源共享的问题。⑤⑥当然,这种模式还有一些问题需要解决:第一是数字资源的版权问题,目前大多数数据库服务商的政策还不允许馆外共享数据库资源;第二是数据资源的整合框架的完善问题,在数据资源整合后,如何让用户更好地利用这些资源,如何让同平台下的各图书馆都能发挥好自身的作用,这些问题都需要图书馆认真考虑。⑦⑧

(3)对图书馆内工作的影响

"云计算威胁论":近些年,Google 等搜索引擎在知识发现与知识获取上,都远

---

① 邓健敏.云计算在数字图书馆建设与服务中的应用[J].科技情报开发与经济,2010,20(17):22-23.

② 石麦利.数字图书馆的多形态信息服务研究[J].科技信息,2010(22):769-770.

③ 黄华.基于图书馆云计算的信息安全对策研究[J].中小学图书情报世界,2010(2):58-60,35.

④ 张叶红.数字图书馆云计算安全架构及其管理策略[J].图书馆学研究,2010(21):30-34.

⑤ 胡新平.基于云模式的文献资源服务研究[J].情报理论与实践,2010(8):73-76.

⑥ 赵杰."云计算"环境下图书馆信息资源共建共享模式初探[J].情报杂志,2010,29(2):185-187.

⑦ 周舒,张岚岚.云计算改善数字图书馆用户体验初探[J].图书馆学研究,2009(4):28-30,36.

⑧ 单敏.图书馆应用云计算的问题分析与应对措施[J].漳州师范学院学报(自然科学版),2010(2):177-180.

远超过了图书馆,随着云计算的发展,这些机构可以通过建立云平台来获得文献资源,并提供用户使用。Google 的"数字图书馆计划"以及"百度知道"和"百度文献"中,都体现了这种思路的雏形。云计算还可能造成编目工作的淡化,例如直接通过 Amazon 的 AWS 获取书目和封面信息;流通和阅览工作被冲击,例如目前国内盛大等网上书城提供的网络阅览,按流量收费服务。①

5　小结

以上是对近两年图书馆界的云计算应用及研究工作的一个分析总结,但是并不是所有可以称得上云计算的内容都覆盖到了,还有一些图书馆的应用也是符合云计算的定义的,例如虚拟化技术,在很多图书馆中都有应用,通过使用类似于VMWare 这种软件在一台服务器上虚拟多个服务器,以达到节约资源的作用。从概念上这种工作理念和云计算的租用资源的工作模式非常相似,但是这种技术本身与图书馆的业务并没有什么交集,所以未作讨论。

从技术的角度,云计算是对一系列 IT 技术的包装;从图书馆领域来研究,云计算是一个社会现象,它改变了图书馆编目、参考、数字资源等一系列图书馆相关的工作流程和工作思路。从不同的图书馆考虑云计算也是不同的,有实力的大馆考虑如何建立云平台,为自己所处的一定领域或一定地区的图书馆提供服务,扩大自身的影响;中小型馆主要考虑如何通过云平台,节约成本、保存自己的资源。

从应用发展来看,国际和国内都有类似的云平台的建设计划,云平台建设的速度和系统的先进程度也许会影响到未来图书馆发展的格局。

从研究的角度看,国内早期以阐述云计算的概念为主,随着云计算研究的深入,开始转向主要研究云计算和图书馆事业相结合所产生的影响。而国外则从一开始就更加注重云计算应用的技术性和可操作性,大量论文都是以 Google、Amazon 公司的平台为基础进行云计算的研究。而且在云平台的实现上,国外已有成熟的产品如 Koha Express、WorldCat Local 等可供使用,国内图书馆界在云计算的实现环境方面与之相比还存在比较明显的差距。

---

① 杨其珍.基于云计算环境下的图书馆角色探析[J].现代情报,2010,30(5):102-105.

附表 1   与"云计算"相关的国内会议

时间	地点	主办方	会议名称	议题
2009 年 7 月 12—14 日	武汉华中科技大学	华中科技大学图书馆、美国约翰—霍普金斯大学图书馆、中国图书馆学会数字图书馆研究与建设专业委员会和湖北省高校图书情报工作委员会	2009 数字环境下图书馆前沿问题研讨班	《未来图书馆和图书馆系统》张甲 《云计算和图书馆》张甲
2009 年 9 月 25 日	上海交通大学图书馆	中国图书馆学会学术委员会、上海市图书馆学会、上海交通大学图书馆	2009 图书馆前沿技术论坛：云计算与图书馆	
2009 年 12 月 11－12 日	北京昌平区温都水城会议中心	北京高教学会图书馆工作研究会数字图书馆专业委员会	北京高校图书馆"技术变革与服务创新"学术研讨会	中国科技信息所的孙卫总工程师、北京邮电大学的马自卫教授以及 CALIS 管理中心的王文清总工程师分别对云计算的概念、分类、思路、应用、管理、服务、投资和技术使用进行了介绍
2010 年 3 月 19 日	北京春晖园温泉度假村	北京书生公司	云计算下的数字图书馆的实践与探讨的专题会	
2010 年 5 月 13—17 日	河南洛阳	中国图书馆学会数字图书馆研究与建设专业委员会、中国图书馆学会专业图书馆分会、《现代图书情报技术》杂志	2010"图书馆信息技术的应用、服务和创新"学术研讨会	CALIS 总工、北京大学图书馆王文清先生介绍了"CALIS 三期系统与服务体系"

续表

时间	地点	主办方	会议名称	议题
2010 年 8 月 6—11 日		中国图书馆学会高校图书馆分会	高校图书馆技术变革与服务创新发展暑期论坛	云计算技术服务对高校图书馆的影响;云计算与 CALIS 三期建设
2010 年 10 月 29—31 日	浙江大学	CADAL 项目实行项目管理委员会	第六届全球数字图书馆国际学术研讨会(简称 ICUDL)	大会主题"数据海,计算云"
2010 年 11 月 25—26 日/12 月 2—3 日	北京/杭州	教育部科技发展中心	教育"云服务"暨校园优质数字资源整合大会	

附表 2　与"云计算"相关的国外会议

日期	地点	会议名称	与"云计算"相关的议题
2009, February 3—5	Bielefeld, Germany	9th International Bielefeld Conference 2009: Upgrading the eLibrary-Enhanced Information Services Driven by Technology and Economics	eResearch, Semantic Computing and the Cloud: Towards a Smart Cyberinfrastructure for eResearch Speaker: Lee Dirks, Education & Scholarly Communication / Microsoft External Research, Redmond, U. S.

日期	地点	会议名称	与"云计算"相关的议题
2009, March 23—26	Lisboa, Portugal	5th International Conference on Web Information Systems and Technologies (WEBIST)	Smart Cloud Engineering, Nomenclature, and Enablement Speaker: Tony Shan, Keane Inc., USA. The Cloud Service Supply Chain Speaker: Donald Ferguson, CA Technologies, USA.
2009, April 15—18	Indianapolis, Indiana	Museums and the Web 2009	Museums and Cloud Computing: Ready for Primetime, or Just Vaporware? Speaker: Edward Bachta, Charles Moad, Rob Stein, USA Fedora, Drupal, and Cloud Computing for a low-cost, sustainable DAM Speaker: Ari Davidow, USA
2009, September 21—25	Bangalore, India	IEEE International Conference on Cloud Computing (CLOUD-II 2009)	
2009, October 8—9	Boston, Massachusetts	NISO Forum on Library Resource Management Systems: New Challenges, New Opportunities	Seamless Sharing: NYU, HathiTrust, ReCAP and the Cloud Library Speaker: Kat Hagedorn, HathiTrust Special Projects Coordinator, University of Michigan
2009, November 4—7	Charleston, South Carolina	29th Annual Charleston Conference 2009	An open conversation discussing legal, technical and professional implications of distributed and untethered Cloud Services in the library Speaker: Paul Coyne - VP Innovation, Emerald Group Publishing
2010, February 9—11	Melbourne, Australia	VALA's 15th Biennial Conference: Connections, Content, Conversations (VALA 2010)	Primo Central index-a mega-aggregate of scholarly materials in a cloud environment Speaker: Ex Libris Libraries at the network level: APIs, Linked Data, and Cloud Computing Speaker: Roy Tennant, OCLC, USA

续表

日期	地点	会议名称	与"云计算"相关的议题
2010, February 22—25	Asheville, North Carolina	Code4Lib Conference 2010	Cloud4Lib Speaker: Jeremy Frumkin and Terry Reese The Linked Library Data Cloud: Stop talking and start doing Speaker: Ross Singer Do It Yourself Cloud Computing with Apache and R Speaker: Harrison Dekker Public Datasets in the Cloud Speaker: Rosalyn Metz and Michael B. Klein 7 Ways to Enhance Library Interfaces with OCLC Web Services Speaker: Karen A. Coombs
2010, March 17—18	St. Paul, Minnesota	3rd Library Technology Conference 2010	Using cloud computing to manage your electronic resources: OR You have HOW MANY spreadsheets? Speaker: Theresa Borchert and Erika Rux, Concordia College-Moorhead
2010, April 6—9	Orlando, Florida	International Multi-Conference on Complexity, Informatics and Cybernetics (IMCIC 2010)	"Cloud-Based Information Systems Management Rising to the Challenge of Truly Distributed Computing" Speaker: Levy, Richard (United States)

346

日期	地点	会议名称	与"云计算"相关的议题
2010, April 28—30	Cleveland, Ohio	14th Off-Campus Library Services Conference	Assessing the Impact of Cloud Computing and Web Collaboration on the work of Distance Library Services Speaker：Mark-Shane Scale. The University of the West Indies, Mona Campus, Department of Library and Information Studies Cloud Collaboration：Using Microsoft SharePoint as a Tool to Enhance Access Services Speaker：Jennifer Diffin, Fanuel Chirombo, Dennis Nangle. University of Maryland University College Cloud Computing for the Research Process Speaker：Mira Foster, San Francisco State University
2010, July 26—30	Charlottetown, Canada	3rd Fedora Summer Red Island Repository Institute（RI-RI 2010）	DuraCloud：Integrating Cloud and Repository Services Speaker：Sandy

供稿：索晶(国家图书馆)

应用关联数据重组知识世界

波普尔的心中存在一个超然世外、遗世独立的知识世界,负载却不依赖于具体的物质世界,依靠却不附属于个体的精神世界。这个世界总体上依赖于信息网络和各类载体而存在,具体上却不依附于任何个体的硬件设施;理解或解读这个世界需要人类大脑的参与,但它却有其自身的发展规律。遗憾的是,在波普尔1994年去世前,这个世界还没有像现在这么具体、形象并且几乎就要实现。

试想,如果每一本书都有一个独立的网址;每一个作者都有一条公开访问的记录;每个刊物、出版社,每个主题词、分类号,每个知识点,在网络中都有一个唯一标识;所有这些"资源"之间的关系都能通过其标识所指引的地址找到详尽的说明;甚至万事万物,不论是自然的、社会的或精神的,都有一个标识符,都建立起丰富的关联;计算机能够自动进行网络推理和知识挖掘……这将是一个多么有序的世界!——这就是语义网的世界。

在语义网的世界中,有一种数据,被广泛用来连接上述图书的网址、作者的记录,以及各类知识点的标识,通过在各种各样知识资源建立起丰富的相互关系,指引人们在此间遨游——这就是"关联数据"。

1 关联数据的起源与发展

2006年7月,蒂姆·伯纳斯-李首次提出"关联数据"的概念,并使其成为国际互联网协会(W3C)的一个推荐标准,此后,这一套不涉及很高技术开发难度的应用规范很快成为互联网研究和应用的一个热点领域。

关联数据用来发布和连接各类数据、信息和知识,它希望在现有的万维网基础上,建立一个映射所有自然、社会和精神世界的数据网络,通过对大千世界万事万物及其相互之间关系进行机器可读的描述,使互联网进化为一个富含语义的、互联互通的知识海洋,从而使任何人都能够借助整个互联网的计算设施和运算能力,在更大范围内,准确、高效、可靠地查找、分享、利用和关联信息和知识。

在2007年开放关联数据(Linked Open Data,简称LOD)运动的推动下,[①]不久

---

① The Linking Open Data cloud diagram [EB/OL]. [2011 – 02 – 27]. http://richard. cyganiak. de/2007/10/lod.

便出现一大批实验性的应用,表示关联数据应用范围的云图不断增大,关联的开放数据呈几何级数飞速增长。截至 2010 年 11 月,LOD 中的数据集合已有 100 多个,其中 RDF 三元组数据已达 131 亿。其内容也逐步扩展,从早期的地理信息、生命科学数据、百科词条等,发展到目前涉及媒体、出版、政府信息、图形图像等,几乎无所不包。

除了关联数据专题会议之外,2007 年以来几乎每个互联网国际会议都以关联数据作为主题或最重要的分主题,如全球互联网大会(WWW)、语义万维网年会(ISWC)、AAAI 年会、DCMI 国际元数据年会等,其中全球互联网大会更是自 2007 年以来便每年专设关联数据分会场"LDOW:Linked Data On the Web",并将其打造成为关联数据领域最重要的品牌会议,会议所探讨的话题已从关联数据的发布和浏览,拓展到目前关联数据的应用架构、关联算法、Web 数据融合、关联数据的消费(consuming)和关联服务等诸多方面。

关联数据发展的一个鲜明特点是边研究边应用,在实践中不断得到检验和完善。目前涌现出一批非常知名的应用,如美国和英国政府的政府信息、英国广播公司(BBC)、纽约时报、路透社、百思买等。其中,我们以 BBC 为例,简要介绍关联数据对于组织机构内部数字资产管理和利用所带来的变化。

创立于 1920 年的 BBC 公司是目前世界上最大的广播电视公司之一。BBC 矢志成为业界翘楚,其网站开设于 1994 年,是同行业中最早的网站。该公司目前有 32 种语言的国际服务、8 个全国电视频道、1 个高清频道、大量的地方频道、10 个国家电台、40 多个地方电台等,积累了难以想象的资料和素材,管理、发现和重用这些资源都是一个巨大的挑战,更别说开放出来给公众使用。语义网技术使它燃起了新的希望,它希望建立先进的语义媒体库,不仅利用网站进行节目推广,而且可以发布、推送、组织和存档节目,支持知识搜索,使其积累的大量内容成为储存人类记忆的脑库。于是它利用关联数据技术,给每个节目(每一集)都建立了自己专属的网页和静态地址(CoolURL),每个知识单元都有自己的结构化描述和永久地址,而且每个网页都可以由所有这些知识单元根据模版自动生成,同时以同样的方法建立了 455 465 位艺术家的信息,682 473 个播出节目,7 851 093 个音轨,以及 31 112 个 Labels 的完整资料。BBC 还采用了鼓励用户贡献信息和纠错的机制,用户的参与使信息库的完整性和准确性不断得到提高。BBC 认为关联数据技术使其网站和数据的可用性得到大大增强,用户的体验得到巨大提升,搜索引擎的查询效果得到优化,资源的可查找性、可点击性和可传播性都得到很大提高。现在 BBC 的整个网站同时又是一个 API 平台,它采用了 RESTful 发布,与 Web 无缝集成,保证了链接的永久性和数据的开放性,并且其系统的各组成部分松散耦合,互有联系却互不干扰,整个系统进入可持续发展的良性轨道。

2 关联数据的特点与功能

从技术上看,关联数据是在万维网上发布任何"资源"的一种方式。语义万维网将资源定义为"任何有 URI 标识的东西",分为信息资源和非信息资源两类,信息资源用以表达任何信息,通常以某种编码的文件形式而存在;非信息资源用以指代大千世界中的各类实体对象,可以是自然界、人类社会以及人类意识所创造的精神世界(概念、观念、抽象实体等)的所有对象。

关联数据通过 HTTP URI 方式表示和存取"资源"。如果这个资源是信息资源,则可以直接通过传统的 Web 方式获取;如果是非信息资源,则链接到一个以 RDF/XML 编码的、用以指代该"非信息资源"的数据文件,而不是其他任何格式的文档。这个 RDF/XML 编码的文件包含了关于这个"非信息资源"的元数据描述和与其他相关实体对象的关联关系描述。对象之间的关联关系通常可以用本体语言来编码,许多领域应用的知识体系都有规范的、可重用的本体,可用来建立实体对象之间的关联关系。

关联数据的发明人 Tim Berners-Lee 为关联数据总结了四个原则,很好地概括了上述关联数据的诸多特性:①

(1)使用 URI 作为任何事物的标识名称,不仅是标识文档;

(2)使用 HTTP URI,使任何人都可以参引(dereference,意指"为了获取引用资源的相关信息,在万维网上查找 URI 的过程")这一全局唯一的名称;

(3)当有人访问名称时,以 RDF 形式提供有用的信息;

(4)尽可能提供链接,指向其他的 URI,以使人们发现更多的相关信息。

可以认为关联数据是一组最佳实践的集合,它采用 RDF 数据模型,利用 URI (统一资源标识符)命名数据实体,来发布和部署实例数据和类数据,从而可以通过 HTTP 协议揭示并获取这些数据,同时它强调数据的相互关联、相互联系和有益于人机理解的语境信息。

关联数据可以看成是语义万维网的一种简化实现,作为一种语义信息的编码、发布和利用方式,它的作用是基础性的和多方面的。从目前的研究开发项目来看,对关联数据的应用主要体现在两个方面的作用:

(1)提供"可信网络"的语义要素;

(2)作为跨网域数据整合的通用 API。

---

① Tim Berners-Lee. Linked Data [EB/OL]. [2006 - 07 - 27]. http://www. w3. org/ DesignIssues/LinkedData. html.

它最终是为用户更准确、从更大范围、适时适地(just-in-time 和 just-in-case)地获取信息而服务的,但最终用户无需知道这些服务背后的技术细节,因此关联数据的"用户",目前还主要是指图书馆、网站、信息提供商之类的机构组织,常被称为"信息中介"。

当然,关联数据并不是万能的,它最大的敌人就是封闭,无法对封闭系统中的资源进行整合。目前图书馆购买或租用的大量资源库需要远程访问才能获得,如果这些资源库不提供一定的开放接口,关联数据就无计可施,最多利用本体和术语规范的关联数据,从服务整合的角度,提供一定的资源导航或术语规范的支持。

关联数据相比于语义万维网技术来说其实现更加简单,但背后同样有数学和逻辑学的支持,具有规范性和可靠性。作为一种数据发布技术,由于支持了语义描述,同时提供标准的服务接口,有效地提高了数据的可查找性和可重用性,其影响力正在日益显现,潜力十分巨大,已成为影响互联网基础结构的关键技术之一。

3 关联数据的技术实现

关联数据是建立在 Web 技术之上的,Web 技术主要涉及 3 个内容:HTTP、URL 和 HTML。

HTTP 是服务器操作的指令,规定了遇到各种请求(如 GET/PUT /POST/DELETE)服务器如何响应,怎么处理。

HTML 是存储在服务器端的网页文件,将根据请求传送给浏览器,HTML 的标准规定了文件的结构,允许包含丰富的超文本链接,并能嵌套各类其他文件格式,如果浏览器一端有相应的资源或程序就能够调用或运行。正是由于 HTML,使整个万维网上布满了相互链接的文件,成为一个巨大的、不断膨胀的文件宇宙,这就是为什么说目前的万维网是文件的万维网(Web of Documents)的原因。

URL 本来是作为在这个文件宇宙中定位具体的文件而用的,后来演变成兼具名称作用,从而连同 URN 一起,统一作为 URI 的子类。

关联数据把上面 3 个技术作了进一步的限定和扩展,用 URI 同时解决命名和定位问题。在具体实现 URI 命名和定位时,由于该名称有永久性和易实现的要求,路径作为某个资源名称的一部分,不能允许随意发生改变,并且在不同的软硬件平台和技术环境下都需要能够正确编码,这就需要作为关联数据标识的 URI 符合 CoolURI 规范。

关联数据的具体实现方式解释如下:

(1)对于来自客户端的任何非信息资源所有的 URI 请求(称为 dereference,这里翻译成参引),均采用 HTTP 协议中的"内容协商"规则,返回其所请求的信息资源描述文件(对于非信息资源的请求是无法返回具体实物对象的,只能以描述该对象的代码文件代替)。一般信息资源描述文件有两类:即如果请求来自于普通浏览器(头信息中包含 text/html 请求,其他 MIME 文件类型,如图像文件、音视频文件等,可归入此类),则返回 HTML 文件的网页;如果请求为 application/rdf + xml,则返回负责该对象语义描述的 RDF 文件。

(2)具体的"内容协商"方式,通常有两种方案达成:

① 采用 HTTP 协议的 303 指令重定向功能。客户端(浏览器)的 URI 请求由于不存在"东西"(非信息资源),服务器就会发送一个 303 See Other 给客户端,再由客户端根据重定向规则发送请求,具体根据客户端是 HTML 浏览器还是支持 RDF 的浏览器,决定 HTTP 文件头请求何种类型的文件(HTML 或者 RDF)。

② 采用带"#"号(hash)的 URI 方式。其"#"号前面的 URI 能够便于浏览器进行解析定位,而与后面带"#"号的片段标识符共同用来标识非信息资源,该片段标识符同时起到了类似于重定向的功能,允许支持 RDF 的浏览器参引到信息资源文件(在这里是静态的 RDF 文件)的所需位置。这种方式要求该片段标识符必须在 RDF 文件中是唯一的,且整个 RDF 文件不可过大,否则非常影响查询效率。

由于关联数据从技术上看只是一种简单的数据发布规范,规模较小的应用只需要对现有的 Web 服务器软件进行一定的设置,设定好资源对象的 URI 命名规范(以如上所述的各种方式),并将这些资源的 RDF 描述以静态文件的形式发布出来。对于海量数据仓储,则后台必须有支持关联数据规范发布方式的数据库管理平台,目前开源软件已经有著名的内容管理平台 Drupal 全面支持关联数据,Ruby on Rails 据说也已开发了完整的支持模块。另一个做法是利用关系型数据库系统的管理功能,编制映射文件,实时地将数据表、行、列、值映射为 RDF 数据中的类、属性、资源、属性值(文本与连接)等。这种方式通常被称为 D2R 方式,即从数据库到 RDF 数据转换的方式。这样等于在原有的 Web 数据库三层应用架构基础上增加了语义构建层(即生成 RDF 数据以供 SPARQL 查询),大大简化了语义内容的构建难度,发布速度快,但也带来了语义标注一致性差、质量不高的问题。目前 LOD(即开放关联数据 Linked Open Data)中有很多大型数据集都采用了这种方式发布。

4 图书馆领域对关联数据的研究与应用

目前,把各类数据发布为关联数据是一个热点,图书馆行业在这方面已成为先锋,不仅将本行业历久弥新的各类概念体系受控词表发布出来(即将各类知识组织体系发布成 SKOS)，越来越多的元数据方案、本体，乃至图书馆传统的各类规范档(如书目记录、人名、地名、机构名等)都在探索以关联数据的形式发布，而且在发布过程中探索了领域本体(如 FRBR)的应用。下一步我们可以期待，重点将会逐渐转移到跨应用的语义整合服务，例如各类术语体系或元数据的映射等。

自从 2008 年瑞典国家图书馆首家以关联数据的形式发布了 LIBRIS 国家书目，并将其中的数据与 DBPedia 相关联之后，到 2010 年，全球范围内已有逾 20 个图书馆的关联数据集。[①]其中，至少有以下 5 个国际、国家级的书目数据/规范数据开放了关联数据服务：

- 美国国会图书馆及其主题标目(LCSH)(http://id.loc.gov)
- 德国国家图书馆的联合规范档(Gemeinsame Normdatei)(http://d-nb.info/gnd)
- 法国国家图书馆(BnF)的 RAMEAU 主题标目(http://stitch.cs.vu.nl/rameau)
- OCLC 的杜威分类法及国际虚拟权威档(VIAF)(http://dewey.info 和 http://viaf.org)
- 匈牙利国家图书馆的目录和叙词表(http://oszkdk.oszk.hu/resource/DRJ/404)

另外，DC 元数据、应用了 FRBR 的 RDA 词表、BIBO 书目本体、[②]SKOS 知识组织编码模式和 OAI-ORE 对象重用和交换模型等都可作为数据关联的语义工具。目前这类词表和 KOS 已经如雨后春笋一般涌现出来，较著名的有：

- STW 经济学叙词表(http://zbw.eu/stw)
- 社会科学叙词表(http://lod.gesis.org)
- GEMET 环境叙词表(http://eionet.europa.eu/gemet)
- Agrovoc(联合国粮农组织叙词表)(http://aims.fao.org)
- 纽约时报主题标目(http://data.nytimes.com)
- 科学出版物词表(http://dblp.rkbexplorer.com)

因为有了如此进展，Antoine 把 2010 年称为"图书馆关联数据元年"。[③]

图书馆行业所具有的经年累积的高质量数据，其中包含了大量的、值得揭示

---

① Ross Singer. The Linked Library Data Cloud: Stop talking and start doing[R/OL].[2010 - 02 - 13]. http://code4lib.org/files/The_Linked_Library_Data_Cloud.pdf.

② The Bibliographic Ontology Website[EB/OL].[2011 - 02 - 27]. http://bibliontology.com.

③ Antoine Isaac. W3C Library Linked Data Incubator Group[EB/OL].[2011 - 02 - 27]. http://www.slideshare.net/antoineisaac/w3c-library-linked-data-incubator-group.

和参照复用的内容实体，只是这些东西都隐藏在书目记录内部，没有独立标识，也缺乏结构化描述，特别是其相互之间的隐含关系尤其值得揭示，但工作量浩大，必须开发一定的规则算法，由机器进行批处理。

IFLA 也注意到了关联数据与图书馆的密切联系，于 2010 年 6 月发布了《关联数据与图书馆》的专题报告，①由德国国家图书馆 Jan Hannemann 和 Jürgen Kett 执笔。文章介绍了德国国家图书馆在应用关联数据技术方面的进展，包括 3 个具体的实例：德国作家 Bertolt Brecht 的规范数据、IFLA 公共图书馆海牙总部的机构规范数据以及主题为"Führungskraft"的标目，探讨了关联数据对于图书馆的意义和应用前景，对于全球图书馆数据如何互通互联并在此基础上探索新的服务内容和方式，进行了全面深入的思考。

由于图书馆行业有着独特的"规范控制"经验和长期积累的数据优势，万维网协会 W3C 专门成立了"图书馆关联数据孵化小组（Library Linked Data Incubator Group）"，②由 DCMI 的元老 Thomas Baker 领衔。

目前图书馆应用关联数据的困境也是十分明显的。一是缺乏可资利用的、公认的术语词表，各类 KOS、本体尚未经过严格的编码应用检验，而且目前也不够用、不统一；二是缺乏成熟的方法和可以立即上手的工具；三是数据的版权属性不明朗，有时可能有法律风险；四是做这个事情还是缺乏经验，需求掌握也不是很充分，为什么做？有什么用？能不能达到预期目的？还都是未知数。

国内最早引介关联数据，应该是 2008 年 12 月在上海召开的"数字环境下图书馆前沿问题研讨班"上，刘炜所作的"语义互操作与关联数据"介绍，③当时是为了宣传次年在韩国召开的 DC—2009 国际元数据会议主题，希望国内同行关注这一新的技术动向。曾蕾教授在同一个会上所作的《术语注册和网络服务系统当前技术和应用》报告，④更为详细地介绍了关联数据技术和应用现状。随后曾蕾教授前往中国国家图书馆和人民大学图书馆，也作了两场报告，传播了正在国外兴起的"关联数据"研究和应用。

关联数据与元数据具有天然的联系，从某种程度上可以说关联数据是元数据

---

① Jan Hannemann, Jürgen Kett. Linked Data and Libraries [R/OL]. [2011 - 02 - 27]. http://www.ifla.org/files/hq/papers/ifla76/149-hannemann-en.pdf.

② W3C Library Linked Data Incubator Group [EB/OL]. [2011 - 02 - 27]. http://www.w3.org/2005/Incubator/lld.

③ Keven. 语义互操作与关联数据 [EB/OL]. [2011 - 02 - 27]. http://www.lib.sjtu.edu.cn/adls/download/12-18/1218AM-C2.pdf.

④ 曾蕾. 术语注册和服务系统 [EB/OL]. [2011 - 02 - 27]. http://www.lib.sjtu.edu.cn/adls/download/12-17/1217PM-A7.pdf.

语义表达和实现其功能需求的最佳方式,就像业界普遍认为 RDF 是当然的"元数据格式"一样,RDF 作为一种数据表达方式(三元组),其在 Web 上开放发布的最简单便捷的形式,就是"关联数据"的一整套被称为"最佳实践"的规范。尽管这些说法可能不是非常严格准确,但还是从某种程度上揭示了这些概念之间的关系。

DCMI 的国际元数据年会从 2008 年柏林会议就有大量的关联数据讨论,这时已经经历了国外 2007 年关联数据的持续升温。在美国雪城大学秦健教授的推荐下,刘炜为《现代图书情报技术》组织了一个 DC-2008 年会会议录中有关语义网应用的翻译文章专辑,其中有两篇涉及关联数据,分别介绍了瑞典国家图书馆以关联数据形式发布书目数据,[①]以及美国国会图书馆主题标目的关联数据应用。[②]这两个应用可以说是图书馆行业在这一领域应用的先驱和样板。

由武汉华中科技大学主办的 2009 年"数字环境下图书馆前沿问题研讨班"又一次涉及关联数据主题。[③]由于有美国著名图书情报学家曾蕾教授的强烈推荐,关联数据的相关问题在这次会议上引起了与会代表的高度重视和强烈兴趣,大家开始认识到这是代表发展方向的一个技术领域,将对未来的网络信息资源组织和应用产生重大影响。这次会议上曾蕾和刘炜分别作了《关联的图书馆数据》和《关联数据:意义及其实现》的报告。[④][⑤]

2010 年 8 月,上海市图书馆学会在普陀区图书馆召开了一年一度的"图书馆前沿技术论坛",主题定为"关联数据与书目数据的未来",[⑥]参加会议交流的除了上海市在该领域从事研究开发的一些专业人员之外,远在大洋彼岸的曾蕾教授也通过远程会议系统为会议作了第一个报告,会议特别邀请了新西兰奥克兰大学图书馆的资深技术专家林海青先生、中国科技信息研究所的白海燕女士和嘉兴学院

① Martin Malmsten 著. 将图书馆目录纳入语义万维网[J]. 李静雯, 译. 现代图书情报技术, 2009, 3(3): 2-8.

② Ed Summers, Antoine Isaac, Clay Redding, Dan Krech 著. LCSH, SKOS 和关联数据[J]. 姚小乐, 刘炜, 译. 现代图书情报技术, 2009, 3(3): 8-14.

③ 第六届数字环境下图书馆前沿问题研讨班[EB/OL]. [2011-02-27]. http://202. 114.9.60/dl6.

④ 曾蕾. 关联的图书馆数据[EB/OL]. [2011-02-27]. http://202.114.9.60/dl6/pdf/ 26. pdf.

⑤ Keven. 关联数据:意义及其实现[EB/OL]. [2011-02-27]. http://202.114.9.60/dl6/ pdf/24. pdf.

⑥ 李晓. 2010 图书馆前沿技术论坛上海召开[EB/OL]. [2011-02-27]. http://www. libnet. sh. cn/tsgxh/list/list. aspx?id=6604.

的黄田青先生，一共进行了8场专题报告，①最后还进行了讨论和互动，全国各地近20位对关联数据感兴趣或正在从事研究的同行也参与了网络直播和交流。上海图书馆学会学术委员会主任范并思教授在开幕致辞和闭幕总结中对这次会议给予了高度评价。

从国内见诸专业刊物的文章来看，关联数据的研究尚不普及。除了上面提到的两篇翻译文章之外，总共只有不超过10篇论文，其中有两篇是综述文章，黄永文的综述主要侧重图书馆应用的角度，②沈志宏，张晓林的综述则从技术发展所提供的可能性角度，③介绍得更为全面系统。

其他文章也都较为详尽地介绍了关联数据技术的内容和发展，以及国外的应用开发情况，白海燕和范炜、邹庆的论文涉及项目开发和技术实现。④⑤⑥这些论文的作者单位也反映出国内对关联数据感兴趣的机构集中在中国科技信息研究所、中科院文献情报中心等少数几家机构。

中信所是国内较早跟踪关联数据技术，并积极探索其应用可能性的单位，曾经有多个项目与此有关，最早的项目可以追溯到2008年在国家科技图书馆NSTL立项的"NSTL联合目录的分层组织与关联构建"，该项目主要探讨了FRBR在NSTL应用的可能性，提出了NSTL书目本体，并在DC-2009上发表了一篇Poster。后来该所又立项了"基于关联数据的信息组织深度序化"项目，并成功申请2010年度国家社科基金项目"图书馆资源组织语义化研究"，全面研究了关联数据的实现技术，并进行了基本开发试验。目前基于上述成果又开展了资源整合和服务整合的研究开发，分别立项了"基于关联数据的服务融合与资源扩展"和"基于DOI的科研资源整合研究"等项目，该所在其"十二五"规划中也打算基于关联数据技术，全面调研关联数据在NSTL服务系统中的应用场景，探讨利用该技术进行知识组织系统的构建、知识关系抽取、海量文献自动标引、检索结果的扩展、异类资源整合检索、多维分面信息资源的组织与检索、数据融合与混搭等前沿领域应用的可能性。

---

① "2010图书馆前沿技术论坛：关联数据与书目数据的未来会议"日程及演示稿下载[EB/OL]．[2011-02-27]．http://www.kevenlw.name/archives/2199.

② 黄永文．关联数据在图书馆中的应用研究综述[J]．现代图书情报技术，2010(5):1-7.

③ 沈志宏，张晓林．关联数据及其应用现状综述[J]．现代图书情报技术，2010(11):1-9.

④ 白海燕，朱礼军．关联数据的自动关联构建研究[J]．现代图书情报技术，2010，26(2):44-49.

⑤ 白海燕，乔晓东．基于本体和关联数据的书目组织语义化研究[J]．现代图书情报技术，2010(9):18-27.

⑥ 范炜，邹庆．词表资源关联化[J]．情报理论与实践，2010(5):21-25.

5　关联数据应用的问题与展望

关联数据是一项与图书情报工作密切相关的技术,是互联网发展到语义网时代、提供对任何网上资源和数字对象进行"编目"和"规范控制"能力的基础性技术,是数字图书馆涉及信息资源发布和服务的核心技术之一。但是可能碍于技术障碍,我国图书情报界还没有充分认识到这一点,甚至还没有引起一些大型的、肩负指引行业发展方向的机构的充分重视,未能投入足够的人力和资源进行跟踪研究和开发试验。以至于目前仅有的一些研究由于缺乏必要的交流而很难达成一致理解,甚至无法避免谬误和弯路。关联数据从技术上看是非常简单的,但要应用得好,必须要有领域专家、内容管理专家和网络应用开发人员共同参与,仔细调研需求,同时需要对标准规范有深刻的理解,在模型和架构方面达成一致,即使可以边摸索实践边服务推广,也需要有一个基本的研究团队和交流环境,这些是制约目前国内关联数据研发和应用的主要问题。希望通过本文的总结回顾和呼吁,能够使大家认识到关联数据的内涵和意义,并引起一些相关机构和专家一定的重视。

供稿:刘炜(上海图书馆)

第七篇　古籍保护

陈红彦

李　婧　刘晨书

王　沛

包菊香

向　辉　赵文友

近年来,世界各国对文化遗产的关注和实施保护的热情愈来愈高,对文化遗产保护工作的投入也越来越大。2007年,我国颁布了《国务院办公厅关于进一步加强古籍保护工作的意见》(国办发[2007]6号)(以下简称《意见》),中华古籍保护计划正式启动。至今,中华古籍保护计划已经走过三年的初创阶段,其间,全国古籍保护工作部际联席会议单位团结合作,全国古籍保护工作专家委员会积极筹划,全国各级古籍保护中心精心组织,全体古籍工作者共同努力,全国古籍保护工作全面推进,并取得了显著成效。《意见》中提出的"十一五"期间的主要目标在逐步成为现实。

2008年9月至2010年8月,中华古籍保护计划推进的成效主要表现在:全国范围内古籍保护工作机制逐步建立完善,自上而下的联席会议制度,国家、省、市级古籍保护中心管理模式,专家委员会业务咨询保障已经充分发挥作用。

通过对近两年全国古籍保护工作的现状进行梳理,我们欣喜地看到,古籍普查工作已经全面铺开,在职培训为古籍工作培养了最基本的古籍工作人员,通过评选国家级古籍修复中心实现了古籍的分层保护修复,通过制定标准规范以及实验室建设为古籍保护提供制度保障并提升了古籍科学化水平,同时古籍再生性保护也以《中华再造善本续编》、《中华医藏》、古籍数字化、古籍缩微制品为代表性项目不断推进。

对中华古籍的普查登记,已不局限于中国境内的收藏。历史上流散海外的中华古籍,已为更多的古籍工作者所关注,一些国际友人也通过提供信息等各种方式关心、参与中国的古籍保护。2009年,流散海外的哈佛燕京图书馆、美国普林斯顿大学、日本东京文化研究所等机构的中华古籍,已经陆续以数字化方式回归中国,通过网络为学者、公众更方便地查询、利用。

但在我们为中国古籍保护工作取得的进展欢欣鼓舞的同时,也应当看到,面对近年来不断升温的传统国学文化热潮,我们的高质量古籍文化产品还很匮乏,还无法十分有效地满足相应的社会需求。在中华古籍保护计划下,如何开展古籍资源的研究利用,亟待研究与思考;面对世界上古籍保护先进国家规范的学校教育、充满活力的协会组织在古籍保护实践中发挥的重要作用,中国古籍保护专业人员的培养和古籍保护的机制应该如何发展,教学与实践相结合的人才培养模式在中国应该怎样进一步推进,需要加紧规划和实施。使原生性、再生性保护有机结合,在更大的范围统筹进行古籍数字化、古籍出版等业务已成为当今古籍工作迫切的需求。

文献保护的交流也备受重视,以国际图联的保存保护中心为核心,各国中心开展跨国的交流,针对文献保护的难题进行探讨的方式为业界所认可。中国中心于2010年6月举办的自然因素与文献遗产保存保护国际研讨会,针对近年灾害频发、文献不断受损的状况讨论预防和修复保护的对策,受到普遍关注。

国家图书馆作为全国古籍保护工作的龙头,几年间,基于其定位和职责,在文化部的统一规划下,全力推进古籍保护工作,取得了令人瞩目的成绩。国家图书馆的国家级古籍保护实验室从投入使用后,一方面加强对现今修复用纸、线等材料的监控,使古籍修复更加安全地发展;一方面也开展古纸库的建立,希望将科学的检测与经验更好地结合,以实证印证或纠正以往由经验导引的研究结果。

古籍资源作为人类最为珍视的记忆遗产之一,其保护工作任重道远,中华古籍保护计划的实施和大力推进,使中国古籍普查、人才培养以及研究等工作迅猛发展,但与先进国家的保护水平,与"十二五"期间文化大繁荣的要求,距离人类文化遗产保护工作赋予当代文化工作者的责任和使命,还有较大差距。中华古籍保护工作下一步的任务还很艰巨,需要放眼世界,与时间赛跑,留住行将消逝的记忆。

古籍资源的原生性保护

我国古籍的数量在 2700 万册以上,保护任务艰巨,开发前景广阔。古籍的原生性保护是使用各种技术方法对古籍原物进行保护。现代科技发展日新月异,高科技以及交叉学科的研究成果已逐步应用于古籍的保护与修复,如真空涂膜加固技术、微环境保存技术、真空冷冻技术、充氮除氧技术、规模化脱酸加固技术、多功能脱酸剂技术、大型脱酸加固系统技术、生物技术、纳米技术,但对于这些技术的应用有待深入研究和创新。随着现代社会文明的发展和科学技术的进步,如何将传统保护、修复技术与现代科学保护技术有机结合,以更好地实现古籍保护目标,已成为学界与全社会共同关注的问题。

古籍的原生性保护是对古籍原物的保护,主要是增加纸张的耐久性和物理强度,这是一项系统工程,涉及自然科学、社会科学的各个学科。

2008 年 7 月,美国国会图书馆组织召开了保护研究科学家峰会。[①]盖蒂保护研究所、博物馆保护学会、加拿大保护学会、国家档案馆、影像持久性研究院、保护技术与培训国家中心、国家艺术画廊、大都会艺术博物馆、大英图书馆、劳伦斯伯克利国家实验室、哈佛大学、卡内基梅隆大学、佩珀代因大学、亚利桑那州博物馆、亚利桑那大学、特拉华大学、得克萨斯大学等单位长期从事保护研究的科学家应邀参加了会议。科学家通过网络即时交流进展,寻求合作机会,并对保护策略的原则达成共识,制定了相互协助的指导原则。参加这次峰会的科学家正在从事的项目包括纸张、羊皮纸、聚合物等基底物质研究,印版照相、铁胆墨水及其他着色剂等介质的研究,储存与环境研究以及技术转移运用等。

2009 年 3 月 4 日至 6 日,由中日韩三国代表参加的题为亚洲文化遗产国际会议——东亚地区文化遗产国际研讨会在日本东京文化财研究所举行。[②]会议通过东亚地区中、日、韩三国文化遗产保护研究机构的代表和专家的交流讨论,从东亚地区的角度,进一步明确实施文化遗产保护国际协作的意义所在,了解文化遗产保护国际协作的现状,洽谈将来如何更好地开展国际协作。人才培养也是本次交流的重要内容。

① SORS Matrix of Projects [EB/OL]. [2010 - 01 - 20]. http://www.loc.gov/preserv/symposia/SORSsummary.html.

② 张治国.东亚文化遗产国际合作的过去、现在与未来——记 2010 年日本东亚文化遗产国际会议[N/OL].[2010 - 01 - 20].http://www.ccrnews.com.cn/100014/100017/26769.html.

2009 年 9 月，美国国会图书馆主办了文化遗产研究技术转让峰会［the Summit on Research Technology Transfer（SORTT）for Cultural Heritage］，邀请了联邦调查局、经济情报局、海关、中央情报局、国家标准化与测试研究院、警察局、犯罪调查实验室等单位的科学家，讨论可用于国会图书馆保护研究的新科技。会议聚焦于非破坏性分析，主要是成像技术（包括超光谱和热成像）、微量分析和荧光技术、着色剂分析技术、标准流程、保存持久性预测测试和基准样品的采集。

1 纸张性质的研究

纸张作为古籍的载体已有一千多年的历史，在光电介质出现前，任何载体都没有动摇和改变过纸张的历史地位，即使是胶片或磁介质也只是纸张的补充。因此，关于纸张本身性质的研究与纸张的保护一直是国内外关注的热点与焦点。

2009 年 12 月，第二届东亚纸张保护项目协调会在贵阳召开，中日韩三国的专家正着手建立一个传统造纸工艺和纸张的数据库。[①]这意味着今后修复古籍时，纸张配对将变得比较容易。该数据库将成为东亚地区现存"古法造纸术"的基因库，为传统造纸乃至造纸工业的发展提供信息和技术储备。中日韩专家们期待，通过对传统造纸工艺和纸张基于相同标准的调查研究，建立东亚地区传统纸张研究的交流平台，实现各国纸张保护技术的经验共享，形成纸质文化遗产保护领域的东亚标准。

除 pH 测定法、红外光谱法、电镜法及毛细管电泳法等物理和化学方法外，近些年国内相关研究者开始使用生物分析检测纸张纤维的老化程度。[②]实验结果表明，在最适 pH 值为 4.8、最适反应温度为 50℃、纤维素酶解时间为 60 min、加酶量为 10 kU/mL 的条件下，不同老化程度的纸张经纤维素酶分解后，利用 3,5 - 二硝基水杨酸法测得的还原糖量呈现上升的趋势，可以此来初步判定纸张纤维的老化程度，确定纸张的相对形成时间，从而建立了用生物方法检测纸张纤维老化程度的方法。该方法与其他检验方法相比，能够区分出纸张相对形成时间较小的样品，达到鉴别的目的。

凯瑟琳对自然条件下老化的纸张以两个指标予以评价：聚合度和发黄指数。[③]这两个指标又与影响纸张长期稳定性的 3 个变量相关：pH 值、凝胶含量以及残留

① 雕龙. 传统造纸工艺和纸张的数据库即将建立［J］. 造纸化学品,2010,22(1):49.

② 孟朝阳,赵长新. 纸张纤维老化的生物检测方法［J］. 大连工业大学学报,2009,28(6):429 - 431.

③ Catherineh Stephens. Composition and condition of naturally aged ［J］. papers *JAIC*. 2008 (47):201 - 215.

金属含量。样品的稳定性与 pH 值高低密切相关,高 pH 值是长期稳定性的控制因素。pH 值高的样品中铝、钾、硫含量都比较低,钙镁离子含量都较高,高 pH 值可能源于碱性钙镁离子残留。凝胶含量质量百分比超过 5.5% 的纸张显示出高 pH 值,而小于 5.5% 的纸张 pH 值及铝、钾、硫离子含量变化范围都比较大,因此高凝胶含量的样品状况均比较好,低凝胶含量的样品状况好坏不一。

2　古籍脱酸技术

如前所述,高 pH 值是长期稳定性的控制因素,脱酸以提高纸张的 pH 值是保存大量酸化损害文献的唯一途径。国内外对此项技术都展开了大量研究,在脱酸的同时探索加固方法,以达到增强纸张机械强度的目的。

铜、铁离子可通过催化氧化反应加速老化,并在纸张表面产生褐色斑点,而酸性物质可以使纸张发生酸性水解,因此含有硫酸亚铁和没食子酸或鞣酸的墨水对纸张具有侵蚀作用。研究表明,使用碳酸氢钠中和纸张中的酸性物质后,纸张老化得更加缓慢,因此纸张脱酸不仅延缓酸性水解,而且延缓氧化降解。[1]

2010 年 7 月,南京博物院承担的江苏省科技支撑课题"整本图书脱酸技术研究"通过验收。[2]这是在国际上首次采用微波真空干燥技术解决整本图书干燥的问题,为今后水溶液法解决整本图书脱酸规模化处理提供可能。该课题研制的脱酸液集传统镁盐和锌盐于一体,并创新性地引入固体有机胺,使脱酸液具有脱酸、加固双重功效。他们采用自行研制的夹具并引入了光纤温度传感器,可以解决液相脱酸干燥过程中纸质文物的皱缩、变形问题,并保证微波真空脱水干燥的安全性。运用此方法处理后的图书 pH 值明显提高,纸张未出现皱褶、变形等现象。

广州工业大学发明了一种用超临界流体技术进行纸张脱酸的方法。[3]将纸张(特别是古籍)置于超临界 CO_2 处理装置中,经过萃取净化处理后,加入脱酸剂和夹带剂,进行处理即可使纸张接近中性。本发明将超临界流体技术应用于纸张脱酸的方法,省时省力,无有机溶剂污染,而且处理后纸张没有弯曲、变形,没有色彩扩散、跑墨、粘连等现象。

法国埃夫里大学使用烷基烷氧基氨基硅烷(AAAS)作为脱酸剂,对纸张进行

①　Henniges Ute. Iron gall ink-induced corrosion of cellulose[J]. *Cellulose*. 2008(15):861 – 870.

②　整本图书脱酸技术研究. [2010 – 01 – 20]. http://www. chinacov. com/displaynews. asp? id = 1068.

③　方岩雄. 一种纸张脱酸的方法:中国,200910039000[P]. 2009 – 09 – 23.

大规模脱酸研究,达到中和去酸和渗入纸张、加固纸质的目的。[①]脱酸后纸张表面的 pH 值达到 8—10,碱保留量相当于 1%—2% $CaCO_3$ 残留;书籍不存在粘连的问题,对于大部分装订、墨水和糨糊是安全的;纸张加固效果显著(抗张强度、耐折度等),纸张的抗老化能力增强;而且费用低廉(不用预烘),对环境不造成污染,对图书馆员、档案工作者和读者无害。

美国国会图书馆保存研究与测试部一直在开展大规模脱酸项目,每周可以处理 5000 册图书(10 人操作)和 2 万页手稿(2 人操作)。[②]

3 古籍加固技术

纸张加固材料及加固方法的研究不断深入,新型加固材料的研制为脆化纸张的加固提出了新思路、新理念、新方法。

南京航空航天大学、南京博物院和宁波天一阁博物馆针对南宋经折酥粉、虫蛀、霉变、老化的严重状况,对其保护进行了较系统研究。研制的保护液由天然羟丙基壳聚糖、合成高分子材料改性氟树脂、低分子材料三聚体、纳米氧化锌,按一定比例改性、复配而成。通过几种材料研究、筛选,将不同材料进行适当的交联、复配,有机地结合,相互取长补短,充分发挥各自特点。这既克服以往所用加固树脂液的单一性、只能覆盖纸张表面、效果差的问题,又提高了纸质文物综合保护效果,对纸张既有化学加固又有物理加固,是目前值得深入研究(或推广)的一种新材料。[③]

中山大学环境材料研究所与广州市白云化工实业有限公司合作研究,利用丙烯酸树脂与正硅酸乙酯合成了一种有机—无机杂化材料。[④]用这种材料对纸张进行处理后,树脂与纤维通过正硅酸乙酯的水解、缩合反应,形成了三维的网络结构,宏观上表现为纸张的机械性能明显提高。制备的杂化材料以溶液的形式存在,且为单组分,应用于纸张后可在室温下自然干燥,无需任何设备,过程安全、简单、方便、快捷。且实验中用到的主要溶剂为乙醇,产品制备和应用过程均无污

① Hervé Cheradame. Some Progress Towards a Multifunctional Mass Deacidification Process [J]. *International preservation news*,2009(48):5-9.

② Library of congress preservation 2009 highlights[R/OL]. [2010-01-20]. http://www. loc. gov/preserv/highlights/2009highlights. pdf.

③ 毛科人,邱建辉,许方圆,等. HDI 三聚体和偶联剂对纸质文物加固保护的研究[J]. 南京航空航天大学学报:2009,36(5):639-643.

④ 欧阳喜仁. 有机—无机杂化材料对纸质文献保护的应用研究[J]. 广州化工,2009,2:83-85.

染,是一种环境友好的新型材料。

美国国会图书馆采用聚对二甲苯(又称派拉伦 N,PPX-N)对书本加固进行研究,并取得了令人欣喜的成果。目前已成功地应用于木质工艺品、昆虫标本、羽毛制品、贝壳、矿物以及植物标本等镀膜。聚对二甲苯的气相沉积过程包括以下 3 个步骤:第一步是固体二聚物在 160℃左右气化;第二步是在 680℃左右二聚物的两对亚甲基 - 亚甲基大量热解,产生单体二自由基,单体进入室温真空沉积反应室被纸张吸收后,在纸张纤维与纤维接触点处产生聚合物桥,使整张纸强度全面增加。强度增加的程度,随聚合物厚度的增大而增大。但厚度太厚反而会变脆,一般认为盖覆厚度在 2.5—7.5um 范围内,会在保持甚至增加柔韧性的同时获得一定的强度。①美国国会图书馆还采用平板水压加膜法,把活页夹在两张醋酸纤维素薄膜中间,放入加膜机中,加热至 140—150℃,在 2.15—3.52 MPa 压力下进行加固。

4 古籍杀虫

随着人们环境保护意识的日益提高,探寻不会造成环境污染的杀虫消毒方法已经成为必须作出的选择,重新考察和利用传统的保护方法成为一种全球性的趋势。

法国藏品研究中心建立了一个网站,通过检索 MYCOTA 以发现档案文献中常见的霉菌,为快速鉴定档案文献中出现的微生物提供帮助。②FOXING 是该中心另外一个关于霉菌污斑形成的研究项目,是采用微生物分子学的方法,通过观察微生物孢子和菌丝体进行研究。藏品保护研究中心还测试了杀灭微生物的传统方法的有效性,并用"自然提取物"例如檬酸酯、沉香醇酯代替合成材料等化工产品。经过鉴定发现,从茴芹属和丁子香花蕾中提炼的油类具有预防昆虫和微生物的作用,这些方法已得到推荐和使用。③

二氧化碳气体杀虫由于其不会对大气造成污染,无毒无害,一直是国内外保护工作者研究的焦点。近年来,国际上众多学者研究了二氧化碳气体杀虫的浓度、温度和相对湿度选择问题。英国 Rentokil 公司的研究结果表明,高浓度并不能显著提高杀虫效果,也不能显著缩短完全杀死害虫的时间,60% 的二氧化碳浓

---

① 奚三彩. 纸质文物脱酸与加固方法的综述[J]. 文物保护与考古科学,2008,12:84 - 92.

② Fungal contaminants of cultural heritage[EB/OL]. [2010 - 01 - 20]. http://mycota-crcc. mnhn. fr/site/accueil. php?lang = eng.

③ 周耀林. 法国文化遗产保护背景下的档案文献保护研究进展[J]. 档案学研究,2010 (1):84 - 87.

度是经济有效的使用浓度。①在温度的选择上,澳大利亚科学院谷物仓储研究室的研究结果表明,在二氧化碳浓度为60%,温度为20℃—29℃的条件下,11天可以杀死绝大多数谷物害虫。②在相对湿度的选择上,大多数研究表明,相对湿度低于40%不利于杀死害虫,在50%—70%相对湿度条件下较为适宜。

5 灾难预防

预防永远好过灾后恢复,安全审查步骤和措施可以尽可能地避免紧急情况的出现,但灾害在不可预见的情况下发生后,灾难响应计划可以快速有效地减少损失,加速恢复。

康奈尔大学的一份灾难响应计划包括:电话列表、小型紧急情况应对措施、图书馆紧急抢救的优先级、大灾难应对。③附件还包括:紧急情况物品箱、紧急供应、地区紧急响应互助团队、当地或地区服务和供应提供者以及保险。该计划的组织从第一反应开始(提供了电话列表),然后是500册以下书籍损毁的小灾难的处理步骤,继而是大灾难的处理。附件当中包括了可以从本地区得到的帮助和服务的清单,可以更大范围地获得帮助。该计划的纸本放在灾难反应团队每个成员的家中和办公室中,紧急情况物品箱中也放置一份。计划同时还强调了对计划本身定期进行完善和更新的要求。

供稿:李婧,刘晨书(国家图书馆古籍保护中心)

---

① Rentokil[EB/OL]. [2010 - 01 - 20]. http://www. rentokil. com. cn/en/index. html.

② http://www. csiro. au/science/Pest-Management. html.

③ Disaster response plan of Cornell University Library[EB/OL]. [2010 - 01 - 20]. http://www. library. cornell. edu/preservation/emergencies/Disaster2006. doc.

古籍资源的再生性保护

1　古籍数字化蓬勃发展

古籍记载着国家的文明,传承着前人的智慧,是宝贵的文化资源,既需要悉心保护又需要研究利用。将古籍资源通过各种载体进行重现,一方面减少对古籍原件的使用,减少古籍因使用不当遭受损坏的情况;另一方面可使古籍化身千百,避免失传之虞,更久远更广泛地传播。古籍数字化便是其中较为有效的手段之一,两年来成果显著,成绩骄人。

1.1　组织机构加强合作

古籍数字化是有效平衡古籍保护、研究与利用的重要措施。《国家"十一五"时期文化发展规划纲要》明确将中国古籍数字化工程列入八项重点数字出版工程之一,要求以项目带动战略加快我国数字出版业的发展。从组织主体性质看,目前古籍数字化的机构主要分为公益性的古籍数字化机构和商业性的古籍数字化机构,各类型机构之间的合作更加频繁,在各方面实现了优势互补。

公益性古籍数字化要求站在国家文化发展战略的高度整合资源,避免重复建设和资源浪费,肩负着重要的导向和引领职能。建立服务公共文化领域的古籍整理数据库,对于服务社会文化发展,有计划地规范和实施古籍数字化,整合、共享现有成果,推进公益性古籍数字化发展具有重要的影响和作用。公益性的数字化机构主要以公益性服务为目的,以政府投资、项目支持的方式展开,如图书馆、情报所、博物馆、文化馆等事业单位,同时也包括社会为了公益目的而投资举办的信息服务机构或个人网站。如 2008 年 9 月国家数字图书馆落成投入使用,截至2010 年 10 月,配合"中华古籍保护计划",国家古籍保护中心牵头组织开发的"全国古籍普查平台"已在全国 30 多个省市、高校、科研机构部署安装,中华古籍数字资源库也在建设中。

商业性古籍数字化可以在一定程度上把握市场需求导向,加强古籍信息资源的开发和合理利用,其运行模式主要由古籍收藏单位和科研机构、高校提供专业支持,信息技术公司和文化公司主导商业运作,取得了显著的成绩。《中国基本古籍库》由北京大学教授刘俊文总纂,北京爱如生数字化技术研究中心研制,自2001 年研发至今一直在不断改进和完善,2009 年 3 月,《中国基本古籍库》定本工程启动，①目前已向《中国古籍基本库》6.0 版投放首批计 11 种零错误率的数字古籍定本。2009 年 9 月,中国第一历史档案馆与北京书同文数字化技术有限公司合作的"馆藏清代军机处上谕档"项目通过验收,②主要服务对象为各大专院校和研究机构。同时,出版行业也逐渐向古籍数字化出版方向转型。2010 年 9 月 12 日,第 25 届全国古籍出版社社长年会在安徽合肥举行。新闻出版总署副署长邬书林在会上强调指出,数字时代更要加强和改进古籍整理出版工作,积极思考数字化条件下古籍出版转型问题,深刻认识数字出版的本质,加快古籍数字化步伐。③

1.2 标准规范更加严谨全面

从近几年的发展来看,古籍标准和规范已经成为古籍数字化亟待解决的头等问题之一,也成为越来越多古籍工作者关注的焦点。2008 年 7 月 28 日,文化部副部长周和平在全国古籍保护工作会议上讲到:"要制定古籍数字化标准,加快古籍数字化工作,逐步为公众提供古籍全文数字化阅览服务。"

古籍著录的标准化是文献资源共享的基础,统一而行之有效的国家著录标准是建立书目数据库的基本条件。2008 年 7 月,国家标准化委员会发布由国家图书馆、北京大学图书馆、北京师范大学图书馆联合起草的《古籍著录规则》,于2009 年 1 月 1 日起正式实施。

2010 年 2 月,国家古籍保护中心根据全国古籍保护工作专家委员会的意见,在原有《四部分类法》中加入近年研究成果,出台《中华古籍总目分类表》,在《中华古籍总目》分省卷和全国普查平台中推行使用。

2010 年 9 月,藏汉双语的《藏文古籍元数据著录标准化研究》出版,④该书根据《古籍著录规则》的要求,结合藏文古籍的基本特征,提出合理的藏文古籍元数据标准的结构与著录细则,解决了藏文古籍元数据著录的基本问题,为下一步藏文古籍数字化提供了依据。

荷兰国家图书馆在数字化文献领域领先世界,该馆保存部主任希尔德·范韦

---

① 《中国古籍基本库》定本工程启动[N/OL].[2010 - 08 - 30]. http://www. er07. com/product. do?method = showNews&id = 35.

② 《清代军机处上谕档》项目通过验收[N/OL].[2009 - 09 - 13]. http://www. unihan. com. cn/News. asp?view = n49.

③ 古籍整理出版数量迅速增长,推进古籍数字化建设[N/OL].[2010 - 09 - 20]. http://www. chinadaily. com. cn/hqpl/yssp/2010-09-20/content_901832. html.

④ 《藏文古籍著录标准化研究》正式出版[N/OL].[2010 - 10 - 01]. http://blog. tibetcul. com/group. asp?gid = 17&pid = 10625.

恩加德指出,数字化产品能否长期保存和方便利用,需要在数字化时就开始考虑选择什么样的文件格式、制作标准。[①]目前,古籍数字化大多采用 Unicode 作为文字处理的标准。在《国家"十一五"时期文化发展规划纲要》"重大文化产业推进项目"中,列有"中华字库"工程。自 2008 年 1 月至 2015 年 12 月,该工程首先解决社会急需用字问题,第二阶段尽可能将文字包括少数民族文字收集齐备,第三阶段整理字际关系、有序分级,由此打造一个深入发掘少数民族文化,保护濒危语种,传承与保护文化遗产的基础工程。建成以后,中华字库可以对我国所有的出土、传世文献和当代文字作品进行数字化处理,并建立各类文档或数据库。2010年 5 月 6 日,"'中华字库'工程总体组成立大会"召开,聘请 8 家单位组成工程总体组,北京师范大学中国文字整理与规范研究中心为成员单位之一,裘锡圭先生出任项目首席专家。[②]

2010 年 5 月,国家古籍保护中心办公室面向全国各古籍收藏单位调查了古籍数字化情况。在已回收的 200 份反馈结果中,20 家使用 GB 2312 字符集,19 家使用 GBK,3 家使用 UNICODE,9 家使用 UTF-8,其余单位的该项内容均为空。也就是说,仅有四分之一的单位了解自己所使用的字符集情况。

2008 年 4 月 23 日,《康熙字典》修订版暨古籍整理数字化研讨会召开。[③]《康熙字典》光盘数据库利用现代数字技术,通过对字符进行计算,可实现一些生僻字、繁体字、异体字的编辑加工和检索等功能。

1.3 多种方式汇集古籍数字化成果

近年来,国内外古籍数字化的进程明显加快,人们在古籍数字化初期提出的一些问题也在这段时间得到了解决。中文古籍数字化建设的形式主要有古籍书目型、全文型、全图像型和图文型。[④]我国古籍数字化建设已经从最初书目数据库、索引数据库等简单的二次文献揭示形式向全文数据库,甚至具有辅助检索和研究功能的智能全文检索系统发展,其中非键盘的光学输入、不常用字符的编码技术、元数据标准、少数民族的古籍数字化开发以及数字化古籍的深层次开发等问题,成为研究的难点与热点。[⑤]随着这些热点、难点的进一步深入研究,数字化成果的

---

① 姚俊元. 关于制定古籍数字化标准的思考[J]. 图书馆理论与实践,2010(2):50-52.

② 李国英教授、周晓文教授出席"中华字库"工程总体组成立大会[N/OL]. [2010-05-13]. http://mdw. bnu. edu. cn/news_zw. asp?classid=L010203&newsid=L005131800347564.

③ 《康熙字典》修订版发布暨古籍数字化研讨会召开[J]. 中国社会科学院院报,2008(32).

④ 龚娅君. 中文古籍数字化建设[J]. 浙江大学学报(人文社会科学版),2006,4.

⑤ 李盛庆. 我国古籍数字化研究的统计分析[J]. 图书馆界,2010,2.

371

汇集和展示方式也愈加多样。

（1）整合现有资源，实现联合编目

随着信息技术的发展，为了更好地整合现有古籍数字资源，充分挖掘古籍的价值，古籍联合编目成为古籍数字化工作中一个重要的发展趋势。

"中华古籍保护计划"的"全国古籍普查平台"已经在全国 38 个省、市图书馆、高校图书馆及科研机构图书馆安装运行使用。它采用统一的著录规范和定级定损标准，首次实现了全国范围内的古籍联合编目，为基层馆的古籍数字化提供了必要条件；采用工作流的数据传输模式，实现了基层古籍收藏单位、省古籍保护中心、国家古籍保护中心三级逐层审核的机制，有效保证了数据的数量和质量；著录类型多样，包括汉文古籍、碑帖拓本、简帛等古籍文献类型，今后将会在该平台的基础上增加完善特藏类古籍、藏文古籍的普查界面。

与此同时，为配合《中华古籍总目》，国家古籍保护中心组织开发的"中华古籍索引库"也在进行当中。该系统旨在充分利用已有数字化成果，将现有各馆的书目数据（MARC、EXCEL、普查平台数据）汇集到索引系统中，提供检索、排序、编辑等功能，用户可对检索出的数据实现自动排序和手动排序，并在此基础上生成古籍目录和拼音索引、四角号码索引和著者索引等。

（2）跨国合作，实现海外古籍数字化回归

由于历史原因流散海外的古籍文献，通过数字化和网络使中国古籍文献实现信息回流，这一数字化合作方式为人们利用古籍提供了更大的便利。2009 年，国家图书馆分别与美国哈佛燕京图书馆、东京大学东洋文化研究所签署合作意向书，由这两个海外机构将所藏中文古籍以数字化形式提供给国家图书馆。①②2010年 5 月 20 日，"中华古籍善本国际联合书目系统"及"日本东京大学东洋文化研究所汉籍影像数据库"在国家图书馆网站正式开通，③④为以数字化方式促进文化回归工作奠定了坚实基础。它们在形式上更贴近中国的学术传统和需求，为读者免费提供学术研究的珍贵资料。

---

① "哈佛大学哈佛燕京图书馆藏善本特藏资源库"开通，海外古籍数字化回归取得实质进展［EB/OL］.［2010 - 09 - 08］. http://www. nlc. gov. cn/syzt/2010/0908/article_563. htm.

② 四千余种中文古籍"数字化"回家——中国国家图书馆与日本东京大学东洋文化研究所签署中文古籍数字化文献合作意向书［EB/OL］.［2009 - 12 - 09］. http://www. nlc. gov. cn/hxjy/gjhg/xw01. html.

③ 中华古籍善本国际联合书目系统［DB/OL］.［2009 - 12 - 09］. http://res4. nlc. gov. cn/home/index. trs?channelid =630.

④ 东京大学东洋文化研究所汉籍全文影像数据库［DB/OL］.［2009 - 12 - 09］. http://res4. nlc. gov. cn/home/index. trs?channelid =629.

2009 年 10 月,中国国家图书馆与美国哈佛大学图书馆达成一致,共同开发哈佛燕京图书馆馆藏中文善本古籍。该合作项目自 2010 年 1 月至 2015 年 12 月,对哈佛大学哈佛燕京图书馆馆藏所有中文善本和齐如山专藏进行数字化,6 年内将完成中文善本古籍 4210 种 51 889 卷的数字化拍照,数字化成果由双方共同使用。2010 年 9 月 8 日,"哈佛大学哈佛燕京图书馆藏中文善本特藏资源库"网站在中国国家图书馆正式启动。①

(3)全面客观著录,全文影像配合

学术的发展对古籍数字化提出了更高的要求,为了更加全面客观地反映古籍特征,为学术研究提供准确依据,全文影像与客观著录相配合也逐渐成为古籍数字化的另一个发展趋势。全文影像的优势较之前的书目数据库和影像数据库更加明显:首先,它既具备方便快捷的检索功能,又能让用户得览古籍原貌,为研究者提供很多有用的信息;其次,不管如何校对,文本录入都难免存在误差,用户可以对比图像进行查证;第三,当前各计算机系统汉字字库容量有限,出版者在录入古籍文本时往往将异写、通假、避讳等生僻字用常见字进行替换,研究者需要根据图像查看古籍原貌。2010 年 4 月正式结项的"国家清史纂修工程——西文古籍中清代图像的数字化整理"对西文典籍中有关清史图像进行了系统整理。②

(4)传统的文献检索转向知识分析服务

2009 年 10 月 31 日,教育部组织的"中国历代典籍总目分析系统"技术鉴定暨专家评审会在北京大学召开。③该系统使用计算机技术,分类整理中国历史上曾经出现过的典籍文献及目前全世界馆藏的中国古代文献。系统目前已完成近 210 万条书目数据的处理,而且首次采用古籍文献本体构建古籍目录知识库,实现了数字图书馆从数据服务向知识服务转变的目标。在数据整理方面,使用具有自主知识产权的多项技术成果,其中"知识本体"、"古汉语语义分析"具有创新意义。

除了对历代典籍进行分析外,还有很多学者立足中医、农业等相关古籍文献,建立专业本体,尝试屏蔽用户由于领域知识理解上的差异和古今概念表达差异带来的困惑,④使领域语义检索和知识共享成为可能。目前,"中华古籍特藏资源

① 国图与哈佛大学图书馆启动大规模数字化项目[N/OL].[2010 - 09 - 08]. http://news. sina. com. cn/o/2010-09-08/220518085654s. shtml.

② 北京大学校报,新闻快递[N/OL].[2010 - 03 - 25]. http://pku. cuepa. cn/show_more. php?doc_id = 279763.

③ 中国历代典籍总目分析系统问世[N/OL].[2009 - 11 - 01]. http://culture. people. com. cn/GB/10296933. html.

④ 林尔正. 基于中医骨伤古籍本体的语义检索研究[D]. 福州:福建中医学院,2008:4.

库"也在计划当中,①将实现中华历代典籍目录与全国图书馆古籍藏书目录的综合检索、中华古籍特藏原文影像数字化的分布建设与权益管理、中华古籍全文语料知识库的建设,最终构建中华典籍文明的展示和学习平台。

1.4 国际间交流愈加密切

2008 年 10 月 23 日至 24 日,"两岸四地中文数字化合作论坛"在安徽大学举行。②此次论坛由北京师范大学中国文字整理与规范研究中心、北京大学中国文字字体设计与研究中心主办,安徽大学汉语言文字研究所承办。来自中国内地、香港、澳门和台湾的 30 多位语言文字和信息处理领域的专家学者出席了会议。本次论坛共集结论文 23 篇。与会代表围绕着编码汉字字际关系整理、简繁汉字转换、两岸四地词语对照、中文信息技术在教学中的应用、IRG 工作追踪等进行了交流和讨论。到会学者都表示了强烈的合作愿望,一致认为要在繁简汉字自动转换、异体字整理、字际关系对应等方面制定操作性较强的合作方案并付诸实施,希望论坛能够逐步走向经常化、网络化、实践化。

2009 年 8 月 18 日,"第二届中国古籍数字化国际学术研讨会"在北京召开。③本届会议专家学者们围绕古籍数字化相关规范与标准研究、古籍数字化平台建设与网络新技术研究、古籍数字化学科建设与人才培养研究、古籍刻本字形与避讳字研究、古籍数字化现状与前景展望、古籍数字化知识产权与数字图书馆建设研究等议题,进行了热烈交流和深入探讨。

2009 年 11 月 16 日至 17 日,"数字化时代古籍目录学的发展"研讨会在国家图书馆召开。④来自中国内地及中国台湾地区、美国、英国、日本的 20 余位古籍编目专家、目录学家出席了研讨会。会议介绍了目前古籍目录编纂的进展与古籍书目数据库、知识库的建设情况,交流了目录编纂、资源库建设方面的理论思考,讨论了数字化环境下古籍目录学在理论和实践的新发展,探讨了"中华古籍保护计划"开展过程中古籍目录知识库标准与规范的建设以及目录学、文献学专家的

① 张志清.古籍资源与文明揭示——基于中华古籍特藏资源库的构建模式[N/OL].[2010 - 12 - 10].http://www.nlc.gov.cn/yjfw/zm/lwzy_14.html.

② 两岸四地中文数字化合作论坛在安徽大学开幕[N/OL].[2008 - 11 - 18].http://www.meeting.edu.cn/webmedia/oemui/newsinfo/newsshow.asp?news_id = 8099&news_type_id = 3.

③ 第二届中国古籍数字化国际学术研讨会隆重开幕[N/OL].[2009 - 08 - 18].http://www.guoxue.com/zt/gjszh02.

④ 国家图书馆举办"数字化时代古籍目录学的发展"研讨会[N/OL].[2009 - 11 - 19].http://www.ccnt.gov.cn/xxfb/xwzx/whxw/200911/t20091119_74777.html.

参与。

继成功举办六届之后,2008 年到 2010 年间,第七、八、九届中国古代小说文献暨数字化国际研讨会分别在澳门、北京、韩国举行。这些高层次、高质量的研讨会极大地推动了古代小说的数字化和相关研究,推动了中、日、韩三国学者的交流与合作,也为其他行业的专题古籍数字化提供了许多值得借鉴的经验。

2 古籍缩微应用新技术

当今的缩微技术是一种相对成熟的信息模拟存储技术,缩微品的平均寿命在 300 年以上,且具有与原件相同的法律效力。古籍缩微品就是通过缩微技术把古籍文献内容从纸质载体转换到胶片载体上。近年彩色缩微技术的应用以及缩微、数字化产品间互相转换技术取得了进展,不仅复制了大量的古籍,也抢救了大量民国文献。

2009 年 10 月 30 日至 11 月 2 日,"影像档案资料保护国际学术研讨会"在西安召开。①会议由中国感光学会影像保护专业委员会和中国档案学会档案保护技术委员会联合主办。会议介绍了众多的新成果和新理念,涉及影像资料保护技术前景、发展事态、影响,以及保护技术手段,包括影像资料收藏环境和修复等众多方面,是影像资料保护领域的一次建设性会议。

第 31 届国际影像科学大会暨中国感光学会 2010 年学术年会、中国感光学会第八次全国会员代表大会,于 2010 年 5 月 12 日至 16 日在北京国家会议中心召开,②本届会议的主题为"数字时代的影像科学技术"。会议在涵盖所有影像科技领域内容的基础上,侧重于数字影像及应用。会议还按数字影像及相关技术、色彩科学与技术/评价方法、数字和按需印刷/出版技术和系统、新型成像材料和相关功能材料等主题,在 5 个分会场进行了 105 篇口头报告和 112 张互动型大字报展示。

目前,缩微胶片的数字化已经成为今后的发展方向,建立全国性缩微文献数字资源共建共享联合体系,实现全国公共图书馆范围内的资源共建和互通也成为必然。2010 年 8 月 24 日至 26 日,"缩微文献数字化共建共享规划研讨会"在天

---

① 影像档案资料保护国际学术研讨会在西安举办[N/OL]. [2009 – 12 – 04]. http://swzx. nlc. gov. cn/article/article_091204. html.

② 第 31 届国际影像科学大会暨中国感光学会第八次全国会员代表大会召开[N/OL]. [2010 – 05 – 19]. http://swzx. nlc. gov. cn/article/article_100519. html.

津图书馆举办。①本次研讨会由全国图书馆文献缩微复制中心主办,天津图书馆承办。会议重点讨论了"缩微文献影像数据库"的规划草案的具体内容,以使该数据库为公共图书馆利用缩微文献创造必要条件。会上,缩微中心主任还介绍,截至 2009 年年底,缩微中心协调组织公共图书馆拍摄各类馆藏文献113 584种,其中,善本古籍31 974种、民国书61 899种、期刊15 350种、报纸4361 种。

3 古籍影印促进古籍资源在更大范围内应用

在《中华再造善本》以影印方式将 758 部存世孤罕的唐宋金元时期珍贵古籍送进百所高校、摆上学者书案,成为藏家新宠后,以明清善本、民族文字古籍为主体的《中华再造善本》续编于 2008 年 9 月 8 日宣布启动并开始实施。作为 2009 年至 2010 年间影印出版的代表,《中华再造善本》为学者研究提供一手材料。

作为国家"十一五"重大文化出版工程项目,《域外汉籍珍本文库》首批成果出版,②全书以"经"、"史"、"子"、"集"分类,影印古籍珍本 126 种,其编纂与出版使许多流失在美国、英国、意大利等国的罕见汉文古籍文献著述重回祖国,具有重要历史意义。③

供稿:王沛(国家图书馆古籍保护中心)

---

① 何先进.全国公共图书馆"缩微文献影像数据库"研讨会在天津市召开.[N/OL].[2010 - 09 - 14].http://www. sclib. org/information/news. asp?Num = 1201.

② 《域外汉籍珍本文库》编纂出版委员会.域外汉籍珍本文库:第一辑[M].北京:人民出版社,重庆:西南师范大学出版社,2008.

③ 《域外汉籍珍本文库》出版 外流著述重返中国[N/OL].[2009 - 01 - 21].http://www. gapp. gov. cn/cms/html/21/1528/200901/462499. html.

古籍资源的研究与利用

古籍资源作为人类共同的文化遗产,在社会主义文化大发展、大繁荣的进程中发挥着重要作用。2007 年颁布的《国务院办公厅关于进一步加强古籍保护工作的意见》(国办发[2007]6 号)将"保护为主、抢救第一、合理利用、加强管理"作为古籍工作的基本方针,开启了在对古籍资源进行保护的同时对其进行合理利用的新阶段。

中共十七大报告指出:"加强对各民族文化的挖掘和保护,重视文物和非物质文化遗产保护,做好文化典籍整理工作。"[①]这一重要指示,既为新时期的古籍研究指明了方向,也对古籍整理提出了新的要求。2009 至 2010 年间,随着各项文化事业的蓬勃发展,古籍整理与研究出版也掀起了新一波热潮,并取得了卓越成绩。

1 传世古籍的整理与研究成绩斐然

1.1 重大古籍整理出版工程取得阶段性成果

新闻出版总署(全国古籍整理出版规划领导小组)利用国家财政投入,对"全国古籍整理出版"进行资助,2009 至 2010 年补贴力度有所增强。2009 年度立项132 个,补贴金额 2006 万元;[②]2010 年度立项 93 个,[③]资助金额 1800 余万元。[④]这两年重点资助版本价值高、整理方法新、整理成果大且具有重要文化传承意义的项目。

重大古籍整理出版项目,新中国成立以来最大的文化出版工程之一的《中华大典》,截至 2010 年 3 月累计出版《文学典》《哲学典》等 50 余册,近 1.3 亿字。

---

① 胡锦涛. 胡锦涛在党的十七大上的报告[EB/OL]. [2007 - 10 - 24]. http://news. xinhuanet. com/newscenter/2007-10/24/content_6938568_6. htm.

② 132 种古籍整理出版项目获 2006 万元补贴[N/OL]. [2009 - 08 - 13]. http://www. gapp. gov. cn/cms/html/21/367/200908/465516. html.

③ 2010 年度国家古籍整理出版资助项目公示[N/OL]. [2010 - 05 - 20]. http://www. gapp. gov. cn/cms/html/21/508/201005/699110. html.

④ 柳斌杰出席 2010 年度古籍整理出版资助评审会并讲话[N/OL]. [2010 - 05 - 06]. http:// www. gapp. gov. cn/cms/html/21/1005/201005/698788. html.

全书将于"十二五"期间完成编纂工作,全部出版后预计有近 8 亿字。①

广受海内外汉学家关注的点校本"二十四史"及《清史稿》修订工程于 2007 年启动,各史均已提交样稿并完成评审,阶段性成果显著,首批修订本预计 2012 年出版。②

1.2 古籍梳理编目工作成果突出

《续修四库全书提要》编纂工作加速,2009 年 10 月 26 日在清华大学举行了"目录学与《续修四库全书提要》编纂学术讨论会"。③

《中国古籍总目》旨在全面反映中国(内地及港澳台地区)主要图书馆及部分海外图书馆所存中国汉文古籍的品种、版本及收藏现状。经过 17 年的努力,其编纂出版工作接近尾声,《史部》《丛书部》已出版,其他 3 部将于 2011 年出版。④⑤全书预计收书 20 余万种,将是历史上首次全面集中清理古籍总数的集成性成果,汇集古籍收藏机构逾千家,收录整理了现存中国汉文古籍的绝大部分版本,颇具价值。⑥

《中华古籍总目》作为以摸清家底为目标的登账式目录,按省分卷编辑,2010 年 2 月起陆续启动 14 家单位,完成后的总目收录古籍规模将超过前代。

《中国古籍善本书目索引》由南京图书馆组织人员历时数载编纂而成,⑦专为《中国古籍善本书目》编制《书名索引》和《著者索引》,是对《中国古籍善本书目》的补充和完善,为学者利用《中国古籍善本书目》提供了更大便利。

《中国古佚书辑本目录解题》是我国第一部辑佚书的专题目录,⑧收录先秦至

---

① 曹建华,冯宇宙,李闻昕,等.《中华大典》:鸿篇巨制展春秋[N/OL].人民日报海外版,2010 年 4 月 5 日:第 1 版[2010 - 04 - 05].http://paper.people.com.cn/rmrbhwb/html/2010-04/05/content_482364.htm.

② 新"二十四史"修订完成首轮撰稿 预计 2012 年出版[N/OL].[2010 - 07 - 12].http://www.gapp.gov.cn/cms/html/21/374/201007/700721.html.

③ 《续修四库全书提要》编纂加速[N/OL].[2009 - 10 - 26].http://www.gapp.gov.cn/cms/html/21/374/200910/466507.html.

④ 中国古籍总目编纂委员会.中国古籍总目:史部[M].北京:中华书局,上海:上海古籍出版社,2009.

⑤ 中国古籍总目编纂委员会.中国古籍总目:丛书部[M].北京:中华书局,上海:上海古籍出版社,2009.

⑥ 22 家专业古籍社年出书逾 5000 种[N/OL].[2010 - 05 - 07].http://www.gapp.gov.cn/cms/html/21/367/201005/698841.html.

⑦ 南京图书馆.中国古籍善本书目索引[M].上海:上海古籍出版社,2009.

⑧ 孙启治,陈建华.中国古佚书辑本目录解题[M].上海:上海古籍出版社,2009.

南北朝佚书辑本及现存书佚文辑本,具有较高学术价值。

备受关注的重大文化工程——《中国家谱总目》经过上海图书馆长达 9 年的努力编纂而成,①全书 1200 万字,共收录中国家谱 52 401 种、608 个姓氏,对现存中国家谱的修纂、年代、版本、各姓氏先祖、收藏者等情况作了较详尽的著录。该书是迄今为止收录中国家谱最多、著录内容最为丰富的一部专题性联合目录,较完整地揭示了全世界范围内中国各民族姓氏家谱的基本情况和中国存世家谱姓氏状况,为全球华人寻根问祖提供了一份完整"路线图",②堪称中国家谱整理与研究的一个里程碑式的成果。③

《中国文化遗产研究院藏地方志书目》共收录中国文化遗产研究院所藏地方志古籍 4412 部 47 600 余册,包括单行或零种方志 2361 种,丛书 10 种,丛书子目 76 种。④本书既为查阅检索提供了方便,又给后人留下了一份宝贵的古籍遗产档案。

《国家图书馆藏彝文典籍目录》作为《国家图书馆善本特藏专题目录丛编》的第一种,于 2010 年 7 月面世。⑤本书历时 20 余年编纂而成,内容丰富,体例完善,比较全面地著录了国家图书馆所藏彝文典籍的面貌与历史源流,具有重要的版本目录学、民族文献学价值。

《西谛藏书善本图录》的出版,专为纪念郑振铎诞辰 110 周年,以彰显其成就与功绩。⑥全书精选西谛藏书中有代表性的古籍 149 种,附录书影约 360 幅,彩色精印。该书第一次以专书图录的形式向世人展示郑振铎的珍藏旧籍,具有重要的版本目录学价值。

2009 至 2010 年间,中华书局《书目题跋丛书》陆续出版《藏园订补郘亭知见传本书目》《仪顾堂书目题跋汇编》等数种。⑦⑧

---

① 上海图书馆. 中国家谱总目[M]. 上海:上海古籍出版社,2008.

② 张建松.《中国家谱总目》出版 华人寻根有了完整路线图[N/OL]. [2009 - 07 - 15]. http://www. guji. com. cn/books/bkview. asp?bkid = 178082&cid = 536274.

③ 占旭东. 一幅寻根问祖的"路线图"——上海古籍出版社《中国家谱总目》出版. 科学时报[N/OL]. [2009 - 08 - 06]. http://www. guji. com. cn/books/bkview. asp?bkid = 179531&cid = 539318.

④ 中国文化遗产研究院图书馆. 中国文化遗产研究院藏地方志书目[M]. 北京:中华书局,2009.

⑤ 杨怀珍. 国家图书馆藏彝文典籍目录[M]. 北京:中华书局,2010.

⑥ 国家图书馆古籍馆. 西谛藏书善本图录[M]. 北京:中华书局,2008.

⑦ (清)莫友芝撰,傅增湘订补,傅熹年整理. 藏园订补郘亭知见传本书目[M]. 北京:中华书局,2009.

⑧ 陆心源著,冯惠民整理. 仪顾堂书目题跋汇编[M]. 北京:中华书局,2009.

1.3 系列典籍丛书的出版取得重要进展

2009 至 2010 年间,系列丛书纷纷出版,更便于读者系统地查阅同类典籍。

文学方面,上海古籍出版社的《中国古典文学丛书》经过 30 多年的努力,目前已出齐 100 种。①本书和该社的《中国近代文学丛书》以及中华书局的《中国古典文学基本丛书》《古典文学研究资料汇编》《中国文学研究典籍丛刊》,勾勒出中国文学史的发展概貌,提供了一套比较系统的从先秦至近代的中国文学基本资料及研究资料。

历史方面,中华书局的《中国史学基本典籍丛刊》《二十四史校订研究丛刊》《现代史学家文丛》为史学研究提供了基本资料和研究资料。而该社的《唐宋史料笔记丛刊》《清代史料笔记丛刊》《近代史料笔记丛刊》《学术笔记丛刊》以及《中国近代人物日记丛刊》等丛书的出版,系统地整理了历代史料笔记及日记资料,更便于学者使用。

哲学方面,中华书局的《中国思想史资料丛刊》《理学丛书》《易学典籍选刊》等丛书较有影响。这些丛书选材广泛,内容丰富,时代跨越长,可满足不同时段哲学研究的需要。

宗教方面,中华书局的《中国佛教典籍选刊》《道教典籍选刊》等丛书选择佛教、道教的重要典籍予以出版。该社的《宗教与中国社会研究论丛》《人间佛教研究丛书》为读者提供了宗教方面的研究资料。

中外交流方面,中华书局的《中外交通史籍丛刊》选择古代中外交通方面的重要典籍予以出版,对中外交通交流研究颇有助益。

中国学方面,中华书局的《日本学者中国史研究丛刊》《日本中国学文萃》《法国汉学丛书》分别介绍了日本、法国的中国学重要研究成果,对我国相关研究具有一定的参考借鉴价值。

以上丛书在 2009 至 2010 年间各有数种面世。

2 出土文献的整理与研究成绩显著

2009 至 2010 年间,随着考古工作的不断开展,大批埋于地下的古代文献重见天日,而相应的整理研究工作也取得了显著成绩,对历史学、古文字学、文献学、古代文学等诸多学科产生了深远影响。

---

① 我国古籍整理出版文学丛书迄今出版达百种［N/OL］.［2009－08－14］. http://www.gapp. gov. cn/cms/html/21/374/200908/465528. html.

考古报告方面,《益阳楚墓》汇集了 1982 至 2001 年间在湖南省益阳市发掘的 653 座楚墓的发掘材料,并对墓葬进行了分期研究以及与长沙楚墓、江陵楚墓的比较研究,①具有较高的研究参考价值。《崇信于家湾周墓》作为甘肃省崇信县于家湾周代墓葬的发掘报告,②详细介绍了于家湾周代墓葬的分类、随葬器物、马坑、墓葬分期,全书资料全面、体例完备、图表翔实、分析严谨,对研究先周文化及周文化发展脉络、中原文化与周边文化交流融合方面具有重要启示和参考价值。③

甲骨文整理研究方面,《甲骨拼合集》是黄天树率领首都师范大学学术团队在甲骨缀合研究方面长期努力所取得的重要成果。④全书近百万字,辑录甲骨缀合成果共 326 则,解决了相关学术论文零散、寻觅不便的问题,便于学者集中利用这些缀合成果。

金文整理研究方面,《商周金文摹释总集》汇集了目前所能见到的全部商周铜器铭文约 16 000 余件,⑤是继《殷墟甲骨刻辞摹释总集》之后的又一部大型文献集成,亦是研究商周历史和语言的宝贵材料。《近出殷商金文集录二编》收录了 1999 年 5 月以来近 10 年间各地出土及发现的殷周金文共 1300 余件,⑥全书体例严谨,资料翔实,极方便学者对金文资料的利用。

简帛文献整理研究方面,清华大学于 2008 年 7 月入藏的一批战国竹简("清华简")成为 2009 至 2010 年间的学术热点,《光明日报·国学版》为此开辟"解读清华简"专栏,集中发表多篇讨论"清华简"的文章。《楚地出土战国简册》作为教育部哲学社会科学研究重大课题攻关项目"楚简综合整理与研究"的最终成果,⑦整理研究了包山、郭店、望山(2 批)、九店(2 批)、曹家岗、曾侯乙、长台关、葛陵、五里牌、仰天湖、杨家湾、夕阳坡等 14 种简册资料,予以说明、释文和注释。在这些简册资料的文本复原和内涵揭示方面,本书取得了重要的进展,对于古文字、古文献、古代史、思想史等诸学科的研究具有一定的推动作用。⑧

敦煌文献整理研究方面,《国家图书馆藏敦煌遗书》自 2008 年 12 月至 2010

① 益阳市文物管理处,益阳市博物馆.益阳楚墓[M].北京:文物出版社,2008.

② 甘肃省文物考古研究所.崇信于家湾周墓[M].北京:文物出版社,2009.

③ 【书讯】《崇信于家湾周墓》[EB/OL].[2010-03-10]. http://tieba.baidu.com/f?kz = 726980026.

④ 黄天树.甲骨拼合集[M].北京:学苑出版社,2010.

⑤ 张桂光.商周金文摹释总集[M].北京:中华书局,2010.

⑥ 刘雨,严志斌.近出殷周金文集录二编[M].北京:中华书局,2010.

⑦ 陈伟等.楚地出土战国简册[M].北京:经济科学出版社,2009.

⑧ 《楚地出土战国简册[十四种]》出版[N/OL].[2009-09-11]. http://www.bsm.org. cn/show_news.php?id=214.

年 9 月期间陆续出版第 101—133 册。①《英藏法藏敦煌遗书研究按号索引》汇集有关研究英藏和法藏敦煌遗书的数据 10 万余条，②按遗书的编号进行排列，在每一编号下汇集该号文献的研究信息，便于人们按号了解敦煌遗书个案数据的研究和利用情况，填补了敦煌学研究中此种工具书的空白。《民国期刊资料分类汇编·敦煌学研究》收录民国期刊中所见的敦煌学著述，③共计 220 余篇文章，涉及民国期刊 70 余种，基本揭示出民国时期敦煌学研究的面貌，为学界提供了方便。

3 少数民族文字古籍的整理与研究渐趋深入

《中国少数民族古籍总目提要》作为少数民族古籍整理工作的一项重要科研项目，④是一项跨世纪的民族文化工程，2008 年 9 月以来陆续出版了《哈尼族卷》《柯尔克孜卷》《回族卷》《羌族卷》《毛南族卷 京族卷》《仫佬族卷》《达斡尔族卷》《土家族卷》《鄂温克族卷》《鄂伦春族卷》等数种。

被誉为"回族四库全书"的回族大型文献集成——《回族典藏全书》搜集了五代至民国回族典籍 539 种 3000 余卷予以影印出版，⑤为研究我国回族史、伊斯兰教史提供了丰富的历史资料。《回族典藏全书总目提要》是《回族典藏全书》的配套之作，⑥以提要的形式对《回族典藏全书》中的每种书籍予以介绍，方便《回族典藏全书》的使用。

《中华大藏经》(藏文)对勘本荣获第二届中国藏学研究珠峰奖特别奖。⑦⑧《中华大藏经》(藏文)对勘本凝聚了 200 多位研究人员 20 多年的心血，是中国历史上首次全面系统对勘《中华大藏经》藏文部分。全书包括 108 卷《甘珠尔》和 124 卷

　　① 中国国家图书馆.国家图书馆藏敦煌遗书[M].北京:国家图书馆出版社,1999—2010.

　　② 申国美,李德范.英藏法藏敦煌遗书研究按号索引[M].北京:国家图书馆出版社,2009.

　　③ 孙彦,萨仁高娃,胡月平.民国期刊资料分类汇编·敦煌学研究[M].北京:国家图书馆出版社,2009.

　　④ 国家民族事务委员会全国少数民族古籍整理研究室.中国少数民族古籍总目提要[M].北京:中国大百科全书出版社,2003—2010.

　　⑤ 宁夏少数民族古籍整理出版规划领导小组办公室.回族典藏全书[M].兰州:甘肃文化出版社,银川:宁夏人民出版社,2008.

　　⑥ 吴建伟,张进海.回族典藏全书总目提要[M].银川:宁夏人民出版社,2010.

　　⑦ 中国藏学研究中心《大藏经》对勘局.中华大藏经(藏文)对勘本[M].北京:中国藏学出版社,2008.

　　⑧ 《中华大藏经》(藏文)对勘本获珠峰奖特别奖[N/OL].[2010-06-04].http://www.gapp.gov.cn/cms/html/21/374/201006/699552.html.

《丹珠尔》,内容涉及显、密、经、律等佛教原始经典,哲学、逻辑、文学、语言、艺术、天文、医药和建筑等众多学科,堪称藏传佛教的百科全书。

　　傣族文化的"百科全书"——《中国贝叶经全集》由 70 多名专家学者和高僧历时 9 年搜集整理而成。[①]全书 100 卷共 114 册,收入 150 余种作品计 9100 多万字,统一以"贝叶经原件扫描、老傣文、新傣文、国际音标、汉文直译、汉文意译"六对照的形式出版,填补了我国尚无贝叶文化总集的空白。[②]

供稿:包菊香(国家图书馆古籍保护中心)

---

　　①　《中国贝叶经全集》编辑委员会. 中国贝叶经全集[M].北京:人民出版社,2006—2010.

　　②　傣族文化"百科全书"出版[N/OL]. [2010 - 06 - 30]. http://www. gapp. gov. cn/cms/html/21/374/201006/700533. html.

古籍保护人才培养与交流

随着世界经济社会发展，人们对于遗产保护的热情愈来愈高，对保护人才的需求也随之增强，对于保护人才的教育培训也提出了更高的要求。为了更好地保护我国古籍，国务院于 2007 年启动"中华古籍保护计划"，这标志着我国古籍保护工作全面推开。包括简帛、敦煌遗书、古籍善本、普通古籍、碑帖拓本、舆图和民族文字古籍在内的各种古籍将逐步得到更加完善的呵护，古籍保护修护与研究工作有序开展。这一切工作的顺利完成都离不开古籍保护人才。培养古籍保护人才是古籍保护工作的人力资源保障，建设一支业务能力过硬、学科素质较高的古籍保护人才队伍是人才培养的基本要求。刚刚起步的中国古籍保护人才培养工作，三年来取得了可喜的成绩，如何将这一工作更加有效地展开则需要我们学习借鉴国外保护工作者的经验。

西方国家重视保护人才的培养，对专业人才的培养模式是文献遗产保护的关键之一。①在文化遗产保护框架之下，保护②专业根据修护对象的不同被细分为艺术品保护、绘画保护、书籍保护、纸张保护、摄影材质保护、雕塑保护、物品保护（object conservation）、手工艺品保护、木质保护、文本保护等不同领域。在保护人才培养方面，古籍保护培养计划往往融于整个文化遗产保护人才培养计划之中，在古籍保护工作实践中也较为强调几个专业学者的合作配合。古籍既包括一般印刷书籍，也包括各种手稿、舆图（地图）、各种书籍类艺术品、简帛等，所以在保护古籍时需要根据古籍本身的材质进行区别对待。在这方面，英美的经验是根据保护对象的材质划分专业并由此进行相关的教育培养。

---

① 张美芳,张松道. 文献遗产保护技术管理理论与实践[M]. 长春:吉林文史出版社,
2009:202.

② 保护、修护、修复等概念在英文中使用的是 preservation、conservation、restoration 等词。在 20 世纪 70 年代以来 restor 较为通行，之后 conservator 一词使用更加广泛，最近 preservator 的使用频率增加。对于这些词汇的翻译国内保护行业还没有特别明确的定义标准。为了行文方便，本文将 preservation/preservator 译为保护与保护师；conservation/conservatory 一般情况下译为修护与修护师，conservation 有时亦译为保护；restoration/restor 译为修复与修复师。

1 高等教育

西方发达国家保护师职业化程度非常高,这与他们的职业化教育体系密不可分。高等教育是古籍保护专业人才培养的主要方式,培养目标、方式和内容直接关系到人才能力的发挥。具体而言,高校的课程设置直接受机构需要的影响,也接受行业协会的委托培养专业人才。就古籍保护而言,它在国外一般被归于书籍保护修护与纸张保护修护范围之内。国外很多高校开设书籍保护的课程,古籍修护是其中的重点课程之一。发达国家均有致力于保护研究与实践的公私研究机构,或设置实验室或建立研究所,汇集高水平人才队伍,开展世界性的文化遗产保护项目,其中也包括古籍保护项目。

英国南安普敦大学织物保护中心的 David Leigh 于 2009 年 4 月所作的《为了英国的保护教育》的研究报告,①详细介绍了英国保护修护人才培训与教育的状况以及存在的问题。David Leigh 指出,人们期望投入到遗产机构和藏品上的公共资金能够发挥作用而不浪费一毛钱,因此政府希望保护教育与培训能够培养出胜任保护工作的专家,投进遗产保护的私人资金也有同样的期许。那么实际情况如何呢?保护修护师在公共部门[如:各级政府的博物馆、美术馆、历史馆、图书馆,诸如国民托管组织(national trust)之类的档案与遗产组织,英国国家遗产局等]或私人机构就职,受雇于英国各类机构的保护修护师的数量约 3000 余人。这些从业者所需的职业知识与技能均来自各类教育机构。英国共有 13 家机构提供保护修复的基本课程,其中 6 家在伦敦,英格兰有 12 家,主要是高等教育机构。David Leigh 自信满满地认为英国的保护教育已经引领了世界的保护工作,他们为世界培养了具有过硬技术和丰富知识的高水准人才,这些人才在保护人类遗产的工作中作出了无可替代的重要贡献。

英国的书籍保护学历教育从基础课程(预科班,Foundation Degree,简称 FdA)到学士学位课程、研究生文凭课程、硕士学位课程均有书籍修护专业(book conservation),如隶属伦敦艺术大学的坎伯韦尔艺术学院(Camberwell College of Arts)是英国一流的艺术、设计学院之一,该校设有保护中心(Camberwell's Conservation Centre)。该中心的书籍修护专业大学本科和研究生学位课程,为学生提供进入书籍保护在内的文化遗产保护专业的核心课程。②其中书籍修护基础

---

① Securing conservation Education in the United kingdom [EB/OL]. [2010 - 09 - 26]. http://www.icon.org.uk/images/stories/securing_conservation_education__-_final_formatted.pdf.

② BA (Hons) Conservation [EB/OL]. [2010 - 09 - 26]. http://www.camberwell.arts.ac.uk/courses/26719.htm.

课程学位班(Book Conservation FdA)根据修护机构的实际需要制定专门课程,确保毕业生能够顺利进入书籍保护修护行业。获得书籍保护修护专业课程班的基础学位(FdA)之后,学生可以继续申请保护修护学士学位[The 3rd Year BA (Hons) Degree Courses in Conservation]。①修护专业的学士学位,要求申请者必须获得通用教育证书(GCE)且考试成绩中至少有两个 A 等(要求是英语、历史、哲学或科学),或者通过修护国家文凭考试(BTEC National Diploma/Access courses in Conservation/Foundation)且普通中学证书(GCSE)成绩在 C 等及以上。如果已经获得修护专业的基础学位(FdA)且成绩较为优秀,则可申请直接进入本科第三年的课程。②无论是 FdA 还是 BA,都重视理论与实践的结合。在课程设置中除了有动手操作之外,还要学习大量的科学、技术、文化、历史知识。因此,从该校拿到学士学位(BA)的毕业生,多能直接进入诸如大英图书馆、不列颠泰特美术馆(Tate Britain)、威康信托基金会(The Wellcome Trust)以及其他各类大型文化遗产管理机构,从事包括古籍保护在内的修护工作。③

美国高校亦开设专门的书籍保护课程,多与本校图书馆结合,如美国康奈尔大学图书馆设有保护和藏品维护部(Department of Preservation and Collection Maintenance)。康奈尔大学图书馆的第一位图书保护修复馆员 John F. Dean 于1985 年创建了图书保护修复部(Department of Preservation and Conservation),④2002 年改为现名。该部得到了纽约州政府的财政支持,与其他 10 家图书馆(Columbia、Rochester、Syracuse、New York Public Library、New York University、New York State Library、State University of New York Albany、Binghamton、Buffalo 和 Stony Brook)共同开展图书保护规划与相关研究。该部为书籍保护制定了各种指南,如东南亚图书馆的保护与修复指南、⑤灾难反应计划、⑥书籍数字化与数字化书籍的

---

① FdA Book Conservation[EB/OL].[2010 - 09 - 26]. http://www. camberwell. arts. ac. uk/courses/undergraduate/foundation_degree_arts_fda_book_conservation. htm.

② BA (Hons) Conservation[EB/OL].[2010 - 09 - 26]. http://www. camberwell. arts. ac. uk/courses/undergraduate/ba_hons_conservation. htm.

③ BA (Hons) Conservation[EB/OL].[2010 - 09 - 26]. http://www. camberwell. arts. ac. uk/courses/undergraduate/ba_hons_conservation. htm.

④ preservation[EB/OL].[2010 - 09 - 26]. http://www. library. cornell. edu/preservation/index. html.

⑤ library preservation [EB/OL].[2010 - 09 - 26]. http://www. library. cornell. edu/preservation/librarypreservation/meolda/index. html.

⑥ preservation[EB/OL].[2010 - 09 - 26]. http://www. library. cornell. edu/preservation/emergencies/index. html.

保护、①各种不同类型的书籍以及不同类型受损书籍的保护修复方法与指南等。他们对书籍进行了细致的区分,保护修护人员也分为书籍修护师(Book Conservator)、纸张与照片修护师(Paper & Photograph Conservator)等。该部也为专业学生提供书籍保护修复实习机会。华盛顿大学图书馆设立了图书修复与保护实验室,专门负责对古籍珍本(rare books)、稿本(manuscripts)、印刷品、书画、地图、胶片及其他特种材质的修复、保护及相关研究。该实验室的首要目标是通过保护行动使保护对象状态稳定,以防进一步受损或灭失,从而有利于今后的使用。该实验室于2007、2008、2009年得到华盛顿州图书馆基金,专门用于修复1800年以前印刷的书籍以及其他珍稀书籍。不少古籍保护修复人才在该项目中得到锻炼。②

比利时文化资产皇家学院、纳贡普尔视觉艺术国家高等专科学校、安维尔学院等也都设置了保护修护课程,其中包括图书资料方向。与欧洲其他国家一样,学制为五年。课程包括理论与实践两部分,其中理论部分包括艺术史、修护史与原则、艺术哲学、化学、物理、摄影、管理等,实践部分包括物品检验、物品处置,实践部分会根据条件选择合适的单位进行实习,以便于学生处于真实职业情境。③

2 职业教育

2.1 收藏单位组织在职进修

古籍收藏单位除了要保护修复好所保存的古籍之外,还承担着宣传古籍保护工作、培养古籍保护人才的任务。一般而言,收藏单位在藏品的保护修复工作中培养本单位的从业人员,对于非本单位的保护专业同行或者公众则要采取其他的办法,让他们能近距离参与观察,或者举办讲座进行交流探讨促进保护工作的进展。

不列颠图书馆保护中心(British Library Centre for Conservation)于2007年10月10日由长公主殿下亲自宣布正式成立。④该中心与前文提到的坎伯韦尔艺术学

---

① Preservation tutorial [EB/OL]. [2010 - 09 - 26]. http://www.library.cornell.edu/preservation/tutorial/preface.html.

② Preservation tutorial [EB/OL]. [2010 - 09 - 26]. http://www.wsulibs.wsu.edu/holland/masc/video/preservation_grant.html.

③ 米利安. 比利时艺术文化资产保存与修复培训教育发展史[C]//国立文化资产保存研究中心筹备处. 2006年文化资产保存政策国际研讨会文集,2007:81-87.

④ Introduction to the Centre for Conservation[EB/OL]. [2010 - 09 - 26]. http://www.bl.uk/onlinegallery/whatson/blcc/homepage.html.

院联合办学,有两年制书籍修护 FdA 基础课程班,获得基础课程班文凭的毕业生可以从事书籍保护工作。有志于书籍修护的书籍修护专业或者纸张修护专业毕业生可申请实习资助项目,2010 年的实习资助项目由 Garfield Weston Foundation 和 Headley Trust 提供,①资助对象是有志于书籍修护的书籍修护专业或者纸张修护专业毕业生。

美国国会图书馆设有保护部(Preservation Directorate of the Library of Congress),该部为 IFLA 图书保护与修复中心的北美地区中心。该部设专门机构进行修护人才培养与交流活动,注重通过项目来培养人才。2009 财年,美国国会馆共计对6 763 960册(件)书籍、期刊、印刷品、照片及其他物品进行了装订、修护、脱酸化和格式转换,对约807 850册(件)藏品进行了清查。在这些具体的项目和工作中直接提升了保护工作者的业务水平。另外,保护部还举办了 4 期短期培训,涉及基金会、应急处理程序、保护教育与研究等,举办保护系列讲座 16 期(该系列讲座免费对公众开放,其中部分内容可从网络上观看),②制作简报 10 余期并出版相关出版物,搭建了一个藏品保护的 RSS feed。保护部亦注重书籍保护修复专家与文化遗产保护、环境保护、人力资源管理、保护科学研究等各领域专家们的交流,对包括古籍珍本在内的各种书籍与其他各类藏品的保护与使用问题进行深入研讨。通过组织各种类型的国内国际会议加强了保护专家们的联系与互动交流,及时沟通保护理论与问题。同时,该部也积极开展古籍保护的国际交流合作,目前正与土库曼斯坦国家图书馆进行合作,书籍保护师协助他们为土库曼斯坦国家文献协会的 15 种"国宝级"文献拟定保护方案,并在该图书馆开设基础保护课程班课程。③除了通过工作、项目的提升之外,该部也积极拓展人才培训渠道,其中较为有特色的是与东北文献保护中心(Northeast Document Conservation Center,简称 NEDCC)合作办学,通过 NEDCC 制作的网络课程为参加人员传授保护理论知识,提供在保护部实习的机会,通过保护专家们手把手的教授,提升培训人员的动手能力。④该中心于 2009 年 8 月 17 日至 21 日已经成功举办了第一期保护暑期班。

---

①　2010/2011 Funded Internships[EB/OL].[2010－09－26].http://www.bl.uk/aboutus/stratpolprog/ccare/introduction/training/2010fundedinternships.html.

②　results for Topics in Preservation Science Webcasts[EB/OL].[2010－09－26].http://www.loc.gov/today/cyberlc/results.php?mode=s&cat=50.

③　Preservation at the Library[EB/OL].[2010－09－26].http://www.loc.gov/preserv.

④　FLICC meeting announcement MA 2009－14[EB/OL].[2010－09－26].http://www.loc.gov/flicc/meeting_announcements/2009/ma0914.pdf.

2.2 行业协会举办教育培训

行业协会在国外古籍保护师、修护师们的职业生涯中具有举足轻重的作用。许多国家成立了保护师、修护师专业协会,并致力于使其事业得到社会的认可。为了整合分散的保护资源与保护组织,近年来国外逐渐将所有从事各种遗产保护修护的人员与组织整合在一起,有利于资源优化和人员交流合作。比如2005年成立的英国保护协会(Institute of Conservation,简称ICON),①整合了藏品呵护论坛(Care of Collections Forum)、纸张保护协会(Institute of Paper Conservation,简称IPC)、摄影材质保护团体(Photographic Materials Conservation Group)、苏格兰保护师和修复师协会(Scottish Society for Conservation and Restoration,简称SSCR)、英国历史与艺术品保护协会(United Kingdom Institute for Conservation of Historic and Artistic Works,简称UKIC)等保护组织。ICON致力于提升文化遗产保护修护的知识与教育水平,为会员提供职业指南、职业宣传、培训与教育机会,并积极与保护修护职业协会及其他遗产团体合作。它也为保护修护师提供保护注册登记(Conservation Register)、保护奖金(Conservation Awards)和保护师—修护师职业资格认定(Professional Accreditation of Conservator-Restorers,简称PACR)。保护奖金由保罗·麦卡特尼爵士(Sir Paul McCartney)赞助,包括年度保护学者奖(Student Conservator of the Year Award)、藏品呵护奖(Care of Collections Award)、修护奖(Award for Conservation)、Anna Plowden信托奖(Anna Plowden Trust Award)和数字保护奖(Digital Preservation Award)等奖项。要取得职业资格认定则需要成为保护协会(Institute of Conservation,简称ICON)、档案工作者协会(Society of Archivists,简称SoA)或不列颠钟表协会(British Horological Institute,简称BHI)的成员。②ICON保护委员会所属的保护工作小组(Conservation Work Group)专门负责制定教育与培训相关规划并组织论坛,该论坛整合英国高校的学术资源,促进保护教育国际化方法的发展,对于提升保护师的国际影响力起到了重要作用。③

美国图书保护行业协会积极支持和资助包括古籍保护修护在内的图书保护工作,开展人员教育培训,制定全美联合保护规划。成立于1972年的美国历史与艺术品保护协会(American Institute for Conservation of Historic and Artistic Works,

---

① About Icon[EB/OL]. [2010 - 09 - 26]. http://www. icon. org. uk/index. php?option = com_content&task = view&id = 1&Itemid = 2.

② What is Accreditation? [EB/OL]. [2010 - 09 - 26]. http://www. icon. org. uk/index. php?option = com_content&task = view&id = 773&Itemid = 73.

③ Securing Conservation Education in the United kingdom[EB/OL]. [2010 - 09 - 26]. http://www. icon. org. uk/images/stories/securing_conservation_education_final_formatted. pdf.

简称 AIC)为美国唯一的全国性文化遗产保护专业协会,拥有 3500 余名会员,为会员提供专业标准、教育、研究与交流等。①该协会会员包括修护师、教育家、学生、修护科学家(conservation scientists)、艺术历史学者、图书馆员、档案管理员(archivists)以及其他保护修护事业的热衷者。协会有专门的书籍与纸张委员会(Book and Paper Group,简称 BPG),约有 900 余名会员。②书籍与纸张委员会负责包括古籍保护在内的书籍保护工作,推动书籍保护工作的职业化与专业化,制定保护标准,对保护修复行动进行指导与深入研究,在信息收集、标准制定、行业研究与协调行动、会员教育培训等诸多方面起着主导作用。

另外值得一提的是,于 1984 年成立的国际图联保存保护中心(IFLA Core Activity on Preservation and Conservation,简称 IFLA-PAC)是唯一的书籍保护国际组织,它为包括古籍保护在内的书籍保护修护事业付出了努力。PAC 致力于图书、档案、文献、资料的保护修护问题研究,积极推动图书馆图书资料保护修护的世界性或地区范围的合作与交流。③此外,PAC 还致力于加强档案馆、图书馆、博物馆的联系与合作。中国国家图书馆为 PAC 的中国中心。IFLA-PAC"2009—2010 年年度报告"简要介绍了各地有关古籍保护工作人员培训与交流的情况。④

供稿:向辉,赵文友(国家图书馆古籍保护中心)

①　American Institute for Conservation[EB/OL].[2010 - 09 - 26]. http://en. wikipedia. org/wiki/American_Institute_for_Conservation.

②　About the Book and Paper Group[EB/OL].[2010 -09 -26]. http://cool. conservation-us. org/coolaic/sg/bpg.

③　About the Preservation and Conservation Core Activity[EB/OL].[2010 - 09 - 26]. http://www. ifla. org/en/about-pac.

④　Annual report to IFLA on PAC regional centers activities 2009—2010[EB/OL].[2010 -09 -26]. http://www. ifla. org/files/pac/annual-report/2009-2010. pdf.

中华古籍保护计划新进展

1 古籍普查多层次推进

国家古籍保护中心主持研制的"全国古籍普查平台"2009年通过专家鉴定，陆续在全国各古籍保护中心安装使用。截至2010年8月31日，已经有40家省古籍保护中心以及行业中心安装试运行。部分省、市、自治区已通过平台，开展在线古籍普查登记申报。新技术将成为古籍普查工作的基本保障。

文化部、国家古籍保护中心组织《国家珍贵古籍名录》的申报和评审工作，继2008年6月由国务院正式颁布第一批《国家珍贵古籍名录》（国发〔2008〕9号文件）之后，2009年6月，国务院公布了第二批4478部《国家珍贵古籍名录》（国发〔2009〕28号文件），2010年6月，国务院又公布了第三批2989部《国家珍贵古籍名录》（国发〔2010〕20号文件）。经过三批评审，共有9859部珍贵古籍入选《国家珍贵古籍名录》，名录成为国家分级别、分步骤保护珍贵古籍的重要依据。在评审中，一批《中国古籍善本书目录》未曾登记著录的珍贵古籍及古籍收藏单位藏书也进入我们的视野。第二批开始，经专家提议、全国古籍保护工作部际联席会议通过，中国现存的一些早期珍稀外文文献进入"名录"，古籍保护的范围扩大。古籍普查的初期成果通过《国家珍贵古籍名录》以及《国家珍贵古籍名录图录》向世人展现。

在2008年7月召开的全国古籍保护工作会议上，文化部宣布以分省卷的形式推进全国古籍普查工作的开展，以解决各地古籍编目登记工作进度不平衡给统一编纂中华古籍总目带来的困难，希望各省的阶段性成果互相借鉴，提高效率。会上文化部委托国家古籍保护中心组织专家对分省卷的编纂体例、分类方法、收录范围等进行研究讨论，便于各省在出版分省卷时以统一的体例编纂。分省卷将以统一的装帧由指定出版社出版，出版资金由古籍保护计划项目经费支出。

经过一年的努力，由国家古籍保护中心组织，在全国古籍保护专家委员会主任李致忠先生的主持和吴格、陈先行等专家的共同参与下，《中华古籍总目》分省卷的编纂体例、分类方法、收录范围等业务文件通过文化部审定，由文化部委托国家古籍保护中心向各省中心等单位发放。

2010年2月初，在全国古籍保护工作会议上，文化部宣布《中华古籍总目》分省卷编纂工作正式启动。①国家古籍保护中心受文化部委托,分别与天津、湖南、辽宁、山东、山西、甘肃、江苏、浙江、安徽、云南、宁夏等 11 省的省级古籍保护中心以及国家图书馆、南京图书馆、中国社会科学院图书馆 3 家古籍藏量超过 100 万册的单位先期签署任务书,率先开始了《中华古籍总目》的编纂。

在国家珍贵古籍名录评审的同时,江苏、山东等省开展了省级珍贵古籍的评审和公布。分级分步骤开展古籍保护工作的机制已经初步形成。

2　各收藏单位古籍保存条件改善

文化部在《国家珍贵古籍名录》申报评审同时,继续组织"全国古籍重点保护单位"的评审。2009 年 6 月,国务院公布第二批 62 家"全国古籍重点保护单位"(国发[2009]28 号文件),2010 年 6 月,国务院又公布第三批 37 家"全国古籍重点保护单位"(国发[2010]20 号文件)。经三次评审,全国 150 家古籍收藏量大、古籍质量高的单位,报国务院批准公布为"全国古籍重点保护单位"。

通过"全国古籍重点保护单位"的评审,一些原来保护条件不完备的单位,通过改善收藏环境和条件达到评审要求,最终得以批准并获公布。特别是在第三批入选的 37 家全国古籍重点保护单位中,大部分为第二次或第三次申报。评审极大地促进了古籍收藏环境的改善,评审工作的作用和意义已充分显现。一些省份还启动了省级"古籍重点保护单位"的评审。

3　建立"国家级古籍修复中心"保证珍贵古籍安全传承

为促进古籍修复工作积极、有序地开展,文化部委托国家古籍保护中心组织专家拟定了《国家级古籍修复中心评审条件及办法》,对国家级古籍修复中心的修复人员、修复场地、修复环境及修复管理方法都作出了规定。文化部发文后,全国 15 家古籍收藏单位申报参评国家级古籍修复中心。国家古籍保护中心受文化部委托组织专家根据《国家级古籍修复中心评审条件及办法》对 15 家单位进行现场考察打分,并集中讨论。

经过专家评审和文化部讨论,第一批国家级古籍修复中心公布并开展工作。文化部公布的第一批国家级古籍修复中心有国家图书馆、天津图书馆、上海图书馆、辽宁省图书馆、南京图书馆、浙江省图书馆、浙江宁波天一阁博物馆、云南省图

---

① 《中华古籍总目》(分省卷)编纂工作启动[N/OL].[2010 - 04 - 12]. http://www.nlc.gov.cn/syzt/2010/0203/article_448.htm.

书馆、山西省图书馆、山东省图书馆、中山大学图书馆以及中医科学院图书馆等12家古籍收藏单位。

国家级古籍修复中心将承担起入选《国家珍贵古籍名录》的珍贵古籍修复以及长期培养古籍修复人员的任务。国家级古籍修复中心将按照规范的管理方式，保证珍贵古籍的安全修复和传承。

4 古籍专业人才匮乏状况有所缓解

"中华古籍保护计划"开展以来，国家古籍保护中心即针对古籍工作专业人员匮乏的情况组织开展面向全国古籍收藏单位的在职古籍修复、普查、编目、鉴定等10余个门类的业务培训。2008年9月1日至2010年8月31日，近千家古籍收藏单位的3000余人次在职人员参加国家古籍保护中心举办或国家、地方两级古籍保护中心联办的共计50余期11个系列的在职培训，在职培训使现有古籍工作者的职业技能和素质提高，古籍专业人才严重匮乏的状况得到初步缓解。

国家古籍保护中心办公室、国家图书馆古籍馆与北京大学中文系古典文献专业合作举办的古籍鉴定与保护本科、研究生课程已经取得初步成效。联合办学以理论实践密切结合为教学特色，使学生在校学习版本目录学无法接触古籍原件、无法掌握实际工作技能的情况有所改善，受到学生们的欢迎。已有部分学生毕业后选择古籍保护工作，投身古籍保护事业。

目前文化、教育系统合作，建设古籍保护教学基地、实践基地，促进人才培养良性发展的模式正在筹划运作中，希望通过全面系统的学校教育、合理的课程设置，使古籍保护人才的知识结构趋于合理，育人单位和用人单位在教学和就业等环节形成良性循环，为古籍工作的可持续发展，储备后备人才。

经过几年筹备，古籍工作的职业资格认证制度进入操作阶段。2008年，文献修复师职业资格认证相关的手册和教材编制完成。经过近几年的实践以及与上级行政管理部门的有效沟通，文献修复师鉴定人员的学习和考试已经完成，第一批20位来自全国的古籍修复保护方面的专家学者通过了鉴定人员资格考试，获得文化部、劳动人事部共同颁发的考官证。此外，文献修复师3—5级鉴定也于2010年内启动。文献修复师的鉴定将逐步使文献修复人员职业化、文献修复工作规范化，对于提高修复人员职业素质、稳定修复人员队伍、建立修复人员灵活的任用机制、充分发挥各级修复人员的作用、使古籍修复工作可持续发展，都将起到重要作用。

5 古籍保护工作逐步走向规范化、制度化

继《古籍定级标准》《古籍特藏破损定级标准》《古籍普查规范》《图书馆古籍书库基本要求》《古籍修复技术规范与质量要求》等成为文化部行业标准后，国家古籍保护中心又根据工作发展的需要，组织专家补充制定了敦煌、佛经、简帛、碑帖等定级，以及民族文字古籍入选《国家珍贵古籍名录》标准，已经在名录评审中应用。其他业务规范也正在起草。

经过报批，《古籍修复技术规范与质量要求》于 2008 年升级为国家标准，[①]《古籍定级标准》《图书馆古籍书库基本要求》也在国家标准委员会获得立项，由国家古籍保护中心组织修订，以进一步增强评审工作的准确性、科学性。

民族文化宫牵头研制《少数民族文字古籍定级标准》，四年间，组织专家多次奔赴少数民族地区进行调研，并广泛征求学者意见，组织收藏单位开展测试。初稿编纂完成后，全国古籍工作专家委员会在国家古籍保护中心办公室的协助下组织专家对其进行鉴定修改，待申报批准后将由文化部、国家民委共同发布为行业标准。

"国家珍贵古籍管理办法"、"全国古籍重点保护单位管理办法"正在制定中。"国家古籍保护条例"正在制定中。经过几年的努力，古籍保护正在实现从经验到科学的提升。

6 少数民族地区古籍保护工作不断拓展

根据西藏自治区古籍收藏丰富、年代久远、底数不清、收藏分散、保存状况不理想以及西藏古籍工作人才匮乏的现状，文化部、国家古籍保护中心 2009 年进行调研，在充分论证的基础上，撰写"西藏古籍保护专项工作方案"，希望摸清西藏古籍家底、加强西藏古籍保护、培养西藏古籍人才、研究藏文古籍保护技术、改善西藏古籍保护条件，并实现西藏古籍文献的合理利用。在充分调研的基础上，文化部牵头召开了全国古籍保护工作部际联席会议，专题讨论《西藏古籍保护工作方案》。2009 年 11 月，文化部、教育部、科技部、国家民委、新闻出版总署、国家宗教事务局、国家文物局和国家中医药管理局八部委下发《关于支持西藏古籍保护工作的通知》及《西藏古籍保护工作方案》，共同实施西藏古籍保护工程，标志着

---

① 杜伟生，张平. GB/T 21712—2008 古籍修复技术规范与质量要求[S]. 北京：中国标准出版社，2008.

西藏古籍保护专项工作正式启动。2010年7月,国家古籍保护中心配合西藏自治区人民政府组织了面向西藏各地市的古籍保护普查培训班,西藏部分地区的文化专员及专业人员参加培训。西藏自治区副主席多托出席开班仪式并发表讲话,自治区政府部署了下一阶段的工作。专项工作开展后,国家古籍保护中心在文化部的规划下,为西藏古籍普查工作配备了部分设备,西藏自治区的古籍工作已经全面铺开。

2009年国家古籍保护中心与新疆维吾尔自治区联合举办古籍普查编目培训,为新疆古籍工作培养人才,取得了一定效果。2010年,中央新疆工作座谈会召开,要求全国人民一起做好新形势下新疆工作,推进新疆跨越式发展和长治久安,不断开创新疆工作新局面。文化部迅即开展文化援疆活动,新疆古籍保护成为文化援疆的重要工作。同年6月,国家图书馆馆长、国家古籍保护中心主任周和平在新疆维吾尔自治区组织调研,7月,国家古籍保护中心再次赴疆调研,并筹备在新疆维吾尔自治区举办新疆历史文献暨古籍保护成果展,同时根据文化部要求,撰写《新疆古籍保护专项工作方案》,希望在"中华古籍保护计划"的大框架下开展新疆古籍保护专项工作。

鉴于民国文献的状况,国家古籍保护中心进行民国文献保护现状和相关技术调研,提出民国文献保护的研究方案。就外文善本、解放区文献开展保护的研究和规划正在推进中。

7　以展览等方式扩大古籍保护的社会影响

为扩大古籍保护的社会影响,使公众更多地了解古籍保护的重要意义,自觉地参与古籍保护工作,中华古籍保护计划启动后,展览以及多种媒体共同宣传古籍工作成为工作的重点之一。2008至2010年文化遗产日,文化部主办,国家古籍保护中心组织全国多家收藏单位联合举办的"国家珍贵古籍特展"成为亮点,也成为传统文化爱好者的节日。2008年6月14日,刘延东同志亲临展场,并作重要指示。几次展览都有部级领导的专场参观,吸引到场的从垂髫小儿到耄耋老者,从学界权威到大众读者,覆盖范围广泛。与"中华古籍保护计划"开展之初相比,民众保护古籍,宣传古籍的意识明显增强,民众对古籍的认识逐步深入。保护古籍、传承文明成为广大民众的共识。

2010年8月20日,配合新疆古籍保护专项工作的推进,文化部和新疆维吾尔自治区人民政府共同主办,国家古籍保护中心、新疆维吾尔自治区人民政府文化厅承办的"新疆历史文献暨古籍保护成果展"在新疆维吾尔自治区博物馆开幕。①展览期间,新疆当地各机关、企事业单位、民间团体纷纷组织干部职工前来参观学习,国内外一些研究新疆历史文化的专家学者也纷纷从各地专程赶赴新疆观摩,展览的期限从原定的一个月延至两个月,展览参观人数逾10万人。

前来参观的群众用汉文、维文、哈文、日文、韩文、英文、俄文等不同文字,书写感想,表达着"保护民族文化、传承人类文明,促进各民族团结进步"的心愿。展览不仅增加了人们对新疆历史的了解,更激发了全国不同地区、不同民族、不同行业的人们对伟大祖国的热爱,不仅普及了文化知识,更发挥了爱国主义教育的阵地作用。展览还为新疆本地的一些收藏单位在古籍的采集、保护、整理和普查等方面提供了方向性指导,有的单位已经开展行动,着手对古籍进行普查。

展览期间的古籍修复、碑帖传拓、新疆民间传统工艺"桑皮纸"制作等动感演示,以及新疆历史与文化系列讲座则带领观众从历史典籍中探寻中华文化丰富深广的历史内涵。

8 国家级古籍保护实验室启用

经过几年的筹建,国家级古籍保护实验室开始启用,实验室有物理实验室、化学实验室、生物实验室、纸张纤维检测室、精密仪器室等。国家古籍保护中心开展了对古籍修复用纸的检测和监制工作,古纸库的建设已经启动。为更规范地开展修复工作,国家古籍保护中心组织调研,落实检测,订购古籍修复用纸和工具等,发送到各省古籍修复单位。这些通过检测的纸张,已经投入古籍修复,一批珍贵的古纸样在实验室进行研究,为今后古籍鉴定和修复提供科学的参照系。科学实验对文献修复保护的作用已经显现出来,古籍保护科学化初见成效。针对目前文献保护遇到的酸化问题,国家级实验室重点开展文献脱酸的实验研究。

9 在加强交流中谋求发展

"中华古籍保护计划"开展后,国家和各省级保护中心建立了密切而融洽的合作关系,形成了步调一致、相互促进的业务新格局,共同推进全国古籍保护工作的开展。各种形式的研讨、交流活动日益增多,与国外图书馆界和保护机构间的联系也在逐步扩大。2008年文化部组织了对国外保护技术和机制的调研。作为

① "新疆历史文献暨古籍保护成果展"在新疆开幕[N/OL].[2010 - 08 - 31]. www. nlc. gov. cn/syzt/2010/0820/article_549. htm.

国际图联保存保护中心中国中心,国家图书馆在中国的古籍保护中发挥着重要作用。

2010 年 6 月 22 至 24 日,国家古籍保护中心和国际图联保存保护中心中国中心举办了自然因素与文献保护国际研讨会,会上针对近年自然灾害频发的现实,中、日、韩以及港、澳、台 60 余名古籍工作者针对文献保护如何应对自然灾害等问题进行了广泛探讨,建立全面、系统的灾害预案,以迅速应对灾难、有效控制损失,成为与会人员议论的焦点,会议取得了丰硕成果。

10　古籍再生性保护不断拓展

根据中央有关领导要求以及《关于进一步加强古籍保护工作的意见》,中华古籍保护计划在开展古籍原生性保护的同时,积极拓展古籍再生性保护。国家图书馆继 2008 年完成《中华再造善本》(一期),赢得社会普遍赞誉的同时,近年加紧《中华再造善本续编》,并积极筹划更多的古籍影印整理项目。在与社科院、中医科学院共同调研探讨的基础上,开展了《中华医藏》编纂出版的筹备工作,古籍数字基本丛书的准备工作也在进行中。国家图书馆与哈佛燕京图书馆、美国普林斯顿大学、日本东京文化研究所等机构的数字化合作已经在国家图书馆网站上呈现出初步的成果,海外中华古籍的回归正在以各种不同方式积极推进。

供稿:陈红彦(国家图书馆古籍保护中心)

后　记

国家图书馆研究院一直在不断探索合作开展学术研究,并以学术研究促进事业发展的方式和途径。2008年,研究院进一步确立了"开放办院,合作办院"的发展思路,全面拓展与业界和学界的合作关系,深入探讨图书馆事业发展关键问题。《国内外图书馆学理论研究与实践进展》一书,正是在这一思想的指导下开始策划编撰的。2009年12月正式出版的第一卷书稿,以及即将付梓的这一卷内容,都凝结了馆内外数十位专家学者们的心血。这其中,既有在高校专职从事科研教育工作的老师,也有在公共图书馆积极开展业务实践的同行;既有经验丰富的前辈大家,也有思维活跃的青年翘楚;既有专精于图书馆学基础理论研究的学者,也有长于图书馆新技术应用研究的专家……我们很高兴能为大家提供这样一个"交流与合作的学术平台",充分展示大家各自的专长,全面共享学界的学术成果和业界的实践经验。

在第一卷书稿出版后获得不错反响的基础上,第二卷的组织策划进一步强调了通过学术研究指导业务实践的目标与宗旨,主要从图书馆事业发展的角度对书稿的框架体系进行了调整,加强了对现实工作中的重点、热点和难点问题的挖掘和揭示,弱化了从学科体系的角度进行面面俱到的理论阐释。

尽管如此,我们始终坚信,图书馆学作为一门科学,有其值得重视的基础理论问题,包括图书馆的社会责任、职业理想、未来价值等问题,有必要继续宣传倡导,从而为图书馆事业和图书馆学科的可持续发展夯实基础,为图书馆员的职业发展坚定信心。为此,我们仍然将图书馆学基础理论作为本书的第一部分内容,着重从历史和现实两个层面对近两年来学界和业界对上述问题的理解和认识进行了全面总结和深入解析。该专题由南开大学商学院讲师肖雪领衔,其师从王子舟教授,在科学哲学方面无疑有其深厚的理论功底,同时近年来对弱势群体知识援助问题的积极关注,以及对图书馆知识服务普遍均等价值的不懈探寻,使其在讨论图书馆基础理论问题时,更加巧妙地契合了图书馆工作的社会性原则。

在实践工作的宏观层面,近年来,随着《公共图书馆法》立法进程的进一步推进,《公共图书馆建设标准》等一系列行业标准规范的颁布实施,以及《全国公共图书馆事业"十二五"发展规划》等重要宏观指导性文件的编制起草,图书馆事业发展的制度化、标准化、体系化等问题近年来已日益引起学界和业界的共同关注。因此,本次编撰的这一卷书稿中,特别增加了有关图书馆事业发展宏观管理的篇章,由南开大学商学院柯平教授领衔指导,对近年来我国图书馆事业发展在制度化、标准化和体系化方面取得的成绩和存在的问题,以及相关的研究探讨进行了比较系统的梳理总结。

而图书馆的用户研究、服务创新、资源建设、知识组织和技术应用等内容,则属于图书馆实践工作的微观层面。其中,用户是图书馆赖以生存的基础,服务则是图书馆赖以发展的前提。随着信息技术的飞速发展,用户信息行为和信息需求不断变化,更为重要的是,用户在信息生活中的主动控制权日益凸显,"以用户为中心"已不是图书馆的独特理念,而是社会现实对图书馆服务提出的基本要求。中国科学院国家科学图书馆的初景利教授对此有深刻体会,结合国家科学图书馆多年来在用户服务方面的丰富经验,以及其对用户服务理念的深入理解,在"图书馆创新服务"这一部分,初教授带领其高足,重点围绕图书馆的用户行为研究与分析和用户服务评价等理论问题,以及各国图书馆的用户服务政策和服务创新实践案例,为我们提供了丰富的素材和精辟的分析论述。

信息资源是图书馆开展各项服务活动的物质基础,信息资源建设与管理也因此成为图书馆工作和研究的核心内容。近几年各国对信息资源网络化、社会化和商品化的重视,以及在政务性和公益性信息资源开放方面所付出的努力,一方面丰富了图书馆信息资源采集对象,另一方面也对图书馆信息资源建设与管理提出了新的和更高的需求。河北大学管理学院宛玲教授从信息资源生命周期的角度,对信息资源的建设与管理工作进行了剖析,并组织来自北京市信息资源管理中心、南京大学、上海交通大学和国家图书馆等单位的专家学者,重点对近两年国内外图书馆界在信息资源建设规划与设计,馆藏资源建设评价,信息资源采集、加工与保存等方面的研究成果及实践探索进行了综合考察和系统总结。

知识组织可以说是图书馆理论研究中与业务实践需求关系最为密切的部分,至少在当前的现实情况仍是如此。国家图书馆研究馆员卜书庆,以其多年从事相关工作的经验,以及对该领域前沿热点问题的长期不懈的跟踪关注,在为我们描画了该领域完整知识体系的基础上,着重对当前语义网、关联数据、Web2.0 等新兴信息技术的发展给知识组织带来的影响进行了深入系统的总结分析,并对图书馆在新的技术环境下,积极适应需求变化,对图书馆的 OPAC 等信息检索和知识组织系统进行升级改造的前景进行了展望。

图书馆是一个与信息技术关系密切的行业,可以说,图书馆事业的每次跨越式发展,都离不开对新兴信息技术的应用。虽然 21 世纪以来,有关技术与人文的论争始终是图书馆界一个热闹的话题,但也正是在这种论争中不断取得的理解和共识,以及实践过程中不断实现的技术和人文的融合,为图书馆事业的发展迎来了新的春天。数字图书馆、移动图书馆、数字电视图书馆等新媒体技术应用基础上发展起来的新的图书馆服务形态,使图书馆服务的内涵和外延不断得到拓展和延伸。上海图书馆的刘炜副馆长,在图书馆工作数十年中,一直保持着对新技术在图书馆应用价值的敏锐直觉和高度自觉,对于图书馆新技术应用的未来也有独到见解。这一卷书稿采纳了刘馆长的意见,并有幸邀请到他领衔指导,重点就手机图书馆、社会性网络、云计算和关联数据等主题内容组织了相关的研究探讨。

图书馆实践工作的另外一个重要内容是古籍的保存、保护与利用服务。在国家图书馆百年馆庆时,我们重申了国家图书馆"传承文明,服务社会"的立馆宗旨,这实际上也是各类型图书馆共同的社会职能。国家古籍保护中心的陈红彦主任,与中心的其他同事一起,对"十一五"以来我国古籍保护工作所取得的成绩进行了全面系统的总结,同时有针对性地围绕古籍人才的培养、古籍保护技术的研发和应用、古籍的原生性保护和再生性保护具体业务实践等问题,对国内外相关实践经验和研究成果进行了深入细致的介绍。

虽然免不了挂一漏万,但我们相信,上述这些内容,因其有效融汇了学界和业界的经验、成果,综合考虑了历史和现实的背景、需求,应当可以为当前和未来的图书馆学理论研究和业务实践提供一些有益的参考借鉴。同时,从第一卷到第二卷,以及未来的第三卷、第四卷……这项工作也将因其长期不断延续开展而得以更加真实、立体地记载我们在事业发展过程中经历的艰难与创举、困惑与突破。

在这里,再次对参与书稿编撰工作的所有专家学者和同事表示由衷的感谢!

国家图书馆研究院
2011 年 4 月 19 日